社会变革最大的危险不是变革本身，
而是仍然用上个社会的治理逻辑做事！

——

编委会名单

主　　编：王　谦
副 主 编：何晓婷　　曾瑞雪　　雷鸿竹
编委成员：周盈盈　　林　岚　　王维多　　程　惠
　　　　　龚　焕　　蒋京童　　朱晓暄　　于晓倩
　　　　　肖景熙　　李小培　　严晓映　　高梦婷
　　　　　严浩菱　　刘俊宏　　娄　越　　张目夕亮
　　　　　徐　陈　　钟　瑶　　董翰之　　覃蔺蔚

编著◎王　谦

The re-exploration of modern information revolution
—— information society reform and governance system innovation

现代信息革命再认识
——信息社会变革与治理体系创新

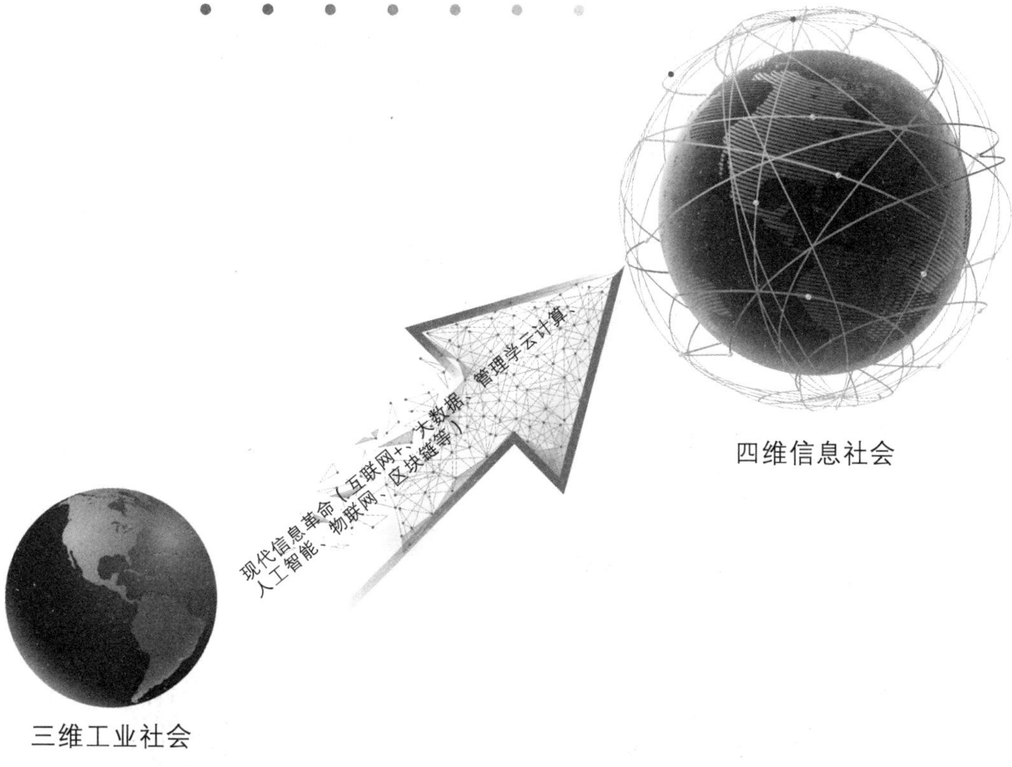

现代信息革命（互联网+、大数据、管理学云计算、人工智能、物联网、区块链等）

四维信息社会

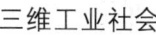
三维工业社会

四川大学出版社
SICHUAN UNIVERSITY PRESS

项目策划：唐　飞　段悟吾
责任编辑：唐　飞
责任校对：蒋　玙
封面设计：墨创文化
责任印制：王　炜

图书在版编目（CIP）数据

现代信息革命再认识：信息社会变革与治理体系创新 / 王谦编著. — 成都：四川大学出版社，2021.7（2023.9重印）
ISBN 978-7-5690-4799-8

Ⅰ. ①现… Ⅱ. ①王… Ⅲ. ①信息革命 Ⅳ. ①G202

中国版本图书馆CIP数据核字（2021）第132460号

书　名	现代信息革命再认识——信息社会变革与治理体系创新
	XIANDAI XINXI GEMING ZAIRENSHI—XINXI SHEHUI BIANGE YU ZHILI TIXI CHUANGXIN
编　著	王　谦
出　版	四川大学出版社
地　址	成都市一环路南一段24号（610065）
发　行	四川大学出版社
书　号	ISBN 978-7-5690-4799-8
印前制作	四川胜翔数码印务设计有限公司
印　刷	四川五洲彩印有限责任公司
成品尺寸	170mm×240mm
印　张	24.25
字　数	460千字
版　次	2021年8月第1版
印　次	2023年9月第2次印刷
定　价	138.00元

◆版权所有　◆侵权必究

◆ 读者邮购本书，请与本社发行科联系。
　电话：(028)85408408/(028)85401670/
　(028)86408023　邮政编码：610065
◆ 本社图书如有印装质量问题，请寄回出版社调换。
◆ 网址：http://press.scu.edu.cn

四川大学出版社
微信公众号

前言

后疫情时代的到来正改变着世界各个领域（政治、经济、文化、产业、教育、生活、管理等），于我而言，2021年也是极为不寻常的一年。女儿在美国独立求学近六年终于从哥伦比亚大学研究生毕业回来，这本经历了无数波折，写了近六年的新书终于截稿，心里甚是慰藉。这也许是我参加工作46余年，其中在高校任教40年以来要写的最后一本书了；当然这也是我在全国各部委、各行业、各省市自治区以及国外几个发展中国家开展近千场干部教育的讲座后，对现代信息革命与政府管理创新的一点思考和感悟。学生和编辑都让我写几句话作为摘要和前言，那我就从写此书的初衷、观念与认知、框架与内容几个方面谈谈吧。

一、我的初衷

现代信息技术（从1946年2月16日第一台计算机出现以后的所有信息技术的统称）从众多现代科技——核科技、生物科技、材料科技、能源科技等中脱颖而出，成为改变社会形态、解放工业社会生产力、产生并引领社会变革的，继农业革命、工业革命后又一场不可阻挡的社会革命——现代信息革命。我

现代信息革命再认识
——信息社会变革与治理体系创新

从事计算机科学与工程专业人工智能方向、经济管理学院管理信息系统方向、电子商务和电子政务方向的学习、教学、培训与科研30余年,为全国各省、市、自治区各个行业的各级党政领导、企业家、教育家开设"现代信息革命与治理体系创新"系列课程,课程场次上千场,在相互学习交流、累积经验的过程中,发现了很多问题与困惑,在和学术同仁、各界专家的相互探讨学习中,我与我的研究生团队共同努力,终于完成了这部从纯管理和纯体制视角出发,紧紧捆绑现代信息技术编撰的《现代信息革命再认识——信息社会变革与治理体系创新》一书。

二、本书的观念与认知

主标题"现代信息革命再认识",为何要取这个名字呢?主要是基于我本人有一个强烈的感受和认知:目前我国许多公共管理的研究者与实践者对现代信息革命的认知是不到位的!比如对于当前较为前沿的互联网+、大数据、云计算、人工智能、区块链、5G/6G、物联网、VR/AR/MR、边缘计算、量子和光子计算等现代信息技术概念大多都是一知半解,所谓"熟知非真知",这些技术及其语境化的应用对当前治理体系会带来什么影响和冲击更是难以言明。人民日报《国家治理》周刊的编辑在向我约稿时,我们达成一个共识:现代信息技术对各种治理体系的影响绝不是目前大家推崇的一个或两个现代信息技术的单力,而是一群现代信息技术的合力,单纯地谈某个技术对治理体系的影响一定是片面的。与此同时,当前很多相关从业者的信息素养与能力也不够。第一,怀疑问题的能力。这是从工业社会进入信息社会必须具备的新能力。试想如果对工业社会那套传统的治理体系都不产生怀疑,如何进行全面深化的改革,最多在工业社会原地踏步走、做点改良的事情。第二,信息甄别能力。铺天盖地的海量信息,如何知道哪些是对的哪些是错的、哪些是真的哪些是假的、哪些是事件全貌哪些是片面描述、哪些是及时的哪些是滞后的、哪些是你需要的哪些是不需要的等。第三,收集和整合碎片信息的能力。碎片信息具有集量成智的效应,如何收集并整合、发挥碎片信息的力量,这依然是当前信息化从业者亟待提升的能力之一。以上,也是我写这本书的目的所在。

原副标题为"信息社会的新事物、新特征、新模式和新理念",在撰写的过程中我们自主地将方向转向了对治理体系创新的影响上,在四川大学出版社王军社长建议下将副标题变更为"信息社会变革与治理体系创新"。治理体系可以是宏观的也可以是微观的,在本书中,我们把"治理体系"的内涵归结为两层:第一层是管理层,包括管理流程、管理模式和管理方法手段;第二层是体制层,包括体制(组织架构、机构设置等)、机制、政策法律法规体系、标准体系、理论体系、人才与人才培养体系、观念认知等。两层合一才是完整治理体系,缺一不可!治理体系第一层是一般人都看得见摸得着的,同时也是目前我们做改革创新最多的一层;第二层是一般人看不见摸不着的,它是保障第一层能否实施的重要一层,不管第一层如何变革,如果第二层不做配套的跟进或者提前的变革,那第一层的所有变革都将是徒劳的。

三、本书的框架与内容

本书的核心围绕现代信息技术对管理和体制的创新,共六篇三十四章。

第一篇"重大技术革命与社会变革"是从社会变更即社会革命开始的,主要讲的是农业革命、工业革命和现代信息革命这三次社会革命都是分别由三个重大技术——农耕技术、产业技术和现代信息技术而引发的社会革命(注意不仅仅是绝大部分人理解的技术革命)。我们总结了社会革命的三大特征,在此基础上进一步讨论了三场社会革命分别导致了三个社会的诞生——农业革命导致农业社会诞生、工业革命导致工业社会诞生,而现代信息革命必将导致一个全新的信息社会诞生。

第二篇"信息社会新特征"。集中阐述农业社会、工业社会和信息社会各自不同的社会特征和管理特征(农业社会和工业社会的管理特征主要是总结提炼,而信息社会的多数特征是我和团队的研究成果),认为每一个社会的管理特征一定会决定该社会的治理体系。也就是说,新的社会形态一定会建立和前一个社会完全不同的新的治理体系。倘若我们对将要迈入的信息社会有什么特征都没有搞清楚,根本无从讨论信息社会治理现代化。本篇重点区分了信息社会与工业社会最具差异的两个背景条件,且认为有这两个条件

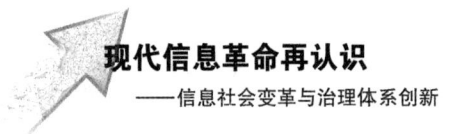

下的信息社会治理体系与没有这两个条件下的工业社会治理体系是完全不同的两套治理体系。

第三篇"信息社会新技术"。本篇主要是从管理视角去讲技术，对每一个现代信息技术从管理学角度给出它们的定义，并提出它们将会给治理体系带来的管理影响。我有一个观点：公共管理的研究者和实践者都不必像IT专业人员一样需要知道每一个现代信息技术本身，但一定要知道有些什么现代信息技术，同时更要了解每个现代信息技术能为公共管理领域带来哪些变革。在本书中，现代信息技术可以分为三大类：一是计算机技术，它是替代人大脑的技术，记忆存储计算；二是通信和网络技术，它是替代人神经系统的技术，在管理上它只是传输信息的技术；三是数字或数据处理技术，它是替代人的感知功能的技术（眼耳鼻舌喉），是获取一手数据、过程数据和碎片数据的最关键的基础信息技术。由此看来，现代信息技术的发展越来越像一个人了，智慧治理因此应运而生。在我个人看来，目前我国普遍的信息化都是传统信息化，就是承认工业社会的传统治理体系最多在管理层面稍作改良就直接用现代最新信息技术去实现的信息化。现代信息化改革一定是以下三个创新的有序结合：①管理创新；②体制配套创新；③技术的实现创新。可是纵观我国的信息化建设，基本上是②不做，①和③倒过来做。我国的信息化建设几乎被IT公司捆绑，这是管理者认知不到位所致，这是极其危险和不正常的现象！

第四篇"信息社会新思维"。企图提出一些信息社会的新的思想、新的理论和新的推论供各位读者思考、批判，期望能打开读者的思路，形成一些这个领域的理论基础，但是由于功底有限，只能抛砖引玉地提出一些不太成熟的想法和思路，因为没有信息社会的大理论、大思想出现，就无法为信息社会的实践提出坚实的支撑，望同行大家一起努力。

第五篇"信息社会新模式"。一个全新信息社会里，只有理念、思想、理论、技术是不够的，还要有新的管理模式，所以本篇主要介绍了信息社会的八种管理模式：物联网管理模式（IOT管理模式）、智慧模式、管理学云计算模式、PROSUMER模式、网络平台模式、网络众包模式、线上线下模式（O/O模式）和人工智能模式（AI模式），同时也介绍了这些模式不同的应用和成功案例。例如，智慧模式是作者复合型知识结构悟出来的信息化智慧的模式。所谓"信息化的智慧"，就是解决一个问题或一类问题时通过各种信息化手段将做这个事情或者这类事情的"做什么"和"如何做"，实现分开就实现了智慧，这就是智慧系列建设的本质。

第六篇"信息技术驱动下的社会治理创新"。信息社会的新事物、新技术、新模式、新理念对各种社会治理创新带来的影响，原打算列举很多国内外成功的案例，但由于篇幅有限，案例又多，所以就只写了一个框架性的东西供大家讨论学习。

本书是作者近年来思考的一些浅见，还有很多好的思想、理论、方法、技术以及众多的成功应用实践没有纳入此书中，而且书中可能会有一些不完整的观点、论述等，望大家批评和斧正！

最后，我要特别感谢我的历届研究生团队尤其是博士生团队的每一位徒儿们的努力，特别感动和感谢的是他们与我都有一致的、坚定不移的、打不垮压不倒的现代信息革命和信息社会的信念！

谨以此书献给那些一直并正在坚定、执着地为现代信息革命对各种治理体系影响进行探索的研究者和实践者们，愿加油努力！

谨以此书献给我的年迈92岁的慈母、我可爱优秀善良的女儿、我默默无闻持续不断支持着我的太太和我的亲人们，祝健康开心！

谨以此书献给我历届的本科生、研究生和博士生徒儿们和全国各地的各类干部学员们，谢谢认可参与！

作者悟出的心里话，希望与大家共勉：

社会变革最大的危险不是变革本身，而是仍然用上个社会的治理逻辑做事！

现代信息革命再认识
—— 信息社会变革与治理体系创新

特别说明：

本书所探讨的数字治理、智慧治理体系创新是在网络安全、数据安全和法律法规标准体系健全的背景下进行的，即治理体系创新的"三全"前提。

本书可用于公共管理本科生、硕士研究生及 MPA/MBA 学生的"电子政务"等相关信息化管理课程教材与参考书，适用于相关专业研究生、教师和研究人员，政府信息化建设领导者、从业者，企业数字化智慧化转型升级研究与实践的参考书。

二〇二一年五月二十日于成都玉泉苑

目 录

第一篇 重大技术革命与社会革命 (001)

第一章 农耕技术与农业革命：农业社会 (003)
第一节 农耕技术及发展历程 (003)
第二节 农业革命与农业社会治理模式 (005)
第三节 农业社会核心特征：聚集性 (006)
第四节 农业社会的治理模式 (007)
小 结 (011)

第二章 产业技术与工业革命：工业社会 (012)
第一节 产业技术及发展历程 (012)
第二节 工业革命与工业社会治理模式 (014)
第三节 工业社会的管理特征 (015)
第四节 工业社会的治理模式 (019)
小 结 (023)

第三章 现代信息技术与现代信息革命：信息社会 (025)
第一节 现代信息技术及发展历程 (025)
第二节 现代信息革命与信息社会治理模式 (031)
第三节 信息社会的管理特征 (032)
第四节 信息社会的治理模式 (033)
小 结 (036)

第二篇 信息社会新特征 (039)

第四章 社会空间四维化 (041)
第一节 社会空间四维化的产生背景 (041)
第二节 社会空间四维化概述 (042)
第三节 社会空间四维化的性质 (047)
第四节 社会空间四维化给管理带来的改变 (051)

小　结 (060)

第五章　去中心化 (061)
第一节　去中心化的内涵 (061)
第二节　去中心特征的实现基础 (066)
第三节　去中心化特征给管理带来的改变 (069)
小　结 (073)

第六章　扁平化 (074)
第一节　扁平化的内涵 (074)
第二节　扁平化特征的形成基础 (079)
第三节　扁平化特征给管理带来的改变 (082)
小　结 (085)

第七章　碎片化 (087)
第一节　碎片化的内涵与特征 (087)
第二节　碎片化特征的形成动因 (094)
第三节　碎片化特征给管理带来的改变 (095)
小　结 (097)

第八章　整合化 (098)
第一节　整合化的内涵与特征 (099)
第二节　整合化特征的产生基础 (101)
第三节　整合化特征给管理带来的改变 (103)
小　结 (105)

第九章　数字化 (106)
第一节　数字化的内涵和特征 (106)
第二节　数字化特征的形成动因 (109)
第三节　数字化特征给管理带来的改变 (110)
小　结 (113)

第十章　信息化 (114)
第一节　信息化的内涵 (114)
第二节　信息化特征的形成动因 (115)
第三节　信息化特征给管理带来的改变 (117)
小　结 (119)

第十一章　智慧化 (121)
第一节　智慧化的内涵 (121)
第二节　智慧化的特征 (123)

第三节　智慧化特征给管理带来的改变…………………………………(126)
　　小　　结………………………………………………………………………(130)

第三篇　信息社会新技术………………………………………………(131)
　第十二章　数字治理和智慧治理的"根"技术：互联网技术…………(133)
　　第一节　"互联网+"的概念和特征……………………………………(133)
　　第二节　"互联网+"的发展历程………………………………………(137)
　　第三节　"互联网+"与管理创新………………………………………(138)
　　小　　结………………………………………………………………………(147)
　第十三章　数字治理和智慧治理的"核"技术：管理学云计算技术……(148)
　　第一节　管理学云计算的概念和特征……………………………………(148)
　　第二节　管理学云计算的发展历程………………………………………(151)
　　第三节　管理学云计算与管理创新………………………………………(153)
　　小　　结………………………………………………………………………(157)
　第十四章　数字治理和智慧治理的"信"技术：区块链技术…………(158)
　　第一节　区块链的概念和特征……………………………………………(158)
　　第二节　区块链的发展历程………………………………………………(159)
　　第三节　区块链与管理创新………………………………………………(160)
　　小　　结………………………………………………………………………(161)
　第十五章　数字治理和智慧治理的"基"技术：5G技术………………(163)
　　第一节　5G技术的概念和特征…………………………………………(163)
　　第二节　5G技术的发展历程和发展前景………………………………(164)
　　第三节　5G技术与管理创新……………………………………………(169)
　　小　　结………………………………………………………………………(173)
　第十六章　数字治理和智慧治理的"本"技术：大数据技术…………(174)
　　第一节　大数据的概念和特征……………………………………………(174)
　　第二节　大数据的发展历程………………………………………………(177)
　　第三节　大数据与管理创新………………………………………………(179)
　　小　　结………………………………………………………………………(186)
　第十七章　数字治理和智慧治理的"感"技术：传感技术……………(187)
　　第一节　传感技术的概念和特征…………………………………………(187)
　　第二节　传感技术的发展历程……………………………………………(190)
　　第三节　传感技术与管理创新……………………………………………(191)
　　小　　结………………………………………………………………………(195)

第十八章　数字治理和智慧治理的"源"技术：人工智能技术……(196)
- 第一节　人工智能技术的概念及特征……(196)
- 第二节　人工智能技术的发展历程……(197)
- 第三节　人工智能技术与管理创新……(200)
- 小　结……(203)

第十九章　数字治理和智慧治理的"合"技术：物联网技术……(204)
- 第一节　物联网的概念和特征……(204)
- 第二节　物联网的发展历程……(207)
- 第三节　物联网与管理创新……(209)
- 小　结……(211)

第四篇　信息社会新思维……(213)

第二十章　去割裂化新思维……(215)
- 第一节　去割裂化新思维的形成基础……(215)
- 第二节　去割裂化新思维的创新意义……(217)
- 小　结……(219)

第二十一章　空间四维化新思维……(220)
- 第一节　新思维背景下的多元整合……(220)
- 第二节　空间四维化新思维的创新意义……(223)
- 小　结……(224)

第二十二章　数据治理新思维……(225)
- 第一节　数据治理新思维的形成基础……(225)
- 第二节　数据治理新思维的创新意义……(231)
- 小　结……(233)

第二十三章　一体化平台新思维……(234)
- 第一节　一体化平台思维的现实意义……(234)
- 第二节　O2O 模式：一体化平台思维的形成基础……(236)
- 小　结……(240)

第五篇　信息社会新模式……(241)

第二十四章　物联网管理模式……(243)
- 第一节　物联网管理模式的定义和特征……(244)
- 第二节　物联网管理模式产生的背景……(247)
- 第三节　物联网管理模式的理论基础与变迁……(248)

第四节　物联网管理模式的基础与架构 …………………………… (255)
　　第五节　物联网管理模式的应用 ……………………………………… (260)
　　小　结 …………………………………………………………………… (263)
第二十五章　智慧模式 ……………………………………………………… (265)
　　第一节　智慧模式的概念与特征 ……………………………………… (265)
　　第二节　智慧模式的基本框架与运行条件 …………………………… (268)
　　第三节　智慧模式对组织管理的影响 ………………………………… (274)
　　第四节　智慧模式的应用案例集锦 …………………………………… (276)
　　小　结 …………………………………………………………………… (279)
第二十六章　管理学云计算模式 …………………………………………… (280)
　　第一节　管理学云计算模式的基本概述 ……………………………… (280)
　　第二节　管理学云计算模式为传统管理带来的变革 ………………… (283)
　　第三节　管理学云计算模式的构建框架和实现路径 ………………… (284)
　　第四节　管理学云计算模式的应用案例集锦 ………………………… (289)
　　小　结 …………………………………………………………………… (292)
第二十七章　网络平台模式 ………………………………………………… (293)
　　第一节　网络平台的基本概述 ………………………………………… (293)
　　第二节　网络平台模式带来的管理变革 ……………………………… (297)
　　第三节　网络平台的构建框架和保障体系 …………………………… (299)
　　第四节　网络平台的应用案例集锦 …………………………………… (304)
　　小　结 …………………………………………………………………… (308)
第二十八章　网络众包 ……………………………………………………… (309)
　　第一节　网络众包的基本概述 ………………………………………… (310)
　　第二节　网络众包的运行机制与组织模式 …………………………… (312)
　　第三节　网络众包引发的管理变革 …………………………………… (319)
　　第四节　网络众包的应用 ……………………………………………… (323)
　　小　结 …………………………………………………………………… (326)
第二十九章　O2O模式 ……………………………………………………… (327)
　　第一节　O2O的基本概述 ……………………………………………… (327)
　　第二节　O2O的基本理论 ……………………………………………… (333)
　　第三节　O2O的适用维度 ……………………………………………… (335)
　　第四节　O2O模式的应用案例集锦 …………………………………… (338)
　　小　结 …………………………………………………………………… (339)

第六篇　信息技术驱动下的社会治理创新 ………………………………… (341)
　第三十章　信息社会新特征与社会治理创新 …………………………… (343)

第一节　信息社会新特征的核心内容…………………………(343)
　　第二节　新特征指引治理创新方向………………………………(344)
　　小　结……………………………………………………………(346)
第三十一章　信息社会新事物与社会治理创新……………………(347)
　　第一节　信息社会新事物的核心作用……………………………(347)
　　第二节　新事物优化治理手段加快创新进程……………………(349)
　　小　结……………………………………………………………(353)
第三十二章　信息社会新思维与社会治理创新……………………(355)
　　第一节　信息社会新思维的核心原则……………………………(355)
　　第二节　新思维助力转变治理理念………………………………(356)
　　小　结……………………………………………………………(358)
第三十三章　信息社会新模式与社会治理创新……………………(359)
　　第一节　信息社会新模式的创新要义……………………………(359)
　　第二节　新模式构建治理创新框架………………………………(361)
　　小　结……………………………………………………………(363)
第三十四章　社会治理创新的认知维度……………………………(364)
　　第一节　场域拓展………………………………………………(364)
　　第二节　资源整合………………………………………………(365)
　　第三节　平台实践………………………………………………(367)
　　小　结……………………………………………………………(368)

后　记………………………………………………………………(369)

Chapter1 第一篇
重大技术革命与社会革命

社会革命有三大特征：①每一次社会革命都会带来个体及组织在学习、生产、生活、管理方式等方面的深层次变革；②每一次社会革命都会因技术工具创新而打破既有生产关系，进而带来治理体系和治理能力的变革；③每一场社会革命都会带来新的社会形态。然而，并非所有的重大技术创新都会引发社会革命，比如核科技、克隆技术、材料技术、生物技术、能源科技等，事实上，它们都能在某些领域引发局部变革，而现代信息革命同时满足以上三个特征，所以现代信息革命是一场社会革命。

纵观人类历史发展进程，伴随着重大科学技术的渗透与扩散，不以人类意志为转移的、不可阻挡的、真正意义上的社会革命只有三次——农业革命、工业革命和现代信息革命。这三次社会革命分别由农耕技术、产业技术（现代科技）、现代信息技术引领。因技术创新而引发整个经济社会的重大变革，同时带来生产效率、生产关系、生产生活方式的重大改变，以及各类治理体系的演进，最终相继催生出三种不同性质的社会形态——农业社会、工业社会以及正在蓬勃发展的信息社会。

第一章 农耕技术与农业革命：农业社会

一定程度上，社会特征决定社会治理模式。以土地为核心、作坊式小农生产的农业社会，其聚集化特征对社会治理、经济治理与政府治理模式产生不同程度的影响。

第一节 农耕技术及发展历程

一、农耕技术的定义

农耕技术是指农业耕作的技术，不仅指基于土地的种植技术，还包括了畜牧业中的养殖技术以及渔业技术。随着农耕经验的积累和农业的发展，农耕技术越来越先进，农耕工具越来越丰富，农耕方式也越来越多元，从而大大提高了农业生产效率。

农耕技术具有两大特点：第一，经验传承性。农耕技术一旦被发现，就会被一代代传承下来。在长期的耕作中，人们逐步积累丰富的实践经验，同时也不断地加深对农耕技术的认识。这种技术的传承性与制度习俗相互作用和强化，从而在文明的发展上产生更加重要的作用。第二，依赖于土地。农耕技术对土地的依赖程度高于其他文明的技术，这是由农耕文明本身决定的。农业社会中，农耕与土地紧密联系不可分割，且对土地还有较为严格的要求，但是，随着技术的不断进步，生产工具越先进，对土地的依赖性会越低。

二、农耕技术的发展历程

人类利用无穷的智慧，创造了不同的农耕方式，采用不同的农耕技术，这些技术的进步和耕作方式的变化改变着农耕社会各领域的发展形态。回顾历史，从大约距今 1.2 万年前农耕的雏形诞生到当下不断革新的有关于耕作技术的发展，人类农耕技术大体经历了人力耕作、畜力耕作和机械耕作三个阶段。

第一个阶段：人力耕作。在原始农业时期，原始的自然条件下，粗放的刀耕火种是最具代表性的耕作技术。刀耕火种是一种迁移农业的耕作方式。人类利用石斧将地面上的树木以及枯根朽叶砍下，并将砍下的草木树叶晒干后焚烧，直接利用地表的草木灰作肥料而播种，一般种一年以后再异地而耕种。伴随着刀耕火种，这一时期可以依靠的耕作动力只有人力，因此又被称为人力耕作时期。以人力为主要动力的耕作方式效率低下，费时费力，且由于其技术缺陷，农作物的产量低下。由于人口的增加，耕地和粮食需求增加，刀耕火种面积不断扩大，这种耕种方式直接破坏了地表植被，影响了生态环境，人类的生存环境恶化。

第二个阶段：畜力耕作。铁犁和牛耕是畜力耕作的标志。随着人类社会的进步，人类过渡到了传统农业时期。根据历史记载，传统农业最早出现在战国，秦国到两汉时期得到进一步发展，在隋唐已经成熟。传统农业是自古以来传承最广、影响至今的一种农业方式。传统农业是以铁质农具等为主要生产工具，在自然条件下，将人力、畜力作为主要生产动力，利用传统的耕作方式和技术进行耕作的农业生产方式。与刀耕火种和人力耕作相比，牛拉铁犁的农耕时代加深了对土地的耕作厚度，提高了农作物产量，使得农业生产面貌焕然一新。畜力的运用被称为我国农业技术史上农用动力的一次革命，是我国农业发展的一个里程碑。

第三个阶段：机械耕作。进入了现代农业时期，最具有代表性的表现形式是机械耕作技术，出现牵引犁耙等工具。现代农业就是应用现代科学技术、现代工业提供的生产资料和科学管理方法进行农业生产。这一时期以机械为主要动力进行耕作，与传统人力、畜力耕作相比，农业机械化的广泛使用提高了耕种水平，提高了农作物产量和生产效率，大大解放了劳动力，推动了社会稳定和社会文明的发展进步。

农耕方式的发展、农耕技术的提高和农耕工具的革新不仅解放了人力、提高了生产力，还对人类社会的持续发展起着重要的推动作用，形成了农业社会新形态。

第二节　农业革命与农业社会治理模式

一、农业革命的定义

农业革命是由农耕技术的产生和发展而引发的一场社会革命,由此催生出以土地为中心的农业社会,呈现出地域性、波动性、聚集性的特征。

大约在一万年前的新石器时代,人类发明了农业、畜牧业。农业的产生是人类历史上的一次巨大革命,这场革命被称为第一次农业革命或新石器革命。在长期的实践中,人们逐步观察和熟悉了某些植物的生长规律,在采集经济的基础上,积累经验,各自独立地发明了农业。人类开始栽培农作物与饲养家畜的崭新的劳动实践活动,由此引起了生产生活方式乃至整个社会制度、思想文化上发生巨大的革命,即农业革命。农业革命的最主要成就在于:在经济上,从旧石器时代的攫取性经济逐渐转变为以农业、畜牧业为主的生产性经济;在政治上,开启了皇权治理的政治治理模式;在社会生活上,建立起以土地资源开发为中心的种植业和畜牧业,使人类的生活方式从游牧社会时期的迁徙方式逐步转变为定居方式[①];在文化上,使人类逐步迈向农业文明,为孕育人类文明奠定基础。农业满足了人类最基本的生产生活资料,是人类最基本的需要的基础和前提。在任何一个国家和民族,只有在其农业保持长盛不衰,或能够从外部取得农产品可靠供应的条件下,其文化才能延续,其历史才能持续。如果农业衰落或中断,其文化和历史则难以为继。

二、农业革命如何改变传统游牧社会模式

农业革命是人类开始栽培农作物与饲养家畜的崭新的劳动实践活动,以及由此引起的在生产生活方式乃至整个社会制度、思想文化上所发生的一次巨大革命。受气候、地形、土壤等自然资源条件的影响,农业生产具有一定的周期性。农业生产的周期性促成了集镇产生和生产资料的集中,建立起以土地资源开发为中心的种植业和畜牧业,使人类的生产形式由攫取性转变为生产性,生活方式从游牧社会时期的迁徙逐步转变为定居。

游牧社会是指不是总在同一地区生活而是周期性或定期地迁移的社会生

---

① 王谦.物联网与政府管理创新[M].成都:四川大学出版社,2015.

活方式。游牧生活不是不受限制和无方向的漫游,而是将某个拥有合适的资源环境条件的区域作为暂时的游牧中心,其稳定程度以食物供给和获取食物技术的有效程度而定。游牧社会以畜牧生活为主要的社会生产生活方式。畜牧生活主要通过渔猎行为以及蓄养马、牛、羊、骆驼、驴等牲畜实现日常的生产生活活动,平时以射猎禽兽为生。游牧部落每居一处,众多的牲畜等要消耗大量的水草,当此类自然资源消耗殆尽之时,就必须逐水草迁移,甚至去掠夺他人。

农业革命的发生是人类文明进步的重要表现。农业成为社会存在与发展的基础。自种植业和养畜业发明开始,人类开始由以采集渔猎为主的"攫取经济"过渡到通过劳动生产天然产品的"生产经济",农业的产生、发展使稳定的剩余产品与人类的长久定居成为可能,从而为阶级形成、城市出现和社会分工(农业和畜牧业、手工业分工,特别是脑力劳动从体力劳动中分化出来)等奠定了基础。

第三节 农业社会核心特征:聚集性

"聚集"在管理学里有三个特征:松散的、没有规模的和没有边界的。它有两个具体特征:分散化(决定了农业社会分散化治理体系)和作坊式(决定了农业社会作坊式治理体系)。

一、土地聚集

人类生于土地,长于土地,土地崇拜与人类文明的孕育相伴相生。学者郭倩倩(2020)认为,农业社会的土地崇拜可分为三大支系:第一支系是把土地作为有灵性的自然力进行崇拜,这是比较古老的土地崇拜形式,遗留了"万物有灵"的原始思维特征;第二支系是随着农业文明推进重视土地生产力的崇拜,主要表现在地坛祭祀和社神、稷神的崇拜上;第三支系是具有民间信仰意义的土地公崇拜,更加注重社会化属性。对土地的自然力崇拜和社会化属性的土地崇拜统一于农业社会土地崇拜的观念之中,其共同确立的土地崇拜信仰秩序,在安土重迁的农业社会深刻影响着中国人的文化心理,维系着乡土社会的稳定。

二、牲畜聚集

农业经济时代社会生产力水平低下,社会分工混乱,农业经济占主导地位，生产方式是以男耕女织为特点自给自足的小农经济的生产方式。

自给自足的小农经济是中国传统社会长期存在的农业生产的基本模式，是一种以家庭为生产、生活单位，农业和家庭手工业结合，以满足自家基本生活的需要和交纳赋税为目的的自然经济。农业社会的生产方式以投枪、渔网、犁、锄等工具以田野为主要场所，以自然力帮助人体力劳动。其中，以人力畜力作为主要生产动力从事农耕作业，因而此时出现了从旧石器时代的攫取性经济逐渐转变为以农业、畜牧业为主的生产性经济。

三、聚落出现

聚落是指人类聚居和生活的场所，是人类有意识开发利用和改造自然而创造出来的生存环境。随着传统农业的产生和发展，种植业的产出和家畜的驯养满足了人们对食物的需要，人们逐步实现了依靠土地而生的定居生活，促进了农业聚落的形成，实现了土地与牲畜的集中。农业经济时代生产力水平低下等时代特征，决定了它的社会管理形式是以人为中心的，这表明一个时代的特征决定了这个时代的社会管理形式。

第四节 农业社会的治理模式

社会的治理体系是由该社会的管理特征所决定的。农业社会的管理特征是以"聚集化"为核心的特征，具体表现为分散化和作坊式。分散化决定了在农业社会管理模式和管理流程上的分散，这是管理层的分散；分散化也决定了在农业社会政治体制、理论体系、人才培养体系等方面的作坊式特点，这是体制层的分散。同样，作坊式也一样决定了管理层和体制层上的作坊式管理特征。

一、社会治理模式——以个体为中心的聚落治理

随着传统农业的产生和发展，种植业的产出和家畜的驯养满足了人们对食物的需要，人们逐步实现了依靠土地而生的定居生活，促进了农业聚落的形成，实现了土地与牲畜的集中。正如马克思在描述小农经济的具体形态时说："小农人数众多，他们的生活条件相同，但是彼此间并没有发生多式多样的关系。他们的生产方式不是使他们互相交往，而是使他们互相隔离……一小块土地，一个农民和一个家庭；旁边是另一小块土地，另一个农民和另一个家庭。一批这样的单位就形成一个村子；一批这样的村子就形成一个

省。这样便是由一些同名数相加形成的，好像一袋马铃薯是由袋中的一个个马铃薯所集成的那样。"在传统农业社会的条件下，以家庭为单位自给自足生活方式，使得个体间的关系简单、联系单一，由此形成了以乡里制和保甲制为代表的农业聚落治理模式。

二、经济治理模式——以作坊为中心的小农治理

传统农业社会条件下形成的小农经济，具有自给自足的特点。它以家庭为生产、生活的基本单位，采取精耕细作、农业与手工业相结合的生产方式，其生产目的不在于通过商品交换实现利益的最大化，而是满足自身生活需求和缴纳赋税。"他们进行生产的地盘，即小块土地，在耕作时缺少任何分工和科学技术，因而也就没有任何多种多样的发展，没有任何不同的才能，没有任何丰富的社会关系。每一个农户差不多都是自给自足的，都是直接生产自己的大部分消费品，因而他们取得生活资料多半是靠与自然交换，而不是靠与社会交往。"在这样的情况下，家庭是构成基层社会的基本单位，农民世代定居在相对固定的区域，社会流动性较弱，社会关系以血缘和地缘关系为主。这是一种建立在血缘和地缘基础之上，以土地和农业为核心，进行自给自足的家庭作坊式生产过程。总的来说，同族同宗相聚而居可以视为乡村社会的基本表现形态，这种小农治理的主要表现形式为家族宗族在基层事务中的治理权能。

三、政府治理模式——以土地为核心的皇权治理

封建社会时期，社会是由村庄和城镇组成的。由这些松散聚集的村镇组成的小农经济社会需要一个强有力的国家政权。这种封建的生产方式决定了中央集权制的建立，产生了君权至上的集权政体和统治思想。"普天之下莫非王土，率土之滨莫非王臣"成为古代农业社会政治治理模式上的一个显著特点。在以土地为核心的皇权治理模式下，传统农业成为立国之本，成为统治者维护其统治地位之根本。在统治者和政治家看来，"民为邦本，本固邦宁"，成为农业社会存在和发展的重要前提。历史上任何一个明智的封建君主都很注意治国安邦，调整上层社会集团与下层民众的关系，重视农业生产，大力推行促进农业发展的措施，作为其手段。总而言之，以"民为邦本""民贵君轻"为代表的民本思想和以"大一统""天下之事，无大小皆决于上"的君权专制思想相互对立、相互补充，构成了皇权治理思想的两个方面。

案例：转型社会过程中的行业竞争

（一）明清苏州丝织手工业的繁盛

长期以来，苏州民间丝织手工业是自然经济结构里与小农业相结合的农民家庭手工业，到明朝嘉靖（1522—1566年）、隆庆（1567—1572年）和万历（1573—1620年）年间，苏州丝织手工业已逐渐脱离农业，成为独立专门化的城市手工业。[①] 后来，丝织的生产工具和生产技术都有显著提高，生产过程中的分工也日益细密。织绸用的"花楼机"，构造比过去更为复杂，万历时出现一种改良的"织绸机"。明末，苏州市场上作为商品贩卖的已有绫、绢、罗、纱、绸和布等六种织机，每种织机的构造各不相同，织出的产品巧变百出。这些都得益于农业和手工业技术的逐步发展。

明朝嘉靖、万历年间发展起来的苏州丝织手工业，占着统治地位的生产方式是分散的、个体性质的手工业，属于小商品生产，那么生产的目的就不是直接满足自己的需要而主要是为了交换。清初，苏州民间丝织手工业有了很大的发展，首先表现在丝织手工业生产的专业区有所扩大。明朝嘉靖、万历年间，苏州的机户约数千户，清朝康熙乾隆年间，据估计共有织机12000台投入生产。其次丝织手工业的分工更加精密，仅花素缎机业的有关辅助行业，就分为结综掏泛、捶丝、牵经街头、上花等四业。其次，除自产自销个体小商品生产的机户以外，清朝出现了成为"经造纱缎账房"的经营纱缎机业的"铺户"，这类铺户除自行设机雇匠生产外，大多发放经纬给机户，各就机户居处，雇工织造。

随着商品经济的繁盛，明清年间的苏州丝织手工业中出现了大量手工工场，形成了行业竞争的雏形，这是新的经济因素，显示出资本主义萌芽已在封建社会的土壤中孕育着，预示着中国社会发展的方向。

（二）从西欧资本主义工场手工业看资本主义萌芽

13—15世纪，尼德兰是欧洲西北部工商业最发达的区域。尼德兰地区位于莱茵河下游、马司河和希尔德河沿岸及北海沿岸，工商业发展时间已经

---

① 段本洛. 论明清苏州丝织手工业 [J]. 苏州大学学报，1985 (04)：1—8.

有较为久远的历史。但 13—15 世纪时期,由于受到城市工会、商业特权、垄断和限制制度所统治,此时生产关系是封建主义时代的商品生产和商人资本的关系,而不是资本主义生产的关系。① 到了 16 世纪上半期在尼德兰(主要是北部封建主特权和城市行会限制比较薄弱的地区),到处出现了新的工商业中心。在那些地方,各种商业活动已不局限于行会的形式,而且有资本主义手工工场的形式出现,从而使以前独立的手工业者变成了雇佣工人,企业主直接开办作坊,亲自采购设备和原料,雇佣工人,并主持生产过程。这就产生了集中形式的资本主义手工工场。

从 15 世纪中叶直到 18 世纪中期,家庭工作制一直是英国生产布匹的一种重要形式。布商们不但用羊毛交给农民纺织,而且也将印染、研布、修整、起绒等从业者置于自己的控制之下,使他们成为靠工资生活的人。15 世纪中叶起,布商又称为"布业家",他们有时购买纺织机用高额租金租给职工们为他们纺织,也有开始组织就近的纺工或织工在一起工作,生产同一商品。这样,"布业家"的兴起,就使得分散的小生产变成了资本主义的简单协作,从此时开始了资本主义生产方式的萌芽。

16 世纪英国的其他工业部门中,矿业(铁、锡、铅、铜的开采)、造船、玻璃制造、肥皂、造币等工业,也以手工工场形式迅速发展起来。16 世纪中叶以后是英国资本主义工场手工业的繁荣时期。

从资本主义的简单协作,到资本主义手工业工场的分工合作,资本家完成了整个工序中的从业人员在同一地方工作的集中,不但节省了商品生产的时间,也缩短了商品生产的中间过程,为生产的管理提供了便利。而后,资本家不断扩大资本,在当时的条件下最大限度地获取更多的利润,开始经营大的集中地工场手工业。据史料记载,伦敦附近的纽伯利地方有一家"布业家",拥有一个一千工人的手工工场。英国这种手工工场与农民们的"家庭工作制"并存了几个世纪,直到后来产业革命以后,农村的职工们方才被迫和生产手段做最后的分离。

---

① 荣.关于西欧资本主义萌芽问题[J].宁夏大学学报(哲学社会科学版),1980(03):64—71.

小 结

在农业社会时期，农耕技术的产生和发展大大解放了人力、提高了社会生产力，引发了人类历史上第一次社会革命——农业革命，由此形成了农业社会新形态，催生出以土地为中心、作坊式小农生产的农业社会。农业社会最主要的核心特征是聚集化。农业革命对社会治理模式、经济治理模式与政府治理模式产生不同程度的影响，具体表现为：以个体为中心的聚落治理模式，以作坊为中心的小农治理模式，以土地为核心的皇权治理模式。

思考题：

1. 与传统游牧社会相比，农业社会具有哪些鲜明的社会特征？
2. 伴随着社会形态演变，与之相应的，治理体系也逐渐发生变革。那么农业社会形态决定怎样的治理体系？
3. 农业社会的三种治理模式有什么内在的关联？
4. 农业社会的治理模式是如何体现农业社会管理特征和思想的？

第二章 产业技术与工业革命：工业社会

第一节 产业技术及发展历程

一、产业技术的定义

工业是指相对于以传统的人类劳动为基础的农业生产，而分离出来的一个独立的生产消费资料及生产资料物质的生产部门。而产业技术（工业技术）则是区别于传统农耕技术和手工业生产技术，是以生产机器及能源动力为基础的自动化的物质生产技术，具有可靠性、稳定性、精确性、规模性等特征。

二、产业技术的发展历程

同工业革命的发展阶段紧密相连，产业技术的发展也分为以下三个主要阶段。

（一）第一次工业革命阶段——18世纪60年代至19世纪40年代

伴随着传统手工业生产逐渐无法满足市场需求的情况出现，传统手工业的技术改革已迫在眉睫。在工场手工业最为发达的棉纺织业，1765年，纺工哈格里夫斯发明"珍妮纺织机"，其纺纱能力较旧式纺车提高了8倍；后来在棉纺织业中产生、出现了螺机、水力织布机等先进机器；随后，在采煤、冶金等许多工业部门，也开始有了机器生产。而随着生产机器越来越多，市场产品的需求也越来越大，原有的维持机器运行的动力已经无法满足生产需要。于是，1769年英国人詹姆斯·瓦特发明了改良型蒸汽机，提供了更加便利、高效的动力，其推广大大推动了机器动力的普及和发展。1807年和1814年，美国人富尔顿、英国人史蒂芬孙分别制成以蒸汽为动力的蒸汽船及蒸汽火车，变革了以人力、畜力、风力为主要动力的海陆交通运输业。新型蒸汽机在交通运输业的广泛运用，促进了人类交通运输事业的革新，极大地提高了交通运输的效率。人类社会由此进入了"蒸汽时代"。

(二) 第二次工业革命阶段——19世纪60年代末至20世纪初

随着第一次工业革命和资本主义的迅速发展，自然科学的研究工作呈现空前活跃的局面，并取得许多重大突破。自然科学同产业技术发展有着密切的联系，19世纪自然科学领域的重大突破，为资本主义进一步发展所需要的新技术创造了基本的理论条件。[1] 1870年以后，以此为基础各种新技术的诞生层出不穷，并被应用于各种工业生产领域，促进了经济的进一步发展。[2]

1866年，德国人西门子制成了自励式直流发电机；再到1873年，比利时人格拉姆发明能把电能转化为机械能的大功率电动机，电力开始成为补充和替代蒸汽动力的新能源而应用于生产活动；紧接着，电灯、电车、电钻、电焊、电影放映机等电器产品如雨后春笋般涌现出来。此外，19世纪七八十年代，以煤气和汽油为燃料的内燃机相继诞生，并广泛应用于交通运输领域，内燃汽车、远洋轮船等交通工具得到了迅速的发展。而分别产生于19世纪70年代和90年代的电话机及无线电报机，实现了人类社会远距离信息的迅速传递。世界各国的经济、政治和文化联系进一步加强。人类自此进入了"电气时代"。

(三) 第三次工业革命——20世纪四五十年代至今

全球科学领域的重大突破，带来了物质和技术基础的不断发展。从20世纪四五十年代起，尤其在第二次世界大战期间及第二次世界大战后，由于各国对新的科学技术的迫切需要，以原子能技术、航天技术、电子计算机技术为代表的一系列技术取得了迅速的发展，开启了新一轮的科学技术革命。

在原子能技术方面，原子能技术首先被应用于军事领域，1945年美国成功研制出原子弹，并在日本广岛、长崎投放，造成数十万人伤亡的同时，也直接导致了第二次世界大战的结束。1952年美国研制的氢弹试爆成功。此后，和平利用原子能工业开始发展，从1954年苏联建成第一个原子能电站后，原子能技术逐渐被应用于发电领域，为世界的能源应用做出了很大贡献。

---

[1] 张倩男. 科技创新诱发产业竞争优势提升的演化机制研究 [D]. 武汉：武汉理工大学，2008.
[2] 芦建红. 发达国家城镇化发展的历程、特点及启示——以美国为例 [J]. 魅力中国，2016 (11): 14.

在航天技术方面，航天技术起源于苏联及美国的太空计划，而因冷战期间两国的太空竞赛而取得了迅速的发展。航天技术是现代科学技术的结晶，它以基础科学和技术科学为基础，汇集了 20 世纪许多工程技术的新成就，如力学、热力学、材料学、光电技术、自动控制、喷气推进、真空技术、低温技术、半导体技术、制造工艺学等对航天技术的发展起了至关重要的作用。这些科学技术在航天应用中互相交叉和渗透，产生了一些新学科，使航天科学技术形成了完整的体系。[①] 航天技术不断提出的新要求，又促进了科学技术的进步。

在电子计算机技术方面，电子管技术为电子计算机的出现奠定了基础，1946 年 2 月，第一台电子计算机在美国问世，可实现每秒 300 次各种运算或 5000 次加法。随后，电子计算机不断改革更新换代，每秒计算次数最高已可达数十千万亿次。计算机技术开始被广泛运用于人类社会的各个领域。

第二节 工业革命与工业社会治理模式

一、工业革命的本质

工业革命（the Industrial Revolution），又称产业革命，一般代指资本主义工业化生产完成从手工工厂向机器大工业生产过渡的早期历程，其在英格兰中部地区起源。工厂取代了小规模的手工作坊，成为工业化生产的最主要组织形式并发挥着日益重要的作用。由于机器的发明及运用成为时代标志，因此历史学家对工业社会的别称命名为"机器时代"（the Age of Machines）。18 世纪中叶，英国人瓦特改良蒸汽机之后，系列技术革命引起了手工劳动向动力机器规模化大生产的重大转变，随后影响了欧洲、北美直至扩散推广至全球的科学技术革命。[②]

二、工业革命如何改变传统农业社会模式

工业革命是由于生产技术的发展、变革而引发的一场社会、生产与科技革命。工业革命是人类史上的重要发展阶段，主要贡献是实现了传统农业社

---

① 毛善君. "高科技采矿"理念下的煤炭科研及其人才培养问题探讨——来自于航天科技发展的借鉴 [J]. 煤炭高等教育，2010，28（3）：7—10.

② 3D 打印会"引爆"新工业革命吗？[N]. 光明日报，2013—03—19.

会向机器化生产的工业社会的变革。工业革命的主要成就在于：使机器代替了手工劳动、工厂代替了手工工场，产业开始趋向集中；由于工业生产对劳动力的需求，城市作为容纳集中人口的载体而出现，带来了城市化与人口转移；社会结构发生变化；科学管理的思想开始形成并发展。恩格斯在《英国工人积极状况》一书中分析资本主义城市的发展时曾经写道："人口也向资本一样的集中起来，这也是很自然的，因为在工业中，人——工人，仅仅被看作一种资本，他把自己交给厂主去使用，厂主以工资的名义付给他利息。大工业企业需要许多工人在一个建筑物里面共同工作，这些工人必须住在近处，甚至在不大的工厂旁边，他们也会形成一个完整的村镇。他们都有一定的需要，为了满足这些需要，还需有其他的人，于是手工业者、裁缝、鞋匠、面包师、泥瓦匠、木匠都搬到这里来了。于是村镇就变成小城市，而小城市又变成大城市。城市越大，搬到里面来就越有利，因为这里有铁路，有运河，有公路，可以挑选的熟练工人越来越多，这就决定了大工厂城市惊人速度地成长。"[①] 工业革命的一系列成就推动了社会各领域的深刻变革，使整个人类社会从传统农业社会模式过渡到近现代工业社会模式，实现了生产和资本的高度集中以及管理理念模式的转变，这是历史的进步，也是时代的发展。

第三节　工业社会的管理特征

每一个社会的管理特征直接决定该社会的治理体系，而工业社会的管理特征就是如下六个，它们分别决定了工业社会对应于每个特征的那套治理体系，比如割裂化的管理层（管理流程、管理模式）和割裂化的体制层（体制、机制、政策、法规、标准体系、理论体系、人才培养与选拔体系、观念和认知等）。

一、集中化

集中化是工业社会最为突出的管理特征之一，具体表现为产业和人口的集中趋势，其出现和发展是对农业社会分散化治理模式的取缔和创新，推动了社会化大生产和城市的繁荣，进而直接决定了工业社会政治上的科学管理

---

① 何小玲. 工业化初期城市生态问题一瞥——重读恩格斯《英国工人阶级状况》有感[J]. 理论视野，2014（06）：19—22.

体制和集中化的社会治理模式。

农业社会进入工业社会，一个主要标志就是经济组织形式从分散逐步走向集中，即由"小而全"的家庭经济组织形式发展演变为专业化协作的经济组织形式。与专业化协作特点、要求相适应的应该是"集中型"的管理体制，即"统一领导、统一管理、统一分配"的高度统一的管理体制。在工业社会分工深化、技术进步以及提高经济效益的社会需求成为主流的环境背景下，过去农业社会分散化的生产管理活动已经不再适应时代发展的要求，权力首先在经济领域被集中起来，集权式的管理被视为工业社会最先进的管理方式。就其经济组织形式而言，集中化了的经济组织能通过生产要素的集中和合理配置，保证生产的协调均衡，并达到高效率、高效益目的。

与此同时，政府的权力也前所未有地被强化起来，在推动这种集权化的力量之中，经济危机、世界大战、社会问题、计划经济成为最主要的力量。因此，在世界主要国家内，我们可以看到的是政府职能日益强化，作用范围日趋扩张，决策权力越来越集中。现代国家成为"行政国家"。①

由此表明，与工业社会高层次生产力相适应的是集中化的组织管理形式，集中化的管理体制和机制直接决定了工业社会的整体管理体系，是社会化大生产的必然趋势。

二、规模化

规模化是伴随城市化进程出现的工业社会管理特征之一。规模化打破了传统农业社会聚集式、作坊式的生产管理方式，同时也催生出生产劳动分工、社会职能领域划分等异质性规模生产群体。基于此，城市管理也由于规模化出现了新的转向。工业社会规模化特征引发了体制机制、法律法规等管理层、制度层安排迭代更新，它取代了农业社会作坊式的管理体系，建立了具有规模化特征的工业社会治理体系。

工业革命的发生直接促成了机械化大规模生产对低效的作坊式生产模式的取而代之，同时也宣告工业社会的正式到来。人民生活水平迅速提高，城市化随之席卷村庄城镇，在这个时期企业竞争力的直接体现是劳动产出的多寡，同时在保持高产出水平的同时兼顾产品高品质也是提高生产竞争力的压倒性优势。因此，工业时代的主要管理任务逐渐演变为提高产能和降低高次品率对于工业信用的影响。基于以上现实要求，在大规模生产催化下，流水

---

① 赵玉荣. 论当代中国政府行政面临的挑战与变革 [D]. 武汉：华中师范大学，2000.

式作业的科学管理方式应运而生。

这种管理方式在工业社会发挥了巨大的优势，促使员工提高劳动产出效率，并且在保证高数量生产产品的同时维持一定平衡的商品质量，组织也获得更高的稳定性，继而维系企业生存与发展的需要。①

在此特定时期内，过去依靠自然原始模式的管理体系的企业由于效率低下和高昂的成本困境故步自封，失去优势竞争力，"泰罗制"的管理方式应用至社会方方面面，规模化的体制机制、法律法规、理论体系相应建立，规模化治理体系取代了农业社会作坊式治理体系。

三、中心化

中心化是工业社会的集中化所带来的一种中心—边缘结构特征，在工业社会管理体系中，集中表现为政治、经济、文化中心化。中心化所对应的管理模式就是官僚科层制，作为一种社会形态的官僚制所呈现出的就是一种中心—边缘结构。② 运用官僚制的"金字塔"结构表达，放入立体三维化空间从高处俯视，"金字塔"所呈现出的就是中心与边缘的圈层式分布。

从系统的结构视角来看，在一个官僚制组织内部，"规则—高级雇员—低级雇员"构成了其最为基础的中心—边缘结构。居于最中心位置的是组织的规则，理性官僚制要求所有雇员（无论是高级雇员还是低级雇员）都不得凌驾于规则之上，围绕着这一中心而存在的是组织规则的雇员。在规则面前，所有雇员都是边缘化的雇员。在雇员内部则同样存在着中心与边缘的区分，若干低级雇员围绕着某个确定的高级雇员而存在。这就是官僚制组织内部的中心—边缘构型。③

此外，在此前的农业社会，等级化的中心—边缘结构仅属于政治统治意义上的，经济和文化的功能也存在于这种结构中，但属于从属性的，表面特征并不明显。工业化把政治统治中心的经济、文化功能突出出来，形成了由政治、经济、文化集合而成的中心城市，在等级化的序列中逐层地形成这种政治、经济、文化的集合中心，下文会就此展开详细论述。

---

① 史光起. 管理"猴子"[J]. 中小企业管理与科技，2009（20）：48—52.
② 张康之. 论社会以及组织结构的"非中心化"[J]. 江海学刊，2008（01）：87—93.
③ 张桐. 官僚制是一个僵化结构？——官僚制结构的弹性与扩张[J]. 公共管理与政策评论，2019，8（2）：53—61.

四、固定化

固定化是工业社会高效率低成本运转的保证，这就决定了固定化同时也是工业社会最隐秘的弊病。何以见得？固定化特征所对应和决定的"固定化治理体系"，包括固定化的管理层（固定化的管理流程和固定化的管理模式）以及固定化的体制层（固定化的体制——组织架构机构设置等、固定化的机制、固定化的政策和法律法规、固定化的标准体系、固定化的理论体系、固定化的人才培养体系、固定化的观念认知等）一定程度上限制了社会资源的流动，以及人的才能的发挥。

伴随着第二次工业革命，社会生产在机械化大规模生产的基础上分工协作更为严密，相对应的管理也愈加复杂化，过去的以经验为主要管理依据的管理方式已无法适应现实条件，迫切要求管理的科学化，因此泰勒制科学管理应运而生，工业社会的管理正式进入规范化、制度化的科学管理阶段。而标准化、精细化的分工与生产要求自下而上的管理体系变革，因此固定化的管理体系逐步建立，具体表现为固定化的机构职能设立与制度化管理。在社会生产过程中，固定化的机构职能设置、指挥、控制、监督和奖惩机制有序保证了高效率低成本的生产流水线运行，但随之而来的却是一成不变的官僚体制、组织机构设置，固化老旧的标准体系、观念认知等，使得社会资源难以流动，人的潜力难以发挥。

五、割裂化

割裂化是工业社会最大的管理弊病。在工业社会管理体系中集中表现模式为由机构割裂带来业务割裂，进而致使数据割裂，三种模式是管理环节中层层递进带来的效果叠加所导致的产物。而割裂化的管理特征决定了工业社会割裂化的管理理念、管理流程、管理机制、管理体制等。

农业社会的内核是异质化静止，而工业社会是一个依赖永续的经济增长而存在的文明，当财富增长暂缓或直接停止，随之带来的是工业社会丧失合法性。永续增长要求不断地创新，不停地催生新的行业与分工。因此工业社会的职业分工呈现多且乱的现象，职业分化增多，其直接导致的后果是机构设置割裂化，不同工种职业间缺少协作，同时所需要的每一个职业寿命都比较短。一个人一般不会终身待在同一个位置上，他必须时刻准备着从一种职业转换到另一种职业。如此个别管理流程中的职业生命周期终止，就会导致业务链断裂，造成业务割裂化，而业务流程中存储的数据在人员流动和业务交替中也有了分化和缺失，最终造成数据割裂化的结果，对精细化管理和全流程管理带来的损失是不可逆的。因此，割裂化特征是工业社会最大的管理弊病。

六、社会空间三维化

社会空间三维化使得工业社会的治理基于三维实体空间而设计，管理人员以传统三维思想为理念指导社会治理，所构建的管理体制和系统基于社会空间三维化而建立，从而形成了以割裂化、粗放式等为特点的工业社会管理特征。社会空间三维化是工业社会最大的管理局限。

工业革命带来了生产力的迅速发展、物质资料的增长，随之而来的是政治活动、经济活动、文化活动、社会活动各领域的极大丰富，这在很大程度上改变了社会的结构和人类的活动空间，更形成了以空间三维化为空间形态特征的社会治理模式。在封建社会，各朝代都城主要聚集的是皇亲贵族、有名官绅等统治阶层，而在都城的外围大多是贫苦农民阶层，这种架构在统治制度文化基础上的社会空间格局，是一种传统的"城堡"式保护模式，即单纯的物理分层，这种分割形成的是原始的"二维"物理空间体系。而到工业社会，资本主义的高速发展要求广阔的空间生产来提供支持，迫使城市工业区扩展以及城市居民大量外迁，这种物质流的移动使得原有的城市空间维度发生裂变，资本主义覆盖了传统的制度文化，刺激阶层的分化，形成了城市空间的三个维度。①

第四节　工业社会的治理模式

一、产业体制特征——以集中化、规模化为中心的产业治理

工业化技术发展的直接成果就是工业革命，工业革命推动了工业社会的形成，这是现代社会形成的首要标志。在工业社会的形成与发展中，管理体制也发生了根本性变革，呈现集中化、规模化，形成了新型的产业治理模式。工业化技术发展产生了两次工业革命，这两次产业革命彻底打破了传统社会的产业结构和产业关系，建立了新兴的工业体系，标志着工业化社会的形成。

---

① 夏子龙．四维空间下的社会结构与城市危机［J］．重庆教育学院学报，2012，25(5)：22—24，31．

现代信息革命再认识
——信息社会变革与治理体系创新

第一次工业革命以蒸汽动力的应用为主要特点，蒸汽技术革命的完成，不仅使纺织部门实现了由手工工场向机器大生产的集中化过渡，而且还促成了机器制造、钢铁冶炼等部门的快速发展，萌生了许多新兴产业。第二次工业革命的显著特点为电力的多领域应用，从19世纪六七十年代开始而持续性发酵的工业革命历程中以系列电气发明为特征和推动动力，以德国和比利时发明家为重要代表人物，电力演变为取代蒸汽动力的新能源，电力工业和电器制造业迅速发展；第二次工业革命的另一主要标志是内燃机的创制与应用，19世纪七八十年代，以煤气、汽油为燃料的内燃机应运诞生，出现一系列内燃机车、远洋轮船、飞机等工业化产品，内燃机的发明也对石油开采业和石油化工工业的产生与创新起到了关键作用。总之，工业技术的发展大大改变了产业关系和产业结构，形成了以某项产业为中心、配套产业集体发展的规模化发展态势。产业经济结构的变革，催生了新型的管理体制，各种新型的管理方法和管理手段得以产生，很大程度上提高了社会管理的效率。

工业技术在管理工具、管理方法和管理手段上为产业治理提供了直接支持。工业化的产业治理方法大量采用或借用工业化技术手段，表现为采取可操作可量化的手段建立起整套的目标体系、程序体系和评价体系，实现了社会治理的预测、决策、实施、评价整个过程由传统经验方法向现代科学方法的转变，产业治理技术不断现代化，形成了工业化产业治理方法体系。工业化社会治理方法体系的形成大致来说经历了两个阶段：首先是19世纪末、20世纪初电气化革命影响下由泰勒所开创的科学管理理论及其方法。科学管理理论和方法强调用精确的计量方法来提高生产效率，提升管理质量，在社会管理活动中产生了广泛影响，标志着社会管理科学的诞生。其次是第一次世界大战到第二次世界大战期间巴纳德所建立的组织管理理论和西蒙所倡导的决策技术体系，新的现代科学技术成果和技术手段、方法不断被运用到社会管理活动当中，逐步实现了管理和组织理论的科学化、管理方法和管理手段的技术化，形成了集中化、规模化的产业治理体系。[①]

二、社会生活标志——以固定化、中心化为核心的城市治理

城市不仅仅是一个地域范畴，同时还是一个历史范畴。城市的发展是政治经济发展、社会分工日益发达的必然结果。它的产生与发展，标志着人类社会的又一次进步。城市是工业革命和工业社会的摇篮，而工业革命又促使

---

① 钟志东. 技术发展与社会治理变革——以现代技术革命为线索 [D]. 南昌：南昌大学，2007.

了城市的兴起和发展。前工业化时期的主要经济特征是人均收入水平低、经济增速缓慢、对农业依赖程度高和劳动分工程度低；而工业化时期的主要经济特征是人均收入增长迅速、经济发展相对较快、对农业依赖程度低以及劳动专业化程度高。① 工业革命带来的工业化，更是直接推动了城市化的兴起。其具体表现为以下几个方面：

（1）人口由农村地区迁往城市地区，大量农业人口变为非农业人口，城市人口占总人口的比例不断提高。

（2）城市数量不断增加，规模不断扩大，城市的经济力量和作用逐步加强，城市地位和影响越来越重要。

（3）人们的生活方式逐渐城市化，社会生活方式呈现多元化。②

工业技术的发展从多个方面规定着城市化进程。首先是人口学的要求，工业技术的发展要求实现人口的城镇化，大量的农业人口向非农业人口的转化是实现现代经济增长的重要途径；其次是社会学的要求，工业技术的发展要求转变农村生活方式，提高城镇居民的生活质量和劳动力的技能；再次是经济学的要求，工业技术的发展要求加快农业生产机械化，提高农业生产效率，适应整个国民经济的发展。从工业社会对城市化进程的三个要求来看，城市化进程具体表现为农村人口缓慢向城市人口转变、农村地区也逐步不断向城市地区演变，整体呈现城市人口不断增长的过程。在此过程中，必然要求城市基础设施和公共服务设施不断提高，同时不断更新城市文化和城市价值观念，实现现代社会的生活方式。

工业革命带来了工业化技术的迅猛发展，机器生产和工厂制度的兴起，有力地促进了城市化进程，推动了原有城市的扩大和新工业城市的兴起。现代城市的雏形是中世纪晚期意大利威尼斯、米兰和佛罗伦萨等小城市，这些城市以工场手工业和商业为经济基础，商业活动非常频繁，并且建立了各种交易组织和法规制度，初步具备了现代城市的基本面貌，但是它们却并没带动和引发现代城市的大规模兴起。现代城市的大规律兴起主要应该归功于工业革命。在工业革命过程中，一方面，工业化技术发展所提升的社会生产力引起了地域空间上城镇数量的增加和城镇规模的扩大，农村人口大规模地向城镇转移和集聚，同时由于产业结构调整，城镇经济在整个国民经济中占主

---

① 李明超. 工业化时期英国的城市社会问题及初步治理 [J]. 管理学刊, 2011 (06): 46—51.

② 尹乐. 关于都市民俗及在续志中的编修探讨 [J]. 新疆地方志, 2013 (04): 16—17, 23.

导地位，成为社会发展的主要力量，城市的经济关系和生活方式开始向广泛的周边农村和资源丰富的地区渗透，城市建设的要求越来越迫切；另一方面，工业化技术本身又大大提高了城市建设的规模和效率，各种材料、能源和工具都由工业化技术本身加以提供。随着工厂制和机械化的盛行，释放了大量农村劳动力，农村人口涌向城市，转变为工业劳动力，使城市人口与城市数目迅猛增长，为城市注入了新鲜的血液。

两次工业革命推动了工业化进程，使人类基本上完成了由农业社会向工业社会、由乡村社会向城市社会的转变。而社会的生活方式也由农业社会的以个体为中心的聚落治理向以固定化、中心化为核心的城市治理转变。

三、政府治理模式——以多中心、参与式为核心的社会治理

工业技术的发展促进了公民社会的形成。工业化技术突破了自然经济的束缚，并且代之以商品经济和工业经济，从而在根本上动摇了传统社会治理的经济基础，引起了政治治理模式的转变。在传统社会治理体系内，政治结构和整个社会结构是靠不平衡的权力关系来维持的，社会治理往往趋于保守，其中专制和暴力是其主要特征，而工业化技术的发展打破了这种权力关系，以理性为特征的工业化技术发展从根本上否认了传统权力关系的存在，使得传统社会治理失去了其存在的合法性与合理性，逐步走向公民社会。传统社会治理结构的破产与公民社会的产生是工业化技术发展的必然结果，传统社会治理的对象、内容和方法都受到技术革命的严重挑战。首先，随着机器大工业的形成和交通运输技术的发展，商品交换和人员往来开始越来越频繁，仅仅依靠血缘关系或地缘关系来划定社会治理对象变得十分困难，这就使得传统社会治理的治理对象发生了改变；其次，由于生产的扩大，商品和人员的流动性增加，社会的不稳定性因素和风险也在不断增加，单凭依靠传统的经验方法或道德教化方法难以达到有效的治理效果；再次，伴随着技术进步与社会变革，各种各样的社会治理问题不断萌生，并且交织在一起变得日益复杂化，传统社会治理体系内无法容纳这些新出现的社会问题，从而导致它的进一步解体。

工业社会的社会治理方式不仅属于政治范畴和法律范畴，而且属于经济范畴，是工业化和城市化发展的必然产物。黑格尔将公民社会看作是私人利益的体系，但是却错误地认为公民社会是国家的"副产品"。马克思思想是对黑格尔哲学的批判与继承，将公民社会作为市场经济中由交往关系承托的物质交往和由这种交往关系所构成的社会生活领域，但是指出："政治国家没有家庭的天然基础和公民社会的人为基础就不可能存在。"在他看来，所

谓的公民社会就是指：当社会生产力达到一定限度，依托从生产与生活交往关系中成型的社会组织为主要形式，以商业与工业生活为重要内容进而体现社会中普遍存在的物质交往关系，独立于并决定着建立在其上的政治国家及其附属物的社会生活的领域，特别是经济活动的领域。由此可见，公民社会的形成离不开工业化技术发展。传统的工场手工业主和商业阶层如果不凭借工业化技术发展给其带来的丰厚利益，就无法摆脱传统农业社会治理方式的种种政治性支配而获得解脱。商品生产、贸易如果不凭借工业化技术发展所带来的优越条件，就无法战胜自然经济和半自然经济。人们之间的利益需求和利益交往就会越来越贫乏，从而失去建立普遍性政治法律制度保障的内在驱动力，整个社会就仍然停留在家庭关系这个自然基础上。

传统的农业社会治理往往在治理过程中强化人的道德性价值因素，忽视甚至否认人的生产性价值因素的存在，而工业技术的发展进步则明确地肯定人的生产力量是财富的源泉。因此，在工业社会里，社会治理的任务被规定为鼓励人们通过自身劳动来获得自身价值的实现，并且保护人们所获得的价值实现。这就为现代社会治理的形成奠定了权力关系的基础。如果说机器大工业是工业化社会治理的技术基础的话，那么关于公民权利的划分和现代法律制度则是工业化社会治理的制度保障。工业化技术发展不仅产生了机器大工业技术体系，而且还产生了与之相关的法律法规标准体系等社会管理制度，这些制度为公民利益关系的调整和维护提供了有效保障。

小　结

产业技术的发展带来了人类历史上的三次工业革命，引发了深刻的社会变革。工业革命以后，工厂取代了小规模的手工作坊，实现了传统农业社会向机器化生产的工业社会的变革，带来了产业集中、人口转移和管理理念模式的转变。

集中化、规模化、中心化、固定化、割裂化、社会空间三维化是工业社会的六大管理特征。治理模式实现了三大转变：以作坊为中心的小农治理向以集中化、规模化为中心的产业治理转变，以个体为中心的聚落治理向以固定化、中心化为核心的城市治理转变，以土地为核心的皇权治理向以多中心、参与式为核心的社会治理转变。

思考题：

1. 工业社会与传统农业社会模式相比有哪些方面的进步与变革？

2. 工业社会的产业技术与生产变革是如何影响管理思想与管理模式的演进的？

3. 工业社会为后续信息技术革命的产生与发展提供了哪些基础条件？

4. 请结合自己所在部门或行业对应寻找工业社会六大特征的具体体现，并简要概述其对组织或部门管理创新产生的影响。

第三章　现代信息技术与现代信息革命：信息社会

第一节　现代信息技术及发展历程

一、现代信息技术的概念界定

信息技术又叫信息与通信技术，广义的信息技术主要是指用于管理和处理信息所采用的各种技术的总称，主要包含传感技术、计算机和智能技术、通信技术和控制技术；根据技术经济学，信息技术是指一切涉及信息的生产、收集、存储、处理、流通和应用的技术、相关方法、制度和技能，以及相关工具和物资设备等。① 当前，信息技术也可被视为能够扩展人的信息器官功能的技术。狭义的信息技术因其使用的目的、范围、层次不同有不同的表述，如一种解释为信息技术是指在计算机等技术手段支持下实现收集、处理、储存、传输、显示和传输文字、数字、图像以及声音信息等功能，具体包含了设备和信息服务供给的方法和技术的总称；还有将信息技术定义为应用在信息加工和处理中的科学技术、工程训练方法和管理技巧。

综合以上观点，本书将从广义的角度来定义信息技术，即现代社会人们用来管理和处理信息过程中所用的技术，统称现代信息技术。

二、现代信息技术的特征

有人将计算机与网络技术的特征——数字化、网络化、多媒体化、智能化以及虚拟化当作信息技术的特征。信息的秉性决定了现代信息技术具有客观性、普及性、广泛性、动态性、共享性等特性。现代信息技术的最本质的

---

① 张才明. 信息技术的概念和分类问题研究 [J]. 北京交通大学学报（社会科学版），2008（03）：89—92.

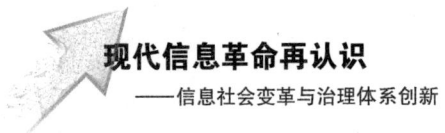

特征主要包括以下两个方面。

（一）信息技术具有技术的一般特征——技术性

信息技术具有技术本身的一般性特征，具体表现为：科学的方法、先进的工具、优化升级的设备、娴熟的技能、便捷的运用过程、高效性的功能等。

（二）信息技术具有区别于其他技术的特征——信息性

相较于其他技术，信息技术有着独有的特点，具体表现为：信息技术的服务主体是信息，核心功能是信息处理与运用的效率、效果提高。

三、现代信息技术的发展历程

自20世纪后半期开始，现代信息技术的发展掀起了三次巨大的浪潮。第一次浪潮始于1946年2月15日第一台计算机——埃尼阿克（Eniac）的问世，标志着现代信息技术的出现，开启了人类的计算机时代。第二次浪潮始于1969年互联网（Internet）的诞生，标志着人类开始走向互联互通，将人类带入了互联网时代。第三次浪潮始于20世纪90年代末物联网（Internet of Things）的诞生，标志着物物联网智慧化的开始，将人类带入了物联网时代。

（一）第一次浪潮（20世纪40年代至70年代）：电子计算机的问世开启了人类计算机时代——"计算机—数字化"

现代信息技术发展的第一次浪潮开启了人类计算机时代，这个时代的主要特征是"计算机—数字化"，其解决的主要问题是计算机化、网络化，即局域网化和基本业务数字化。

1946年2月15日，世界上第一台计算机——埃尼阿克（Eniac）在美国诞生，轰动了全球，标志着现代信息技术的出现，引发了当代信息技术革命，开启了以数字化为主要特征的计算机时代，引领了现代信息革命的第一次浪潮。

18世纪以来工业革命和电力革命的逐步开展，使得延长人的信息器官功能成了人与自然斗争中最迫切需要解决的问题。[①] 正因为这样，19世纪末以来，科学技术发展便开始转向信息科学技术，并产生了电报、模拟电话、模拟电视、传真机等传统信息技术，直到20世纪40年代，出现了一项伟大的发明——电子计算机，自此实现了传统信息技术向现代信息技术的过渡，

---

① 孙寿涛. 信息革命：称谓及其历史地位[J]. 北京邮电大学学报（社会科学版），2007（02）：55—60.

人类开始走向计算机时代。在第一台计算机问世后，随着计算机技术的逐步发展，计算机的成本逐渐降低，广泛应用到政府部门、科研机构、大型企业；20世纪80年代初期，英特尔的四位CPU微处理器促进了个人计算机的发明，使得计算机很快进入一般的小公司和家庭；直至现在，计算机已经广泛覆盖到互联网、公司、政府、家庭等各领域[①]。

计算机时代以数字化为主要特征，促使人类事务计算机化、基本业务数字化。计算机技术将纷繁复杂的信息转变为可以度量的数字、数据后，以科学合理的数字化模型将其转变为代码，从而引入计算机内进行统一处理和加工。计算机及计算机技术的产生及发展对人类社会的影响是空前深刻的，它延伸并扩展了人的大脑的功能，开辟了人类智力的新纪元，电子计算机之于信息时代，恰如机械化之于工业革命，是现代信息技术发展的开端。

（二）第二次浪潮（20世纪80年代中后期至21世纪初）：互联网的诞生将人类带入了互联网时代——"互联网—互联化"

现代信息技术发展的第二次浪潮将人类带入了互联网时代，这个时代的主要特征是"互联网—互联化"，其解决的主要问题是将互联网时代的信息技术广泛应用于各行各业，使之互联互通。

1969年，在空间计算机技术的迅速发展下，互联网（Internet）在美国得以诞生，作为由网络与网络之间依据一组通用的协议串联而成的巨大网络[②]，它促使人类开始走向互联互通，标志着人类开始迈入以互联化为主要特征的互联网时代。20世纪70年代，互联网的产生极大加快了计算机技术、微处理技术、现代通信技术等现代信息科学技术的发展速度，呈现出飞跃前进的发展态势。从互联网的发展历程来看，互联网时代分为三个具有重大战略意义的阶段，以下我们分别用三个重大事件来阐述三个阶段的伟大的管理意义。

1. 第一阶段——1983年1月1日，国际互联网（The Internet）诞生

第一阶段最伟大的管理意义是打破了工业社会空间三维化特征，让我们的社会空间多了一维，进而产生信息社会的空间四维化特征。1983年1月1日，TCP/IP协议作为因特网上所有主机间的共同协议是一种必须遵守的规则，被全球肯定和应用，这标志着国际互联网诞生。国际互联网为各行各业创造了现实三维空间之外的虚拟空间，使人类的生产生活在虚拟的生存空间

---

① 高文. 计算机技术发展的历史、现状与趋势 [J]. 中国科学基金, 2002 (01)：35—38.

② 张旭龙. 计算机病毒传播与控制研究 [D]. 重庆：重庆大学, 2017.

中得以实现，打破了传统工业社会的空间三维化，进入信息社会的四维空间。随着信息技术革命发展，以网络为纽带，以现代信息技术为依托，逐渐建构起由信息空间、虚拟空间等组成的能够运用并解决现实生活中难题的高维网络空间，即传统三维空间+网络空间便构成信息社会的空间四维化。这种宏观层面的巨大变化，以虚拟化的网络空间为表面，以现代信息技术手段为支撑，能解决实体三维空间的难题，不仅拓展了人类的生存空间，还引起了人类思维模式和行为模式的变革。

2. 第二阶段——2007年1月9日，移动互联网的诞生

第二阶段最伟大的管理意义是将工业社会前四大特征（集中化、规模化、中心化、固定化）逐一地、迅速地被打破，进而依赖于工业社会这四大特征的传统工业社会治理体系面临全面深化改革，信息社会呈现去中心化、碎片化。2007年1月9日，乔布斯在旧金山马士孔尼会展中心的苹果公司全球软件开发者年会中透露推出第一代iPhone，手机成为可穿戴设备，通过苹果手机使互联网与通信网合二为一并推向全世界，促进了移动互联网的诞生。移动互联网是移动通信和传统互联网融合的产物，早在20世纪末，移动通信的迅速发展就大有取代固定通信之势，与此同时，互联网技术的完善和进步将信息时代不断往纵深推进。[1] 21世纪以来，现代信息技术迅猛发展，移动互联网在现代信息技术的孕育下，在2007年真正诞生，经历2008年到2011年的成长培育，2012年到2013年的高速成长，已经迈入全面发展期，成为继大型机、小型机、个人电脑、桌面互联网之后的第五个技术发展周期的重大发明。中国工业和信息化部电信研究院在2011年的《移动互联网白皮书》中对移动互联网做了比较权威的定义：移动互联网是以移动网络作为接入网络的互联网及服务，包括移动终端、移动网络和应用服务3个要素。[2] 这个定义具有两层内涵：一方面，移动互联网是移动通信网络与互联网的融合，用户以移动终端接入无线移动通信网络（2G网络、3G网络、4G网络、WLAN等）的方式访问互联网；另一方面，移动互联网还产生了大量新型的应用，这些应用与终端的可移动、可定位和随身携带等特性相结合，为用户提供个性化服务。[3] 移动互联网作为移动通信与传统互联网技术

---

[1] 吴吉义，李文娟，黄剑平，等. 移动互联网研究综述 [J]. 中国科学：信息科学，2015，45 (1)：45—69.

[2] Ministry of Industry and Information Technology and Telecommunications Research Institute. Mobile Internet White Paper，2011.

[3] 王晋. 移动互联网场景下虚拟组织知识共享方法和系统 [D]. 杭州：浙江大学，2018.

的有机融合体,打破了工业社会以集中化、规模化、固定化、中心化为核心特征的治理体系,建立起以扁平化、去中心化为核心的智慧治理模式和以碎片化、网络众包为核心的公民治理模式,实现了技术层面基础上管理流程、管理模式以及背后的体制机制、政策法规、标准体系和理念价值观的变革。移动互联网经历 10 多年的发展,已经渗透到人类社会生活的各个角落,被视为未来网络发展最重要的趋势之一。

3. 第三阶段——2015 年 3 月 5 日,"互联网+"的诞生

第三阶段最伟大的管理意义是将互联网这一现代信息技术作为信息社会和管理的"寒武纪",而广泛应用于经济社会和实体部门的管理变革,使工业社会的生产、生活发生了翻天覆地的变化。2015 年 3 月 5 日十二届全国人大三次会议上,李克强总理在政府工作报告中首次提出"互联网+"行动计划,强调"推动移动互联网、云计算、大数据、物联网等与现代制造业结合,促进电子商务、工业互联网和互联网金融健康发展,引导企业拓展国际市场"。[①] 自此,"互联网+"作为一项国家战略,为未来国家各领域的发展指明了方向。[②] "互联网+"实现了互联网与传统产业的深度融合,有利于更充分地发挥互联网的优势,是互联网认识与运用的一次深刻变革。在国际互联网、移动互联网这两个重大技术发展时期内,西方国家始终占据主导地位,主导着现代信息技术的发展趋势,掌握着一系列标准制定的话语权。20 世纪以来,现代信息革命浪潮愈加汹涌,在党的领导下,我国越来越重视信息化建设,逐步将现代信息技术摆在国家发展战略的重要位置,尤其是"互联网+"的提出与发展,使我国追随西方的脚步搭上了信息化的末班车。

(三)第三次浪潮(1999 年至今):物联网的诞生使人类大步迈入物联网时代——"物联网—智慧化"

现代信息技术发展的第三次浪潮使人类大步迈入物联网时代,这个时代的主要特征是"物联网—智慧化"。物联网替代了人的大脑、神经系统和感知系统,分别替代了人的记忆、存储和计算信息功能;替代了人的传输信息功能;替代了人的眼耳鼻喉皮肤等感知功能。至此,现代信息技术发展到今天,其整体越来越像"人",可以像人一样做智能化的事务,故所有的智慧

[①] 王小平,李丹,熊骥. 湖北水利信息化的建设与展望 [C] //湖北省水利学会,湖北省水土保持学会. 第九届湖北科技论坛——河湖综合治理与保护分论坛论文集,2017:324—327.

[②] 黄楚新,王丹. "互联网+"意味着什么——对"互联网+"的深层认识 [J]. 新闻与写作,2015 (05):5—9.

系列离开物联网的概念、思想、模式与方法都不能称其为"智慧"。

物联网（Internet of Things）诞生于 20 世纪 90 年代末，标志着物物联网智慧化的开始，将人类带入了物联网时代。物联网是在计算机互联网的基础上，利用射频自动识别（RFID）、无线数据通信等技术，构造一个覆盖世界上万事万物的"Internet of Things"。其实质是利用 RFID 技术，通过计算机互联网实现物品（商品）的自动识别和信息的互联与共享。物联网自诞生之日起，就引起了人类的高度重视，被誉为"现代信息革命的第三次浪潮"。物联网概念起源于 1995 年比尔·盖茨《未来之路》一书；随着技术进步，2005 年，在突尼斯举行的信息社会世界峰会（WSIS）上，国际电信联盟（ITU）发布了《ITU 互联网报告 2005：物联网》，正式提出了"物联网概念"；2009 年，美国总统奥巴马就职后对 IBM 提出的"智慧地球"做出积极响应，物联网再次引起广泛关注。[1] 针对各界对传感网的多次提议，我国在 2009 年前后将物联网的发展正式提上议程，并逐步建立起物联网政策标准体系的基本框架，也向国际标准化组织提交了多项标准提案。2009 年 9 月 11 日，在北京举行传感网络标准工作组成立大会暨"感知中国"高峰论坛，标志着传感器网络标准工作组正式成立。[2] 物联网的兴起，使我国日益成为现代信息革命的领航者和火车头，我国物联网发展取得了骄人的成绩，研发水平也已稳居世界前列。尤其是根据联合国有关资料，中国成为物联网标准和框架的唯一制定国。物联网首席科学家、国家传感器网络标准工作组组长刘海涛在 2016 年说道："总的来说，物联网标准化制定，中国部分领域是领先的，总体是提升的。在 WG7 里面，中国主导着标准的制定。目前，中国、韩国、美国、德国 4 个国家主导制定，中国享有很大的话语权。"刘海涛带领的"感知中国"团队创建了物联网感知社会论，是目前第一个也是唯一一个提出的物联网完备理论体系。[3] 至此，中国积极开展物联网标准制定工作，深度参与国际标准化活动，已成为大力推动物联网发展、引领现代信息革命新浪潮的主导力量。

物联网时代以智慧化为主要特征，是新一代信息技术的高度集成和综合运用，具有渗透性强、带动作用大、综合效益好的特点。推动物联网的应用

---

[1] 屈伟平. 物联网掀起新的信息技术革命浪潮［J］. 物流技术与应用，2009，14（11）：42—45.

[2] 屈伟平. 物联网掀起新的信息技术革命浪潮［J］. 物流技术与应用，2009，14（11）：42—45.

[3] 我国在国际物联网标准制定上有决定性话语权［EB/OL］. ［2012—10—27］. http：//tech.hqew.com/news_1223019.

和发展，有利于促进生产生活和社会管理方式向智能化、精细化、网络化方向转变，对于提高国民经济和社会生活信息化水平，提升社会管理和公共服务水平，推动产业结构调整和发展方式转变具有重要意义。① 智慧化是物联网时代的主要特征，基于物联网技术实体，能够搭建起覆盖各行各业的云平台，实现业务流程、管理职能、组织模式的创新，为民众提供过程化、精确化、智慧化、个性化的服务。这是现代信息技术的重大突破，更是现代信息社会走向智慧治理的应有之义。

第二节 现代信息革命与信息社会治理模式

一、现代信息革命的定义

在人类历史发展的漫漫长河中，发生过三次真正意义上的革命。除了农业革命、工业革命外，第三次革命即 20 世纪后半期在世界范围内兴起的现代信息技术革命，简称现代信息革命。人类第一台计算机的诞生再次引发了不可阻挡的社会革命——现代信息革命。现代信息革命是由信息技术的发展、变革而引发的又一场社会革命，它不仅是一场技术的变革，更是一场由于技术的发展而引发的深刻的社会变革。之所以将这一次新技术革命称为"现代信息革命"，不仅因为它发生在 20 世纪后半期，更因为这次新技术革命的影响之广泛，意义之深远，是以往任何一次技术革命不可比拟的。过去的工业技术革命，把人类从沉重的体力劳动中解放出来，是人类体力的增大与外部器官的延伸；而这一次新技术革命把人类从繁杂的脑力劳动中摆脱出来，是人类脑力的增大②，其对人类社会产生的影响是深远而广泛的，引发了一个全球性的信息化进程。现代信息革命对经济的影响是信息产业的发展；对政治的影响是几十年的"公民治理"；对社会生活的影响是信息的集中、资源的整合和管理的变革。

二、信息革命如何转变传统工业社会模式

信息革命使人类进入一个全新的时代。计算机、互联网、云计算、大数

---

① 王谦. 物联网管理模式——基于以物联网为代表的新一轮信息革命浪潮的管理思辨 [J]. 四川大学学报（哲学社会科学版），2014（05）：119－126.
② 孙寿涛. 信息革命：称谓及其历史地位 [J]. 北京邮电大学学报（社会科学版），2007（02）：55－60.

据、物联网等新型信息技术的产生与发展对现代社会产生了深刻的影响，实现了传统工业社会模式向信息经济模式的转变。第一，在要素分配上，创新要素的流动、集聚与重组更加有效。在信息革命下，行业间竞争日益激烈，跨界竞争成为常态，创新要素成为行业竞争的核心要素，吸引创新要素在内部合理流动，带动整体效益提升，从而产生转型时期"弯道超车"的内生动力。第二，在产业结构上，现代信息技术革命孕育了一大批新兴产业，实现了传统产业的改造升级，优化了产业结构，提升了产业结构的信息化、智慧化水平。第三，在城市空间布局上，城市不再是简单集聚的规模性聚落中心，去中心化、碎片化成为信息技术影响下的新型特征，城市空间布局也发生了相应的转变。

第三节　信息社会的管理特征

大数据、云计算为信息社会管理搭建起智慧化的网络平台，通过数据集中、资源整合、管理变革实现了精细化、个性化管理服务。大数据时代下，数据信息呈现井喷式爆炸增长，各行各业每天都面临着纷繁复杂的数据，如何对这些数据进行归类整理及深度挖掘显得尤为重要。"大数据"（Big Data）指的是大小超出了传统数据库软件工具的抓取、存储、管理和分析能力的数据集，"大数据"之"大"体现在其独有特征上：海量的数据规模，处理速度快，多样化的数据类型，巨大的数据价值，分析处理的复杂性加大。随着信息技术在社会管理服务中所承担任务日益加强，大数据的应用也将更加深入。

云计算可以为大数据的运算提供资源层的灵活性，在海量数据处理与存储以及服务模式与运营模式创新等方面具有重要作用和实用价值。云计算是计算机技术与组织管理服务理念进步的产物，云计算的核心思想是服务，核心技术是"虚拟化"，主要功能是资源虚拟化和服务虚拟化。基于云计算搭建起以资源平台、云平台、应用平台为核心架构的公共服务平台，极大地提高了治理质量与效率。

因此，以大数据和云计算为主进行网络化治理，可以帮助政府更专业地处理日益复杂的社会问题，为公民提供精细化、定制化、个性化的公共服务，提高公民的幸福感和获得感。

第四节　信息社会的治理模式

每一个社会的管理特征直接决定该社会的治理体系。信息社会的管理特征决定了信息社会对应于每个特征的那套治理体系，比如社会空间四维化、智慧化、整合化的管理层（管理流程、管理模式）和社会空间四维化、智慧化、整合化的体制层（体制、机制、政策、法规、标准体系、理论体系、人才培养与选拔体系、观念与认知等）。因此，工业社会向信息社会的演变中形成了新的治理模式，其具体表现为：由三维治理向四维治理转化升级；由线下治理向线上线下的治理（即O2O治理）转化升级；由割裂治理向整合化治理转化升级；由经验治理向数据治理转化升级；由传统治理向智慧治理转化升级（见表3.1）。

表3.1　工业社会向信息社会变迁治理模式升级对比

工业社会		信息社会
三维治理	转化升级	四维治理
线下治理		O2O治理
割裂治理		整合治理
经验治理		数据治理
传统治理		智慧治理

一、社会生活标志——以去中心化、扁平化为核心的智慧治理

信息社会是信息革命的产物，信息技术的不断发展推动着社会的变迁，使人类从农业社会、工业社会过渡到信息社会，引起了社会生活的不断变革，形成了以扁平化、去中心化为形心的智慧治理。"智慧治理"是一种将现代信息技术与政府为主导的多元社会治理体系相结合的政策思路。大数据时代中社会治理技术、理念、职能与体制的全方位变革必将催生出一种全新的治理模式，它是现代科技理性高度彰显的产物，是将大数据作为社会治理决策之基础的结果[①]，这种全新的治理模式就是——智慧治理。

大数据等信息技术的广泛应用，使数据信息的获得与运用更加低廉而高

---

① 张海柱，宋佳玲. 走向智慧治理：大数据时代政府治理模式的变革［J］. 中共济南市委党校学报，2015（04）：41—46.

效,尤其表现在政府信息公开与公民参与上,不仅打破了部门壁垒,促进了政务信息互换,推动了政府信息的公开化、透明化,还扩大了公民参与,实现公民与政府的良性互动,增强了政务信息的互惠性。智慧治理主要体现在三个方面:首先,以互联网、物联网运用为枢纽,推进城市社会治理智能升级;其次,以信息平台为依托,推动与"智慧治理"相适应的政府职能体系建设;最后,以基层治理创新为基础,实现基层社会治理与信息技术的有效衔接。① 这些治理特征都会缩小国家与社会的距离,逐步模糊政府与公民间的界限,使社会形态向扁平化、去中心化方向转变。

二、政治治理模式——以碎片化、资源整合化为核心的公民治理

公民治理的核心在于公民的广泛参与,其倡导构建多元治理主体的社会,以实现"善治"。"公民治理理论"是 20 世纪 90 年代后期由美国学者博克斯提出的以"公民中心"为治理导向的社区治理模式,它重构了公民、代议者、公共服务职业者的角色定位,打破了以往政府绝对主导公共事物的局面,强调"公民本位"的治理价值观。②

随着社会流动的加快与公民需求的多样化发展,国家政府管理的事务越来越多也越来越复杂,现代社会的任何国家的政府都很难做到面面俱到,在政府管不了、管不好的公共服务领域,政府需要将权力下放给社会,形成以公民为主体的社会自治。长期以来,政府网络治理能力是构成政府治理能力不可或缺的因素之一,但是信息空间长期被视作政府管理的"遗孤",单纯地被置于辅助性管理工具的边缘位置。③ 为了给政府网络治理能力的提升创造更广阔的空间,基于信息技术的网络众包模式应运而生,为公民搭建起民主有序参与的平台,这种信息革命下的新型政治治理模式使社会自治空间得以真正拓展,使公民能够真正深度参与国家与社会治理。

三、空间形态特征——以空间四维化为核心的社会治理

现代信息技术汇成了一股强大的时代潮流,将人类社会推进到了信息时代,这种由技术引起的社会变革大大改变了社会的方方面面,不仅改变着人

---

① 汪锦军. 城市"智慧治理":信息技术、政府职能与社会治理的整合机制——以杭州市上城区的城市治理创新为例 [J]. 观察与思考,2014 (07):50—54.
② 史云贵,冉连. 中国特色公民治理在社会管理创新中运转的可能性与可行性论析 [J]. 社会科学研究,2014 (01):49—54.
③ 王谦,代佳欣. 政府治理中网络众包模式的生成、构建及效用 [J]. 公共管理学报,2014,11 (4):61—70,141—142.

的思维模式和行为模式，甚至改变着人类的生存空间。在信息社会中，人类的活动不仅仅是局限于现实生活的三维空间，而且还使人类的生存空间四维化，大大扩宽了人类的活动空间。空间四维化是指随着信息技术革命发展，以网络为纽带，依赖于现代信息技术，由信息空间、虚拟空间等组成的能够运用并解决现实生活中难题的高维网络空间，即传统三维空间＋网络空间便构成信息社会的空间四维化。

空间四维化是随着现代信息技术的发展而出现的新的信息社会的新特征。它凭借现代信息先进技术打破现实的空间限制，能够将现实中的人、物通过技术手段相互链接并将这些现实中的人、物反映在创造出来的网络空间中，实现人们在现实生活中无法体验的或者无法实现的事情，如虚拟化社群组织、淘宝等电商平台、VR游戏世界等。空间三维化能克服实体三维空间中的治理难题。一方面，传统三维空间的社会治理只能依赖于各方治理主体在实体三维空间中通过线下的协商、交流与合作来实现，而虚拟空间使分散的个体或组织通过计算机网络确保网络参与者在网络空间中从事集体的和相互支持的行动，确保参与过程中的冲突得以有效应对，促进资源更有效地获得与利用，实现个体和组织参与网络活动的积极结果；另一方面，网络空间的治理主体可能涉及私人组织、非营利组织、公共组织，以及这三种组织以外的以个体形式存在于网络空间中的个体，拓展了社会治理主体的范围，促进了社会治理力量的多元化和平等化，实现了从传统社会治理模式向网络空间治理模式的转变。

案例：微信小程序对传统原生 App 的冲击

2016年9月22日，微信官方正式宣布"应用号"开始内测，暂定名"小程序"。美味不用等、同程旅游、爱范儿、e袋洗等都是第一批内测成员。

2016年12月28日，微信之父张小龙在微信公开课上表示，微信"小程序"将于2017年1月9日正式上线。其特点是不需要安装、触手可及、用完即走、无须卸载。它实现了应用"触手可及"的梦想，也体现了"用完即走"的理念，用户不用关心是否安装太多应用的问题。应用将无处不在，

现代信息革命再认识
——信息社会变革与治理体系创新

随时可用,但又无须安装卸载。①

小程序有点像一种新的公众号形态,在这种形态下,用户关注了一个公众号,就像安装了一个App一样,他要找这个公众号的时候就像在找一个App。在平时,这个号不会向用户发广告,而是会安静地放在那里,等用户需要就可以直接找到它。这样就可以尝试让更多的App以一种更轻量的形态存在,这种新的公众号形态就是小程序。

在未来短期内,微信小程序对原生App的影响会逐渐扩大,特别是一些重要低频的领域,比如58同城、铁路12306、携程等应用,用户一年用个一两次后可能就闲置在手机界面上,占据大量内存。这就不应该用原生App的方式让用户下载,而是应该通过微信小程序来解决。而对于那些重要高频的领域,它本身对技术、体验的要求很高,可能暂时还是专门的App可以满足其要求,如百度、支付宝、新东方教育等。因此,微信小程序对原生App的影响是必然的,但完全的替代似乎不大可能,在每个细分市场有分工有合作可能成为未来的一种趋势。

小　结

在人类历史发展的漫漫长河中,农业革命、工业革命、信息革命使人类逐步迈入了现代社会。每一次重大技术的出现与发展都会引发深刻的社会变革。在农业技术、工业技术以及信息技术的推动下,人类社会经历了几千年的农业社会、几百年的工业社会以及当下的信息社会这三种性质的社会,实现了传统游牧社会模式、传统农业社会模式、传统工业社会模式以及现代信息社会模式的递进过程。主要体现在以下三大方面:

在社会生活标志上,以个体为中心的聚落治理,向以固定化、中心化为核心的城市治理转变,再向以扁平化、去中心化为形心的智慧治理转变。

在管理体制特征上,以作坊为中心的小农治理,向以集中化、规模化为中心的产业治理转变,再向以大数据、云计算为主心的网络平台治理转变。

在政治治理模式上,以土地为核心的皇权治理,向以多中心、参与式为核心的社会治理转变,再向以碎片化、网络众包为核心的公民治理转变。

这些都是重大技术革命下引发的深刻的社会变革,尤其是现代信息革命

---

① 张杰. 微信小程序挑战App胜算多少要打谁的饭碗?[EB/OL]. [2016—12—31]. http://tech.sina.com.cn/i/2016-12-31/doc-ifxzczfc6635627.shtml.

的发生，将在未来极大地推动人类社会的巨大进步。

思考题：

1. 现代信息社会革命性的特征是什么？
2. 现代信息技术的三次浪潮使社会时代形态形成了怎样的转变链条？
3. 现代信息革命对传统工业社会的颠覆性意义是什么？
4. 信息社会的形成对社会治理变革的推动力是如何体现的？
5. 航空/天技术会引发下一场新的社会革命——航天革命吗？进而产生另一个全新的社会——宇宙社会吗？那时的治理体系会与现在的治理体系有着本质的区别吗？

Chapter2　第二篇
信息社会新特征

一定程度上,社会特征决定了政府治理、社会治理体系,是对特定形态社会的高度概括。因现代信息技术的大规模成熟发展与深度嵌入社会生活,信息社会具有区别于工业社会的鲜明特征,相应的,这些特征决定了信息时代社会治理体系与治理能力创新方向。

第四章　社会空间四维化

因信息技术的嵌入与应用，工业社会的空间三维化特征难以总结信息社会空间特征。互联网、物联网等现代信息技术构筑的虚拟网络空间多重包络实体三维空间，形成与工业社会三维空间截然不同的多维空间，这种四维化的社会空间奠定信息社会组织管理创新基础。信息社会空间四维化是指在信息技术发展驱动下，虚拟网络空间与实体三维空间融合、包络而形成的拓展性新型空间，是信息社会核心特征之一。社会空间四维化拓展了人类生产生活边界，实现了互动交流的即时性、非在场与技术化，突破了工业社会的管理局限，为当前组织机构管理创新带来了新思路。

第一节　社会空间四维化的产生背景

以现代科学技术群的出现为背景，以信息技术的广泛应用为特点，人类与客观世界互动的平台不断拓展。移动互联网、计算机技术、微电子技术、激光技术、遥感遥测技术、卫星技术、航空航天技术、广播电视技术、数字化网络技术等信息技术以前所未有的力量推动经济和社会的快速发展。以现代科学技术为核心的第三次浪潮，将人类社会推进到信息时代。[①] 这种由技术引起的社会变革改变着社会的方方面面，信息技术成为推动整个社会发展的重要驱动力、拓展人类活动空间的驱动力，使得人类活动范围不仅仅是局限于现实生活的"三维空间"，"实体三维空间＋网络虚拟空间"的组合拓展了人类的活动空间，现代信息技术则为空间四维化的实现提供了技术基础。

网络空间包络实体三维空间，重构人类交流互动场景。从计算机、移动互联网、互联网到物联网、人工智能等技术构筑起个体虚拟化的网络世界，

---

① 夏立容. 信息时代的标志及基本特征[J]. 自然辩证法研究，1996（08）：42—45，63.

网络游戏、线上购物、线上互动、在线教育等非在场、即时性、虚拟化的新型社会行为占据主流，社会空间四维化模糊了组织间、个体间的边界，强化了个体与信息技术之间的黏性，改变了社会主体的行为方式，充分显现了信息社会最本质特征。

第二节　社会空间四维化概述

一、社会空间四维化的概念

本书中所说的社会空间四维化，是指在信息技术发展驱动下，虚拟网络空间与实体三维空间融合、前者包络后者而形成的拓展性新型空间，也即信息社会空间四维化。作为创新概念的空间四维化有其成立的内在逻辑，与日常生活所提及的"四维空间"有本质的区别。"四维空间"多数情况下特指爱因斯坦《广义相对论》和《狭义相对论》中提及的"四维时空"[①]概念，即我们的宇宙是由时间和空间构成，这种时空关系指的是在空间架构上比普通长、宽、高三维空间多一条时间轴，这条时间轴则是一条虚数值的轴。简单来说，零维是点，没有长、宽、高；一维是由无数的点组成的一条线，只有长度，没有宽、高。[②] 二维是由无数的线组成的面，有长、宽没有高。三维是由无数的面组成的体，有长、宽、高。维可以理解成方向，四维则多了时间。

根据上述定义，我们总结出社会空间四维化包含以下几点内容。

（一）以虚拟形态为表现

虚拟、去边界是四维社会空间的重要形态。信息社会及信息技术驱动社会空间多维拓展，社会空间四维化是借助现代信息技术将实体社会镜像映射至虚拟化网络空间中，实现线上线下协同互动。这种虚拟化的网络空间利用视景系统和仿真系统，模拟环境，三者合一，人们通过人机交互设备，通过视觉、听觉以及触觉等多种感知获得虚拟空间的感觉世界。相较于现实的实体空间，虚拟化的网络空间克服了现实中的地理空间和时间的空间，加强了实体空间与虚拟的网络空间联系，是三维空间朝空间四维化发展的外在

---

① 四维时空［EB/OL］. https：//baike.baidu.com/item/.

② 孙莉. 后"阿凡达"：电影艺术媒介特性的再思考［J］. 成都理工大学学报（社会科学版），2010，18（4）：24—28.

表现。

案例

曾经风靡一时的游戏开心农场是以农场为背景的模拟经营类游戏,以及当前支付宝 App 上出现的"蚂蚁森林""蚂蚁庄园"等模拟现实种树与养小鸡的互动性游戏,这种游戏与公益活动相连接,增强虚拟种树、养小鸡的互动性,同时提升个体参与公益捐赠活动的积极性。

(二)以信息技术为支撑

社会空间四维化因信息技术而得以成型、成立,并承载新型社会互动。信息社会凭借现代信息先进技术打破现实的空间限制,能够将现实中的人、物通过技术手段相互链接并将这些现实中的人、物反映在创造出来的网络空间中,实现人们在现实生活中无法体验的或者无法实现的事情。物联网、人工智能等迭代发展的信息技术,一定程度上不断增强社会四维空间内部黏性,不断提升网络虚拟空间的安全性,为当前发展数字经济、建设数字政府奠定基础。

案例

以投影技术的发展为例。最早从中国古代的皮影戏开始,人们利用光线将事物投影到屏幕。随着工业革命的发展,1640 年,一个名叫奇瑟的耶稣教会教士发明了一种叫魔法灯的幻灯机,能运用镜头及镜子反射光线的原理,将一连串的图片反射在墙面上。[①] 1654 年,德国的犹太籍人基夏尔首次记述了幻灯机的发明。使用时,把幻灯机置于一个黑房内,将幻灯片插入凸透镜后面的槽中,点燃蜡烛,光源通过反光镜反射汇聚,通过透明画片和镜头,形成一根光柱映在墙幕上。[②] 这一阶段的投影技术其实是一种最简单的

---

① 尚海林. 脱影奇观:关于我国早期幻灯技术演变的理解与解释[J]. 科技创新导报, 2013 (06): 255—256.

② 投影技术的发展史[EB/OL]. http://wenku.baidu.com/view/d146f4844cc58bd63186bd74.html.

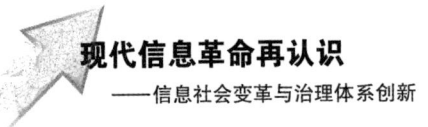

一维。它仅仅能将事物的形状反映出来，而且是简单的平面物体。

随着工业革命的蓬勃发展，特别是第二次世界大战结束以后，投影技术得到了很大程度的发展。随着 CRT 投影技术、LCD 技术、DLP 技术的发展，人们对事物简单的外形进行投影，并加入色彩、动画、声音等，将事物生动地展现出来。通过人们的视觉和听觉感受到呈现的事物。这种技术是二维的实现。

到 19 世纪，出现了 3D 技术。2009 年，由福克斯出品的电影《阿凡达》引起了 3D 技术的蓬勃发展。《阿凡达》以其逼真的画面感和立体感受到了人们的热捧。这就是 3D 技术的效果反映，它能将事物立体地呈现出来，让人感受到现实中存在的立体感。3D 的 D 是英文 Dimension（线度、维）的缩写，而 3D 指的是三维空间。3D 打印的出现更是激发了人们的创造力，颠覆了只是将事物呈现出来的想法。3D 打印技术通过三维的模型设计，能够将现实中的事物打印出来。GE 中国研发中心的工程师们用 3D 打印机成功"打印"出了航空发动机的重要零部件。Jim Smith 的工程师费时 44 天，使用一台自制大型 3D 打印机长 5.08 米、宽 0.54 米、总重量为 49.49 千克的世界首艘 3D 打印皮划艇，并且成功下水。在医疗行业，一位 83 岁的老人由于患有慢性的骨头感染，换上了由 3D 打印机"打印"出来的下颌骨，这是世界上首位使用 3D 打印产品做人体骨骼的案例。① 未来，3D 技术所带来的影响将更加广泛。

现代信息技术的发展促进了四维技术的发展，依赖于新的技术，人们实现了空间四维。最近兴起的 AR 技术其实是空间四维赖于发展的一种技术。AR 技术是利用计算机增强现实并生成一种逼真的视、听、力、触和动等感觉的虚拟环境，通过各种传感设备使用户"沉浸"到该环境中，实现用户和环境直接进行自然交互。它是一种全新的人机交互技术，利用这样一种技术，可以模拟真实的现场景观。② 使用者通过 AR 技术所构建的虚拟现实系统模拟出来的真实现场景观，并且突破空间、时间以及其他客观限制，感受到场景中"身临其境"的逼真性，感受到在真实世界中无法亲身经历的体验。

---

① 文怡. 揭秘 3D 打印技术——当制造业迈向智造业 [J]. 今日科技，2013（03）：63—66.

② 马珂，李思嫱，陈彬. 中视典：增强现实技术——创新改变世界 [J]. 上海经济，2013（Z1）：55—58.

从最简单的一维投影到空间四维的虚拟现实，信息技术是其实现的基础。而通过运用信息技术，空间四维的特征通过社会的反映呈现出来。在现代信息社会，空间四维化确实是存在于我们的社会中，未来的社会发展也许会出现空间五维甚至更高的空间 N 维。但是以目前的社会发展水平，空间四维化是最主要的特征。

（三）四维空间简化棘手问题

四维空间能够有效化解实体三维空间遇到的棘手问题。数学家庞加莱提出了一个拓扑学的猜想："单连通的三维闭流形同胚于三维球面"，这个猜想说的是四维空间的表面和四维球体的球面之间的关系。如果用我们的三维空间去形象地理解就是：任何一个封闭的、连通的、没有洞的三维空间，若它表面上的每一条曲线都可以缩成一个点，则这个三维空间在拓扑形态上和一个圆球是等同的。[①] 这个猜想最初是关于四维空间中的三维曲面的，后来被推广到更高维空间中的曲面。[②]

而庞加莱的证明过程是从高维到低维的证明过程。1956 年和 1964 年，分别有一位数学家对庞加莱猜想在五维以上的情况做出了阐述，但这两位数学家的证明方法无法推广到低维度，换句话说，他们虽然在高维空间解决了庞加莱猜想，但没有解决庞加莱最初提出的有关三维的猜想。1984 年，一位美国数学家对四维的拓扑空间进行了分类研究，并结合一位英国数学家的成果，证明了普通的四维空间中庞加莱猜想是正确的。[③]

从对庞加莱猜想的证明历程来看，我们可以总结出这么一个发现，在低维空间的问题到了高维的空间可能就不是问题，高维空间可以解决低维空间的问题。基于这样的猜想，我们也可以认为空间四维可以解决现实三维空间中存在的一些难题。

而在现实生活中运用技术，也能反映出高维空间可以解决低维空间的问题。3D 技术运用于电影中，虽然能带给人们更高的体验，但是只是立体上的视觉的感受。举个简单的例子，如果你想去看一场你很喜欢的歌星的演唱会，但是因为其他原因你却错过了现场演唱会，你可以通过网络看现场视频。尽管 3D 的运用能让你看到演唱会的高清或者更逼真的演唱会视频效果，但是如果使用空间四维化的技术，你就能感觉你真的到了演唱会现场，你的周围全都是人，你能感到自己"身临其境"，亲自感受到现场演唱会的

[①] 博愈．庞加莱的世纪猜想［J］．大科技（科学之谜），2007（03）：8—11．

[②] 汤双．佩雷尔曼与庞加莱猜想［J］．读书，2010（07）：67—72．

[③] 博愈．庞加莱的世纪猜想［J］．大科技（科学之谜），2007（03）：8—11．

氛围。这是三维空间不能做到的事情,而空间四维就能做到。现在的这种空间四维化所依赖的技术正在被研发和投入使用,未来随着技术的广泛运用,空间四维化的体现会广泛地被人们认知,也更加明显地影响人们的生活生产方式。

二、社会空间四维化的结构

信息技术革命的发展使得现实中的实体三维空间朝着更高维度的空间四维发展。空间四维化的过程改变了人们生活空间的结构,使得生活空间的结构变得多样和多层次。网络的出现使得在实体的现实空间之外多出了一个网络空间,而这种网络空间是借助于计算机或网络信息技术被人们所创造出来的虚拟空间,在这个虚拟的空间中将现实中的人、物连接起来,甚至模拟真实空间的环境等,让人们在第四空间得到更多的活动。空间四维化的空间结构由实体三维空间、网络空间两大主体构成,如图 4-1 所示。

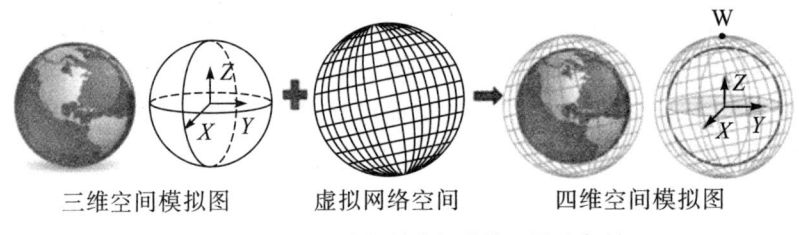

图 4-1　空间四维化的空间结构(团队自制)

(一) 实体三维空间

本书所指实体三维空间即为现实生活中真实存在的社会空间,它借助一定的物质载体,呈现出人们为了生存而所必需的真实的赖于生活、工作、生产的并能被人们真实地感知到的现实空间。甄峰在其论文《信息时代的局域空间结构》中认为,实体空间是指现实生活中各种社会经济活动的物质载体,它由城市、居民点、产业带(区)、独立工矿点等社会经济活动和河流、山脉等自然景观所共同构成。[①]

(二) 网络空间

网络空间由信息空间、虚拟空间构成。"网络空间"的概念是英语的意译。它指的是利用计算机网络信息高速公路或单一计算机实现交流思想和信息的虚拟空间,也有人将其意译为"电脑化空间""计算机空间""多维信息

---

① 甄峰. 信息时代新空间形态研究 [J]. 地理科学进展,2004(03):16-26.

空间"。① 在本书中，信息空间是指在物联网中由于信息的大量产生和流动而产生的信息流所形成的空间。

虚拟空间是指借助于现代信息技术，以信息空间和网络为支撑的具有一定组织结构的空间。关于虚拟空间，西方的学者提出了相关的概念。1984年威廉金森在其小说《精神人》中最早提到了赛博空间，认为赛博空间是由计算机生成的景观，即连接世界上的所有人、计算机和各种资源的全球计算机网络的虚拟空间。克里斯廷将赛博空间定义为一个新的电子的不可视空间，它允许计算机或电视屏幕替代城市空间和城市经历。在《信息时代的区域空间结构》中，甄峰将虚空间定义为由信息技术、空间技术及相应的组织机制所支撑而形成的新型空间。他认为虚拟空间是没有中心的场所感。

第三节 社会空间四维化的性质

信息技术奠定虚拟网络空间的工具基础、四维空间重构社会生产交往模式，"实体三维空间＋网络空间"的四维化空间结构实现了个体与组织的行为在现实空间与虚拟空间协同并行。作为信息社会最显著的特征，社会空间四维化呈现出如下特质。

一、虚拟化的社群组织

创办博客网站"全球之声"的伊桑·朱克曼认为，我们生活在一个"虚构的世界主义"的时代。② 现实三维空间在向四维空间拓展的过程中，网络技术的运用和普及起到了巨大的推动作用，虚拟网络空间作为空间四维化的外在表现之一，构筑起人们生活生产、社交活动等多个场景。虚拟网络空间的自由性、去边界性、流动性与泛在性，决定了其中活动主体关系的错综复杂性，因应而生虚拟的社群组织。

杨嵘均认为，社群组织是在网络虚拟空间中，通过微电子技术、网络技术和信息技术等信息流动和沟通而结成的各种各样的社群组织。③ 同时认

---

① 蒋雪岩，骆卡兰．"网络空间"的特点及其对立统一性［J］．湖北广播电视大学学报，2002（01）：122－124．
② 叶夫根尼·莫罗佐夫．技术至死：数字化生存的阴暗面［M］．张行舟，译．北京：电子工业出版社，2014．
③ 杨嵘均．论网络虚拟空间的组织结构及其对官僚制层级结构的影响与治理［J］．教学与研究，2015（11）：67－77．

为，网络虚拟社群组织的结构实质上就是由网络信号连接不同个人电脑（PC）的网状拓扑结构（Topology Network）。邢永杰在《虚拟组织》一书中，将虚拟组织概念界定为："虚拟组织是为了达到企业的某些特定的目标，经由分工与协作和不同能力与资源的整合，以及各方不同层次的权利与责任，而构成的组织的集合。"[①] 对于虚拟的社群组织，很难有一个统一的定义。在本书中，虚拟社群组织是指人们基于某一种目的或者兴趣，以共同的话题而自发组成的依靠网络为载体，在网络的虚拟空间中组成的组织或团体。这个定义突出了虚拟化的社群组织的以下几点特征：

（1）跨界的沟通。信息技术实现了个体互动的非在场与即时性，跨界即时沟通成为可能。网络将个体连接却不受时间、地点的限制，人们可以随时随地通过网络与世界各地不同的人实现交流互动。

（2）归属感不强。虚拟社群组织是人们基于某种目的或者是兴趣，话题、事件而联系在一起，具有短暂性、不稳定性、个体缺乏归属性等特征。一旦目标实现或者事件平息，随着兴趣话题舆论走向的转变，社群组织便很容易解散。基于这个逻辑，个体对于组织的归属感与忠诚度并不高。

这种虚拟社群组织生命周期短、成长速度快、组织解散速度快，社群组织没有明确的组织者和管理机制，自发而起、平等交流、进出自由，不受时间、地点和组织规模的限制。这既是虚拟网络组织的基本特征，也是社会空间四维化的基本特征。

二、平等化的互动形态

在现实三维空间中，人们会根据一个人在社会上的经济能力、地位和社会声望来评价一个人所处的阶层，从而主观地划分阶层，并给予不同阶层以不同的交往模式。这是现实三维空间普遍存在且不易消解的现象。而网络虚拟空间的出现一定程度上能够实现社会交往的平等化。网络空间是对物质世界的抽象，是基于物质世界所存在的一个虚拟化的空间。空间的四维化在发展过程中现实与虚拟并存和相互影响，模糊了空间的概念。在虚拟的网络空间中，人们对于阶层的概念淡化。在网络空间中能够实现平等化主要是有以下几点原因。

（一）虚拟化

网络空间模拟和重构出一种包络现实世界的新的社会交往环境，这种新

---

① 陶宇炜，李俊华. 基于网格服务的高校信息资源虚拟化共享实现机制[J]. 电脑知识与技术，2010，6（33）：9209—9210.

的环境是一种高度仿真的虚拟环境,是以数字信息的方式来表现的。① 在这种虚拟空间中,社会分工不明确,虽然它具有高度的社会仿真性,但还是建立于现实基础之上,现实空间中的社会结构并没有实现一对一的完全镜像映射,因此整个虚拟社会结构并不复杂。

(二)隐匿性

不同于现实社会,虚拟网络社会中的个体身份大多都具有隐匿性、虚拟性,甚至可以是伪造的。1991年,本尼迪克特在《网络空间:第一步》中提出,网络空间既是一个无所不在又无处可在的世界,一个无物会被忘却、所有东西都在变化的场域,又是一个公共的精神交感环境,一个流动着数据与谎言、心智与记忆和千万双眼睛的地方,一场可询问、交易、追逐共同的梦想和直接拥有的无形的"音乐会"。② 这种隐匿性的特点让人们在网络空间中更能够自我地去表达心中的想法,去交流和抒发自己的情绪,同时也削弱了人们在现实生活中对于阶层的不利意识。

三、实体空间向网络空间的拓展

人类社会的发展都是逐渐由低级向高级发展,从原始社会发展到现代信息社会,人类的每一次发展都是一个巨大的进步。相应的,人类所处的生活生产空间也逐渐向虚拟的网络空间拓展。

在原始社会人们的生产力水平极其低下,以群居为主。社会生产生活形态呈现出生产活动简单、社会结构较单一的特征。生存是原始社会生产生活的核心,受限于当时的生产力水平与工具技术水平,人类改造自然以满足最基本生存需求、安全需求的活动并不是很明显,更多的是敬畏并依赖大自然。自然而然,整个社会的生产生活围绕采摘和打猎以满足日常需要,从而呈现出简单化的特征。格斯在《家庭、私有制和国家的起源》一书中,明确地把原始社会称为以"血族关系为基础"的社会,相应存在"以血族关系为基础的社会结构"。技术是社会和人类进步的最要推动力。牛耕技术、铁制工具的出现有效提高了人类的生产力。技术进步带来了财富的积累和阶级的分层。

封建社会时期,人们的生产生活空间范围不断扩大。例如到了封建王朝

---

① 郭东. 网络空间的二元交叠及其对现实社会的影响 [J]. 江西社会科学, 2005 (08): 73—78.

② 徐漪. 网络空间公民权利的实现 [J]. 产业与科技论坛, 2014, 13 (7): 38—40.

时期，以马、马车等交通工具的使用，拓展了个体与组织的地理空间活动范围。同时，为了便于统治，封建王朝通过设立中央代理机构，该机构在地方代理中央行使统治权，这样一个社会统治结构的点与点围绕政权而连接形成统治线。为了稳定统治地位，封建社会的活动涉及政治活动、经济活动、外交活动、文化活动等。这些社会活动在很大程度上改变了社会的结构和人类的活动空间。人们的社会活动不再仅仅局限于生产活动，还有娱乐活动、商业活动等，商业的发展和交通工具的发展，也促进了人类活动的迁徙。而随着物质丰富发展，集市的发展使人们增强了彼此之间的交流。集市满足个体进行物质交换，形成围绕个体与家庭满足基本生活需求的新的交易空间，也是新的社会空间。另外，封建社会的都城主要聚集的是政治、文化高层或者说大多是统治阶层。而在都城的外围大多是农民或者是贫苦的居民。这种架构在统治制度文化基础上的社会空间格局，是一种传统的"城堡"式保护模式，即单纯的物理分层。这种分割形成的是原始的"二维"物理空间体系。[1]

列斐伏尔认为，空间伴随着社会生产而产生发展。任何一种社会制度，任何一种社会生产方式都会塑造出自己的空间，即空间的"社会属性"。[2] 蒸汽机、电话等先进技术的出现，标志着人们进入了工业时代。工业时代是一个改变全球结构的时代，改变全球力量格局的时代。工业时代改变了传统的二维空间结构。而工业时代发展至今，人们已经从工业时代迈入了信息时代，正走向新的信息时代。信息时代的发展带来新的社会空间的裂变。空间的发展也从传统的实体空间朝着空间四维的方向发展。

甄峰在《信息时代的区域空间结构》中提出了在信息时代下的三元空间的并存，即实空间、灰空间和虚空间。卡斯特利斯提出了流空间将会取代场所空间。而被西方学者普遍接受的观点是格雷厄姆和马文提出的四大效应，即协同、替代、产生和提高。他们认为，传统的场所空间被重新塑造。此外还有的学者提出了赛博空间、信息空间和数字化空间等概念。他们试图描述信息时代新出现的新空间。学者对于新的空间的研究说明了信息时代的空间结构的改变。空间的发展朝着空间四维发展。无论是甄峰提出的三元空间并存，还是流空间、赛博空间、信息空间和数字化空间，这些都是三维空间向

---

[1] 夏子龙. 四维空间下的社会结构与城市危机 [J]. 重庆教育学院学报，2012, 25 (5): 22—24, 31.

[2] 夏子龙. 四维空间下的社会结构与城市危机 [J]. 重庆教育学院学报，2012, 25 (5): 22—24, 31.

空间四维化发展过程中呈现出来的社会现象。而这些社会现象又反证了信息社会的三维空间确实是朝着空间四维的方向发展，并且已经存在。

第四节　社会空间四维化给管理带来的改变

在信息化时代，技术的发展改变了人类生存的空间。网络空间的存在对于现实生活社会产生巨大的改变和影响。它和现实的三维空间相互并存、相互影响，共同促进了社会的发展。而"实体三维空间＋虚拟网络空间"打造的信息社会四维空间对组织管理产生了显著的影响。

一、空间四维化助推信息社会组织结构变革

新技术的出现带来了社会新的变革，进而对原有制度与组织结构产生影响。从农业社会到工业社会，现代产业技术改变了农业社会的生产生活方式、模式和小农经济，催生出工厂与城市。现代信息技术也逐渐改变工业生产体系，催生出新的社会形态。有学者认为，网络的虚拟社会是现实社会的重要组成部分，是典型的"亚社会"，其社会构成、社会关系和社会互动都有自身的独特性。虚拟社会是现实社会的真实和空间多维的体现。把虚拟社会看作全新的社会形态，即"新社会"。它是信息技术发展到相应阶段的产物，是对现实社会的重组与再造，拓宽了人类的生存空间。

（一）新组织结构的出现

适应工业社会结构的组织建立在权威、职位基础之上，随着技术的发展出现了网络空间。不同于实体社会的组织结构，网络空间的组织结构及依着其上的人际关系结构呈现出新的形态与特征。[1] 网络空间本质上是一个虚拟的信息空间，其所具有的虚拟、瞬时和互动特性明显区别于传统以实体、距离和边界所定义的传统地理空间。网络空间改变了人类的时空观念，新时空观念是以全球、无界、虚拟、在线、同步为特征。[2]

虚拟网络空间中的组织依赖于人际关系或是基于同一种目的而组织起来。虚拟组织的结构是无形的人际网络关系，依靠人们之间的认可和信赖而

---

[1] 杨嵘均. 论网络虚拟空间的组织结构及其对官僚制层级结构的影响与治理[J]. 教学与研究，2015（11）：67—77.

[2] 孙中伟，金凤君. 信息与通信技术对空间组织的影响及其空间效率的测算[J]. 地域研究与开发，2010，29（1）：49—54，64.

建立起来，组织内部主体地位平等。虚拟网络空间中的虚拟组织内部具有平等的话语权。在虚拟网络组织中，个体可以平等地发表自己对某话题或事件的看法，各个主体间可进行即时平等的沟通。另外，虚拟组织的进入门槛低。这是源于网络空间的开放性，使得个体进入某组织的门槛较低。

不少学者从不同角度对虚拟组织的组织结构进行了研究，综合现有研究成果，虚拟组织结构可以划分为以下两种具体模式。①

1. 星形模式（见图4-2）

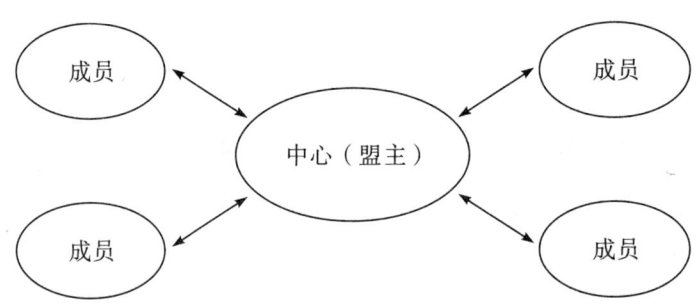

图4-2　星形模式

星形模式又称有盟主的虚拟组织结构模式，多运用于商业之中。企业为适应市场的变化抓住某一市场机遇，由一个占主导地位的企业（核心企业）选择一些具有相应核心能力和资源的伙伴，组成一个企业联合体。盟主的管理层负责虚拟组织的协调管理，其他合作伙伴则组成外围层。盟主企业担负着虚拟组织主要的管理工作，是虚拟组织管理的主体。管理工作主要由盟主来集中管理，因此其管理的整合效应强大，形成统一认识的速度快，而且有利于企业整体战略的形成以及竞争优势的形成。这样的虚拟组织其管理具有一定的稳定性，拥有一定数量的稳固顾客群体。但是这种组织结构的不足是组织的经营管理容易受盟主企业的经营管理理念的影响，一旦盟主企业出现失误就会带来虚拟组织整体运作的瘫痪。②

现在的微商也大多是属于这种星形模式。微商的盟主就是产品企业，而其微商代理便是其外围的成员。微商的产品企业通过对产品的统一管理和代

---

① 特·海伦娜，朱雯吉. 虚拟组织的特征及其结构模式[J]. 合作经济与科技，2010（02）：44—46.

② 特·海伦娜，朱雯吉. 虚拟组织的特征及其结构模式[J]. 合作经济与科技，2010（02）：44—46.

理商的统一招收标准和管理办法等对微商的代理行为进行管理。代理与代理之间是属于有相互联系的,但是不允许串区域市场。

2. 平行模式(见图4-3)

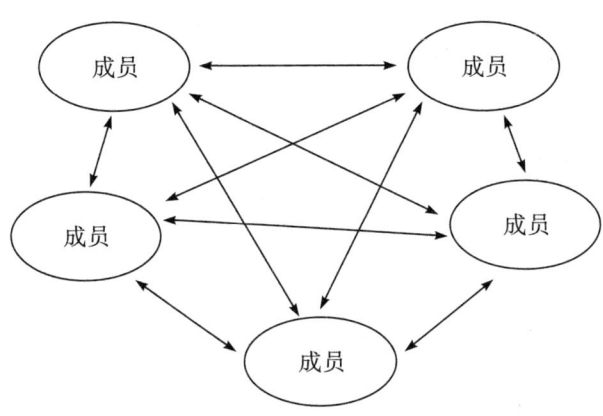

图4-3 平行模式

平行模式中各成员的地位平等,它们在虚拟组织中扮演的角色具有同等的分量。在组织中每个成员既是管理的主体也是管理的客体,管理的重点集中依赖于伙伴关系或者是人际关系的管理、协调管理上。平行模式没有一个中心的领导人物。平行模式能够发挥成员的积极性和创造性。存在的不足是成员之间的协调问题,往往会出现意见无法统一的现象。网络众包就是类似于平行模式。

未来,技术的发展会使得空间朝着更高维度的多维空间发展,到那时也许会出现其他的不同于现在的组织相态,有不同的组织结构。不同的社会发展阶段都需要与之相适应的社会组织结构与社会组织。

(二) 对现实组织的影响

人类的社会活动已经由传统地理空间延伸到了网络空间中。[①] 虚拟网络空间的存在与成熟与实体社会空间中的组织产生重要影响,带来组织生产、管理与结构创新的改变。基于工业社会基础建立起来的管理制度,与信息社会运行逻辑产生一定的摩擦。传统金字塔形的组织结构形成固化的信息逐级传递的方式,往往造成信息不对称与失真,社会数字化转型背景下,实体组

---

① 孙中伟,金凤君. 信息与通信技术对空间组织的影响及其空间效率的测算 [J]. 地域研究与开发,2010,29(1):49—54,64.

织被动进行管理流程与组织架构改革创新。虚拟网络空间的出现提供了简化组织层级、变金字塔组织结构为扁平化的可能性。同时，信息技术的快速发展与应用，搭建了公众个体参与组织决策的渠道与手段，为优化组织管理流程与决策创新提供了思路。

二、空间四维化推动网络空间治理内容拓展

网络空间是以互联网为载体，将分散的个体或组织转化为虚拟的空间和组织，它是虚拟的存在，不具有实体性。由于网络空间不是法定实体（如公司、学校、政府等），所以对于其治理对象尚未明确。然而，对于网络空间来说，有必要采取相应的治理形式以确保网络参与者在网络空间中更加有序、安全地活动，确保参与过程中的冲突可以得以及时缓解，网络资源可以有效获得并利用，实现个体和组织参与网络活动的积极结果。[1] 而相对于实体组织治理来说，网络空间的治理对象可能涉及私人组织、非营利组织、公共组织，以及这三种组织以外的以独立形式存在于网络空间中的个体。网络空间的发展，使得越来越多的网络问题日益突显，网络空间的治理显得迫在眉睫。

（一）健全网络空间法律法规的现实需求

网络空间及信息技术快速发展对国家立法形成冲击，网络的无国界性影响国家法的适用，虚拟性使社会主体个人意识膨胀、法律责任感淡化；网络空间的分散式管理模式对宪法基础关系产生影响，其全球性特征使得全球法的地位加强，而无纸化与即时性特征对私法产生了革命性的影响。[2] 目前网络的道德问题，网络的信息泄露问题等成为热点。而利用网络空间实行网络诈骗的犯罪层出不穷。在我国，每年利用网络进行犯罪的数量也在不断增加。

利用互联网实施网络犯罪，因其手段的隐匿性、方式的多样性、过程的无限逼真性，给个体隐私安全与财产安全带来巨大隐患。面对网络犯罪数量日益增多和犯罪技术越来越先进，我国有关网络治理的法律法规建设呈现出滞后性，法律法规数量少、不健全。目前我国针对网络网犯罪的法律规定主要有三个方面：①有关互联网安全和信息保护方面的法律规范。比如 2000

---

[1] 周义程. 网络空间治理：组织、形式与有效性 [J]. 江苏社会科学, 2012 (01): 80—85.

[2] 齐爱民. 论网络空间的特征及其对法律的影响 [J]. 贵州大学学报（社会科学版），2004 (02): 16—22.

年颁布的《关于维护互联网安全的决定》、2012年颁布的《关于加强网络信息保护的决定》以及国务院2000年制定的《互联网信息服务管理办法》。②刑法有关网络犯罪的专门性规定。比如，第285条：规定了"非法侵入计算机信息系统罪""非法获取计算机信息系统数据、非法控制计算机信息系统罪""提供侵入、非法控制计算机信息系统程序、工具罪"；第286条：规定了"破坏计算机信息系统罪"；第287条：对利用计算机实施金融诈骗、盗窃、贪污、挪用公款、窃取国家秘密或其他犯罪的提示性规定；第363条：制作、复制、出版、传播淫秽物品罪；第364条：传播淫秽书刊、影片、音像、图片或者其他淫秽物品的规定。③有关网络犯罪的司法解释和规范性文件。主要包括：2010年最高人民法院、最高人民检察院、公安部《关于办理网络赌博犯罪案件适用法律若干问题的意见》，2011年两高《关于办理危害计算机信息系统安全刑事案件应用法律若干问题的解释》，最高法2013年颁布的《审理编造、故意传播虚假恐怖信息刑事案件适用法律若干问题的解释》《全国人大常委会关于维护互联网安全的决定》（2000）等。[①]

从以上法律法规制定来看，尽管我们国家不断健全网络安全治理体系，但相比于网络空间治理的紧迫性与保护人民财产安全、隐私安全的重要性来说，法律法规依然不够健全。

（二）网络空间跨区域治理的现实需求

网络空间的跨界性使得网络空间的治理超出了国界的范围，客观增加了网络空间治理难度。目前在国际网络空间治理领域，虽然各国家都认为亟须"建章立制"，却难以回避其间的结构性困境，即存在着网络空间"主权"和"全球公域"两种属性、"政府主导"和"多利益攸关方"两种治理模式、"联合国"和"伦敦进程"两种治理平台等分歧[②]，这些对网络空间的范围与主权问题产生争议。面对网络空间带来的全球性资源共享的同时，如何治理好网络空间也是当前亟须解决的问题。

三、空间四维化重构社会多元主体身份归属

网络空间不仅改变了人类的生存空间，也改变了多元主体生产生活方

---

① 我国关于网络犯罪的法律规定[EB/OL].[2020-07-03]. http：//www.lawtime.cn/info/xingfa/wangluofanzui/201407163019272_2.html.

② 鲁传颖. 试析当前网络空间全球治理困境[J]. 现代国际关系, 2013 (11)：48—54.

式。基于多元主体应用信息技术进行生产生活方式的不同，现代信息社会潜在地被分为"数字原生代""数字移民"和"数字难民"三个不同的群体。这三个群体各自遵循不同的逻辑。

（一）数字原住民

美国哈佛大学的网络社会研究中心和瑞士圣加仑大学的信息法研究中心提出了一个新的概念——Digital Natives，即数字原住民，意为80后甚至更年轻的这代人。对于他们而言，一出生就面临无处不在的网络世界，网络就是他们的生活环境，数字化生存是他们从小就开始的生存方式。团队基于"Digital Native"研究项目于2008年8月出版 Born Digital，指出"被数字革命引发的最持久的改变，不是新的商业模式和新的算法研究，而是数字时代出生者和非数字时代出生者之间的代际鸿沟"①，并客观陈述了数字技术、信息技术在不同群体间形成鸿沟的原因。

根据调查显示，截至2020年6月，我国网民规模为9.40亿（见图4-4），较2020年3月新增3625万，互联网普及率达67.0%，较2020年3月提升2.5个百分点。② 庞大的网民群体为我国数字经济发展奠定了坚实的用户基础，并构筑起蓬勃的消费市场。

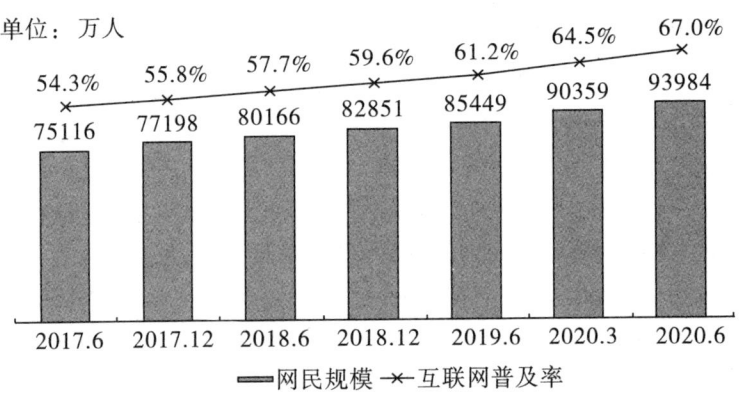

图4-4　2017—2020年中国网民规模和互联网普及率

疫情期间，我国互联网应用迎来了新的发展机遇。国家政务服务平台

---

① 刘昕怡. 亚文化视野下的《盗墓笔记》同人传播研究 [D]. 合肥：安徽大学，2016.

② 中国互联网信息中心. 第46次《中国互联网络发展状况统计报告》[EB/OL]. [2020-09-29]. http://cnnic.cn/gywm/xwzx/rdxw/202009/t20200929_71255.html.

"防疫健康信息码"汇聚并支撑各地共享健康码 6.23 亿条,累计服务人次达 6 亿人次,为精准防控、常态防控做出重要支撑。CNNIC 副主任张晓表示,2020 年初,受新冠肺炎疫情影响,大部分网络应用的用户规模呈现较大幅度增长。其中,在线教育、在线政务、网络支付、网络视频、网络购物、即时通信、网络音乐、搜索引擎等应用的用户规模较 2018 年底增长迅速,增幅均在 10% 以上。①

"低头族"恰当地形容了数字原住民对于网络的依赖程度。弗里德和特卡拉次的研究表明,网络不仅仅是影响数字原住民的个人生活,还影响他们的商业活动生活。

根据中国互联网络信息中心(CNNIC)发布第 46 次《中国互联网络发展状况统计报告》,截至 2020 年 6 月,我国网络购物用户规模达 7.49 亿(见图 4-5),较 2020 年 3 月增长 3912 万,占网民整体的 79.7%;手机网络购物用户规模达 7.47 亿(见图 4-6),较 2020 年 3 月增长 3947 万,占手机网民的 80.1%。②

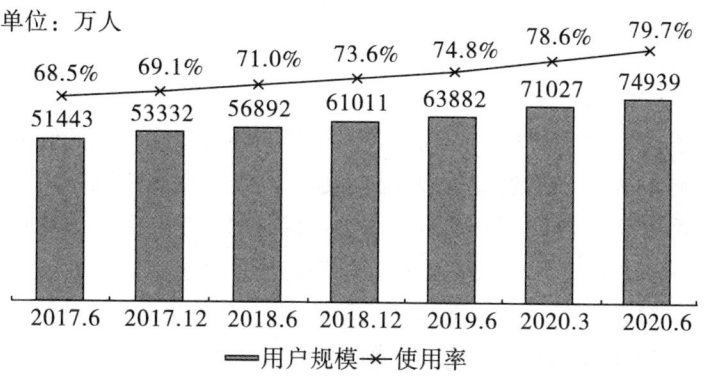

图 4-5 2017—2020 年网络购物用户规模及使用率

---

① 曲慧,杨颖兮,杨嘉仪. 网络内容与青年用户的匹配逻辑与操作策略——以百度百家号的调研分析结论为例(三)[J]. 青年记者,2020(13):43—46.

② 廖娟,阮运飞. 大数据背景下电子商务 App 创新模式的推广研究[J]. 电脑知识与技术,2020,16(35):241—243.

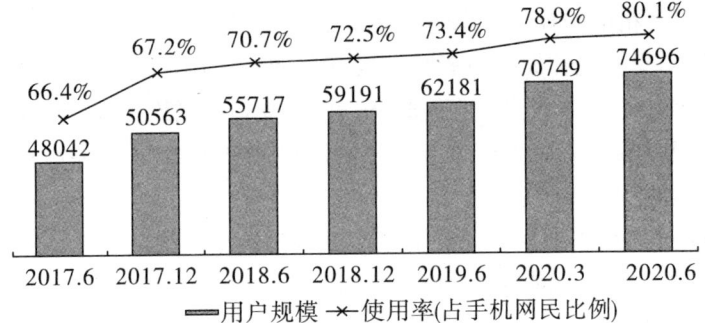

图 4-6 2017—2020 年手机购物用户规模及使用率

截至 2020 年 6 月，微信朋友圈使用率为 85％，与 2020 年 3 月基本持平；QQ 空间、微博使用率分别为 41.6％、40.4％，较 2020 年 3 月分别下降 6 个百分点、2.1 个百分点。[①]

从以上的数据统计中我们看到，网络对于人们的影响不仅仅是日常的社交和人际的交往，其影响范围已扩大到商业活动和经济活动。人们的生活越来越倾向于网络化。

（二）数字移民

数字移民对数字科技必须经历较为艰难的学习过程。他们好像现实世界中新到一地的人，必须想出各种办法来适应面前的崭新的数字化环境。

这些数字化世界的后来者不得不学习掌握网络和移动通信等新工具。关于数字移民概念的来源，大家比较公认的说法是著名学习软件设计家马克·普连斯基（Marc Prensky）于 2001 年提出的"数字原生代"和"数字移民"的概念。为表征当代人与其前人在数字化技术方面的巨大差异，其文章名字就叫《数字原生代，数字移民》。另一说法是，这一对概念是马克·普连斯基在 2001 年所著的《基于电脑游戏的学习》（Digital Game-Based Learning）一书中创造的。[②] 数字移民是接受网络并努力学习网络使用和适应网络的人，他们大多是 60 后或 70 后。

（三）数字难民

"数字难民"（Digital Refugees）是指那些因为经济、社会、文化等原因

---

① 中国互联网信息中心. 第 46 次《中国互联网络发展状况统计报告》［EB/OL］.［2020-09-29］. http://cnnic.cn/gywm/xwzx/rdxw/202009/t20200929_71255.html.
② 数字移民［EB/OL］. http://baike.baidu.com/view/3457618.htm.

更远离数字文化的群体。① 根据 CNNIC 的调查数据显示，截至 2020 年 6 月，我国非网民规模为 4.63 亿，非网民仍以农村地区人群为主。使用技能缺乏、文化程度限制和设备不足是非网民不上网的主要原因。数据显示，因为不懂电脑/网络而上网的非网民占比为 48.9%（见图 4-7），因为没有电脑等上网设备而不上网的非网民占比为 14.8%。②

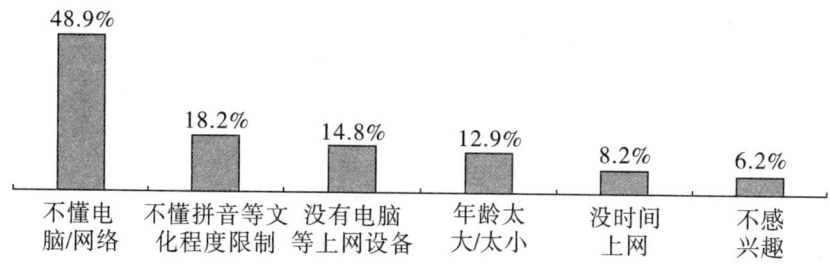

图 4-7 非网民不上网的原因

值得注意的是，在庞大的网民规模中，党政机关事业单位的领导干部、企业/公司高层管理人员数量占比较低，分别为 0.3% 和 0.7%（见图 4-8）。仅从网民数量占比来看，党政机关事业单位领导干部、企业/公司高层管理人员占比规模较小，与其他职业或组织层级占比规模形成鲜明对比。

信息技术进步推动社会数字化转型，互联网构筑适应社会数字化转型的新型网络空间。作为信息社会最鲜明的特征，社会空间四维化不仅客观展现社会数字化转型的核心特征，也提出信息社会治理的核心议题。虚拟网络空间的发展不仅给人们生产生活带来巨大改变，同时也为实体组织管理架构、流程与方式带来改革创新路径。

网络空间同样是一把双刃剑，在带给生产生活便利的同时，也面临诸多亟待解决的难题。诸如网络空间数据安全治理、网络犯罪、隐私泄露、网络空间道德规范等，亟待通过正式的法律法规和道德规范进行双重规制。而面对网络空间的无国界、流动快、隐匿性、虚拟性等特点，如何做到将网络空间与现实空间协同并存、协调发展，将是未来网络空间治理的重要挑战。

---

① 资料来源：https://wiki.mbalib.com/wiki/digital_refugees.
② 中国互联网信息中心. 第 46 次《中国互联网络发展状况统计报告》[EB/OL].
[2020-09-29]. http://cnnic.cn/gywm/xwzx/rdxw/202009/t20200929_71255.html.

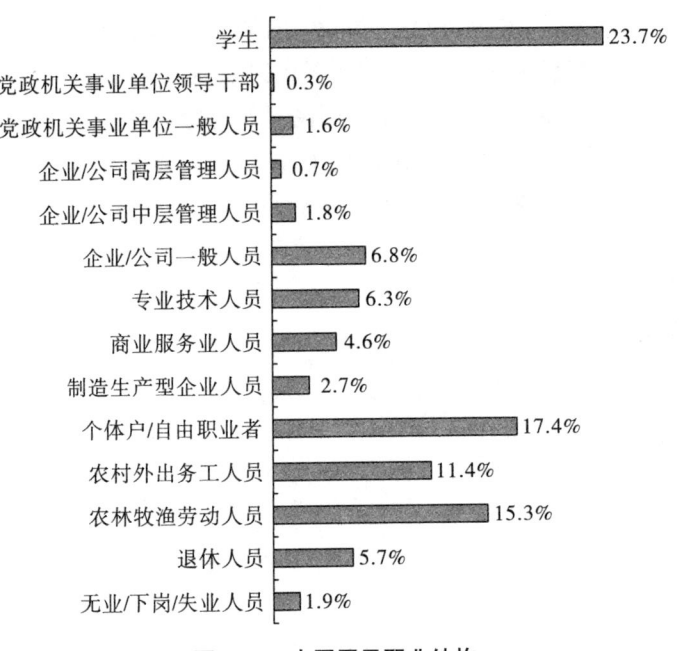

图 4-8　中国网民职业结构

小　结

在信息技术发展驱动背景之下，以虚拟形态为表现，以信息技术为支撑，突破三维化弊病的信息社会空间四维化应运而生，其出现将虚拟网络空间与实体三维空间融合、包络，形成了拓展性新型空间。剖析其结构，信息社会空间四维化结构为以虚拟的社群组织、平等化的互动形态为载体，由实体三维空间向网络空间进行拓展，同时也直接推进了组织管理结构的变革与创新，促进网络空间治理内容的丰富和完善，重构了社会多元主体身份的归属。作为信息社会最鲜明的特征，社会空间四维化不仅客观展现社会数字化转型的核心特征，同时还提出信息社会治理的核心关注议题，那就是如何做到将网络空间与现实空间协同并存、协调发展，这也将成为社会空间四维化今后的治理方向重点与难点。

思考题：
1. 什么是社会空间四维化？
2. 简述信息社会第一大特征及其应用。
3. 你认为未来的空间是否会朝着更高维度发展？
4. 空间四维化是不是真的可以解决现实生活空间中的难题？

第五章 去中心化

去中心化是信息化初级阶段最明显的一个特征。去中心化，即去层级，是在信息社会下，打破工业社会割裂化弊病，它具有纵向去割裂化的内涵。去中心化的出现既是社会发展的必然，也是人类个体自身追求价值的诉求。

第一节 去中心化的内涵

去中心化是相对于中心化而言的，是信息化初级阶段的鲜明特征。有学者指出，网络时代下的去中心化是指在一个分布有众多节点的系统中，节点之间彼此可以自由连接，形成新的连接单元。任何一个节点都可能成为阶段性的中心，但不具备强制性的中心控制功能。节点与节点之间的影响，会通过网络而形成非线性因果关系。[1] 如同最初对互联网的构想一样，互联网的实现必然是以一种平等的、分布式的网络，在这个庞大的网络格局中分布着许多节点，通过这些节点把所有的机器联系起来，但是却不需要一个中心，因为只要有中心的存在，就总会有一天会出现中心负载崩溃的现象，满足不了全球公众的需求。因此，在互联网中，每一个交汇点都必须是平等的，每一个点同时又是同等的重要，伴随着节点的增加和网络的扩张，每一个新加入的节点和网络的能力得到相应扩张。

对社会而言，去中心化并不是不存在中心，而是中心的定义有所改变，不再是过去传统的、绝对的、不变的、少数人参与的中心，以往以权威、领导阶层为主体的中心化特征将逐渐消失，由系统中节点来自由选择中心，每一个节点都可能成为临时的中心，任何中心都不是永久的，而是阶段性的，节点对中心不再有以往的依赖性，中心对节点的强制性也不复存在。尤其伴

---

[1] "金榕树计划"的去中心化 [EB/OL]. [2015—03—03]. http://hn.cnr.cn/zyjjq/jjqshxt/20150303/t20150303_517854232.shtml.

现代信息革命再认识
——信息社会变革与治理体系创新

随着互联网的迅猛发展，网络所带来的开放性、自主性等特征，兼具其天生所具有的分权特质，促使个体的个性特征越来越明显，以个体、草根阶层为主体凸显出来的碎片化力量逐渐彰显。

去中心化的出现既是社会发展的必然，也是人类个体自身追求价值的诉求。去中心化正逐渐渗入人类社会生活的方方面面，并将成为未来社会形态的重要特征之一。正如狄更斯在《双城记》里发出的感叹，"这是最好的时代，这是最坏的时代"，互联网时代也概莫能外，要了解互联网时代，就必须清楚去中心化所带来的时代新特点。这些新特点在重构组织架构、改变社会面貌、重塑个人价值，无论集体还是个人，都日益依赖着去中心化这个特征而发挥自身的力量，独立的、碎片化的智慧、能量、创意逐渐被重视，正以惊人的速度改变着整个人类社会。

一、大众化

以微信、新浪微博、脸谱等沟通平台构建起来的网络社会，使得每个人在该平台中拥有平等的发言权，信息传播方式更为便捷、影响能力更广，网络平台无疑是有史以来最为大众化的互动平台。正如艾伦·麦克法兰（英国剑桥大学国王学院名誉教授）所提到的："你可以说它赋予了个人更多的权力，它给了人们一个发声的机会……你可以看到越来越多的权力分散的状况：群体智慧，或者推特，或者资讯，各种形式和种类。所以很多人现在参与到了决策之中。"① 而如今这种大众化的特点并不再局限于信息传播方面。

大众化是去中心化最明显也是最为重要的表现。以往中心化的社会结构是金字塔式、自上而下式的运转，现如今以权威汇聚起来的中心逐渐消退，所有庞大和等级明确的体系都在衰退。信息化时代的"权威"一词有着更为丰富的内涵。哈佛大学学者戴维·温伯格曾提出，"虽然权威仍然是一个'停止点'，但是权威已经不再是一个主要由有资质的人所构成、专门生产特级产品的特殊阶层了。相反，权威更多地是由功能性来定义：权威是你在无数链接中访问的最后一个页面——是你决定不再继续去点击其他链接的那个页面"②。这实际上具体化了权威的含义，将人们生活中传统的权威观念与信息时代结合起来，是一种与时俱进的观念更新。

大众化与组织结构的扁平化有着密切的联系，即通过减少管理层次，增

---

① 《互联网时代》主创团队. 互联网时代 [M]. 北京：北京联合出版公司，2015.
② 戴维·温伯格. 知识的边界 [M]. 胡泳，高美，译. 太原：山西人民出版社，2014.

加管理幅度的方式压缩金字塔状的组织形式，形成扁平状的组织形式。这种扁平化带来的大众化不仅仅指企业、组织销售渠道主体的大众化，也不仅仅指层次结构水平化的管理模式，而是一种新的社会常态，是去中心化所赋予整个社会的全新特点。正是这种大众化，把更多的人联结在一起，把更多的信息与人相联结，这种联结促进了信息传播的效率和创造的效率。

在互联网这个去中心化的世界，无论你身在何处，互联网都可以轻易地将你与整个世界联结起来，通过网络，你可以说出你的想法、提出你的创意、编辑你的文字……网络让所有人的生活方式都发生了革命性的变化，网络所汇聚的不仅仅是数据、文字、符号、代码，而是不可估量的需求、智慧和创造。

二、开放化

信息社会的去中心化特征表明，传统权威中心凭借其优势地位掌握资源和垄断知识获取渠道的情形越来越被社会不容，开放、包容、共享知识和资源将日益为人们所推崇。

MOOC，即"Massive Open Online Courses"的缩写，直译为"大规模在线开放课程"，在我国又被称为"慕课"。慕课的诞生其实根源于知识内涵的变化。传统意义上依赖于书本的知识不再满足人类的需求，如今，慕课已经成为越来越多学生、上班族、研究者自我学习的一个重要平台，这个平台平等地向每个人开放，每一个人都可以通过这个平台获取自己所需的知识，无须门槛就可以进入所崇尚学者的课堂。

互联网时代的开放性，包容所有一切的差异、优劣，这种开放性既是每个人的幸事，更是整个人类社会不可逆的转变。开放性使得世界范围内信息的更新、传递、共享更加便捷。任何一个封闭的企业、组织乃至国家都无法如同原始社会一样自给自足，正如新中国当初做出改革开放的重大决定时的毅然，历史的演变证明了选择的正确性，而当今的社会更渴望开放、融合，"地球村"一词不正是开放性最好的代名词，我们有理由相信，未来"地球村"将成为一个现实。实际上在网络上已经出现了这样的趋势，尽管这只是虚拟"地球村"，但其影响力也远远超越了以往任何一个国家。

三、平等化

技术似乎正在动摇人类社会的结构，将整个社会分为有技术的人和没有技术的人。这两类人的差距正在增大，但人类却没有足够应对的对策。有趣的是，技术虽然带来了收入的不平等，却在另外许多方面带来了前所未有的平等。

　　信息社会的去中心化,带来了人类社会前所未有的平等,这种平等建构于扁平化、大众化的社会基础之上。通过远程教育、MOOC,偏远地区的学生可以获得与发达地区孩子一样的教学资源、学术材料;通过网上挂号系统,每个人都可以预约到各个医院的名医;通过查询各个招聘网站,每个人可以接触到全国各地发布的职位信息;通过政府部门门户网站,每个人都可以提交自己的建议反馈给高层领导人。在技术引发的平等中,VR技术是一大代表,但目前的问题是并不是任何人都能负担得起,成本的增加无形之中降低了普及率。VR技术把材料的触觉和质感传达提高到建材的地步,人类也就根本不需要什么实体空间了,这虽然是对现实的一种幻想,但是其未来的发展是难以预测的。也正是如此,不少人对这一未来充满了担忧:大家一起找个床躺着,全部生活都在VR里过,这自然是最省成本的,但是当每个人对于想要接触到的事物戴上头盔就能拥有的时候,人生还有什么意义呢?人类传统社会必然就崩溃了。①

　　技术既在一定程度上划分着人群,又在更大的程度上让每个人都能享有,促进了人与人之间的平等,降低了追求平等的代价。

四、多中心

　　正如之前所说的,去中心化并非不再存在中心,相反会出现了许多个中心,而太多中心恰恰使得一切平等化、非集中化,多中心是去中心化必然导致的一个现象,而信息社会背景则促成这些中心的出现、成长并壮大。

　　美国著名城市理论家刘易斯·芒福德曾将城市形象地比作一种"容器",认为其魅力就在于可容纳诸多要素与丰富多元的文化。② 但是城市的发展都具备一定的规律,因为城市公共服务水平高、发展机会多等原因,越来越多的人为之向往,结果就是导致我国东部沿海地区在短短数十年间就出现了众多特大城市。以北京、上海、广州等特大城市为例,特大城市的出现也带来了城市病。不少学者纷纷开始设想未来城市建设的架构应该如何构建,东部沿海城市在借鉴西方主要城市的城市规划思想基础之上构建了以多中心空间结构为主的城市群。

---

　　① 技术会带来社会平等吗?[EB/OL].[2016—03—18]. http://www.gywb.cn/content/2016—03/18/content_4698463.htm.

　　② 孙斌栋,魏旭红.多中心结构:我国特大城市的未来形态[J].人民论坛·学术前沿,2015(17):6—15.

多中心概念最初多见于规划学，隶属"城市形态"研究范围，它的发展理念本质上主张分散式的城市空间布局，其中，现代城市规划标志性的"田园城市"理论即可看作"多中心"理念的最初原型。[①] 信息时代下的多中心，不仅仅局限于地理意义上的区域划分，这种中心可以是以地域划分的，也可以是以行业、权威、经济等因素划分的。这种"中心"的概念不再是以往传统意义上的理念，而是扩大了范围、评价标准的中心，这种中心的构成可以是一个城市群、一个业界领军企业、一个虚拟团队，也可以大到是一个种族、国家，小到是一个团队、一个人。

每个人都可以成为一个中心，每个人都在寻找一个中心。只是这种中心不再具有以往牢固不破的组织机构、持续经营的常态，这种中心在汇聚形成时具有很高的凝聚性、目标性、效率性，而一旦瓦解，也并不会有人觉得惋惜。正如如今兴起的网络众包中的接包团队，成员因共同项目和任务而通过互联网联结在一起，完成任务后即解散，各自再去寻找下一个团队、下一个容纳自己的中心。

五、过渡性

从整个人类社会来看，任何社会特征都是从无到有，都根源于过去社会的历史发展脉络，去中心化也是如此，植根于过去的中心化之中，出现在工业时代与信息时代更替的缝隙之中。同所有人类社会特征所具备的特点一样，去中心化也只是时代变迁中一个特定时期才会出现的特征，这就是去中心化所具备的过渡性。这种过渡性，意味着这种去中心化特征的消逝是必定的，但是这种消逝是一个缓慢的过程，是人力所难以更改的过程。

过渡性是去中心化从诞生就具备的一个潜在特征，并且这种过渡性所产生的作用在目前看来还未完全发挥。现在大众只关注去中心化的大众化、平等化等显性特征所带来的影响，而很少去剖析其深层次的特征。去中心化如今已经成为时代的一个热门词汇，每个行业都纷纷扬言要建立去中心化的行业结构，这种盲目地跟随潮流，也许反而会带来难以想象的后果。公共管理者作为社会重要的管理成员，以前瞻性、透彻性的视角来观察整个社会，引领社会管理改革的潮流是必须承担的责任。因此，公共管理者必须要意识到去中心化的过渡性特征，并且时刻关注这种过渡性可能会带来的利与弊，在关键的时刻，引导大众对去中心化的观点，预防社会新特征所带来的不利后

---

① 孙斌栋，魏旭红. 多中心结构：我国特大城市的未来形态 [J]. 人民论坛·学术前沿，2015（17）：7.

果,防范去中心化消逝时可能造成的不良影响。

第二节 去中心特征的实现基础

去中心化是信息化初级阶段最明显的一个特征。这个特征不仅要求改变现存的组织架构、生活方式、沟通途径,更深层次地要求我们转变思维、角度、理念去看待这个社会和世界。去中心化就是具有如此神奇的力量,这种力量使得传统的人类社会逐渐瓦解,随之带来全新的人类社会兼具大众化、开放化、平等化和多中心的特点,产生去中心化这一特征的根源即是这些特征的出现原因。

一、信息技术实现互动的即时性与非在场性

相比农业革命和工业革命,信息革命带来最大的变化莫过于不仅让人与人之间联系起来,更让人与机器之间联系起来,突破了时间与空间的界限,有力地推动了现代通信方式的革新,在媒体新闻领域尤其明显。通信体系的变革使得人们从严密的上传下达的组织机构中解脱出来,形成随时随地与他人进行互动交流,去中心化特征因此形成。

在现代世界中,人们想要获取自己所需的信息,只需要在互联网搜索一下即可,甚至可以得到很多意料之外的信息。而随着物联网技术的兴起,跨时间、跨地域都将不再是一个新鲜的话题。人与人之间的联系也不再仅仅停留于二维世界,依托物联网,不同地区的人们之间的交流沟通实现了四维,人类生活也变得更加智能化。与此同时,人类自身也随之而被划分为三类,即还活在传统社会中的"数字难民",传统社会中成长起来的"数字移民",伴随网络成长的"数字原住民"。而"数字原住民"的数量不断激增,是一种不可挡的趋势。

信息的便捷获得也带来一个问题,人们自身的信息也更难以保密,甚至可以说在充斥着电脑、摄像机、监控器的世界里,人们根本没有什么隐私可言,这使得每个人都可能在下一秒成为整个世界的焦点,也许这会为你带来无穷无尽的烦恼与愤懑,也许这也会给你带来数字不清的机遇和投资。正如美国莱斯特大学教授莫妮卡·惠蒂所提到的:"互联网给你一种身处泡沫的感觉,虽然没有人注视着你,但事实是,很多人都能看到你,你的互动往往处于非常公开的空间里,并且他们是可记录的。在你看来,你觉得自己在家

里，在一个房间里，没有其他人看着你，没有其他人关心，但事情可以被传递。"①

不可否认，现代信息技术的发展是一把双刃剑，它既将我们从过去禁锢的地域范围中解救出来，同时又给予我们匿名自由，但是却剥夺我们的隐私。一项新事物的出现，必然会招致种种谴责、否认、质疑，在信息技术出现之前，没有人敢设想现如今如此互通有无的世界，而信息技术的出现却让一切成为事实。信息技术使得人类从金字塔似的组织架构中解脱出来，创造更为扁平化的组织形态，给予更多人发言权，带来实际意义上的平等，这一切都极大地促进了人类文明的前进。现在人类社会唯一需要担心的就是如何利用好这把双刃剑，以创造更多的价值。

二、信息技术媒介赋予个体表达权与话语权

依靠信息技术个人、小团体力量影响范围不断扩张，弱化了权力中心的话语权，使得人人都具有了话语权（表达的权力），即中心化的话语权威逐渐被人人都具有"说"的权利所取代。②

在传统媒体生态中，权力与信息是成正比的，其表现在：权力越大，掌握的信息越多，发布信息的权力也越大，对信息传播控制的能力越强。在互联网时代，通过众多的网络平台、聊天软件、视频 App，扭转了大众与媒体之间的关系。绝大多数的发言都来自自身自觉地发布，受到权力绝对控制的可能性很小。这一转变，使得小团体、个人在网络平台上也具有了一席之地，甚至扮演着重要的参与者角色，他们所发表的言论越来越容易得到别人的认可，他们说的话别人越来越容易听到，并且很可能会具备主流媒体发言所具有的关注度，产生同样大的传播效应。

信息的易于获得与破解，众多网络平台的搭建，通信载体的革新换代，这一切都导致人们在日常生活中可以更便捷地深入他人的生活中去，同时也便于仁人志士更好地传播自己的创意、志向，每个人都可以成为这个时代的巨星，即便有时候你并不想。网络时代对于每个人来说，都扩大了其发言权的影响力、范围，便利了发言的条件、门槛，这无疑为那些有创意、有想法的人提供了一个绝佳的时代，依托互联网这一工具，个人、小团体的智慧更容易被散播，影响力也就随之扩大，在这个重视人才的社会，只要你有好的

---

① 《互联网时代》主创团队．互联网时代［M］．北京：北京联合出版公司，2015．
② 王世华，冷春燕．互联网再认识：去中心化是个伪命题？［J］．新闻界，2013（20）：49．

创意和想法，就不必害怕没有被伯乐相中的一天。

三、信息技术便于资源整合化和精准供给

由于社会环境日益复杂、民众需求愈加多元，无论是组织资源，还是组织供给往往需要基于从多个渠道获取，并进行有效的整合。通过资源整合，精准识别需求，从而实现精准化供给产品和服务。而信息技术则为碎片资源整合和服务精准化供给奠定可能，由此形成去中心化的资源获取方式和服务供给模式。

事实上，不仅仅是企业越来越依赖于网络来获取所需要的信息，政府也在顺应时代潮流，将各项政务工作与信息化技术充分结合起来。微博、微信、贴吧、各大社区官网，这些依托互联网技术建立起来的网络平台，其运营的背后是千千万万的网民，其所运载的是这个时代最为重要的资源——信息。网民借助这些平台，可以充分表达自己的意见，甚至参与到以往根本没有机会参与的政府决策、社会管理中去，以更好地发挥个人的价值与智慧。例如通过互联网问政平台，可便捷、快速地反映社情民意；通过微信、微博、热线等渠道，广大市民建言献策。而政府借助这个平台，可以充分调动起网民、社会公众对公共事务的关注与热情，发挥集体的智慧解决社会难题，以共同的努力来创建更好的社会环境。这一进步是千百万年来人类发展所渴求的进步，而依靠互联网这种理想正逐渐成为现实，这是这个时代所赋予我们最大的益处。互联网正是这样一个处所，它充盈于世，卷入所有的传统上所说的个体、物体、信息，并此消彼长地沸腾着、交融着，随时随地地涌现出、散放出意义的味道。①

互联网不仅赋予每个人更多的表现机会、让更多人在事业上受到关注，其更重要的一个方面是可以汇聚这种个人力量、小团体力量。信息技术使得这成为整个人类历史上前所未有的可能，中国现在有超过14亿的人口，占全世界的1/4，通过网络汇聚一部分甚至是一小部分人、团体的力量，这一力量的巨大潜力与能力也是惊人的。如何利用这种星星之火、碎片化的力量，引导其解决以往难以解决的社会难题，将成为未来公共管理者必须关注的一个课题。

---

① 段永朝. 互联网思想十讲 [M]. 北京：商务印书馆，2015.

第三节　去中心化特征给管理带来的改变

去中心化特征带来难以避免的问题是：公众参与的可能性更大、渠道更多，群体性事件的发展变化更快、更复杂。这给管理模式带来了巨大的改变，亟须组织适应新兴管理技术、革新管理理念、改变现存的管理模式。

一、作用于组织管理中的纵向割裂弊病

在工业社会，部门中心主义盛行，数据和业务长期分割化、割裂化是工业社会最大的管理弊病。而信息社会的去中心化特征是面向管理中的纵向割裂。

去中心化虽然最早出现在传播领域，但是其影响力已经逐渐扩大，并影响到组织架构的革新。相较于传统组织架构，去中心化、分布式的组织架构具备降低成本、促进信息沟通、增强组织快速反应能力、有效激励员工、促进组织间的协调与合作、促进流程再造等优势。随着信息社会下"去中心化"特征日益彰显出其影响力，不少行业也纷纷提出了要构建"去中心化"的组织架构，不仅仅是企业，对于政府结构的革新也势在必行。这不仅仅是去中心化特征的要求，更是建设智慧城市、智慧政府的内在要求。我国住房和城乡建设部前副部长仇保兴在"对话创业者：智能城市"论坛上提出："智慧城市在信息化的时代有很多变化，要顺应这个变化就是喜欢扮演中心角色的政府、想成为垄断的大企业必须要让位，要'去中心化'，变成分散化、分布式。此外，还要'去所有权化'，不是占有着所有权，而是将所有权交给人民。"①

如何有序、顺利地改变政府组织架构，是公共管理者必须研究的一大课题。过去我国社会一贯施行的是以政府自主管理为主导，市场为辅助调控手段的公共管理模式，而现在，政府须让位于市场，让位于新出现的众多零零散散的中心，把所有权让位于人民，而成为为其服务的配角。信息社会高度便捷流畅的电子化、数字化、信息化过程为实现各级政府、政府各部门间、政府部门与非政府部门、政府与公民之间有效及时沟通提供技术支撑，成为各主体之间有效合作、打破边界与壁垒的良好契机，为实现府际合作，克服

---

① 仇保兴：在信息化时代政府必须要让位要"去中心化"[EB/OL]. [2016—03—23]. http：//finance.ifeng.com/a/20160323/14285937_0.shtml.

部门中心主义，政府实现无缝隙合作、整体性公共服务创造了条件。借助互联网信息技术，政府可以通过共享资源、共享信息达到共同决策、共同行动的目的，通过实时沟通与协作提供公共服务。同时，公民基于互联网信息技术，也可以有效地参与政府治理，获取信息，表达自己的需求和意愿。

但是值得注意的是，组织架构的革新是一个循序渐进的过程，应当有步骤、有计划、有目的地进行。虽然去中心化对传统组织的运作模式、结构功能、业务流程、体制机制具有重大影响，组织去中心化也会存在过分依赖信息技术、减少员工晋升空间、人员素质要求过高等弊端，但是组织机构去中心化方向发展已然是未来组织变革的趋势，由此引发的结构功能、业务流程、体制机制变革，将推动组织深层次的变革和发展。

二、充分注重关注个体价值与发展的理念

随着经济全球化进一步发展、信息化时代的来临，无论是企业还是政府，其所面临的环境都发生了深刻的变化，不得不改革原有的管理理念以适应新的环境压力，当前很多组织开始纷纷着手如何有效地将传统管理观念与现代管理整合起来，转变不适应时代潮流的观点，给企业、组织、政府带来更大的竞争优势。

中国传统管理观念最早可见诸古代历朝著名的统治思想之中，最为出名的便是儒家的"礼治""德治"，道家所宣传的"守柔""无为"，墨家主张的"兼相爱，交相利""尚同控制，尚贤使能""贵义"等思想。这些传统管理观念为当时王朝的繁荣兴盛做出了不可估量的贡献。时至今日，这些观念依旧深入人心，并且得到许多学者的推崇。传统管理观念中最为重要的是关注集体的思想、维护集体的利益，其目的是维护统治阶层的利益。在这一点上，逐渐与现代去中心化、扁平化的社会结构背道而驰，越来越不能适应现代环境的要求，加之我国在政治制度、经济环境、文化价值、思维模式、福利水平等方面与西方发达国家都有着根本的差异，都必须要求我们要立足于自身特点需求改革管理理念的本土化途径，新的时代需要新的变革方式。信息社会下，信息成为关键资源，信息获取的便捷与丰富使得这一资源的重要性越来越彰显，个人观点的易于传播、话语权的获得，使得每个人都可以成为这个时代关键资源的提供者与享有者。资源获取与否、快慢、完整程度已然成为现代竞争方式中最激烈的一种竞争，而资源来自每一个零散的个人，对人的研究从"经济人"假设到"社会人"假设，再到如今的"知识人""自主人"，这些理论的演变都越来越突出"人"的重要性。这使得过去以集体为关注焦点的传统管理理念不再适应于现代竞争的要求，新型管理必须转

变此种观念，更多地将注意力放在有创造性、有思想、有能力的个人乃至个人所组成的小团体身上。

信息时代对管理理念革新的要求并不意味着要完全摒弃传统管理理念，相反这种革新是整合，是传统管理理念与现代管理思想的再次结合，是传统管理理念与现代管理工具的结合。中国现代管理理论是立足于中国客观历史发展背景之下的具有中国特色、文化、气质的特定关于现代管理的理论。[①]中国现代管理理念在很大程度上有别于西方现代管理理论，而是借鉴西方发达国家管理理论与中国国情和现代化建设实践的统一，体现着独特的中国特色和风格。这个时代，最大的风格便是以关注集体转移到关注个人的价值诉求，充分发挥零散的、碎片化的个人力量，弥补以往管理中的缺陷，创建一套更符合国情的新型管理理论。

三、形成注重融合现代信息技术的管理方式

伴随着现代信息技术的快速发展，符合时代潮流、符合客观规律的举措十分必要。习近平总书记曾提出新时代的军队建设，要形成能够打赢信息化战争、有效履行使命任务的中国特色现代军事力量体系。信息化时代的要求不仅仅体现在军队建设方面，还体现在社会生活的各个领域，诸如经济、生态、文化、教育等领域的发展，都必须顺应发展大势、掌握制胜机理、抓住关键环节、瞄准根本目标、构建体制机制，这样才能把控全局、有效推进。

20世纪80年代，尤其是90年代以来，有两大社会变革因素改变着人类社会的行为方式，即技术和管理。现代信息技术在为人类活动提供无限的可能性的同时，从根本上改变了人们生活的行为方式，产生了新的组织形式、新的管理模式、新的组织文化等。新技术、新设备的出现，使得现代管理手段也多元化，不再是仅仅依赖于传统的纸质化条约、手册、合同等，而是依赖更多行业专业软件、通信设备、监控设备等。这些设备的出现不仅减少了人工的浪费，而且更为可靠、稳定，同时又极大地提高了管理的工作效率，为管理工作做到了24小时无间歇的管理。

采取现代化的管理手段与方式，对于任何一个组织来说，都是一个极大提高组织效益的有效途径。实际上，这种途径的实现将会越来越普及，并且成为一个现代化组织所具备的基本特征。政府的管理也应如此，结合信息化设备、技术，实现更为高效的办公效率，提高公共服务的质量，将工作人员

---

① 宗和静，陈羽逸．中国现代管理理论的时代特征［J］．河北经贸大学学报，2014（02）：45．

更多的精力从传统烦冗、细碎的日常事务中解放出来，使得公务员有更多的精力专注于自身服务的领域，不断学习提升自己的服务技术和质量，领导者也可以更关注公共领域的关键问题，更好地解决公众所关注的社会问题。

四、兴起共享领导、无领导等新型领导方式

"领导"从字面上理解为"领航、引导"，字典的解释是"率领并引导朝一定方向前进"。大到国家，小到家庭，都需要领导。领导没有数量限制，可以是单独的也可以是群体的，但日常的共识是位列领导地位的人都是组织或团队的核心人物。领导对于组织具备多方面作用，包括决策、激励、引导与沟通等。需要强调的是，领导在不同时间段或项目上会以不同的领导作用为重心。因此，领导作为管理团队最为重要的角色，是引领整个管理团队工作方向、制度规范、研究创新等任务的指引人，领导方式的改变关系整个企业、政府乃至国家生命力的延续。

信息化时代下，去中心化特征渗入了管理团队当中。传统管理的架构、方式、作风难以激发组织活力，金字塔、集权式的管理方式也逐渐引起人们的反感。更多的有志之士渴望得到领导权，而信息化时代的到来，使得这种权力的获得更为容易。信息化时代下的领导，更强调权力、知识的共享，团队协作的效果更依赖于团队中每一个成员，每个人都可以在自身擅长的领域担任专家或领导，不再存在绝对的权威、绝对的精英主义领导模式，精英阶层的力量逐渐被草根力量瓦解并代替。如今时兴的领导方式主要有无领导及共享领导。无领导来源于人才选拔中最常用的一种测评技术，即无领导小组讨论。作为一种在特定情景下，没有特定领导者，团队成员自发组织针对某一问题进行讨论、分工、得出结论。评分者对应试者的评价活动首先具备主观性，这是因为其评价活动受制于自身对评分标准的理解，而扩展到整个组织，就表现为不同评分者对应试者会存在不同的评价，而这些差异性都将成为组织考评误差的来源。[①] 无领导小组广泛应用于提高领导人才素质，其发展模式共享领导又是一种重要发展模式，共享领导可以追溯到 20 世纪 80 年代西方倡导的共同管理学说。该领导模式可以从两个方面理解：第一，共享领导是一种建立在责任承担基础上的领导模式；第二，共享领导是一种知识

---

① 姚若松，刘泽．多元概化理论在无领导小组讨论中的应用［J］．中国人力资源开发，2013（13）：57．

分享过程。①

去中心特征促使更多的人拥有精英所拥有的领导支配权，能更自主地研究自身所感兴趣的领域。但是这种领导制度的诞生并非完全与传统领导制度毫无关联，相反是在借鉴传统领导制度的利弊基础之上，而创造性提出的。任何新事物的诞生都脱胎于旧事物之中，旧事物的发展自然孕育着新事物的胚芽，断裂地看待这种领导制度革新是必然错误的。只有在有吸收、有借鉴、有创新的基础之上提出新的制度，才是正确的制度，现代领导方式才能以更现代化、科学化的方式改变着整个人类生活。

小　结

去中心化是信息化初级阶段最显明的特征，也是对传统中心化层级和管理割裂弊病的破除，主要表现为大众化、开放化、平等化、多中心和过渡性。去中心化的出现既是社会发展的必然，也是人类个体自身追求价值的诉求。信息技术能够实现互动的即时性与非在场性，并作为媒介赋予个体表达权与话语权。与此同时，去中心化对管理模式也带来了巨大的改变，公众参与的可能性更大、渠道更多，群体性事件的发展变化也更快、更复杂，亟需组织适应新兴管理技术、革新管理理念、改变现存的管理模式以适应时代的发展与创新。

思考题：

1. 去中心化的实质是什么？
2. 面对工业社会中最大的管理弊病，信息社会中的去中心化特征如何发挥作用？
3. 在中国语境下，哪些中心不可去除？

---

① 边慧敏，彭天宇．共享领导：知识团队中领导模式的新发展［J］．中国行政管理，2010（05）：39．

第六章 扁平化

扁平化,即去域、去边界,是信息社会下,打破工业社会割裂化弊病而产生,它具有横向去割裂化的内涵。信息社会中信息技术的迅速发展改变了社会底层运转的逻辑,信息技术和知识社会呈现出一种双向的互动状态;互联网技术的普遍应用,消除了世界的边界,满足了知识社会中知识和信息的产生和传输要求;基于信息技术提供的手段和工具,社会扁平化特征更加凸显。

第一节 扁平化的内涵

一、扁平化的含义和理论来源

扁平化,就是去边界,学术上叫去域(即去区域),在行政上就是尽可能多的去掉行政区划、部门区划。扁平化管理是某个组织机构为了拥抱信息技术变化适应环境生存而实施的管理方式。当社会需求增加所导致机构规模扩大时,采用的手段就是通过增加层次形成"金字塔"形组织结构,或者通过增加管理幅度形成"扁平化"组织形式。

"扁平化"最初的含义只是界面设计的一种特征,伴随着计算机技术和通信网络技术的发展,空间三维性的开发利用,使立体空间里的设计既庞杂又延伸,呈现给客户的网络终端。例如网页界面、手机电脑的操作系统等,都体现为有太长的使用链条,客户面临的每一级平台都有众多选项,而每一选项后面也都隐藏着另一平台,此平台上又承载着无数的选项,这样立体式的设计使使用者的纵向深入不断延伸,不免有些烦琐和乏味。因此,在这样的前提下,扁平化设计风格独树一帜,减少纵向延伸设计,尽可能地把选择平铺在一两个平台上,使其在使用者面前一览无余,减少使用者的再次选择和探索的消耗。比如在手机上,扁平化使用户体验到更少的按钮和选项使得界面干净整齐，使用起来格外简单。生活中处处可见扁平化的设计作品，比如苹果手机，采用棱角分明的线条，加上部分应用设计界面上单色鲜明的对比，非常漂亮，扁平化设计能使得总体视觉与交互变得"温暖"。

1937年科斯在《企业的性质》一书中，确定了现代企业边界，对企业的定义和性质做了全面阐述，并且开现代企业理论研究之先河。企业作为组织管理的客体之一，成为众多管理实践和理论的策源地，扁平化理论作为现代企业管理理念中的一颗"明珠"，在整个企业管理的变革实践中熠熠生辉。而企业这种组织的出现也是源于19世纪末20世纪初的大工业时代的来临，城市和工业的发展，使原来简单的社会结构高负荷运行，社会的组织化特征要求旧的以家族为基础的企业制度转变为大规模的、有组织制度的、能够合理管理运行的社会共同体。韦伯据此推广了"科层制"的管理方式和组织模式，在当时极大程度上满足了效率和稳定、合理且严密的社会管理要求。但是扁平化的管理方式和组织模式却成为后起之秀，在组织流程再造和学习型组织的管理理论的支撑下，扁平化理念的应用得到长足发展。美国管理学家德鲁克用医院和交响乐团两个典型案例证明了组织结构的扁平化。一方面，交响乐队的扁平化在于大家使用同一张总谱，因此几百名音乐家能够与他们的乐队指挥一起演奏；另一方面，所有医生的共同使命就是疾病的治疗和护理，得出结论"扁平化"的组织结构不仅需要有表明组织机构共同愿景的目的，每个人还必须是自己领域内的专家，这应该可以说是扁平化思想的最早源头。[①] 学习型组织是扁平化思想产生的又一来源，传统组织是金字塔式的，学习型组织则是扁平的，即从最上面的决策层到最下面的操作层，减少中间的管理层次，让最下层单位拥有充分的自决权的组织结构。

经历了众多的思想变迁和理论突破，扁平化理论确定了自己的实践指导意义，来自视觉设计的审美观到企业管理运行的重新定位，最后在众多人与人链接、互相合作协同的组织中，扁平化理论扩展了其辐射范围，也是因这一理论上佳的普适性，而且含义简洁直接，企业、政府、社会组织、事业单位等都可以把这一理念进行嫁接和探索。

二、扁平化的特征

扁平化是信息社会的一个明显特征，它以信息技术为手段和平台，借助知识和信息的传播和获取，实现社会结构和运行模式的变革。它既将改变全

---

① 组织扁平化理论 [EB/OL]. [2019—03—25]. https://wenku.baidu.com/view/836dcdedb94ae45c3b3567ec102de2bd9605dead.html.

球的链接方式，也可能会影响整个社会的未来发展轨迹。信息时代让扁平化的管理模式和组织结构已经在企业等各个领域中的组织中有了现实实践，未来更可能会形成整个社会的扁平化变革。基于此，本书在进一步理解扁平化内涵的同时，将扁平化的自身特点归纳为学习型、分权式、灵活性、网络型、平等互信。

（一）学习型

2018年6月30日，备受全球瞩目的ATD（人才发展协会）BEST（最佳学习型组织）评选结果正式揭晓。海尔大学继2017年获得ATD BEST殊荣之后再次荣膺该奖项，同时也是ATD成立76年以来，中国唯一一个两次获奖的学习型组织。海尔集团从1998年开始尝试在企业内尝试扁平化的组织变革。从张海瑞砸冰箱事件开始，海尔集团建立了以质量为先的共同远景，接着倡导员工自主经营、自我管理，成为创新的源头，然后采用团队学习的方式，进一步培训和开发人力资源。

美国学者彼得·圣吉（Peter M. Senge）在《第五项修炼》一书中提出："学习型组织是为应对剧烈变化的外在环境，改革精简、扁平化组织结构，形成弹性因应、终生学习等特征维持竞争力。"[①] 知识管理是建设学习型组织的最重要手段之一，而知识和信息管理是扁平化理念最重要的实现之源。在扁平化社会里，参与主体能在信息知识的支持下自主学习，而组织也为内部人员提供培训和技术训练，形成组织创造力的培养皿。

知识社会是人才的殿堂，组织人员的综合素质也较高，能独立处理所面对的问题。同时，知识经济时代民主化的价值观也强调更加开放包容的独立性和自主性，信息社会的扁平化所需要的人员不再是一成不变的模板，而是能够自主处理信息、不断解决问题的适应型人才。扁平化意味着知识信息最大限度地流通，组织人员能够凭借不断的学习指导和控制自己的工作，每个人都可能成为专家，组织也为组织人员提供长效的培训，实现组织和组织成员的双赢。社会扁平化把学习精神放在显著位置，不仅在于扁平化理念提供的知识信息和自我效能思想为终身学习基础，也是因为社会扁平化让人们直接面对诸多问题、直接面对变化万千，这也为人们带来保持学习、寻求创新的危机感。

（二）分权式

美的集团作为中国分权最成功的企业，集团主席何享健带领集团从一个乡镇企业成长为如今国内家电行业的佼佼者，其内部的《分权手册》在其中

---

① 彼得·圣吉. 第五项修炼［M］. 张成林，译. 北京：中信出版社，2018.

发挥着不可忽视的作用。从1997年开始，美的集团内部进行主要业务的分权，内容涵盖企业的14大类的业务流程。《分权手册》对涉及经营、管理的各项工作决策权限分提议、提案、审核、裁决、备案等进行了详细的规定，形成了"集权有道，分权有序，授权有章，用权有度"特征，其内容可归纳为以下"一个结合，十个放开，四个强化，七个管住"[①]。就是这样一个完整的分权体系，不仅最大化地激发了美的集团各层级职业经理人团队的活力，而且有力地保障了美的集团庞大体系的高效运转。

相较于科层制的高度集权，层层下放的权力分配模式，在社会扁平化特征下，一方面组织成员的自主性和高素质的特征要求组织权力分配重心下移，另一方面环境的不确定性导致组织需要快速应对危机和问题，这也要求组织成员有一定的权限并迅速做出反应。与扁平化相辅相成，分权成为一种必然趋势，柯达公司总裁罗伯特说："过去我们的机构臃肿庞大……唯一能使我们发挥协调作用的办法是缩小机构。"社会扁平化要求组织减少中间管理层次，领导层只关注关系组织发展的全局和战略性问题，组织成员被赋予了更大自由。

信息社会的扁平化特征及其内涵使分权与授权的权力分配理念得到发展和实践的可能，在调整权力中心与其他组织成员关系上，重新探索出一条路径，并借此激发组织成员自身的责任感和荣誉感，更能实现组织个人的理想和价值。因此，在社会管理的各个领域，由于扁平化理念及信息技术应用产生的冲击，分权功能在政府治理、企业管理、大小型社会组织的改革中受到广泛的关注。同时，分权式的权力分配也是扁平化社会管理的实现步骤之一。

(三) 灵活性

被称为现代管理大师的前通用电气（GE）公司总裁韦尔奇高度重视扁平化组织的灵活机制，在实践中，实现灵活组织机制最重要的方面，是让员工跨职能部门一起工作，并确保他们获得所需要的信息和拥有做出决策的权力。扁平化的一大功能就是提倡组织成员跨部门的横向交流合作，设置尽可能短的纵向指挥链条，裁减冗员，形成干练紧凑的组织运行轨迹，分权程度越高，组织运作惯性的持续时间越短，也就更容易对随时出现的情况做出反应。

信息社会开放包容平等状态下，人们不仅有机会表达自己的需求，也能

---

① 集权与分权 [EB/OL]. [2019-11-11]. http://m.sohu.com/a/352926630_120067725/.

采取各种途径达到个性化定制的目的。以需求为导向的扁平化，在信息技术的支持下，分析处理信息的手段和工具也很齐备，因此对于个人的需求能够及时回应和满足。社会趋向扁平化意味着人与组织的关系不同于科层制下的上下级隶属形态，人们多以团队和项目组的形式参与到组织整体的目标中，机动、灵活，可随项目的开发与结束进行组织或解散，任务清楚，目的明确。

（四）网络型

信息社会扁平化的网络型特征主要表现为建立较小精干的中心组织，通过合同等契约形式与其他组织进行合作，体现双方的互惠互利和信任。通过整合外部资源，减少自身的交易成本，实现管理效率的提升，另外还包括网络化的沟通方式。微软公司通过视频会议和电子报纸等方式建立内部沟通系统，在企业内部形成网状的互相联系渠道，成员可以随时随地进行交流和讨论，并分享知识技术；同时，微软公司内部还建立了电子邮件检查系统，利用该系统成员交流打破时间和地域的限制，从而实现了整个企业的网络化沟通，还要求上级管理层通过老板信箱及时回应员工的诉求，提高沟通效率。

在传统的科层制组织结构中，机构和人员分别按职能和级别设置，内部层级繁多，等级呈金字塔式分布，横向缺乏联系与沟通，纵向信息发布和反馈也受到等级的层层阻碍。信息资源集中在组织顶层，沟通成本极为昂贵，无法实现内部的信息资源共享。扁平化和分权式的组织构成特点，为权力的分散和有效使用提供条件，层级减少也为信息资源的无死角扩散提供可能，但是由于客观技术环境的落后，导致内部交流沟通存在实现障碍。但是信息时代的来临为信息资源沟通高效平台化提供技术支撑，实现领导和下属之间的直接联系，使组织内部成员之间、上下级成员之间、工作项目团队之间的纵横交叉沟通成为可能。这样全方位、全覆盖的沟通实现了信息传递和反馈的畅通无阻，规避信息失真情况，从而达到组织最佳的信息共享状态。当信息传播、信息交流、信息沟通渠道和形式改变时，也带来了决策方式、思维理念和管理方式的变化，决策过程的透明度提高了。当信息化程度和决策透明度提高以后，工作效率也逐步提高。[①]

（五）平等互信

美国著名管理学家德鲁克指出："由于现代企业组织由知识化专家组成，因此企业应该是由平等的人、同事们形成的组织。知识没有高低之分，每一

---

① 杜家滨．这就是网络的力量［EB/OL］．［2003—12—07］．https：//tech.sina.com.cn/i/w/2003—12—07/1029264783.shtml．

个人的业绩都是由他对组织的贡献而不是由其地位高低来决定的。因此，现代企业不应该是由老板和下属组成的，必须是由平等的团队组成的。"社会的扁平化一改科层制的垂直领导，权力等级的上下隶属关系被打破，基于职位和等级的高低所形成的对成员的标签和定位也迎来颠覆性的转变，成员的个人特色和才能得到公平的展示机会，每个人的闪光之处都能被看见，通过互联网平台上多样的平等的表达渠道，个体的平等性需求也得到满足。信息社会每个人能尽可能平等地获取信息，然后通过无障碍低门槛的途径和手段表达自身，最后才能促进全社会的平等化。

信息社会的扁平化不仅提倡个体的自主性，也通过充分授权的权力分散，给予每个个体自主性发挥的空间。就像 GE 公司的改革强调所有成员的通力合作和全面参与，这是扁平化信息时代中信息高度流通共享所推动的，成员的责任意识和主人公精神在组织的共同愿景激发下高涨，相互信任是相互合作的基石。

第二节　扁平化特征的形成基础

从 19 世纪末以来，稳定、专业、集中的工业经济活动和社会形态呈现出以计划和控制为核心的价值导向，曾经的传统科层制的确做到了化混乱为有序，一度带领社会走向了规范和高效，但是新出现的知识社会产生了许多新理念，整个社会对参与、分享和合作的需求剧增，也更要求分散、柔性、信任的社会氛围。因此，1965 年美国佛瑞斯特教授认为未来企业组织的理想形态应该是层次扁平化、组织信息化、结构开放化，成员由从属关系转为工作伙伴关系，能够不断学习、不断调整结构关系。[①] 1981 年，美国通用电气公司新总裁杰克·韦尔奇对臃肿的公司员工、管理人员以及部门进行精简，管理层级从 9～10 层减为 4～5 层，这是世界最著名的扁平化改革的案例之一。社会呈现出的扁平化特征是由企业、政府部门、社会组织等公共社会共同体中的这些个体聚合而成，其呈现出的诸多共性、直接或间接对社会进程产生的影响也是根植于相似的时代背景之下的。

一、知识社会的信息大爆炸

1994 年，美国管理学家德鲁克在《后资本主义社会》中说人类正在进

---

① 张林格.学习型组织与组织学习［J］.中州审计，2002（11）：20—21.

入知识社会，知识社会强调借由知识的不断创新、累积、应用与分化，促进产业进步，引导个人、组织和社会的成长与发展。在知识经济的滚滚浪潮不断冲击，知识与信息的大爆炸使社会面貌发生了全新的变化。知识本身所具有的流动性、共享性，以及能够不断学习更新的特点让这个知识社会对能够灵活的、多元创新的个体保持了更高的关注度。在知识社会里，信息如海，通过培养认知能力以拥有新知识，以便识别各种信息；知识社会也使得创新不再是少数科技精英的专利，而为更为广泛的大众提供参与机会，以推动创新的民主化进程；知识共享是知识社会的拱顶石，各种知识信息的获取渠道从单一变得多元，满足各个主体的信息和知识需要，因此信息和知识的专有化属性进一步减弱，共享和交流在社会活动中显著增加也有利于打破知识和信息的壁垒。通过网络式的链接和传输，全球问题从高空落到每个个体伸手可及之处，风险分散，责任共担，国际协作和不同性质组织合作的前置障碍得到有效化解。知识和信息的产生方式多元化、传播渠道网络化，纵向层级间的知识信息传播通道被忽略和闲置，知识信息被尽可能无损地接收和发散，采用"迂回"的战术为弃用传统科层制的传播路径和组织模式先铺好了后路，驱动整个社会的组织人员、组织运转向扁平化铺开。

另外，信息技术的迅速发展是知识社会的底层运转逻辑，信息技术和知识社会呈现出一种双向的互动状态，一方面信息技术使社会组织各层面的活动量显著增加，知识流动大大加速，另一方面知识社会的诸多特征催生了信息技术的快速发展。基于此，在知识社会全面形成的背景下，依托信息和知识的全新生产和传播要求，驱动社会向扁平化模式转型。

二、信息技术做后台基础支撑

信息技术是用来管理和处理信息的各种技术的总称，能充分利用与扩展人类信息器官功能，并对各种信息进行采集、传输、储存、加工和表达，它进一步挖掘出潜藏在物质运动和人类社会运行规则中的巨大信息资源。1936年图灵机的发明为现代信息技术做了理论上的准备，到1942年第一台电子计算机的发明标志着现代信息技术的起源。当前信息技术发展的总趋势是以互联网技术的发展和应用为中心，从典型的技术驱动发展模式向技术驱动与应用驱动相结合的模式转变。

信息技术包括传感技术、通信和网络技术、计算机技术，以人体构成为参照对象，可以更清晰地认识信息技术对社会存在的功能，传感技术相当于人体的感觉器官的运作和功能，主要用于数据的感知和存储；通信和网络技术相当于人体的神经系统，对信息进行传递和运输，在这个流通渠道内，借助通信和网络技术布局网状式的全覆盖的传输渠道；计算机技术相当于人体的大脑功能，对传输而来的信息进行处理，理解分析其中意义和价值，做出行为指令。借用人体的功能系统的类比，信息技术完整地呈现了其发挥所用的逻辑和流程，就算面临知识社会的信息井喷，信息技术也能凭借其运行逻辑对现实进行智能化的管理。比如互联网技术通过计算机网络的广域网使不同的设备相互连接，加快信息的传输速度和拓宽信息的获取渠道，消除了沟通之间的距离，各种设备不再困于纵向链条式的叠加和参与形式，而是平等地置于某一平台上，实时获得信息，改变了人们的生活和学习方式。基于信息技术提供的手段和工具，满足了知识社会中知识和信息的产生和传输要求，使得社会扁平化特征更加凸显，知识社会为信息空间提供信息主体，而信息技术为信息空间的去边界化提供手段。

三、全球化视域中的协同制造

1985年"经济全球化"一词由莱维提出，距离第一次工业革命催生的机器大工厂制生产已经过去了两个多世纪。这两个世纪以来，生产力和生产方式发生革命性的转变，但是囿于时间空间的限制，在整个社会面前，生产和流通一直趋向于孤立地、近距离地进行。但是我们却不能忘记，从中古世纪开始就已经有了中西方通商，地理大发现更是早期全球化的开端。伴随着全球联系不断增强，致使每一个个体的生活基础和周遭事物不再局限于本地，各类社会活动与国际局势形态有着千丝万缕的联系，对于环境的判断和分析不仅基于本时本地，而且涉及过去未来、国内国外，环境的不确定性导致每个社会主体面临的机遇和挑战、优势和劣势都不断变化，成为动态连续系统。现代生产已经进入协同制造的个性化定制时代，协同制造充分利用信息技术，将串行工作变为并行工程，实现纵向层级式合作向扁平式合作方式的转变，依赖于纵向链条式交流协作的生产模式被打破，最终通过改变业务经营模式与方式达到资源最充分利用的目的；将简化组织内的信息传输模式，将组织内各个部门与上下级之间的信息流有机地结合起来。

在当今时代，企业竞争力取决于它对于网络的运用，企业若不利用网络，则会在未来的全球竞争中处于劣势，甚至会被排斥在商务圈之外。同时，企业也面临着管理层面上新的挑战，整合上游和下游的环节形成一个整体，通过网络对全球的资源进行优化配置，取得最佳的经济效益。

四、科层制组织的弱点日渐凸显

自韦伯理性组织概念提出后，占绝对统治地位的是金字塔形的、自上而下的科层组织结构形式，不可否认其在应用之初对效率的积极作用，不仅通过规范化的流程模式增加了组织的合作有序度，而且利用固定化的层级和职位设置增加了组织存续的生命力。其特点是层级节制的权力结构，上行下效的活动方式，组织人员等级化、组织职能专门化、组织权力集中化、组织行为程式化。从组织的发育程度来看，它是结构最为严密、发育最为成熟的组织；从活动方式来看，它是所有组织中最为规范化和程序化的组织。这种组织结构形式在工业社会具有效率优势。[①] 而现代社会日新月异的现实情况需要充分的信任和授权，横向分工精细但不能各自为政缺少交流，而这样的需求都是科层制不能满足和提供的。

科层制导致的过度分化也是信息社会扁平化的动因。垂直的科层式管理与大规模定制要求的流程化、信息化、网络化管理根本无法相容。市场的瞬息万变、机遇的转瞬即逝、时间的效率倍增，这些压力迫使企业组织做出快速反应和迅速决策以保持企业的竞争力，而传统的多层次、职能性、金字塔式的等级体制严重地阻碍了快速反应和迅速决策。正因为计算机和互联网技术的发展，使得企业内外部、企业内部各层级之间的信息传递更为方便，文件在网上的传输也更为快捷。因此，原有组织内大量的、臃肿的、富余的、中间管理层级不得不被删除，管理层的减少、组织的扁平化无疑增强了企业组织的快速反应能力，企业组织因而变得更加柔性化，反应也更加敏捷了。组织扁平化的直接结果是企业富余人员的精简，管理成本的下降，人员素质的提升，管理水平的改善，企业效率的提高。扁平化的社会管理运行特征就是基于这样的需要以及为弥补科层制对现代环境的应对无力所产生的。

第三节 扁平化特征给管理带来的改变

一、理念转变回应变革

在韦伯看来，大工业时期发挥积极作用的科层制具有合理的分工、层级节制的权力体系、形式正规的决策文书、依章办事的运作机制以及非人格化的组织管理等特点。在长期层层领导和指挥下，工业革命之后的管理大多遵循科层制下的管理理念，信息和资源集中在高层领导手中，然后依职位和层

---

① 沈广和. 政府扁平化：概念、问题与展望 [J]. 深圳大学学报（人文社会科学版），2011，28（3）：91—96.

级层层递减,基层成员的自主性弱,个人价值也得不到认同和实现。强调稳定性和规范化的流程运作,组织文化大多是僵化的服从性的价值导向,成员个体之间的信息壁垒、职位差异等导致组织氛围呈现孤立状态,个体与个体之间的神秘性和不共通性使每个人以个人利益为中心,只是作为无情感的"螺丝钉"在组织这个大机器中机械式运行,各司其职。成员与组织形成一种单一的经济关系——提供个人劳动获取报酬的关系。管理主体与管理对象的距离间隔较远,简单的指挥与服从和上层的单一控制,因此整个管理组织的责任意识薄弱,内部价值塑造不健全。科层制的管理理念在社会深入发展的今天,面对日新月异的现实环境,显得不那么合适,也与新的现实变化之间产生诸多矛盾。

与此同时,社会的扁平化倾向却提供了与社会变革适应良好的管理理念。扁平化强调组织中的个体要有服务与负责的精神,现代的精神理念是以人为本,组织成员褪去"理性人"的身份标签,转而被承认是"社会人"和"信息人",这在某种意义上说,不仅关注管理对象本身能够提供的外部价值,也多维度地考量管理对象的行为逻辑和深层心理因素。马斯洛的需求层次理论一直是管理中为洞察组织行为经常用到的解释框架,在很大程度上涵盖了组织行为的深层目的,因此,在扁平化的组织管理中,不仅要重视管理对象的生存等低层次的需要,也要关注成就和荣誉等较高层次需求的满足。通过授权使决策权向下延伸,基层组织成员也能在自己负责的项目中找到责任感,因此也就更能在组织文化中形成独立自主的价值导向,成员与组织的关系也就脱离了经济报酬的窠臼,开始向归属感、获得感的获得转向。基于此,助力形成积极健康的组织文化和组织共同愿景。

信息社会的扁平化通过信息的辐射式流通,资源和信息能够有效地分散在组织成员手中,运用互联网等信息平台实现实时沟通和交流,管理主体和管理对象的时空能够重叠,减少双方的差异;管理对象的知识技能以及个人魅力被组织看到,为自身赢得更多的信任,因此由单一的控制服从模式转变为平等互信。横向部门的协作打破各自为政的孤立状态,建立更加灵活的项目式的团队,为营造团结的集体精神凝聚力量。

二、管理模式变革创新

扁平化的理论应用集中在对组织结构的变革,多数人简单的归结为减少中间层级,但是扁平化思想不是简单的消减中间层级,强行压缩组织结构。按照管理层次和管理幅度的相互关系,组织结构一半可分为扁平结构和直式结构两大类。其中,直式结构比较突出的是科层制的金字塔式,在顶层领导者和基层成员之间设置多个中间管理层级,每个管理层级人数向顶层递减,垂直管理下级,也直接受上级的指挥。因为每一个领导者的精力、才能、知识、经验的限制,所能管理的下级人数是有限的,因此在组织人数不断扩张的同时,只有设置较多的层级以实现对整个组织的控制。渐渐的人员冗杂,导致整个金字塔的高度不断增加,组织机构膨胀,组织像一个自重过重的运行器,大大拖住了发展的脚步。同时,组织内部的沟通渠道也只有单一的纵向传达指令以及下级的工作反馈,但往往较多的层级阻碍了沟通的真实性和清晰度,信息的损耗在传递过程中裂变式上升,往往基层的反馈也要经过同样的损耗,两个方面的作用力进一步加速了组织的低效。而在管理主体方面,管理者和管理对象的关系依附于职位和层级的高低,致使管理对象和管理者之间天然的对立和不合作,也没有更广泛的渠道让双方建立共识,所以差异不能消解,反而由客观存在的差异导致主观的不信任和心理隔阂。对于管理者和管理对象来说,固定化的模式和固定化的流程,让其围困在固定化的组织岗位和管理内容中,很容易导致管理参与者的素质和技能停止在组织中不断地成长。

但是信息社会的扁平化不仅能够实现组织中各职能部门的职能梳理,理顺各职能部门的工作标准,促进单位内部各个部门之间的有机统一,实现工作效率的提高,还能够有效缩减中间管理层的数量,减少管理的成本,最大限度地实现中层管理的权责最大化,增加中层管理人员的管理面,压缩管理层次,拉近高层与基层工作人员的管理距离。因此,现代信息技术的发展使得信息、知识的共享成为可能,大大减少了中层管理人员人数。组织人员之间通过电子邮件、实时会议等形成的沟通渠道,直接增加了管理主体之间的沟通频率和沟通效果。由于"中层革命"导致的管理幅度的增加,不仅对管理者素质提出更高的要求,也需要管理对象匹配更适应的素质,以承接授权所带来的自主性要求。因此,信息时代的扁平化主要从组织结构和组织主体两个方面对管理模式带来变革。

三、管理手段与日俱进

管理就是调整人与组织的关系的过程,进而展开计划、组织、协调、创新等一系列的组织活动。运用管理手段,是管理目标的实现,是管理的过程。一般来说,不同性质的管理手段运用于不同的管理模式,行政性的强制性较多运用于强调服从和命令的科层制,柔性的非正式的手段较多适用于扁平化的组织中。在信息时代,高科技的信息手段得到普及和推广,对于加强管理发挥了比较大的作用,值得广大管理者重视。但是还是要根据不同的管理对象和不同管理事项而因人而异,因地适宜。

等级明显的科层制,强调直接指挥和下属的服从,因此强制性的管理手段,比如直接发布规章制度、定期召开会议发布任务和命令等,管理对象处于被控制状态,无法表达自己的意愿;或者在组织中采用惩罚等负向激励的形式,以规避管理对象犯错或违背管理章程。

而信息时代的扁平化特征却要求组织更多地采用协商式的、柔性的管理手段,通过授权把管理对象视为平等的管理主体,一起决策,共同参与组织的管理过程中。甚至通过非正式的沟通和说服,以获取组织成员对组织愿景的认同和执行,比如更多采用合同等契约精神来达到部门内部或部门之间的合作和交流。由于在扁平化组织中,知识的影响力凸显并日益加强。组织成员的影响力并非完全来自职权,个人所拥有的知识、信息、人格魅力等有时往往超越职权的影响范围,因此在组织进行决策和日常运作过程中会更多地提供非正式的平台,让成员的这些特性发挥更大的作用,比如在考评或晋升过程中,采用柔性的指标,也提供匿名或非正式的信息交流通道。允许每一成员对组织决定发表看法和意见,在尊重共同意愿的基础上,形成组织的章程。同时,扁平化组织采用间接控制的方式,灵活指挥,充分利用组织非正式形成的小团体或组织团建活动等,让信息充分传播,通过建立积极的组织文化,引导组织成员的参与和凝聚。

信息社会的扁平化为现代管理带来管理理念、组织架构、管理模式、管理主体、管理手段的变革。无非是因为随着客观环境的变化,工业时代下的诸多管理弊端的改革已经迫在眉睫,而且有赖于信息时代提供的技术手段,让现代管理扁平化的实现看到曙光。信息时代是人类社会思维方式、生活方式的巨大变革,扁平化作为信息时代的一大特点,为人类社会和现代管理带来了更加灵活和有效的设计理念,也带来了平等互信和网状式的管理关系。

小　结

传统意义上的扁平化是针对企业层级结构的组织形式而言的。而在各项新兴技术的烘托下,扁平化这一特征对于信息社会来说,是指将一个组织的功能尽可能地陈列在一个水平线上,在同一平台提供多样选择和功能供使用者选择。大数据时代的信息爆炸、科层组织的弊端日渐凸显、各组织之间的协同合作以及信息技术的不断发展都内在要求和促进信息社会的扁平化趋势。信息时代的扁平化打破了陈旧的管理理念、创新了组织传统管理模式、形成了科学柔性的管理手段,是企业、政府及其他组织顺应信息社会的必然发展趋势。

思考题:
1. 扁平化的概念内涵和扁平化的特征有什么内在的联系?
2. 时代背景如何影响了扁平化特征的形成?
3. 扁平化为当代的管理带来了哪些机遇和挑战?

第七章 碎片化

碎片化是信息社会的基本特征之一，信息社会碎片化不可避免且形式多样。在碎片化状态下，数据是分布散乱的，信息是割裂无序的，由此形成的社会生产生活方式也是片段式的。在社会治理中，碎片化数据、碎片化信息所导致的是碎片化的治理，碎片化治理因割裂事物的完整性日趋无效，由碎片化引致的碎片思维、碎片活动以及碎片体系都亟须转化。

第一节 碎片化的内涵与特征

一、碎片化的内涵

"碎片化"（Fragmentation）一词，在 20 世纪 80 年代常见于"后现代主义"的有关研究文献中，原意是指完整的东西破成诸多零块。21 世纪后，以黄升民为代表的学者将碎片化引入我国传播学的研究中，随着信息技术发展和社会数字化转型，"碎片化"成为政治、经济、社会和传播等学科的热点话题。其概念界定为：社会阶层的多元裂化，并导致消费者细分、媒介小众化。[1] 信息化时代的"碎片化"是指由于信息传播进入网络时代以后，人们的生活被很多碎片化的内容切分，诸如快餐式的阅读、即时通信的信息等，人们的注意力更加分散，每天阅读大量的信息却实际上并未记住多少东西，因此这个时代又被戏称为"信息碎片化时代"，即指人们通过网络传媒了解阅读非常多的信息，但却没有深刻的理解和记忆，让自己了解的东西成

---

[1] 碎片化［EB/OL］.［2016-01-19］. http：//baike.baidu.com/link? url=7fKb7KBOsf7Ze5jt0WmiV13XMoocAieJOpv0hX _ j7SgsKG4Y2FXKaOnLXoCJrimJdr5S5VZqU7Yt _ SfUgbXqbK.

为过眼云烟。① 碎片化时间的好处是，谁占用了用户的碎片化时间，谁就更易获得成功。无论我们是否已准备好迎接信息碎片化时代，这已经成为一个发展大趋势。在这个时代，我们更需要信息聚合工具和专业信息团队，来帮助我们组织信息、管理信息、整合信息、挖掘信息。

目前大众对于信息化时代背景下的"碎片化"的理解还仅仅局限于碎片化时间、碎片化阅读、碎片化传播等层面，本书认为从现在以及未来"碎片化"发展的脉络来看，碎片化所影响的不再仅仅是人类生活的阅读、学习，而是渗入人类生活的方方面面，被碎片化的主体内涵扩展，信息是碎片化最为严重的一类资源，各种碎片化信息如今已经成为竞争者所迫切想获得的宝贵财富。除此之外，每一个个体也可以被看作是一个个碎片，这种碎片一旦聚集起来将会凸显不可估计的能量，这种整合的途径恰恰也来自某一个或某几个个体，这种组织形式往往是临时组建的、低成本的，不需要提前准备组织，这一切都得益于互联网这个无限可能的平台，互联网产生了互相感召的力量，将无数同样拥有关怀之情的人结成了强大的自组织力量，是一种充分可持续的力量，是一种可以充分信赖的力量。这种组织形成之前每个人都是碎片化的个体，通过互联网，自发组成了一个具有共同目标的全新组织，正如《大连接》作者美国耶鲁大学教授尼古拉斯·克里斯塔基斯所形容的那样："群体具备个人所不具备的性质，而究其原因则在于我们组织个体的方式，使得群体优于个体。想一想碳元素，把碳原子以某种方式连接，你将得到铅笔中软而黑的石墨，而如果以另一种方式连接碳原子，则将得到坚硬而清澈的钻石。"

碎片化是信息时代最为重要的特征之一，也是这个时代最热门的关注焦点。在过去人类的生活中，信息传播的方式单一，信息所有者几乎掌握了全部的社会信息，而处于阶层底层的大众只是信息的接受者。互联网时代，信息被不断切割且传递方式不断多元化，这一切都使得信息传播不再是金字塔顶端的人才能拥有的特权，不再受到身份、财富、地域等的限制。每个人都开始散发出自身的传播力量，这种力量逐渐突破层级壁垒，打通顶层和底层交流的障碍。今天的大众可以直接与高层领导人获得联系，高层领导人的联系方式也不再是隐私，而是因大众的需要、形势的发展成为必须公开的信息。

---

① 信息碎片化时代［EB/OL］．［2016—03—23］．http：//baike.baidu.com/view/5074633.htm.

二、碎片化的特征

可汗学院创始人萨尔曼·可汗说道:"每一个人都知道爱因斯坦,但是世界上大概有 50 个爱因斯坦活着却默默离开人世,因为我们的世界没能认出这些天才。我想未来的世界,每一个人都会发掘自己的潜能,我们可能在各个领域找到其他五十个爱因斯坦。"① 碎片化时代,每个个体的独特性有了更大的发展空间,这种个体能力的增长,随着影响力的扩大,逐渐影响到传统权威专家的威信,因为每个人都可以在自己擅长的领域范围内担任专家,甚至成为另一个"爱因斯坦"。传统意义上需要花费很大精力、很多领袖人物才能完成的一件任务,在如今的信息化时代下,完全可以通过一群再平凡不过的人完成,在这群平凡人之中,他们交流的是自身的想法,形成独特的构想,思维的火花因为更多人的加入而不断碰撞出更绚烂的光亮,每个人都在一项共同的伟大工程中担任一个微不足道的角色,做出自身的小贡献,但恰恰是这一点点被认可的贡献造就了个人人生自我价值的实现。

碎片化是互联网时代最为明显的一个特征,它将人类生活方式瓦解,改变人类行为思路,甚至影响整个人类社会的未来走向。碎片化在其发展过程中,也形成了其自身的一些特点,本书将这些特点归纳为自主性、扩散性、高效能、目的性、复杂性这五大特征。

(一) 自主性

基于维基技术的多语言百科全书协作计划即维基百科,其目标及宗旨是为全人类提供自由的百科全书,是一个动态的、可自由访问(绝大多数国家,但使用安全连接则也行)和编辑的全球知识体。并且在许多国家相当普及。其口号为"维基百科,自由的百科全书"。② 维基百科从 2001 年创建以来,到 2016 年已经走过了 15 个年头,现如今的维基百科拥有 290 多种语言版本,3600 多万个词条,比世界上任何一本现代百科全书都要庞大很多,并且它还在不断更新、增长之中。这一本"让所有人都能编辑的百科全书"的实现并非一帆风顺,甚至在最初由于想法过于大胆,加之技术不成熟,使得最初的维基百科只是一个迫于无奈的补充产品。

不同于狄德罗、孟德斯鸠、卢梭、伏尔泰等第一本现代百科全书的编纂

---

① 《互联网时代》主创团队.互联网时代 [M].北京:北京联合出版公司,2015.
② 维基百科 [EB/OL]. [2016-03-31]. http://baike.baidu.com/link?url=SuufcuUPSOxrtMfBskXM-0AfzJ0A1uNROHxL1Ioy0KvyDYySBFwwm31Hw2GnXQncdOg6JkEphEqbuJrlKEQdya.

者，维基百科的大部分编辑都注定不会出现在任何一本历史教科书上。他们大多是些字母、数字拼起来的匿名账号，甚至只是一串 IP 地址。但维基百科的编辑们编写的却是有史以来最为庞大、很可能也是最伟大的一本"百科全书"。"维基"系统最大的特点就是允许多人对同一个文本进行编辑、修改，并保留所有的历史版本，供用户比较优劣、随时撤回。根据 Business Insider 在 2009 年的数据，维基百科中大部分词条都是普通用户撰写，再由管理员做编辑整理和格式调整的。这群不求名不为利的"维基人"以一种异乎寻常的热情，投入大量时间、精力，查找资料、反复讨论，为的只是把词条内容甚至是引用文献的准确性再提高一点。①

维基百科所汇聚的是来自世界各地、不同 IP、不同账号背后每个个体的力量，这种贡献是零碎的、微小的，但是维基百科的迅速扩大有力地证明了一点：碎片化的力量一旦汇聚起来，其所拥有的潜能和影响力是难以预计的。从维基百科的案例中可以发现，这种碎片化力量的产生是来自个人对于特定目标或者价值的追求，而非有专门的组织人员来宣传、筹划，即便其形成之后，也很难有特定的制度、条约来规范这种行为，相反则是依靠个人自身的自律、自我约束，这种主动的、自律地贡献自身力量的行为便是碎片化的一大特征——自主性。

互联网提供的自由空间，远远超过以往任何时代所赋予的自由范围，它使得人们与组织之间的关系也发生了革命性的变化。越来越多的人选择自由职业，不再和某一个组织保持归属性的关系，他们选择为互联网时代所带来的任何工作机会而工作，以往依靠一份工作就能过一辈子的情况越来越罕见了，组织依旧需要具有才华的人，而具备才华的人却不再那么依赖组织。互联网带来另外一个现象就是提供无限贡献自身力量的平台与机会，网民选择任何可能具有价值意义的机会去贡献自身的热情和能力，他们行为的初衷越来越以自身为中心开展，具有前所未有的独立性、自主性。

（二）扩散性

2004 年 10 月，《连线》杂志主编克里斯·安德森提出了一个风靡全球的理论，即"长尾理论"，也有人称之为"长尾效应"。"长尾"其实最早是统计学中幂律（Power Laws）和帕累托分布（Pareto）特征的一个口语化表达，指常态分布两端那些数值小而又绵延的部分。长尾效应的意义在于

---

① 15 岁的维基百科，如何变成了知识的象征？［EB/OL］.［2016－02－16］. http://tech.163.com/16/0216/16/BFV6DP4P000915BF.html.

"将所有非流行的市场累加起来就会形成一个比流行市场还大的市场"。① 长尾效应在信息时代最为明显作用在于促使许多主体主动去发掘边缘成员的潜能,积少成多,从而获得可观的利润和效益。近年来,"长尾效应"应用最为有效、明显的领域是电子商务、数字图书馆等,显示出了其强大的力量。

碎片化的扩散性就体现在信息化时代背景下,人们可接触的领域、市场范围的无限扩展,可以便捷获得更多的满足自身需求的方式和途径,因而也诞生了越来越多的以个性化定制、个性化设计等为卖点的供应商,这一切都是为了满足市场多样化的需求。这种扩散性通过网络传递而越来越明显,任何人都可以成为市场扩散的一个助力器,同时任何人也都可以成为小众市场内的成员。互联网时代下,人们想要创造新的事物更加容易,甚至很多时候,你的办公只需要依赖于一台手提电脑或者一部平板电脑,这种便捷使得越来越多人拥有了自主创造的能力,而非需要借助强大的实物资源、赞助等,个性化产品的生产更为容易,这使得扩散性变得更为容易。因此"长尾效应"在现代社会表现得越来越明显,尾部的扩张使得人们不得不去关注尾部的个性化、差异化的需求,抓住非主流市场的收益甚至或超过主流市场。

(三) 高效能

2015 年 11 月 20 日,国内首个面向公益行业专业筹款人发起的会员制平台"公益筹款人联盟"发布了《2014 年度中国网络捐赠第三方平台研究报告》(以下简称《报告》),《报告》显示,2014 年各网络捐赠平台累计筹款 4.37 亿元,捐赠人次超过 11.17 亿,全民公益态势日渐形成。《报告》认为,虽然目前阿里巴巴公益、蚂蚁金服公益、腾讯公益、新浪微公益四大平台已成为中国网络捐赠平台发展的重要动力,四大平台作为主流网络捐赠平台筹款 4.26 亿元,相较于 2013 年,网络捐赠总额下降了约 0.76 亿元,但捐赠人次增加了约 6.8 亿,呈爆发式增长。80 后、90 后成为网络捐赠主力军,在新浪微公益平台、蚂蚁金服公益平台、淘宝公益网店等各渠道中的占比均在 60%~70%,其中 90 后表现更为活跃。而腾讯慈善大数据显示,腾讯平台的捐赠人以高中生为主,占比为 40%。②

哈罗德·伊尼斯在《传播的偏向》一书提出:"文明的产生依赖于新媒介的长处,传播媒介的性质在文明中会产生某种偏向,这种偏向或倚重空间

---

① 邓凤仪,邓海荣. 大数据时代数字出版的"长尾效应"[J]. 出版发行研究,2014 (10):27—29.

② 《2014 年度中国网络捐赠第三方平台研究报告》发布 [EB/OL]. [2015-11-26]. http://mt.sohu.com/20151126/n428502388.shtml.

观念，或倚重时间观念新。"微博、微信等各种手机客户端的产生发展双重突破空间与时间观念，7×24 小时在线交流成为人们日常生产生活常态。基于这种生活习惯与社会交流方式，"指尖公益"随之诞生。依托于各大公益线上平台，公众参与公益活动的方式更加便捷，热情与日俱增，并衍生出"人人可公益"的理念。这种"人人公益""指尖公益"最大的优势在于降低了公益的准入门槛，提高了公益筹款的速度和效率，目标关注延伸到了社会发展的各个方面。信息社会公益模式的高效能是以往传统公益模式难以匹敌的，并且这种方式的成本更低，更能提高捐赠者的活动参与感。

高效能是碎片化时代下，各个个体乃至所自发形成的组织最为明显的一个性能，这种速度与质量并重的组建方式更贴合如今快速变化的时代，在解决问题的同时又可以满足成员追求新鲜感、个人价值实现的诉求。高效能的背后是组织本身强大的灵活性、适应性。高效能的组织特性可以有效帮助组织在短时间内解决所需要解决的难题，其所附带的话语自主权、去中心化、扩散性，帮助它更快捷、精准、及时地完成任务，突破以往传统组织的固定组建步骤，解放传统组织的组织架构，达到传统组织难以企及的目标。

（四）目的性

非营利组织或非政府组织作为弥补"政府失灵"和"市场失灵"的第三种理论，逐渐凭借其公益性、志愿性、公平专业性等特质在参与执行各项公共事务中发挥重要作用，志愿者组织作为非营利组织中最引人瞩目的部分，不以名利为目的，能够主动承担社会责任。信息时代，网络对人类社会生活产生巨大影响，这种影响也逐渐改变志愿者组织的存在形式。网络志愿者组织在虚拟世界里悄然出现，"网络志愿者是指志愿参加网络在线服务活动的人群，他们通过网络和被服务者取得联系，了解他们的需求并竭尽全力为他们服务，不计较得失和回报"[①]。他们来自世界不同角落、不同种族、不同国家，因有着共同的目标而通过网络凝结成为一个个网络志愿者组织。

网络上所自发形成的各种组织，具有边界模糊、打破时空界限、专业优势互补等不同特点，它们有着一个共同的特性，即这些网络组织的出现都是因为成员有着共同的兴趣、爱好、价值追求而联系在一起，共同自发地朝着同一个目标前进，这种目标是组织形成的根源，也是组织维系的生命所在，甚至已经成为组织成员的虚拟行为准则。碎片化节点、信息的分布，使得这些目的可能具有多元化、特殊性、差异性等特点，但也恰巧是这些组织的形成初衷不一样，才能比传统组织更能满足网民的需求。

---

① 李方菁. 网络志愿者群体的发展现状 [J]. 人民论坛，2011 (23)：174.

（五）复杂性

2016年3月10日，新西兰央行的基准利率下调了25个基点至2.25%，刷新了新西兰基准利率自1999年以来的历史最低水平。新西兰央行行长格雷姆·惠勒表示，新西兰依然面临通胀率较低的问题，要保持1%~3%的目标通胀区间的合理水平，仍需较长时间。经济学家们预计新西兰联储年内将降息两次。新西兰央行强调，或需进一步放宽政策，汇率进一步贬值是合适的，预计通胀将在2016年底回升至目标区间，通胀将在2018年一季度前后达到2%的目标，时间将长于此前的预期。

2016年伊始，金融市场的持续动荡就从未离开过决策者和媒体的视线。同样在3月10日，在欧洲央行行长德拉吉意外地宣布刺激措施后，股市狂飙，但在一个小时后，当例行记者招待会结束时，因德拉吉抑制了后续降息预期，股市下泻。瑞士嘉盛银行分析师认为，欧央行激进的宽松政策可能会带给其他央行更大压力。英国央行行长卡尼警告说，以压低利率作为目标只会给全球经济带来问题。德拉吉也表示，虽然到目前为止，负利率有助于经济增长，但欧洲央行承认利率并不能"随心所欲"想降多少就降多少。

全球经济的格局正变得碎片化。各主要经济体货币政策分化明显，其商业周期的分化也非常显著。美国看起来较为强劲，甚至有望成为世界经济的引擎；大洋彼岸的中国则被担心有经济衰退的风险；欧洲则陷入旷日持久的低迷停滞周期。[①] 碎片化带来的影响已经不再局限于阅读、学习、时间切分等方面，已经深入整个世界的方方面面。

碎片化背后隐藏的种种影响，逐渐导致整个人类社会都开始瓦解，划分为不同的层级、区域。碎片化也逐渐影响到公共管理领域，传统公共行政和新公共管理所忽视的部门分割问题逐渐凸显出来，碎片化政府出现，集中表现为部门之间的隔阂与冲突，是以专业分工为核心理念的官僚制的天然产物，由此也带来了一系列的问题，主要体现为政府内部管理的低效率与资源浪费。复杂性是碎片化所带来的深刻影响，这种复杂性不仅仅体现在个人身上，更体现到整个政府、世界，权力、资源的配置难以受到绝对的控制，分配的方式越来越多元化，使得更难以调控。

---

① 全球经济格局正变得碎片化，持续QE被指饮鸩止渴[EB/OL]．[2016—03—21]．http：//finance.sina.com.cn/world/gjcj/2016—03—21/doc—ifxqnski7790269.shtml.

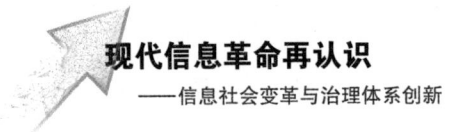

现代信息革命再认识
——信息社会变革与治理体系创新

第二节 碎片化特征的形成动因

美国著名未来学家阿尔温·托夫勒（Alvin Toffler）在《第三次浪潮》一书中指出：这是一个碎片化的时代，互联网络（尤其是移动互联网）等新技术和各种手机软件应用的普及加速了这种转变。碎片化已成为当今社会发展的一个显著特征，并且影响到社会的各个方面。计算机和现代信息技术的结合，深刻改变了人类社会发展的方方面面，随着第五次信息革命的深入进行，人类社会在政治、经济、文化等众多领域都发生着日新月异的变革，影响着人类的生活生产方式和思维模式。当下，大数据技术、移动互联网等的发展和新媒体、多元信息的产生，使得人们面对着海量微信息组成的巨量资源，人们接触到的信息都具备零散、碎片、不规则、无关联特征。第五次信息革命的深入进行使人类社会进入了碎片化时代，带给了人们碎片化的生活方式和碎片化的思维方式。

一、大量信息成为碎片化的基本表征

在碎片时代，人们的信息传播和处理方式变得碎片化。在过去，基于广播、电视、书籍、报刊等信息传播方式使得信息传播内容较为系统、真实和完整。而在网络时代，现代信息技术的发展普及使得"人人皆媒体"，信息产生方式碎片化、信息内容碎片化，这种碎片化信息一方面多以"震惊体"的形式吸引大众注意力，提高相关碎片信息的浏览量；另一方面互联网技术及其存在形态先天的具有去中心化的特征，加速了信息零散、无序、互不关联的碎片化状态。网络传播语境的碎片化成为信息社会常态，正如美国西北大学媒体管理中心负责人约翰·拉文所说，"碎片化"是"遍及所有媒体平台最重要的趋势"。

阅读碎片化成为信息社会的重要特征之一。人民网曾对84987名读者通过来信、网络等方式做过调研，结果显示，网络（54.12%）、报纸（46.32%）和电视（43.83%）是最重要的三种信息获取渠道，书本杂志阅读只占11.36%；阅读习惯上，近四成（38.35%）学习者在阅读的过程中喜欢"先看标题，如果感兴趣就往下看"，部分（32.99%）人"挑喜欢的版面或栏目看"，"从头到尾仔细看"系统学习的人少之又少。这些数据一方面反映了现代信息技术发展对人们日常阅读习惯的深刻影响，另一方面体现了人们获取的信息内容的碎片化。

二、现在信息技术的快速发展提供了碎片化产生的工具基础

信息化是指"培养、发展智能化工具为代表的新的生产力,并使之造福于社会的历史过程",生产力是推动人类社会发展的根本动力、信息社会新的生产力创造新的成果。

现代信息技术在改变人们生产生活方式,提高生产、社交沟通效率的同时,加速信息生产碎片化的速度、催生社会生活碎片化的状态。网络信息平台提供的搜索引擎、即时通信工具、微博、社交网站、购物网站等日益丰富的服务,不断消耗、转移、分散着人们的注意力,人们从一类信息跳跃到另一类信息,知识、实践、工作和交往被切割为不同碎片。碎片化是信息化带来的产物,信息化的生产力催生现代信息技术走向更加智能化,正是这些迭代更新的智能工具将人们生活方式碎片化。

三、社会分工的日益细分加快碎片化状态

生产活动聚集化带来社会分工,生产力的发展促进了人类社会分工,而社会分工又反作用于生产力。社会分工是人类劳动发展和外部交往的需要而必然出现的一种现象,这种社会分工提高了个体协作效率,提高了组织生产效能。随着互联网发展,人类社会从"大规模生产"进入"大规模协作"阶段,社会网络分工出现。随着这种分工程度加深,人们的选择日益增多、需求日益增多,并进一步推动技术专业化、管理精益化、文化多元化及市场细分化等的发展。整个社会的商品种类、服务种类、信息类别等急速增加,社会中到处充满了碎片化的状态。因此,社会分工在推动生产力发展的同时,加速了社会碎片化的发展。

第三节 碎片化特征给管理带来的改变

一、管理信息的碎片化

网络上的信息种类繁多,几乎涵盖了一切信息,受众群体的复杂性颠覆了之前传播主体的权威性和唯一性,使传播主体变得碎片化,人人都在传播和寻找自己感兴趣的信息,于是权威不复存在,碎片化的传播主体成为网络最为独特的风景。在管理过程中,承载着计划、组织、决策等管理活动的信息分布在网络中的每个角落,而要尽可能准确地完成每一个管理活动有赖于对碎片化的信息进行全面的搜集、整理。

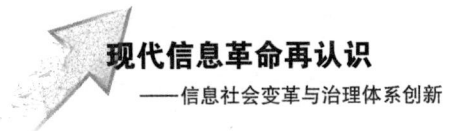

信息的碎片化导致注意力的碎片化，在管理活动中注意力的碎片化将导致有限注意力分配下的纵向分权与行政任务分级治理。国家治理是国家的最高领导人以及各级管理者在应对日常行政事务过程中不断决策并执行决策的过程。信息是政府决策的重要基础，一定程度上，碎片化、分散化的信息难以展现相关社会问题的全貌，决策者因关注局部信息而产生对问题全貌的偏倚，决策的注意力分散随之产生，可能产生决策片面性。

作为一个学术问题，注意力分配进入管理学研究视域，被视为一种"规划统筹过程"，通过规划的方式可以解决组织无序的问题，并进一步优化组织的管理。因此，注意力分配在管理中的核心作用在于通过科学的规划统筹以实现组织管理效率的提高；而在国家治理中各级管理者的注意力分配水平，以及由此所引致的管理决策或公共政策，将直接决定国家治理（或地方治理）的绩效。

二、管理活动的碎片化

碎片化的信息导致管理者形成碎片化的注意力，而碎片化的注意力则造成管理者管理任务应对碎片化。在管理活动中导致行政任务碎片化应对的实践肇因可归结为绩效考核与晋升竞争，从理论层面来讲则可用委托—代理理论加以阐明。

新公共管理运动时期，绩效管理作为公共部门落实行政责任的一项重要手段，行政体系内自上而下的绩效考核为上级委托人对下级代理人的监督提供了手段上的可能。行政体系所构成的"相对封闭人力市场"以及行政官员体系规模自上而下的"金字塔"结构使得官员之间的晋升竞争成为常态。而绩效考核是评判官员晋升的重要依据，在地方官员之间的晋升竞赛格局中，受制于地方官员注意力分配的有限性，以及上级领导特别是中央所提出的"以经济建设为中心"的任务要求，使得地方官员呈现出一种"为增长而竞争"的行为格局。因此，地方官员的注意力会被考核指挥棒吸引到决定其晋升的若干核心指标中去，通过反复的同僚竞争与晋升拔擢，这一机制会在实践中得到进一步的强化。

三、管理体系的碎片化

受制于管理者碎片化的注意力以及考虑到自身的绩效与晋升，因此在资源分配活动中也会形成碎片化的资源分配。

首先是职能碎片化导致政府角色定位不明，这主要体现在低层级政府。从整体性治理的角度出发，政府的职能是为辖区内的人民群众提供公共服务的职能，主要承担辖区内的市场经济和民主建设任务，但由于历史原因，县级政府在进行社会管理的过程中仍然会受到传统社会管理思想的影响，存在许多"越位"现象，政府依然扮演着全能政府的角色。现行的"条块"管理体制肢解了政府的完整职权，因此在面对有些工作过程中，管理者在管理过程中常常顾此失彼。其次是权责碎片化导致各部门职责不清。改革开放后，我国开始实行市场经济，但是市场经济的实行并没有有效解决国内诸多矛盾，甚至使很多矛盾更加突出，中央与地方政府在经济调控、社会管理等方面交错并行。从横向来看，机构重叠、职责交叉、权责分散也是县级政府权责碎片化的表现之一。同时，公私部门之间的协调也由于碎片化的区隔导致协调不足，缺乏工作合力。最后是协作碎片化引起政府—社会合作失灵。政府与社会自治组织（村委会、社区委员会）合作失灵是"政府—社会"协作碎片化的表现之一。其中具体体现在政府与社会自治组织合作失灵、政府与其他社会组织合作失灵，而造成这方面的主要原因是社会组织仍然是政府的附属物，同时由于固有思想的制约，社会组织的依赖型人格没有完全释放，很多社会组织缺乏主体性精神，不愿参与到社会管理中来。①

小　结

信息社会碎片化是信息社会基本特征之一，它具体表现为碎片化时间、碎片化阅读以及各式各样的碎片化活动等，其深层次的原因是由碎片化信息造成的。而信息社会碎片化几乎是一种不可逆的趋势，并且随着信息的指数级增长，这种碎片化还会越来越严重。我们已经初步了解了信息社会的碎片化概念、基本特征以及它会给管理者带来的改变。因此，在未来的管理活动中管理者应当正视并着力破除信息社会带来的碎片化，营造能够总览全局、系统分析的整体性治理局面。

思考题：
1. 何为信息社会碎片化？在社会中的具体表现是什么？
2. 信息社会碎片化将给管理带来哪些改变？
3. 在日常管理活动中，如何实现由碎片化治理向整体性治理的转变？

---

① 马莉. 我国县级政府社会管理体制碎片化问题及对策研究[D]. 沈阳：辽宁师范大学，2019.

第八章 整合化

整合化也叫资源整合化，是信息时代的一个重要管理特征。在整合化的特征下，信息社会再也不像工业社会是割裂化的、竞争式的社会，而是搭建网络平台去整合各种资源。因此，信息社会的整合化特征打破了工业社会的割裂化特征，决定当今社会是资源整合化的、网络平台化的、会产生平台经济和网络经济的、不再提倡竞争而提倡共生、共享、共赢的社会。融合是整合的最高阶段，若没有信息化，整合和融合很难真正完成。

越来越多的行业跨越到别的领域，整合化将会成为信息社会的常见现象。高新技术产业的各种公司以一种前所未有的速度和冲击力在尝试着颠覆各个传统行业，比如做视频网站的乐视涉足电视，做电子商务的阿里巴巴涉足金融，做房地产起家的万达规划文化产业布局等。不同领域、不同行业在不同程度上受到物联网的影响。德国政府《德国 2020 高技术战略》中所提出的十大未来项目之一"工业 4.0"的核心理念是整合化、高度自动化并优化生产过程，而这一切的发展显示出一个关键特征——整合化。[1] 传统的餐饮、服装、酒店等都因为美团、淘宝、携程等一款简单的 App 而跨越了传统行业与互联网行业、线上与线下、现实与虚拟的界限。然而，跨界并不一定就会成功，在跨界之后，还要将资源进行整合。没有整合，即便得到更多的资源，也无法实现价值的增值。网络时代的整合化是全球性的，突破了时间和空间上的限制。借助于物联网，实现人、财、物的互通互联。如何借助于物联网让资源得到尽可能的整合是每一个跨界人应该考虑的首要问题。因此，整合化是未来的发展趋势。

---

[1] 王悦彤. 跨界的出版与出版的跨界 [J]. 出版发行研究，2015（03）：28—31.

第一节　整合化的内涵与特征

一、整合化的内涵

对于整合化的内涵，实际上并没有一个非常明确的定义。大多数行业对于整合化的理解，认为其是跨界和资源整合的进一步整合。在 2015 年中国广告节首届广告主高峰论坛上，网易传媒集团 CEO 李黎认为：资源是整合的前提，跨界则是更为深度的整合。按照目前大多行业对于整合化的理解，可以大致归纳为对于跨界的行业的资源进行整合，将其与其产业紧密联系到一起，形成新的产业价值链。然而对于资源整合的定义早就出现，并形成了整合资源理论。

跨界（Crossover）一词来源于篮球领域，原意指运球的一种方式，近几年被时尚界逐渐采纳，进而在品牌营销传播领域开始盛行。跨时间、跨空间，突发奇想从一个领域进入另一个领域，跨界成为一种融合的生活态度和审美方式。跨界竞争是两个原来看上去毫不搭界的行业之间的竞争，比如腾讯的微信进入了通信业，阿里巴巴的支付宝进入了银行业，京东商城进入了家电零售业等。[1] 我们对其内涵加以分析，一方面跨界就是跨出自己所在的行业界限；另一方面，融合就是与其他品牌合作发生新的化学效应产生全新价值，让品牌内涵更加丰富，用户的切身体验更深。[2] 结合以上的相关观点，本书认为整合化是指打破横向和纵向层级的体制障碍，将可用的资源借助于物联网进行重组、整合，达到资源的优化配置的目的。

二、整合化的特征

（一）跨层级性

传统的官僚体制阻碍了信息的传递。跨界的出现打破了横向的行业阻碍，但是并没有突破层级的纵向整合。组织的扁平化发展，减少了层级的发展，去中心化的发展趋势，让每一个人都有可能成为中心体。这一切的发展显示整合化的一个重要特征就是突破层级障碍，真正实现横向与纵向的整

---

[1] 徐乃真，祝平. 跨界营销在品牌传播中的运用 [J]. 中国市场，2013（25）：11—14.

[2] 小邻. 跨界竞争：一切皆有可能 [J]. 通信企业管理，2013（05）：52.

合。目前，政府掌握着大量数据，基于一些政府部门的信息化管理水平和层级的制度障碍，信息的碎片分布，使得这些数据得不到有效的整合和利用。在《"十三五"国家信息化规划》中的《国民经济和社会发展第十三个五年规划纲要》关于拓展网络经济空间的相关部署中提出：牢牢把握信息技术变革趋势，实施网络强国战略，加快建设数字中国，推动信息技术与经济社会发展深度融合，加快推动信息经济发展壮大。构建泛在高效的信息网络。加快构建高速、移动、安全、泛在的新一代信息基础设施，推进信息网络技术广泛运用，形成万物互联、人机交互、天地一体的网络空间。实施国家大数据战略。把大数据作为基础性战略资源，全面实施促进大数据发展行动，加快推动数据资源共享开放和开发应用，助力产业转型升级和社会治理创新。加快政府数据开放共享。全面推进重点领域大数据高效采集、有效整合，深化政府数据和社会数据关联分析、融合利用，提高宏观调控、市场监管、社会治理和公共服务精准性和有效性。依托政府数据统一共享交换平台，加快推进跨部门数据资源共享共用。加快建设国家政府数据统一开放平台，推动政府信息系统和公共数据互联开放共享。制定政府数据共享开放目录，依法推进数据资源向社会开放。统筹布局建设国家大数据平台、数据中心等基础设施。研究制定数据开放、保护等法律法规，制定政府信息资源管理办法。随着政府的进一步信息化建设和对信息的整合，政府掌握的一些数据能够突破层级的障碍，进行整合化，实现资源的共享，转化为社会生产资料。

（二）打破时空界限

互联网的出现缩小了世界的范围，把地球变成了一个地球村。全世界180多个国家，资源散落在世界的每一个角落，每个国家都拥有不同的自然资源，从而形成了资源差距。同时，资源又具有互补性，为了通过资源的整合获得最大的经济利益，国家之间会通过资源的交换来互补，并将生产成本降到最低，实现最大利益。自然资源的分布具有不可改变性，即自然资源的分布是由历史环境的演变而决定，是客观存在的、不以人的意志为转移。例如，日本国土面积为37.8万平方千米，其自然资源较为匮乏，而作为国土面积43.7万平方千米的伊拉克，其国土面积与日本相差不多，却有着丰富的石油自然资源。因此，自然资源的分布具有客观性。

我们无法改变资源地区分布的客观性，但是可以通过整合化实现全球的资源配置和整合。在信息社会，所有的资源都会转化成数字信息进行储存和信息化管理。现实社会的所有事物都通过数字编码输入网络，由网络进行数字化管理。网络最大的特点就是不受时间和地区的限制，因此整合化能够突破地区的地理距离限制和时间限制，实现跨全球的整合和跨时间的整合。

对于任何一个企业，想要拥有全部的生产要素和所需的资源是不太可能的。这是由于资源地域的分布和所掌握的社会资源能力有关。在工业时代，企业想要自己生产所有的产品，具备所有的产品生产流程。这样可以保持自己的产品优势，保护产品的隐私，但是这样的副作用就是企业付出的生产成本代价高。后来，为了减少企业的生产成本，于是开始企业的业务外包，保留产品核心的秘密。在物联网时代，因为物联网的巨大变革，商业模式得到了颠覆。如何能扬长避短，发挥自己的优势，借助于互联网所带来的跨界与资源的整合来增值商业，是现代企业所面临的重要挑战。

第二节 整合化特征的产生基础

整合化是信息社会的一个重要特征，因为这个特征不仅改变现在的商业模式，还会带来一种颠覆性的变革。它要求人们转变思想观念，改变现存的组织模式，创新新模式。整合化会打破工业社会传统的理论体系和制度障碍，呈现出跨层级、跨时空等特点。

一、生产协作与用户信息需求个性化是驱动力

随着信息技术的发展，协作性生产和跨界已经成为一种社会常态，社会的竞争形态和价值创造方式发生了深刻的变化。市场主体也由生产商转为消费者，更多的市场围绕消费者而生产和设计，市场生产者迎合消费者需求是其生存发展的重要因素之一。单一的组织无法拥有全部的新生资源，如苹果公司在研发过程中与数量众多的生产商有紧密的合作关系。这就是苹果公司在生产中进行的资源整合的过程，它不是一种独立的资源封闭，而是相对于合作的开放。而苹果手机无论是从功能上还是在外观上，都迎合了消费的个性需求。体现在管理领域，跨界与整合代表的是对资源的灵活运用，信息技术带来生产的协作性与用户的个性化需求是资源整合的驱动力。

二、现代信息革命致使现代行业边界的模糊化

古人有云："三百六十行，行行出状元"，也反映的是不同行业的壁垒。信息化的发展对于社会的改变是颠覆性和破坏性的。网络是发生这种变化的主要驱动器。在过去的 5 年，网络发展成全世界都在使用的大众工具，影响所有通信运营商和金融交易生活和工作。网络的增加影响和改变着人们的生活方式。凭借一台电脑或者一部手机，人们实现了人与人、人与物、物与物

的互联互通和资源的共享,特别是借助设备实现数据资源的分享和分析。在互联网的虚拟空间里把具体的人、物连接起来,并在人与人、人与物的连接过程中实现了财、物、信息的流通与跨界。这种跨界借助于物联网,使得行业壁垒在信息洪流冲击之下无比脆弱,行业融合、领域交互成为工业化与信息化交替的新趋势,随着行业边界的模糊,出现了越来越多的"跨界人"。

当越来越多的"跨界人"进入新的行业和领域,需要将其进入的领域迅速地与自己的行业相结合起来。在当今社会体系下,个体越来越难以拥有创新活动所需要的全部资源。在战略联盟、产业集群越来越普遍的环境中,必须跨界去合作,整合所能掌握的资源去适应生存环境。跨界是一种途径,而整合才是真正的成功手段。

三、信息技术打破行业边界加速竞争的激烈性

借助于互联网行业之间的壁垒被打破,行业之间的切换门槛被降低,最彻底的竞争是跨界竞争。行业的跨界加剧了竞争的激烈性和残酷性。借助于物联网,行业之间可以实现跨界、经营范围实现跨界,例如阿里巴巴不仅投资于传统的商业零售,还投资电影行业、金融等行业。互联网打破了传统行业之间的信息不对称,使人们能够充分了解到信息流通和资金流。资金是企业创业和发展的基础,也是制约企业发展的重要因素。互联网借助于发达的信息流,能够提供更有效的资金流,能够有效地进行资金的周转,从而降低了行业的进入壁垒,快速实现行业的跨界。余额宝自2013年一经推出,该模式便带动整个行业快速发展,各路资本跑步进入互联网,各种P2P网贷平台和理财迅速诞生,银行、上市公司、大型网络门户、投资机构、大型金融机构等纷纷结合自身状况创新互联网金融模式。在物联网所带来的巨大影响中,听到最多的是"未来十年是一个跨界竞争的年代,竞争已经不再是线性,而是全方位、全时空、多维度展开。在这个过程中,原来的商业规则将被推倒重构,唯一不变的就是变化,而适应这种变化最好的方式就是跨界将资源整合"①。面对日益激烈的竞争,整合化成为生存的重要手段。

---

① 资料来源:http://mt.sohu.com/20160505/n447758882.shtml。

第三节 整合化特征给管理带来的改变

一、实现机构整合

跨界对于组织的制度和组织模式产生了巨大的变革作用,基于这样的组织变革,机构的资源必然会重新进行整合。而在信息化时代,随着物联网技术的发展,电子政务和电子商务快速发展,组织机构由金字塔形朝着扁平化方向发展。此外,随着资源的分散性和散落化分布,在资源整合的过程中,必然会面临着组织机构的重组和裁减,使组织的机构更能符合发展的需要。在整合化的过程中,组织机构的整合不仅仅是简单的精简机构或者增加机构,而是从根本上破除机构之间的利益壁垒、信息障碍和流动障碍。资源整合应是集技术整合、经济管理、人文管理于一体的高层次、战略型的综合整合模式。[①]

网络虚拟化已经成为国内外研究的一个热门名词。随着这种网络化的虚拟建设,资源的管理在网络虚拟化环境中,底层网络基础设施通过抽象、重构、隔离机制虚拟化出多个共存的虚拟网络,这种体系架构可以提供更灵活的资源配置、高效的服务质量保障、可靠的安全保证。然而这种灵活、高效、可靠的环境的有效运行,需要一套合理完善的虚拟资源和虚拟网络管理机制来协调物理网络虚拟化资源的供给与虚拟网络运行时业务对资源需求之间的平衡。[②] 随着这种虚拟的网络化资源管理,组织的管理机构必须面临组织机构的重组和整合。

二、实现流程再造的多元化

流程再造的核心思想是要打破按职能设置部门的管理方式,以业务流程为中心重新设计管理过程,打造让顾客满意的业务流程。[③]

业务流程不想变化,那就任由先进的信息技术与落后的人工处理犬牙交错。将操作终端、系统链接等"物理"资源都集成到一个网页上,其目的是

---

① 胡昌平,邓胜利. 企业电子商务的信息资源整合分析 [J]. 情报理论与实践,2006 (05): 552—555.

② 刘文志. 网络虚拟化环境下资源管理关键技术研究 [D]. 北京:北京邮电大学,2012.

③ 流程再造 [EB/OL]. http://baike.sogou.com/v7669076.htm?fromTitle=%E6%B5%81%E7%A8%8B%E5%86%8D%E9%80%A0.

便于识别和进入。但实际操作中,业务系统之间的衔接和流转主要是通过人工方式进行,存在大量重复的数据采集,没有实现整个流程的自动化和数字化。这些资源并没有形成服务的合力,政务管理或服务活动的效率并没有多少改观。这些临时性的做法,往往使得最初的信息资源整合成为一句空话,相反还更进一步恶化了信息资源环境,为真正的整合留下难啃的"骨头"。[1]

在互联网时代,整合化的流程将不再是传统的人工为主的流程,而是借助于物联网,实现信息化和智慧化的管理。面对信息技术所带来改变,整合化带来的也是信息化的流程再造。借助于大数据、云计算等平台,能够提供大量的信息,为决策提供可靠的依据。跨界后,进行不同部门流程再造,减少跨界部门之间的壁垒和制度障碍,保证多样的流程设计能够适应跨界部门之间的协调性生产。

三、出现信息壁垒

在信息化背景下,物联网起着重要的工具作用,有助于实现资源的整合化、利用和共享,但也带来了信息壁垒。信息壁垒的出现给整合化带来了一定的负面影响,会阻碍资源传递和资源共享,不利于资源的挖掘和整合。打破信息壁垒有利于实现组织中的资源沟通,实现资源的挖掘和整合。为了更有效地实现资源的整合,需要打破政企之间的信息壁垒和负面的保护政策。

(1)信息割裂,利益保护壁垒。资源整合首先面临的就是资源条块分割,各自占有的问题。这个问题由来已久,一直没有得到很好的解决。资源由不同的系统、部门控制,形成纵横割据的状态。究其原因,大多信息资源是掌握在政府部门手中,政府和企业之间有着密切的利益关系。长期以来,体制和部门既得利益驱使,一些部门为了维护自身所得的利益,信息共享意识不强,部门利益太重。[2] 不同部门的多头管理造成资源整合困难重重和获取资源的局限性。

(2)信息孤岛。信息壁垒必然会带来信息的相对封闭,因为在信息壁垒中,信息之间的交流渠道被阻塞,重要的资源之间无法进行有效的流通,附着在信息流上的资源信息便会被隐藏,无法得到充分的整合。所收集到的资源信息如果无法得到流通和及时的利用,便会形成信息不透明,信息传递不及时,形成信息孤岛。组织和部门就难以从海量且杂乱的信息中提取出有利用价值的信息,这对于企业的决策支持系统、人工智能系统的使用是一种极

---

[1] 苗地,商晓帆. 对电子政务信息资源整合的理性认知 [J]. 现代情报,2008(04):2—4.

[2] 苗地,商晓帆. 对电子政务信息资源整合的理性认知 [J]. 现代情报,2008(04):2—4.

大的阻碍，进而影响企业的生产经营决策。对于组织部门的决策会产生误导性。目前，我国的信息技术相对落后于发达国家，在信息壁垒上表现得也很明显，政府作为最大的信息资源的掌握者，但是其信息孤岛也是最严重的。因为对于政府部门而言，其主要职能是履行社会职能，不是以最大盈利为目标，因此对于信息资源的利用不会像企业那样侧重于商业。但是其掌握的资源对于企业具有很大的商业价值。对于这种信息壁垒所引起的需求矛盾，要求打破信息壁垒，借助物联网可以实现资源的共享，打破信息壁垒可以降低信息的不对称，及时有效地传递信息，有效整合资源，对促进社会的生产具有重大的推动作用。

据美国官方统计，1995—1999 年间美国经济增长的 1/3 归功于信息技术产业的增长；信息技术的广泛应用还使美国劳动生产率的增长速度从 1995 年之前 20 年的年均 1.4% 上升到 1995—2001 年的年均 2.6%。目前，在全球信息产业中，中央处理器（CPU）的产量美国占了 92%，系统软件的生产量美国占了 86%，IT 产业投资美国占了全球的 41.5%，在 3 000 个世界性大型数据库中，有 70% 设在美国。[①]

小　结

在信息时代，整合化不单单是指跨界整合的下一阶段，而是在利用物联网等技术的基础上，将现有资源进行重组和整合，并使其最优化的过程。整合化突破了以往的横向纵向的体制弊端，实现了各组织之间的无障碍资源共享，加深了各行各业之间的资源交流共享，实现了信息化的流程再造。各行各业之间的不断融合和交互也渐渐凸显了整合化的必要性。但与此同时也要注意，整合化会更加凸显信息壁垒，若要实现理想上的整合化，就必须打破信息壁垒，形成畅通的信息交流渠道和高效的共享效率。

思考题：
1. 你还能想到哪些整合化的案例和实践？
2. 你觉得整合化给管理还带来了什么影响？
3. 有哪些措施可以解决整合化带来的信息壁垒？

---

① 谢阳群，魏建良，郝新蓉. 信息技术壁垒及其对策研究 [J]. 情报理论与实践，2005（05）：556—560.

第九章 数字化

数字化也叫数据化,是信息社会的基本特征之一,也是显著特征之一。数字(数据)在计算机领域就是那些能够输入计算机的符号的统称,而信息是对使用者有用的数字或者数据,所以数字化、数据治理和信息化、信息治理是两种具备不同意义的存在形式和治理形式。数字化特征决定了信息社会治理模式应当是在数据抓取、数据整合以及数据分析的前提下实现的数字治理。同时,智慧化是数字化、信息化的最高阶段,数据治理是未来信息治理、整合治理、智慧治理的基石。总的来说,目前国际国内信息化基本完成了数字化阶段的治理,距离智慧化还差之甚远。

第一节 数字化的内涵和特征

一、数字化的内涵

当人类进入信息化时代,数字化成为研究人员所重点关注的对象。20世纪40年代,香农在保证其他条件的前提下用离散序列来表现连续性函数而发现采样定理,实际上其数字内涵为今后的数字技术发展奠定了一定的基础。

"数字"是英文 digit 翻译而来。目前广泛被各大权威媒体承认并且推动传播学习的是《数字化生存》,在这本书里,digital 被视为译作"数字化"的起始和开端。

数字和数字化是两个截然不同的概念。"数字"仅仅指的是一个静态的事物,主要指的是阿拉伯数字(阿拉伯数字由 0,1,2,3,4,5,6,7,8,9 共 10 个计数符号组成)。而"数字化"表示的是一种过程。曾祥基认为,数字化就是先将许多复杂多变的信息转变为可以度量的数字、数据,再为这些数据建立起适当的组合运行模式,把它们转变为二进制代码,引入计算机内部进行统一处理的过程。① 鲍宗豪对数字化做出了更为详细的解释，他认为，数字化最初是对通信和信息网络运用数据符号，即以 0 和 1 组合的比特数据，通过计算机自动的符号处理，把信息、文字、图像等作为自己的形式，进行信息交流的概括；数字化，"没有颜色、尺寸或重量，能以光束传播"，它是"信息的 DNA"，是计算机二进制转化和处理后的 0 和 1 的字符串。②

综合学者论述，本书认为数字化产生并发展于信息社会，具体是指将一切有形的、无形的语言、动作、存在形态即世间万物通过将其原有状态转变为数字信息，以供计算机分析利用的过程。

二、数字化的特征

数字化的过程即把产生的信息通过特别的处理转化成数字信号的过程。信息社会创新过程依靠一系列现代信息技术，所形成的结果同样也是一系列现代信息技术合力导致的结果。经过数字化处理的信息成为链接一切信息技术的重要媒介。

（一）定量化

数字化最大的特点就是能够将一切行为通过特定的技术手段和方式转化为数字的形式，以便进行加工处理。将信息转化为数字信号即量化处理之后具备以下几方面的优点：一是数字信号是加工信号，具有较好的稳定性。数字信号与模拟信号两相比较，具体表现为受外部杂波的影响力比较小，与此同时却对从模拟信号变换成数字信号的部分杂波识别不出，将使用的工具性模/数（A/D）变换器单独使用无法辨别出图像信号和杂波。二是转化后的数字信号更易于被计算机处理。三是数字信号处理（Digital Signal Processing）电路简单。由于数字信号处理电路减少了不必要的传统模拟电路中的波动，促成了稳定的工作电路，这也将技术人员从日常人工调整活动中解放出来。四是信息通过被量化更易于被压缩。

（二）综合化

现今许多企业在推出数字化方案的进程中，提高自身数字化运作能力，其目的是在于通过提高业务质量与效率而促成营收增长。"那些没有从根本上专注企业数字化转型的 IT 领导者，会发现业务部门的同事会转向外包以满足企业业务发展需求。"为了在更加广泛的范围内实施数字化转型，组织

---

① 曾祥基. 数字化管理述论［J］. 成都大学学报（自然科学版），2001（01）：1—4.
② 鲍宗豪. 数字化与人文精神［J］. 上海交通大学学报（哲学社会科学版），2003（03）：3—9.

中的 CIO 需要应对变更管理等方面的挑战。企业数字化转型往往需要 CIO 与业务伙伴进行更为密切的合作，以取得理想的业务成果，这是一项显著的变化。事实上，Gartner 的一项调查显示，3 160 名 CIO 中有 95％表示，希望他们的工作因数字化而发生改变或重新调整。受访者认为，CIO 角色的两个最大转变将要求他们成为变革领导者，其次是更广泛的责任和能力。此外，网络安全和人工智能（AI）等技术趋势将大大改变 CIO 在不久的将来如何完成工作。

由此观之，数字化带给我们的综合化，不仅是理论与实践的综合，更为明显的是，数字化要求我们在发展过程中应当充分利用现代信息技术的所有技术，只有形成了这些技术之间的合力，才能促使管理水平有一个质的提升。正如 IOT 管理模式，我们需要感知技术、传输技术、云技术、应用技术，链接这一系列技术的正是信息，而信息的表现形式正是数字，即现代信息技术感知后所传输的、分析的都是经过数字化的数字信号。

（三）可视化

巴斯夫在数字化转型之前，把货物运输请求发送给物流公司之后，就完全依赖物流公司的每日跟踪报表掌握货物运输状态，最大的问题是报表里边的内容都是滞后的和手工录入的，无法真实反映实际运输状态。

转型之后，我们通过 IOT 技术连接了物流公司使用的 GPS 平台，能够采集巴斯夫货物运输过程中实时的、真实的和完整的物流事件和数据，比如货物的装卸时间、GPS 数据、货物温度甚至 ISOTank 的压力和液位等数据，真实地实现了运输的全程可视化。

巴斯夫的例子完全体现了运输信息不透明到运输全程可视化的转变，这一转变是建立在现代信息技术基础之上的，通过更容易被采集、更容易被传输、更容易被分析的数字信号进行这一流程，能够大大地优化运输过程。

（四）动态化

数字化还有一个巨大的特征是实时动态化，这反映出信息更新速度，而信息更新速度决定一个企业是否能够在最早的时间内获取最为有效的信息作为下一阶段决策的依据，从而优化全过程的管理。上文提到的巴斯夫的例子，通过近两年的运输数据积累，他们开始利用 AI 和机器学习技术对历史数据进行学习，让已有的数据产生价值，比如他们可以在货物发出后更加准确地估计预计到达目的地的时间，传统的估计都是静态的估算，比如重庆到上海的时间就是三天时间，但是现在他们有了历史数据之后，可以把估算精确到小时甚至是分钟，不仅考虑了运输的距离，还考虑了司机、车型、路况和天气等因素，使预计到达的时间更加准确。

动态化的数据取决于信息更新速度，频率越高的数据更新对企业越有效，也即企业能够实时掌握当下的信息，以精准做出分析部署。当然这一切，必须建立在以互联网技术为依托的现代信息技术基础之上。数字化的动态特征在不同层面可以反映出不同的信息，不同信息的运用也会产生不同的效果。没有加以更新的信息就犹如死水一潭，没有可兹利用的价值，既不能发电，饮用时还要加以消毒。其实，当今世界就是一个动态的世界，我们无时无刻不在接收着信息，无时无刻不在发送着信息。另外，数字化信息的动态性还具有一种隐匿性，就好像作为消费者的我们并不知道我们去逛街就会产生很多信息一样，聪明的商家会根据我们的行动路线运用大数据分析寻找出我们的购物倾向。

第二节　数字化特征的形成动因

一、数字化极大提升用户体验

如今竞争激烈的商业环境，与从前迥然不同。作为商家就必须尽快发布产品以适应快速变化的顾客，否则就无法获得用户或迅速失去用户。如今的运营模式再也不是生产商、渠道商说了算的时代，而是用户掌握了主动权。通过公开的数字化渠道，用户可以对所有人谈论自己的品牌偏好，而用户口碑比任何品牌营销更有传播效果，用户用脚投票的事实驱动企业更加注重满足用户体验。

数字化时代之前，消费者没有可以发表意见的网上论坛或社交媒体，大公司则很容易压制来自营销渠道的负面意见，因为当时的个别用户体验不佳不会造成太大影响。互联网的存在使用户的抱怨和问题得以永久保存，你回复的邮件、采取或不采取的行动也都被记录下来。此时，传统的质量、耐用性和持久性等指标遭到质疑，甚至彻底被抛弃，而影响用户体验的速度、成本、效率及即时性等价值观成为新的标准。

二、数字化引发大爆炸式颠覆

比尔·盖茨曾经说过：我毫不担心行业中知名的大公司，我感到恐惧的是某处车库里不知名的小伙子。数字化很容易引发你从未预见到的大爆炸式颠覆。

曾经一度主导GPS导航市场的佳明、麦哲伦和TomTom，认为彼此互为竞争对手，而不存在其他市场主体。然而智能手机的出现则改变了这种局面：每一部智能手机都附带GPS功能，都可以使用谷歌、百度和高德等免费地图程序。跨界竞争的出现在今天，使整个产品线、整个市场都可能在一夜之间被创造、被毁灭。颠覆者随时可能出现，他们无处不在。颠覆者一旦出现，传统企业往往无力对抗。诺基亚手机同样也是因为没有跟上数字化的步伐，而成为数字时代的牺牲品。

数字化改变了传统的竞争方式，也使竞争环境更公平、大规模创新的步伐更快。云计算、大数据、人工智能、区块链等强大的新技术，让创业者能够更快研发出更好、更经济、更个性化的产品和服务。

三、数字化渗透企业每个细胞

今天的企业创新，必须开始于用户感兴趣的领域，而用户需求始终在不断发生变化。因此，企业数字化应能提供即时信息、倾听市场需求，并据此建立商业模式及快速响应市场的战略。

人们常常讨论信息孤岛，但真正的障碍是业务孤岛。数字化必须渗透企业的每个细胞，彻底消灭业务孤岛。数字化超越典型的商业模式和财务损益，也超越传统的渠道组合；数字全面影响用户体验、数字技术及企业组织；数字化涵盖所有的业务环节和业务单元。

数字化的含义十分宽泛。营销渠道是数字化，业务战略是数字化，公司官网和官微设计是数字化，物联网是数字化，大数据是数字化——它们都是数字化，但数字化又不止于这些。

以大数据为例，企业数字化转型能力不仅包括采集大数据，更需要解释大数据、理解大数据的业务含义，以及寻找新的方法来帮助用户与公司、产品和服务进行互动，并参与到产品与服务的设计过程中。

第三节 数字化特征给管理带来的改变

一、管理目标的变革

数字化时代使信息变得易获取、易接受、易储存、易分析。政府管理的计划、组织、控制、指挥、协调等职能都需要建立在足够的信息获取基础之上，政府管理目标的设立尤是如此。

政府管理目标根据完成时间的长短可分为短期目标、中期目标和长期目标。在工业社会时期，社会相对稳定，环境相对平稳，政府管理目标的设计可以依靠稳定的环境和为数不多的信息完成，并且能够实现预计的效果。而进入信息社会，不确定性、不稳定性程度加剧，变动的环境以及个性化的利益诉求给政府管理目标的设立带来了极大的改变。设立目标这一复杂过程在信息社会同样可以解决。

对于公众来讲,数字化是通过将购物习惯、行为进行数据化并分析可以给人们提供更个性化的服务的过程。因此,数字化使政府能够更好地衔接过去、现在与将来,能够在精益的分析基础之上树立更加贴合实际情况的目标,从而提供最好的公共服务。

二、管理理念的变革

拉塞尔·M. 林登在《无缝隙政府》中论述到打破传统官僚制的一个十分重要的基础是挑战传统的观念。这需要一种全新的思维方式,这种思维方式是建立在以结果和顾客为导向的公共服务供给模式中。

如果不考虑无缝隙政府是专门针对以控制为主要管理理念的官僚制结构所形成的全新管理理念,而是客观地考虑现实,即作为公民的"顾客"在信息社会希望得到个性化的、快速的、便捷的服务的愿望已经越来越强烈。传统的公共服务方式已经无法胜任转型后的社会模式。社会高度不稳定性与高度不确定性突出,迫切要求政府在面对全新的社会环境时做出变革。而基于全新社会基础与特征的政府可兹利用的技术手段确实增多的情况下,全新的管理理念与服务方式是能够在此基础上形成的。

依照社会转型的历程来看,不同社会形态具有不同的管理理念已成为不争的事实。考虑到管理理念产生与赖以生存的社会条件,就不难设想信息社会的特征如何能够产生适应信息社会的管理理念。数字化是信息社会最大的特征之一,基于数字化给我们带来生产生活的改变也显而易见。借助数字化的手段对政府管理模式的再造将有利于政府管理效率的提升,同时也更能提供面向个人的个性化服务。这需要管理人员树立全新的管理理念。数字化会带来管理上的一系列变革,管理理念的革新是必然的,难以革新也是必然的,这就要求高层管理人员(具备一定话语权)在革新中有高于常人的深谋远虑,必须向其他人明确危机带给我们的痛苦、变革的必要性、变革的决心,同时也要合理安排全局,以最易接受、阻力最小的方式进行变革。

三、管理体制的变革

在数字化建设历程中,政府已经做出了大量实际的工作,表现在全面深化党和国家机构改革的进程中,政府相关部门的电子政务规划建设指导、行政审批与便民服务建设、数据挖掘利用等职责进行了整合,组建了大数据管理机构。但是仍然存在许多不足,政府数字化管理体制改革不到位,存在体制机制障碍,部门之间的数据鸿沟、信息孤岛影响和制约政府职能部门之间更广泛的、更深层次的数据共享。

为了更好地落实数字化建设,凭借其固有的独特的优势嵌入政府治理体系中需要在这些方面着手努力。一是要从政府管理体制入手,由政府统筹设计和监管数字化管理平台,从客观上加强政府协调与统筹全局的作用。二是要完善政企合作机制,鼓励和支持企业按照市场化、法治化规则运营具体的公共服务项目。要以提升政府数字化管理水平为突破口,进一步推动政府职能转变,推动"放管服"改革向纵深发展,加快简政放权,建立政务服务标准,优化政务服务流程,推动政务服务全业务覆盖、全过程服务、全流程监管、全方位考核,促进政务服务渠道通、数据通、服务通、流程通、监管通。[①] 聚焦于破除部门内部业务与数字壁垒和消灭信息孤岛现象,建立起全局整体性思维模式以整合数字资源,并对全流程进行过程优化等,以期提高协同运作能力,坚持以工作流重塑政府组织结构,改变传统基于科层制结构管制为核心的政府组织架构,以一体化与智慧化政府管理服务进行取代,提升群众满足感。

四、运行机制的变革

政府管理数字化的本质是在四维空间(网络空间)以大数据和人工智能为核心支撑的智能网络云端,后期通过业务协同、组织扁平、服务智能化等方式,协同线下实体政府进行有效衔接和整体驱动影响,建立全新政府运行机制。

政府管理的数字化水平集中体现在:政务在线,将分散"足迹"碎片关联代替业务"全景图",换言之,通过数字化整合不同职能、不同部门,使任意管理人员都具备处理整体事项的能力,提供"一站式"服务。[②] 观察现今政务服务平台运行情况,平台设计思维局限表现为以围绕政府部门出发,即主要围绕职能的管理而不是围绕结果的管理,群众办理业务有难度,仍然存在"门难进""事难办""脸难看"以及部门分割、权责推诿使用户便捷度体验差的现象,因此政府管理需要集中力量解决人工服务割裂化、信息系统离散化等一系列问题。

五、管理流程的变革

拉塞尔·M.林登早在《无缝隙政府》中提出无缝隙组织的概念,认为

---

① 贾博. 努力提升政府数字化管理水平 [N]. 河南日报,2019-11-01(009).
② 贾博. 努力提升政府数字化管理水平 [N]. 河南日报,2019-11-01(009).

传统的官僚科层制具有部门明确的分工、严明的等级制度、非人格化的职位管理，这些原则的提出名义上是为了提升管理效率，增进管理效能，实则是为了更好地控制，但是由此带来的管理后果在信息社会越来越成为一种阻碍。

林登认为，科学技术和人们需要的提高使政府再难对公众个性化、便捷、快速的服务要求做出反应，以往的科层制造成了部门之间的"柏林墙"，在服务提供过程中，各个部门职责交叠、推诿扯皮的现象日渐暴露，迫切需要一种全新的管理模式对此现象做出回应。无缝隙政府正是在此基础上提出的。无缝隙政府要求政府必须以顾客为导向、面向结果的管理、掌握全部过程的信息、具有战略前瞻意识以及培养全能型管理人员的理念在信息社会越来越成为可能。数字化的发展为政府部门流程再造提供了可能。依靠对信息进行数字化再通过网络进行快捷传输，通过共享的信息平台使每个能够接触网络的管理人员都能了解掌握信息，从而对公众提出个性化、便捷的服务。

小　结

在本章中我们已经初步了解了数字化的概念、基本特征以及它将会给管理带来的改变。我们认识到数字化可以把一切生产生活活动从线下转变为线上，在信息社会中，一切事物都即将数字化转型或已经在数字化转型的途中。数字化给我们的日常生活带来了诸多便利，在管理活动中，数字化变革传统管理方式，为管理赋能，在提高管理精准性的同时还提高了管理效率。当然，信息社会数字化这一阶段已经相当成熟，在下文中我们还将陆续讨论信息社会其他特征，它们是数字化的更高阶段，将给管理活动带来更全面、更彻底的变革。

思考题：

1. 什么是数字化？
2. 信息社会发展至今共经历多少次数字化转型，其各个阶段的主要表现及成果有哪些？
3. 数字化给管理带来了哪些改变？

第十章　信息化

因信息社会大量智能化工具的使用，促进社会生产力的大变革。广泛开发利用的信息资源，形成社会信息化体系。工业社会信息的分散和粗浅难以实现社会物质数据资源和人的智能潜力的充分发挥，由此信息社会的信息化特征表明信息的集中和信息网络、信息技术、信息产业体系链条的实现。现代信息技术的革新探索和应用是超越边界的，其与现代信息革命促成了信息社会的形成，因此信息化是信息社会的最显著管理特征。基于此，本书提出一个合理猜想即"信息化无禁区（王氏猜想）"，信息技术的拓展没有终点，而信息技术对日常生活方方面面的信息化改造也是可以期待的。它成为现代信息革命继第一阶段数字化和数据治理的第二阶段的使命，是整合化治理、智慧治理的必由之路。

第一节　信息化的内涵

"信息社会"和"信息化"的概念是由20世纪60年代日本学者梅棹忠夫首先提出，而后传播到西方国家。70年代后期，才开始为西方社会普遍接受。1963年，日本学者Tadao Umesao在《论信息产业》一文中提到"信息化是指通信现代化、计算机化和行为合理化的总称"。其中，行为合理化是指按照公认的合理准则与规范行为；通信现代化是指在社会各种活动中利用现代信息技术进行信息交流的过程；计算机化是组织间在信息产生、交流、储存、处理、传输等过程中广泛运用先进的技术、工具和设备等。[①] 因此，衡量一个社会是否迈入信息化的一个重要标志是社会计算机化的程度。在中国，赵苹等学者指出信息化是指在全社会范围内，现代信息技术的实践运用达到较高程度，信息资源的高度互联互通，推动人的智能潜力和社会物

---

① 社会信息化 [EB/OL]. [2008—04—20]. http://baike.baidu.com/view/588718.html.

质资源潜能充分发挥，使社会经济向高效、优质方向发展的历史进程"①。

1997年，在首届全国信息化工作会议提出"信息化是指培育、发展以智能化工具为代表的新的生产力并使之造福于社会的历史过程。而国家信息化就是在国家统一规划和组织下，在农业、工业、科学技术、国防及社会生活各个方面应用现代信息技术，深入开发广泛利用信息资源，加速实现国家现代化进程"。从生产发展角度来看，信息化是利用现代信息技术、智能化工具进行生产生活，是一种新的生产力。而上升到在管理层面上，信息化则是指在全社会范围内灵活运用信息技术，信息资源的高度互联互通，充分利用人类的智能潜力以及社会物质资源潜力，变革传统的工业社会的经济、社会各方面，使个人行为、组织决策和社会运行更加科学合理的过程。②

第二节 信息化特征的形成动因

信息社会最显著的，与工业社会区分开来就在于其拥有信息化的特征。在信息社会，人们的日常生活和工作方式都离不开向信息化的转变，现代社会的各行各业都在信息化的进程中不断发展和成长。工业社会向信息社会的转变，主要在于新兴社会生产工具取代传统社会生产工具，逐渐丰富的信息资源以及各领域的信息化。

一、新兴社会生产工具的不断涌现

在农业社会，人们依靠自己的身体体力劳动，主要依靠人力、畜力，借助一些简单的生产工具进行简单的农耕。在工业社会，出现了诸如车床、冲床和切割机等工业生产工具，辅助人们进行生产活动。而在现代社会，由于信息科学技术的不断发展和发达，各种原始机器和工具都与之相结合进行了进化和升级，从而被利用到现代生产活动中，致使社会生产活动都呈现信息化的特征。

一个社会的生产工具是其生产力发展水平的体现。在信息社会中所涌现的一些新兴生产工具都是在结合利用信息技术的基础上出现的，相较于传统的生产工具，它突破了时间和空间的局限，甚至有些工具在不需要人们辅助

---

① 奚惠鹏，王源. 浅谈学会工作信息化 [J]. 科协论坛，2009（07）：29—31.
② 何立中. 发展信息化跨越中等收入陷阱 [N]. 中国计算机报，2013—01—14（004）.

现代信息革命再认识
——信息社会变革与治理体系创新

操作的情况下就能够实现自动化的工作和运行。计算机、网络等现代信息技术作为生产工具,是信息生产力的存在方式,乃至社会运转的基础。[①] 在信息社会的生产劳动中,新兴的生产工具将人们所收集和获取到的信息资源以"0"和"1"的方式进行存储、加工和创造,扩大了处理数据的数量,提升了数据处理的质量和速度。如果说自动化生产工具取代了人类的体力劳动,那么信息化的生产工具则是在一定程度上扩大和延伸了人类的脑力劳动。

二、丰富信息资源与广泛应用

由于互联网的出现和发展,全球的信息量呈现几何级别的上升,从而出现了信息爆炸的现象。面对数量庞大且日益增多的信息资源,人们渐渐难以收集和获取自己所真正需要的信息,也难以判断信息的可用性和真实性。同时,人们对信息的需求与日俱增,再加上信息收集存取的多渠道和便捷性,使得人们更加需要利用信息技术帮助自己对丰富的信息资源进行处理和运用。

正是因为逐渐丰富的信息资源及其所带来的一些弊端,才促使人们越来越多运用信息技术对数据信息进行处理。在现代社会,为了顺应时代的变化和实现便捷生活,与个人应用相关的信息资料会通过网络技术存储在电脑或手机等移动端上,当人们需要这些数据时,可以便捷获取。在工作中,也离不开对数据资源的利用,庞大的信息资源通过信息技术可以进行高效率的筛选和处理。信息资源的丰富与其在各个方面的应用体现了信息技术的重要作用,在一定程度上更加强调了信息化的特征。

三、各行业与信息技术的深度融合

在信息社会,政治、经济和社会领域都依靠信息技术而发展。现代社会信息化的进程体现了信息技术全域赋能的作用。例如,移动支付、移动政务、城市大脑、远程医疗、政务云等各行各领域的创新发展,反映了信息化具有全域融合性和交互性特征,各行业引入信息技术,打破了时间和空间的界限,使管理工作更加有效率和效果,减少了体力和脑力劳动的压力。比如在智慧医疗方面,信息技术的引入可以实现远程就医、网络问诊。信息化对人们的工作、生活、学习和文化传播方式产生了深刻影响,促进了国民素质

---

① 孟盈. 信息生产力特性再探 [J]. 安徽大学学报(哲学社会科学版),2014,38(5): 153—156.

的提高和人的全面发展。① 各行各业与信息技术的深度融合，才导致了整个社会的信息化。并且信息技术也一直在不断深入各行业，信息化逐渐渗透各领域。

第三节　信息化特征给管理带来的改变

一、管理手段巨变

以通信传输网络和电话网络、移动通信网络等为支撑的信息技术基础，以及计算机和互联网的使用接入量使我国的信息化发展指数排名迅速成为国际上上升最快的国家。信息技术应用的广度和深度体现在我国经济、政治、社会、文化、军事、科技等各个领域充分运用信息化手段进行变革和创新上。② 目前，各行各业的信息系统或信息化工程，已经成为各行业赖以生存和发展的战略要素。同时我国国民经济和社会系统的正常运行，也逐渐离不开各种各样的信息系统的支持。③ 信息获取和传播手段的即时性得到发挥，大大改变信息的割裂和孤立，使管理参与主体的交换和沟通手段摆脱固定化模式，增添管理手段上的灵活性和便捷性。线下交流和传播途径整体迁移至线上，其中的效率和节奏在一定程度上加快，管理流程的可控性和规范性进一步促进与管理手段的匹配，推进决策支持系统、无纸化办公系统、电子会议系统、分布式工作等信息化手段，使管理过程中的协调组合性和组织灵活性、决策科学性等功能得到进一步发挥。

二、管理理念转变

凝聚共识和统一步调是国家在信息化工程规划中重点强调的。信息化促进了部门之间、层级之间、组织内外部之间的信息互通共享，其中除了能摆脱原有的信息私有化想法的限制，也能促进转变官本位和一元化的固有思维的瓦解，将原有的管理观念和方法进行升级改变，跟上时代步伐，才能及时

---

① 李柏萱. 论述金融管理信息化的创新及应用 [J]. 科技风, 2018, 352 (20): 25.

② 周宏仁. 新中国信息化成就综述 [J]. 电子政务, 2009 (10): 7—18.

③ 王璠. 信息化给政府管理带来的机遇、挑战及对策思考 [J]. 山西经济管理干部学院学报, 2017, 25 (1): 18—22.

掌握准确信息，从而在多变的管理形式中得以适应。信息化建设大大降低了管理组织成员之间的物理关系和羁绊，运用大脑和智力而不是体力来参与管理实践，借助信息技术可以实现随时随地地协作和参与，互联网让沟通变得容易，让随时随地协作成为可能，这使得各类机构扁平化网络中形成一个个的节点，而同一个管理实践的参与方也不局限在组织的内部①，管理组织与管理对象之间的地域、时间等限制条件对不同管理参与对象的区分度越来越弱，不必完全是本单位内部的资源，单位外部的人力、物力、财力可以随时随地参与进来，成为一个个新的节点，组织边界的模糊是形成平等和协作的基础。另外，这一特点也体现在不同类型的管理组织中，比如政府部门和企业都要将客户至上、服务理念融入信息化建设过程中，以回应社会管理创新的潮流和参与者的需求。伴随着信息化渠道和平台的建成，需求表达得到鼓励，能够真正从管理对象的角度出发，丰富沟通协调形式和服务供给形式，使管理者和管理对象之间的良性互动关系得以建立，实现平等参与和协同合作。信息化还荡涤了所有机构的运行规则及潜规则，并将其摧毁重建。不论是机关、企业还是社团，都必须遵循平等、开放、共享的原则。②管理对象和管理者与组织之间不是权威式的命令与服从，而是参与式的协商和合作。

三、管理模式创新

管理学家加里·哈默说，未来的组织没有层级。③传统的组织形式是工业社会追求效率的产物，科层制在一定程度上固定了管理流程和层级人员，也确定了管理隶属和等级关系，管理模式是程式化的层层流转和常规化的亦步亦趋。但是信息化的发展一方面使管理维度变得更广，相对地削减了管理层级，另一方面是管理主体之间的关系网络不是单向度的链条，而是网络化的关系网。组织中间管理层的缩减使组织管理模式呈现扁平化的特征，打破原来部门实行层级化和属地化的格局。信息时代的一个突出特点就是快速迭代，产品更新速度以天计算，这就让传统组织职能式、事业部制结构显得过于冗长，降低了管理效率。实际上，自信息化风起云涌以来，各种小型组织、虚拟组织出现并探索管理模式的开放形式，弱化组织的管理属性，提供

---

① 康伊. 全国人大代表简勤"两会"建议以信息化新技术创新社会管理[J]. 通信与信息技术，2011（02）：12.

② 郝倩，郭春露. 信息化技术创新社会管理的研究[J]. 自动化与仪器仪表，2016（03）：117—118.

③ 加里·哈默以互联网思维重塑管理——如何打造高创造力公司[J]. 清华管理评论，2016（03）：10—18.

情感链接。比如各种社交媒体平台和网络论坛，基本只有论坛版主作为提供者和管理者的角色，在平台上活跃的参加者可以自由参与，而没有上一级组织架构和等级的管理和命令。美国企业巨头戈尔公司开创了不设等级制度的扁平化、网络化组织架构，公司没有老板、总裁、CFO等头衔，也没有上下级关系，只有10%的员工是合伙人级别。合伙人无权任命人员①，只负责协调与联络，公司员工对团队负责而不是某个人负责，整个公司由不同职能的小团队合作并行。众多的互联网公司都是扁平化管理模式的拥趸，国内的小米公司也利用扁平化的管理模式开发人力资源的最大有效性。只在企业内部设立员工、核心主管、合伙人三级架构，形成灵活响应的快速开发团队，通过一致的共同愿景提高团队的向心力。华为公司也抛弃了传统直线式的管理模式，利用更加分权的矩阵网络结构，划分事业部和区域部门，下放更多的自主权，增加组织适应不断变化的环境的能力。传统的金字塔形的组织架构模式在信息化、网络化的时代已经被人们诟病，也并不能推动信息技术的发展，企业内部结构正在向小型化组织、阿米巴组织、模块化组织、内部市场化组织等方向转变，而这些组织都有一个共同特点，就是组织结构的高度扁平化、网络化。② 传统的组织结构（如人事、财务、总监、员工等等）逐渐变成了扁平网络上的一个个节点，它们之间是完全平等的，信息通过这些节点高速流动，从而完成了去管理层、去中心化的进程。而这又很可能是未来所有组织机构的发展趋势。

小　结

信息社会的信息化特征意味着生产工具和生产活动的信息化呈现，信息资源作为生产要素在各行各业的普及和融合，体现了信息化特征对行业领域的赋能，使信息社会的信息化特征越来越成为管理体系改革不可忽视的因素。由此，管理主体实现了在管理手段上的灵活性和便捷性、管理理念上的平等和协作，以及管理模式上的扁平式和网络式变革，这进一步把信息社会的信息化特征与治理实践结合起来。

---

① 高芙蓉. 信息化对创新社会管理的影响探析［J］. 黄河科技大学学报，2011，13(06)：70—73.

② 袁亚光. 信息化对组织机构的影响［J］. 中国信息化，2015（06）：92—96.

思考题：

1. 在对信息化的内涵特征以及其与管理模式的融合等方面内容的理解后，你认为"王氏猜想"是否成立？
2. 信息社会的信息化主要体现在哪些方面？
3. 信息化的形成动因主要有哪些？
4. 信息化与管理之间有哪些关系？

第十一章 智慧化

信息社会的管理特征除了信息化，智慧化也是信息社会非常重要的管理特征之一，并且是数字化、信息化的最高阶段。同时，随着人工智能模拟、延伸和扩展人的智能等为核心的新一代信息技术的不断发展，不仅仅是国家、社会，乃至全球治理都将会走向智慧化的治理体系。智慧在数据治理、信息治理、整合治理、平台治理等领域都有所涉及，尤其是在结合现代信息技术以及管理模式的基础上，未来社会将会朝着智慧方向发展。同时，关于信息化"智慧"的定义尚未统一，本书将探索对信息化"智慧"定义以及管理特征阐述和解读，研究因智慧化而形成的社会治理模式、治理体制、治理机制等所带来的影响。伴随着信息技术的不断发展以及我国各个领域愈发重视信息化建设，智慧医疗、智慧政府等相关智慧化的建设已经在我国渗透到社会治理中的诸多领域。智慧化作为信息社会的重要特征之一，是社会生产和发展的必然方向。智慧化是信息社会革命的必然产物，智慧化的社会治理是社会发展的新趋势和新阶段。

第一节 智慧化的内涵

迄今为止，人类总共历经三次重大革命。人类正在经历着的第三次重大革命——信息革命，当这一革命完成时，人类将完成物理生态到智能生态的转变，真正进入智慧社会，进入智慧治理的新时代。信息革命所带来最大的变革不仅仅是社会形态变化，其实质在于随着信息技术逐渐普及、不断推进、进而演化升级后，带动生产力不断解放、变革，而原有生产关系和上层建筑已经不能适应新的生产力，从而促进形成新的生产关系和上层建筑，进而社会形态不断地向更高级别发展。虽然目前尚未完全实现智慧社会，但是在日常生活中已经出现了诸多人机交互、人机共事的场景，医疗机器人、建筑机器人、陪护机器人、自动驾驶机器人等智能化替代技术和工具的出现，

现代信息革命再认识
——信息社会变革与治理体系创新

使得人机交互可能会出现在任何行业和领域之中，在日常的生产生活中，一些人力依靠机器人进行工作，而一些则可以完全由机器人替代进行作业，这些都是智慧化手段和技术对人类生产生活的渗透，智慧化愈发成为社会治理和日常管理所追求的趋势，那么这种趋势产生的原因和逻辑是什么呢？

一、回应数据爆炸对治理技术和途径的需求

近年来，在国内外的政府治理领域，大数据日益发挥着重要作用，大数据战略甚至成为国家层面的重要战略布局。例如美国于2012年颁布的《大数据研究和发展计划》，我国在2015年发布了《促进大数据发展行动纲要》，在这一纲要中，已经明确提出了要使"大数据成为提升政府治理能力的新途径"[1]。习近平总书记也提出"推动实施国家大数据战略，加快完善数字基础设施，推进数据资源整合和开放共享，保障数据安全，加快建设数字中国……"以及"要运用大数据提升国家治理现代化水平"。由此可见，大数据这一现代化技术是推动国家治理现代化进程的重要手段。网络信息时代，国家和政府治理必须实现信息化、数字化以及智能化，我国现在所提倡的推动与实现国家治理体系与治理能力现代化，深化行政体制改革，政府部门在运行过程中，所采集、分析处理和应用的数据信息以及资源的数量十分庞大，因此政府必须应用相关技术手段和工具，建设智慧治理平台和结构，才能提高政府的工作效率与服务水平，政府必须提高精细化治理水平和科学化治理水平，只有这样才能真正实现政府治理的现代化。现在一些地方政府已经开始了智慧政府云建设，通过智慧化的技术手段，对所采集到的庞大的数据信息进行分析整合，筛除无效信息和冗余信息，建设智慧平台进行社会公共服务的生产和供给。因此，针对数字时代背景下的公共治理所面对的问题和困境，智慧化的治理是不可缺少的，为了适应数据和信息蓬勃产生的社会发展现状，必须利用智能技术来提高治理能力，要更好地认识把握繁杂的数据的基本特征、处理手段及方法、应用技术等，科学地建构起与信息时代相适应的现代化的智慧化运作模式，营造现代化和智慧化的社会环境。智慧化作为信息社会的重要特征之一，这一趋势的产生是符合信息社会的发展要求的，同时也是信息社会变革与治理体系创新的重要手段和技术。

---

[1] 黄家良，谷斌. 基于大数据的电子商务行业监管体系 [J]. 中国科技论坛，2016（05）：46—51.

二、突破传统治理瓶颈和破解现实困境的需求

信息技术革命给人类的生产生活带来了巨大的改变,伴随互联网技术的不断发展和成熟,人类迎来了互联网时代。在互联网时代,虽然我们的生活更加便捷,但是也带来了一些安全隐患,电信诈骗、网络犯罪、信息泄露等问题,已经给社会造成了危害,给人们的生命财产安全带来了威胁。然而依靠传统的管理手段技术根本难以适应时代的变化和要求,无法全方位地保障公共安全和维持社会稳定。因此,借助于信息技术革命所带来的先进技术,如云计算、大数据、物联网等技术,出现了一种全新的治理模式,那就是智慧治理,从而适应时代的变化和要求,提高社会治理的质量和效率,更好地保障公共安全与维持社会稳定。智慧化的手段和治理模式是网络时代的安全保障,在公共安全治理难度愈发增大的背景下,以大数据技术为核心的智慧治理既是手段也是保障。智慧化手段及模式不仅在社会治理领域发挥作用,企业组织中也得到长足应用。在经济全球化的步伐不断加快的背景下,世界各地的企业竞争愈发激烈,要想在激烈的国际竞争中立于不败之地,企业必须不断改进与创新生产经营手段和模式。因此,现在有一些企业已经将智慧化的管理与生产理念和技术渗透入企业文化之中,还有一些企业作为行业的领先者,从事智能化设备的生产工作,这些企业为社会注入了新的能量,同时也是智慧化的实施者和开拓者。

第二节 智慧化的特征

一、智能化

智能化是指通过互联网、大数据、物联网和人工智能等现代信息技术,使人们在生产生活中所使用到的工具、物品等可以能动地满足人类生产生活的需要。随着信息社会的不断进步与发展,各个领域都开始了智能化的革新,例如我们生活中可见的医院系统智能化、住宅系统智能化等。智能化是智慧社会和智慧治理中的基本要点,也是信息社会所追求的重要内核。智能化的各类生产生活系统是智慧社会的基础构成和基本要素。智能化主要包括四个方面的智能化:社会组织智能化、社会成员智能化、社会设施智能化、

社会治理模式智能化。[①] 社会组织智能化是指各类社会组织，例如社区、政府、学校、医院、企业等组织机构的智能化，包括其组织架构、组织运行空间、组织生产等的智能化。例如位于广东省于2018年成立的博智林机器人公司就是一家以生产智能化的建筑机器人为主要经营内容的智能化公司，该公司进行机器人的全线全周期生产，通过使用智能化的建筑机器人，可以在建筑行业大大地节省和替代人力资源，极大地提高了相关建筑作业的效率和准确性。社会成员智能化是指参与社会活动的每一位社会成员都具有智能化的特征，这是因为在信息社会中，通过使用相关信息技术，每一位社会成员都可以作为信息和数据中心，每一位社会成员都被"智能化"了，被区块链、人脸识别、语音识别等技术智能化了，每一个人都可能成为智能化的载体和传播扩散者。社会设施智能化是指人类生产生活所使用的各项智能化的基础设施和设备，这些基础设施是智慧社会和智慧治理的实体承载和表现，例如智慧图书馆的建设中的一些图书检索设备、人脸识别仪器等。社会治理模式的智能化是智慧社会的核心要点和目的，包括私人领域和公共领域的治理模式智能化。例如现在提得比较多的智慧政府、智慧医疗、智慧教育等。通过利用商业智能、人工智能等现代智能技术促进社会的智慧化节奏和步伐是信息社会革命的必然趋势，提高社会各领域的智能化水平、增强人们的智能化意识也是社会信息革命必然要达到的目的和结果。

二、开放性

在信息社会变革的进程之中，智慧化的运作和智慧化的治理模式必然是具备开放性这一特征的。在各类智慧化信息技术的基础之上，信息在一个开放性的平台和空间传播与共享，信息资源可以跨地域、跨空间、跨层级、跨部门地进行共享。在智慧社会和智慧治理中，参与性与协同性是开放性的运作和治理模式的结果。智慧治理强调的是多元化的跨层级、跨领域合作，如智慧政府。智慧政府的基本内核是智慧公共决策，智慧政府中的公私合作，强调政府通过智慧化的手段公开政府信息，增强政府信息的透明度和公民的参与度，从而有利于公民更好地参与相关决策和管理，实现公众参与。加强人工智能和信息系统一体化建设，建立多元主体交流互动平台，吸引社会力量参与治理，有效融合各方力量，收集海量信息，适应信息时代对政务服务的要求。例如现如今我国一些地区所要提倡和试验的"历史文化街区智慧化"模式建设，在这样的一种模式之下，可以更加便捷高效地服务于游客，

---

① 王操. 智慧治理开启善治新阶段[J]. 上海信息化, 2018 (12): 54—56.

同时更加便于管理者进行相关经营管理。这种模式下包含两个服务端,分别是街区端和游客端。街区端主要集中在相关旅游资讯发布、街区票务事宜等,而游客端主要是集中在游客、管理者进行相关的数据、信息和资源的搜索与查询。历史文化街区的智慧化建设运用智能化的科学技术工具和手段,有利于更好地进行历史文化街区的管理和服务,尤其是促进了历史文化街区的协同化管理。这是因为对相关的信息,如建筑物的保护情况、建筑物的地理位置等进行量化公开共享,使得不同的职责部门可以及时获取有效信息和关键数据,从而不断完善历史文化街区的更新反馈机制和合作机制,促进街区的协同化治理。

三、个性化

随着社会经济的发展和人们生活水平的提升,人们对各项服务的要求日趋多样化和具有个性化的特点,而智慧化的应用技术和手段则能更好地满足人们对个性化的需求。以智慧政务为例,智慧政务建设的重要目标之一就是更加全面准确地满足群众对政务服务的需求。在智慧政务中,以满足群众的需求为基本出发点和落脚点,通过一些智慧化的技术和手段,及时监测反馈民众对政务服务的需求,并且形成双向的交流渠道,从而形成双向反馈。在智慧政务之中,不但可以提高政务服务的水平和效率,同时还可以更好地满足公众个性化、多元化的服务需求,提高公众对政务服务的满意度。在传统的治理模式之下,教育、医疗、卫生、社会保障等各项社会服务的供给方式都是采用线下一对一供给,这样的公共服务供给模式存在着诸多弊端。一方面给政府带来较大的成本压力;另一方面,民众的满意度也比较低,公共服务供给的质量无法满足社会发展和人民生活水平不断提高的要求。而在信息社会革命下的智慧化治理模式的出现则能够有效解决这些问题,政府部门可以利用智能化的技术和手段对相关的社会信息和资源进行有效整合,并通过大数据分析与处理,从而能够更加全面综合地收集人民群众在教育、医疗、卫生、交通、社会保障等方面的公共服务需求。同时,通过整合民众的利益诉求,分析不同的需求偏好,可以为人民群众提供个性化、针对性的服务,提高民众的公共服务满意度,提高政府政务服务的水平和质量。

四、精准性

智慧化的手段和技术使得社会治理变得更加精确科学,尤其是在信息社会的大背景下,数据和信息的大量多样,如果在相关的数据信息的分析处理时缺乏准确性,那么可能会造成不可挽回的损失和偏差。例如在审计方面,智慧审计模式的应用使得审计变得更加具有精准性。李克强总理曾明确指出"要用信息技术改造审计方式，当前大数据、云计算、人工智能发展突飞猛进……更多运用现代化信息技术手段开展智慧审计，更精准地发现问题，更及时地揭示风险，提高审计效能……"在信息技术飞速发展的时代，在创造出各种技术优势和先进应用、为人类生活带来便捷的同时，也为一些违法犯罪活动提供了手段，使用传统的审计手段已然不能发现一些较为隐藏的违法行为和违法痕迹。但是在智慧审计的模式之下，形成了审计方法数字化、审计监管对象全域化的审计格局，并且通过整合资源，形成了各个行业内具有针对性的大数据多维度、精细化的审计模型。在第三次信息技术革命的浪潮下，科学技术和信息网络技术不断实现新突破，取得迅猛发展，"让数据发声"成为影响我们工作、生活、政治、经济、文化等方面的新思维和新方式。在大数据、人工智能、云计算、互联网技术和电子通信技术迅速兴起并发展的时代浪潮下，将大数据应用于国家治理之中，为公共部门的人力资源管理创造了新技术和新方法，绩效考评成为人力资源管理的一个重要组成部分。在实施过程中，为了实现绩效管理的科学化和客观化，就要求寻求更加精确有力的数据和信息支撑。因此，大数据时代下的新思维和新技术为公务员的绩效评价与考核提供了便捷有利的条件。通过利用大数据技术，创造性地重构了大数据背景下的公务员绩效考核的指标体系模型，对于提高公务员绩效考核的科学性、精准性具有极大的借鉴意义和参考价值。考核工作如果受主观因素影响较多，那么难以保证考核结果的公正性与客观性。而大数据考核依赖的是所搜集的公务员相关的各方面的数据与信息，是基于公务员数据集或者数据库来开展工作的，使得考核工作更少地受到人为干扰，利用数字技术进行处理，简化考核程序，使得考核结果更加精准客观。公务员考核所涉及的"德能勤绩廉"这五个方面的内容，在大数据介入之后，充分搜集公务员的基本工作信息、地理位置信息、社交网络信息等，从而进行量化分析，最大限度地避免了考核工作的主观性。

第三节　智慧化特征给管理带来的改变

一、智慧化治理模式下管理所面临的挑战

智慧治理、智慧社会这些都是信息社会变革与治理体系创新的成果，是大数据背景下社会治理、管理的新选择和新路径。但是我们在享受信息社会

变革与治理体系创新所带来的红利、使用大数据、云计算、物联网等技术的同时，我们的政府管理、社会治理也面临着新的挑战和亟待解决的问题。首先，无论是智慧化的治理还是智慧化的其他运作模式，其所耗费和需要的成本是巨大的。一方面，智能化的基础设施建设和智能化的设备配置需要大量的经费投入，各类智慧化的技术需要不断地革新，其科研成本是非常巨大的；同时，智慧化的人力成本也是较高的，无论是培养还是引进这方面的人才，其成本都比市场上大部分的人力资源要高出许多。另一方面，在智慧化的运作和治理模式之下，大数据搜集与分析是必不可少的步骤和过程，这样的流程需要更多的社会资本投入。其次，如上文所提到的，智慧化的重要特征之一是开放性，开放性能够更好地促进社会多元化的协同与合作、促进资源信息的互联互通与共享，但是开放性在某些特定的条件下，会给社会和公民带来信息安全和隐私泄露问题。开放公开的智慧社会，每一个人都可能成为信息源和数据源，人脸图像识别、语音识别、痕迹追踪、偏好分析这些智慧化的运作手段，使得人们在生产生活中的动作被记录着，而这些信息中的关键部分或者是涉及个人隐私的部分一旦被不法分子窃取并使用，那么将会给个人的隐私和信息安全问题带来威胁。此外，信息安全问题也是国家和政府在进行智慧化治理时尤其要关注的问题。现代智慧化的手段和模式已经运用于我国政府治理之中的诸多领域。例如在智慧审计中，审计工作的特殊性决定了相关的审计数据和审计信息的特殊性和关键性。大数据审计中心集合了至关重要的审计数据，一旦发生泄漏被不法分子窃取，将会对社会经济甚至国家安全造成严重威胁。因此在大数据审计的新模式下，如何建立起牢固的防火墙，确保审计数据的信息的安全性成为重点和难点。又如在智慧模式中，信息鸿沟、数字鸿沟问题依旧亟待解决，然而社会信息革命和治理体系创新的目的之一就是打破信息孤岛，真正实现信息的互联互通和资源共享。但是在现实生活之中，受经济条件、年龄、职业等因素的影响，其获取信息的客观条件缺失，导致无法有效获得一些信息，这就出现了信息获取水平不均衡的问题。我国现在的城乡二元格局也是信息鸿沟存在的原因和重要体现。例如在政府信息公开与公众参与的过程中，农村地区的相关智慧化、智能化的基础设施远远落后于城市，因此直接导致农村和城市无论是智慧治理还是公众参与都两极分化严重，这不但不利于社会信息革命和治理体系创新的推进，而且还影响社会稳定与和谐。另外值得注意的是，现代信息革命不仅仅是技术与生产生活方式的变革，上层建筑作为制度保障和体制基础也应随之变革，否则将出现管理混乱与各类违法犯罪问题无法可依。然而就目前来看，在智慧治理和智慧社会的建设中，相关的法律法规以及具有针对性的规范是缺失的,关于大数据管理明显存在盲区和滞后性等,这些问题都是不利于智慧社会的建设与发展的。我国一些政府部门在智慧治理领域已经取得了一定的成效,但是将智慧化应用于政府治理改革的任务依旧十分艰巨。首先,在我国"循数治理"的大数据思维尚未普遍形成,大数据治理需要各政府部门和单位更新治理理念。其次,我国智慧治理体制机制不够完善,再加上人才和技术等资源的限制,智慧化的信息平台建设有待加强,各地政府也缺乏实践层面的探索和试验。面对我国智慧化创新政府治理手段和方式的过程中存在的各种困境和难题,需要加强顶层设计,加强数据价值分析和数据管理,为政府智慧治理变革提供理念、技术和制度保障。

二、智慧化有效助力国家治理现代化进程

智慧化是信息社会革新与社会治理创新的产物和抓手,各类智能化技术手段以及智慧化治理模式的出现给国家治理现代化建设带来了许多改变;同时,智能化的技术手段和智慧化的治理模式也影响着人们日常的生产生活方式。

智慧城市的出现是智慧化与城市管理和建设相结合的结果,以上海市的智慧城市建设工作为例,上海市现目前已经建立起了城市管理综合信息共享交换平台,并且将防灾、金融安全、社区服务、气象等事务纳入了网格化的管理范围,各个委办也实现了信息系统的互联互通。由此可见,上海市在智慧城市建设中以建设城市管理综合信息共享交换平台、深化城市网格化综合管理、完善城市网格化综合管理机制为重点、深化基层综合治理服务能力为重点。此外,上海市在智慧城市的建设中尤其重视智能化的建设,持续推进智能化的城市生命线建设,如智能电网、智能照明、智能水网建设等。上海市的智慧城市建设给上海市民以及管理者带来了巨大的效益,供水、供电等城市的生命线进行智能化改造,极大地提高了城市综合治理的效率;相关行政执法工作的智能化建设,极大地提高了行政效率与执法水平和质量;智慧化的环保管理工作,对环境污染和生态变化进行实时动态监测预警和评估,为人们的生活质量和身体健康提供了保障;等等。

除了智慧城市,以大数据技术为核心的智慧治理在行政领域也发挥着举足轻重的作用。通过所获得的大数据分析,使得政府决策更加快速、灵活、科学地了解公众服务需求,不断优化资源配置,丰富服务内容,提高服务水平,做好个性化服务,变被动服务为主动服务,从而实现政府治理的精细化和精准化。

当下热门的"电子政务""互联网+政务服务""智慧监管""智慧审计"

等行政领域的治理手段的创新无不体现着智慧化的理念和技术。这些新的行政模式的出现给行政系统内部以及公民、社会都带来了巨大的改变和影响。以大数据审计为例，2015年国务院办公厅印发了《关于完善审计制度若干重大问题的框架意见》，在该文件中，将实现审计全覆盖作为审计工作所要完成的首要目标，但是在传统的审计模式下，由于技术、人员和空间范围的限制，无法真正实现审计的全面覆盖。[①] 此外，近年来，各行各业的信息化程度不断提高，一些违法乱纪行为在行业中变得更加隐蔽和难以轻易捕捉，这对审计的技术也带来了全新的挑战。传统的审计模式的数据与信息来源单一，存在着审计结果碎片化、审计对象分散化的问题，而大数据审计平台能够迅速收集各个行业的审计数据并进行整合，能够有效解决审计碎片化的问题。在智慧审计的模式之下，形成了审计方法数字化、审计监管对象全域化的审计格局，并且通过整合资源，形成了各个行业内具有针对性的大数据多维度、精细化的审计模型。这些审计模型不仅提高了审计的覆盖面，还节省了审计的时间和人力成本，因此这些审计模型可以适用于同一种类型的审计案例和审计对象，极大地提高了审计的效率。大数据的一个重要特征就是对数据的处理速度极快，因此相较于传统的审计模式，大数据智慧审计不仅在审计的范围、广度上有了极大的进步，审计的时间成本上也有了效益。大数据智慧审计具有一个明显的优势，那就是审计的快速化和高效率。通过大数据审计中心进行数据筛查和动态实时监督，能够迅速分析出审计问题，并且精准高效地直接定位审计疑点。智慧审计模式给审计工作带来的巨大效益和成果是不可估量的，实现了审计的全面覆盖，从纵横两个维度大大拓宽了审计的范围，不仅能够有效解决审计碎片化的问题，还能够节约审计的时间成本，提高审计的效率和速度，促进精细化审计。

除了上述提到的智慧城市、智慧审计，智慧化的治理手段和模式给社会治理、人类的生产生活所带来的效益还存在其他诸多领域。[②] 智慧化是实现国家治理能力和治理体系现代化的应有之义，也是顺应新时代的发展要求，深度依托现代化的信息技术手段，实现智慧化治理，能够不断地推进社会治理体系创新，开创善治的新格局。

---

① 晏维龙，刘旺洪，等．党的十九大报告学习笔谈纪要［J/OL］．南京审计大学学报，2017（06）．［2021－01－16］．http：//kns.cnki.net/kcms/detail/32.1867.f.20171103.1559.026.html.

② 何继新，王笑语．新时代乡村振兴战略背景下乡村治理内涵转换、维度指向与质量标准［J］．改革与战略，2020，36（9）：92－105．

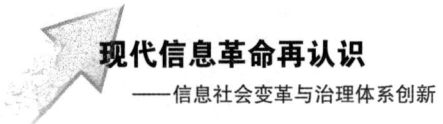

小　结

　　本章从信息社会的智慧化内涵开始探索信息社会与治理实践的互嵌,信息社会的智慧化精准地回应了数据爆炸带来的治理技术和理念的变革,个性化和开放性也回应了信息社会的智慧治理的要求和目标,其中的智慧化定义是将做一件事情或者一类事情时,使用各种信息化手段方式,将做该件或该类事情的"What to do?"(做什么?)与"How to do?"(如何做?)分开。通过对智慧化内涵、特征总结,结合智慧实践案例,将信息社会的智慧化特征与治理实践有机统一起来,再次证明了信息革命所带来的最大变革不仅仅是社会形态变化,其实质在于随着信息技术逐渐普及、不断推进、进而演化升级后,将带动着生产力不断解放、变革,而原有生产关系和上层建筑已经不能适应新的生产力,从而促进形成新的生产关系和上层建筑,进而社会形态不断地向更高级别发展。

思考题:
1. 智慧化产生和兴起的原因是什么?
2. 智慧化所具有的特征之间是否存在一定的逻辑关系?
3. 未来的智慧化发展将带来哪些影响和改变?

Chapter3 第三篇
信息社会新技术

信息社会的重要标志便是信息技术,而众多信息技术也成为理念、模式的源泉,掌握不同属性的信息技术概念、特征以及发展现状及前景将有助于更好地把握理论研究阵地与实践进行路径。

由于篇幅所限,本篇将集中阐述"物联网技术""管理学云计算技术""区块链技术""5G技术""大数据技术""传感技术""人工智能技术"和"物联网技术",这些技术只是现代信息技术体系中的一部分。除此之外,还包括 VR/AR/MR 技术(虚拟/增强/混合现实技术,这组技术是对政府及其他组织治理体系创新影响最为深远的信息技术之一,是可将管理对象一比一还原于虚拟空间的技术,具体应用场景如公共服务场景、城市管理场景、医院治疗场景等)、边缘计算技术、量子/光子计算机技术、网络安全技术、数字安全技术、自学习技术、剪枝技术、递归技术和迭代技术等。本书暂不对这类技术进行阐述。

第十二章　数字治理和智慧治理的"根"技术：互联网技术

互联网技术是一种传输数据的技术，它类似于人的神经系统，发挥着连接不同设备、传递各类信息的功能。作为数字治理和智慧治理的"根"技术，互联网技术的运用不仅拓展了人们获取信息的宽度和广度，还深度渗透至社会生活的各个领域，由此形成了"互联网＋"时代。因此，互联网最大的管理意义是给三维工业社会增加了一维空间——网络社会空间，并由此产生了网络经济和平台经济。

第一节　"互联网＋"的概念和特征

一、"互联网＋"的概念

"互联网＋"是一种把互联网技术和传统产业相结合，形成"互联网＋传统行业"的新趋势、新潮流。马化腾曾提出，传统的行业存在着巨大的市场和不可替代性，每个领域都有强大的力量和无限的潜力，而互联网作为一种工具，应该将每个行业之间的信息贯穿交融，形成"互联网＋"的时代，打破信息的不对称现象，为用户提供准确、个人专属特性的服务，从而为传统行业注入新的生机和力量。如今科学技术、经济水平飞速发展，需要不断推陈出新以满足消费者的需求和推动市场的发展。"互联网＋"的应用逐渐渗透进我们的生活。例如，互联网与传统零售结合发展成了淘宝商城，"互联网＋交通"出行促使了如滴滴快车、UBER、神州专车等新型行业出现，"互联网＋相亲约会"涌现世纪佳缘、百合网等平台。

鉴于此，"互联网＋"就是指构建互联网平台，运用互联网技术整合传统行业，进而在网络基础上开拓一种新的行业生态。正如航海成就了英国全球贸易的领先地位，铁路加快了美国经济发展，"互联网＋"正是中国的历史性机遇，我国将发展新的生产要素，释放生产力动能，这是一种针对生活方式、生产模式、社会生态治理构建等领域的深层次重构。

二、"互联网+"的特征

如今我们生活的互联网时代，影响着人类的生活方式、出行选择等方面。"互联网+"将是信息化和工业化融合的升级版，而互联网作为社会信息化趋势的重要特征，需要与制造业、金融业、工业、医疗业等众多传统行业进行互联共通。"互联网+"并不是简单地与传统行业相结合，而是在互联网平台的基础上运用信息通信技术，改革创新形成新的发展形态。与传统的互联网相比，"互联网+"有其鲜明的特征。

（一）跨界融合

传统的产业升级中大多数是先进技术代替落后技术，只是产业结构的单一变化，三次产业革命之间以及产业内部上中下三游之间的联系和界限依然存在。而"互联网+"将推动的是以产业投资跨界以及产业运营的融合为特征所进行的产业变革升级，产业相互间的联系将不再是传统的投入和产出关系、上中下游关系，产业之间的边界会渐渐模糊。

"互联网+"就是推进新的模式产生，是一种打破常规的改革，最主要的就是敢于开放自己、自主创新，进行跨界联合，达到行业融合形成全新生态的目的。产业间进行跨界融合，有利于资源的有效整合，最优化配置，协同互助下使产品从研发生产到面向市场的经营过程才会更加流畅。新的融合理念也包含了身份的融通，客户从消费者转变成投资者，参与产品的设计和创新等，这种提升产业自身的开放性，会增加融合的普适性。腾讯作为连接器，依托信息技术平台，提供给人、财物、服务行业、组织机构相互跨界融合的平台，形成有价值、持续的连接，加速了智慧城市的形成，便利了我们的生活方式。

跨界应该是一种持续的、普适的理念，也是一种敢于创新改革的行动。时刻创新推动跨界，各个领域跨界实现创新。组织内部的创新文化，形成应变的、柔性的协调机制，同时推动外部的跨界融合。

（二）创新驱动

创新是科学技术进步的源泉，推动社会发展和经济稳步前进。我国需要打破原有生产方式、生产关系，改变资源驱动型增长的粗放经济模式，转变为以创新驱动带动经济发展的模式。利用互联网的思想来创新变革、自我重构，是适应当前动态变化世界潮流的一大特征。

创新驱动首先要进行思维模式创新。"互联网+"时代具有便捷、透明、自由、公平等特征。消费者对于商品的个性化、优惠力度、创新与质量需求不断提升，必然推动生产行业进行思维模式的创新。同时，"互联网＋"时代下的劳动者思维模式也在转变，有良好的教育基础，拥有自身过硬的技术手段，掌控人力、物力、财力和市场的创业者不再满足于常规的工作环境，依托互联网平台进行的个性化创新，形成了众多新创的互联网企业，推动了创新服务平台的建立，创造了良好的创业氛围，并有利于推动机制改革，满足多渠道就业方式的目标，促使实体经济创新发展。

其次，"互联网＋"不断冲击传统行业，推动产业形态的创新，形成了互联网教育、互联网制造业、互联网工业、互联网医疗等新的产业形态。例如电子商务模式下农产品网络平台销售新模式的出现，大量农副产品依托网络信息平台，农民自营网店为电商提供优质货源，形成电子商务下农产品销售的产业子链，从而达到调整经济结构、推动经济增长、社会可持续发展的目的，实现社会网络化、智慧化、信息化的转变。

最后，"互联网＋"也会影响生产方式的转变。传统的商业模式下，消费者购买商品、生产企业销售商品都需要经历发货、分销、运输配送等环节，其中产品的销售实际情况会受到各种因素的影响，从而影响消费者的购买体验，反馈信息不能及时传递给商家。商家有效收集意见和产品修正方向都存在滞后性。"互联网＋"时代可以通过对供给端和需求端的数据进行收集、整合、统计、分析，实施有效传递信息，形成企业、销售、生产、消费者之间良好互动。

（三）重塑结构

新的技术、思想浪潮、创新革命都会打破固有的社会框架、经济体制、地域限制、文化架构，随之改变的还有很多社会要素，如权利、法则、语言方式、连接等。

"互联网＋"基于消费者个体形成了"众"经济模式，如众筹、众包；"互联网＋"打破了固有的地域边界，弱化了信息不对等，加速了信息公开化、参与民主化的社会发展；"互联网＋"打破了原有消费边界和信息壁垒，通过数据整合，居民不仅可以有效查看周边的优惠信息、促销力度，还可以根据其他消费者给出的意见评价选择食物、购物、旅行，从一定程度上反映了生产者和消费者之间权力重心的改变，隐形地对商家有一种监管和制约；"互联网＋"加速了智慧城市的建设，便利居民的衣食住行，优化社会各行各业的交易成本，提高了全社会的运营效率；"互联网＋"改变了交易模式，形成了电商新的交易模式。新的购票系统和第三方支付的合作，避免了排队取票的时间成本浪费，也有效杜绝黄牛票现象和假票的流通等。

总之,"互联网+"推动了经济、社会、文化、政治等领域深层次结构变动。因此,"互联网+"具有重塑结构的特征。

(四) 连接一切

"互联网+"就是一种连接关系的建立,可以与当今社会医疗、交通、工业、制造业等各个领域、各种角度进行连接。马化腾曾提出"互联网+"将形成一个可以连接一切的生态,需要进行跨界连接、融合连接、创新连接。连接可以创造更大的价值,如何进行有效连接,深层次连接,差异化连接,甚至形成可持续的连接,一定要形成良好互动的"互联网+"和连接之间的关系。

在"互联网+"的时代,信任是连接一切的前提保障,陌生人之间的互动连接,产生与你连接的主动愿望或者通过你来进行有效连接的意愿,都是信任长期累积的结果。因此,社会、企业、经济发展的快慢,程度的好坏,可持续与否,很大程度上依赖于"信任"建设的有效程度。"互联网+"推动社会发展的同时也对人文情怀的发展做出贡献,鼓励人人讲信用,形成诚信、信任的社会风气。

连接最基础的模式现在的社会中已经很普遍,综艺节目、百货商家、App的开发,都能在短时间聚集粉丝和关注。在此基础上,依托互联网平台建设,就会出现高一级的连接,社会物理学中称之为交互,即交流互动。良好的互动和信任的支撑,"连接"持续的发展会形成一种关系,如游戏中建立玩家关系、节目建立受众关系、商家建立买家与卖家关系。由此看出,连接也具有层次性、差异性,由此产生的价值也差距很大,但"互联网+"的最终目标是连接一切。

微信作为当今社会比较普及的社交平台,就是一个"互联网+"趋势下很好的连接示范。附近的人、摇一摇、面对面建群、二维码方便陌生人之间形成连接,构成关系;滴滴打车、优惠券是商家与腾讯的良好合作,提供用户优质实惠的客户体验。这些都是"互联网+"时代搭建网络平台、建立连接、以信任为基础实现的交友、出行、购物等日常生活的便利化、快捷化。

三、"互联网+"与物联网的关系

"物联网"和"互联网"虽然只有一字之差,但却有很大的不同。"物联网"和"互联网"的区别在于:互联网实现人与人之间的联结,而物联网实现物与物之间的联结,但同时二者之间也有着重大联系,如图12-1所示。

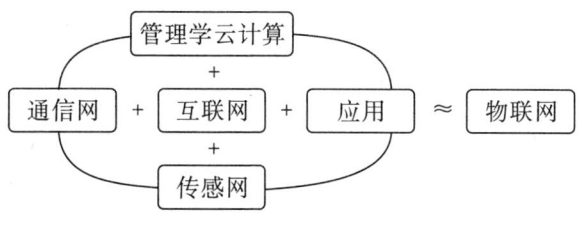

图 12-1　物联网与互联网的关系

互联网如同人的神经系统，起到传输、链接作用。互联网的链接是万物互联的前提。互联网与通信网下延至传感网，以获取一手数据和信息，并通过通信网和传感网传输至云计算平台和应用平台，进行资源整合和服务供给。互联网与传感网、通信网、管理学云计算、应用的深度融合将打造一个人与人、物与物、人与物相连的世界。互联网与物联网的结合，最终将实现"万物互联"。

第二节　"互联网＋"的发展历程

我国于 2012 年 11 月首次提出"互联网＋"，易观国际董事长兼 CEO 于扬认为移动互联网的本质离不开"互联网＋"，认为"互联网＋"是互联网对传统行业的渗透及改变。未来的发展方向，应当采取"互联网＋"模式，即多屏全网跨平台用户场景结合之后形成的新型关系。例如上文提到的淘宝模式、专车服务和相亲平台等构建，都是凭借新模式的思路形成的。如何确定企业所在行业的"互联网＋"，是企业自身发展的方向和战略。"互联网＋"是对创新 2.0 时代新一代信息技术与创新 2.0 相互作用共同演化推进经济社会发展新形态的高度概括。

事实上，对于"互联网＋"，国内行业代表人物均有论述。2013 年 1 月，在前总理温家宝召开的会议上，马云作为阿里巴巴集团董事会主席曾提议确定互联网以及电子商务重要地位并上升到国家战略，呼吁要培育企业家精神，对民营企业不能开而不放；同年召开的两会中，马化腾也提出了三项提案，其中包括"规划互联网发展战略""将互联网企业'走出去'提升为国家战略"等提案。2015 年 3 月全国两会上，人大代表马化腾递交了名为《关于以"互联网＋"为驱动，推进我国经济社会创新发展的建议》的议案，他认为在我国"互联网＋"模式下，推动产业创新、加强跨界融合、推动社会民生完善，能够进一步发展我国经济和社会的水平层次。同年，李克强总理在政府工作报告中首次提出"互联网+"行动计划。同年7月,由李克强总理签批,国务院印发《关于积极推进"互联网+"行动的指导意见》。至此,"互联网+"已经成为国家层面大力发展和推动的重要战略措施。

目前,我国促进工业互联网发展有"互联网+"和"中国制造2025"两大举措。2020年两会提出工业互联网的重要性,认为工业互联网将是未来我国制造业和工业发展的大方向。工业互联网的发展将直接促进互联网、物联网、大数据、云计算等信息产业,并且有利于传感器、监控设备、自动化设备等领域的发展,同时也会为智能机器人、新型工业软件等软硬件领域带来发展机遇。正如腾讯研究院高级研究员杨乐提到的一样:"互联网+"时代如同商业社会的"寒武纪",在与各种传统行业融合中,形成各种新型的商业物种。①

第三节 "互联网+"与管理创新

一、"互联网+"管理理念创新

从整体上来看,"互联网+"体现了互联网在信息、技术、资源整合等方面的优势,利用"互联网+"不仅能实现对现有生产方式、生活方式的变革,还能实现管理的创新。而管理的创新首先基于理念的变革。具体来讲,"互联网+"时代需要具备以下管理理念。

(一)互联网思维

"互联网+"是一种全新的思维模式。目前,理论与实践并没有关于互联网思维的明确定义,但从现有说辞与阐述出发,大致能发现两类描述:一是工具主义视角下的互联网思维,持该观点的人把互联网当作一种社会实践的工具;二是现象主义论者认为,互联网思维是随着时代发展而产生的一种新的思维方式,是与未来发展相契合的一种趋势。

虽然并没有关于"互联网+"的明确定义,但是同样应当引起足够重视。对于政府来说,了解"互联网+"的基本特征是实现"互联网+"背景下的管理创新必不可少的环节。具体而言,"互联网+"具备以下特征:一是对未来的前瞻性;二是"互联网+"内涵的创新性;三是建立在数据基础

---

① 当中国遇上互联网"+"——写在中国开启"互联网+"时代大门之际[EB/OL].[2015-07-06]. http://www.cac.gov.cn/2015-07/06/c_1115821094_2.htm.

上的数据性；四是战略性；五是系统性。因此，要想实现新时代的管理创新，奠基于特征基础之上的思想安排是必要的。

（二）用户至上思维

传统企业用户至上的理念早在互联网诞生之前便已成为主流，只是受制于时空条件、组织发展阶段、技术发展水平的限制很难实现。这使得用户要求在实践中不得不成为一种被迫割舍的环节。而用户作为消费环节的必要组成部分，其思想与行动是调解生产行为的重要基础。因为即使在当前一些竞争性不是很强的企业，如果一味地追求规模化生产，而忽略用户的需求与反馈，它的产品研制、生产、销售仍是从制度、资源去考虑，其结果只能是被社会淘汰。互联网为实现用户思维奠定了技术基础，在此基础之上体现用户思维的信息更易表达，更易反馈，更易收集。因此，企业组织应秉持用户至上、政府组织要秉持以人民为中心的理念，以需求促发展，以需求促创新。

（三）用户免费体验的思维

商业主体建立自己的模式尤其是盈利模式非常重要。传统商业与用户的关系是输出与接收的关系，商业主体通过广告、报刊等单向传播渠道向用户传递信息，这一过程企业主体与用户存在极少量的互动，并且往往只能实现小规模受众，其盈利模式单一。而在互联网时代，企业的盈利模式主要有三种，即电子商务、广告及增值服务。这三种盈利模式的共同基础是企业必须首先获得一个庞大的免费用户群。根据"二八理论"，在这个庞大的免费用户群中，可能只有20%的用户会购买你的产品，但这20%的用户却是企业利润的主要来源。因此，对于互联网时代的企业来说，通过免费的产品来获得庞大的用户群，并通过其提供增值服务，是互联网时代下的一种新的思维方式。

二、"互联网+"管理体制创新

（一）"互联网+"管理规范特性

创新是组织发展前进的动力，管理创新是管理组织在面对一系列问题时利用新的管理理念、手段、技能以实现问题的解决。相比从前，"互联网+"时代管理创新突破传统管理规范，具有以下新的特性。

一是管理创新与内外环境的匹配性。管理创新不是一成不变的，而是与管理环境相互作用的结果，具有权变性。因此在探讨管理创新时一定要注意不同管理组织、管理情境对管理创新的促进、抑制作用。二是管理创新具有风险性。这一特性表明任何管理创新都不一定能够达到意料之中的效果，环境的不确定性也给管理创新带来不确定性。三是管理创新是一个过程。这一特征同样也是随着环境的变化而具备多样性。需要了解的是，管理创新可能并不会立即出现效果，而是需要一段时间的积累，或许几个月，或许几年，这无形之中又给管理创新蒙上一层不确定因素。

（二）"互联网＋"人才管理创新

对人与组织关系的理解决定着组织人力资源的管理理念，也决定着组织对人事管理的创新。传统的人事管理认为，人与资本一样，只是企业的一种生产要素，而人事管理部门也只是消费而非创造的部门。现在的人力资源管理则认为，人不仅仅是一种生产要素，更是一种具有无限开发价值的资源，人力资源管理部门同生产、销售等部门一样，是一个可以为企业创造价值的部门。在"互联网＋"时代，个人不仅具有知识、能力，而且能够很容易地获得其所需要的信息、资金等资源，这时候每个人都是一个财富创造的主体，一个存在于组织但可能不再依附于组织的个人中心者，其与组织之间是平等的合作关系而不再仅限于雇佣关系。

（三）"互联网＋"政策环境优化

在各行业、各领域开始积极利用信息时代所带来各项新兴技术来享受便捷、高效率和利益的同时，这背后的一些安全问题，诸如个人或组织的信息泄露、网络犯罪、个人权益受到侵犯等问题也逐渐显现。现今"互联网＋"模式应用范围越来越广，布局越来越大，各行业都踊跃开启属于自己的"互联网＋"模式，使得本来就相对难以管控和不稳定的网络世界更加缺乏"安全感"，而一旦出现安全问题就会输得更惨、摔得更重。

为了"互联网＋"应用能够处于一个更加稳定、安全的环境，不仅要靠技术和管理层面的相关保障措施，还应当建立起完善的规章制度，形成"互联网＋"模式应用领域的硬性要求，达到有规可循、有责必究。为此，我国也制定了一些法律政策予以保障，如《中华人民共和国网络安全法》《信息网络传播权保护条例》《互联网信息服务管理办法》《国务院关于积极推进"互联网＋"行动的指导意见》等，同时也有30多个条件、决定、答复对网络管理与安全发挥规范与调整作用。但可以看出，其中大多数是以互联网为背景而制定的法律、法规、规章，虽然同样给"互联网＋"的应用提供安全保障，但专门针对其具体安全的保障却很少，并且随着业务的逐渐成熟，所暴露出来的安全性和稳定性问题越来越复杂，更需要法律法规的进一步完善。

一方面，我们可以针对教育、农业、旅游、医疗等"互联网＋X"行业领域，根据其行业特点制定具体的法律规章制度，推动和保障"互联网＋"模式的实际工作运行。比如，在"互联网＋旅游"的应用中，存在着图片与实物极度不符、网络所公布信息与实际相差较大等可以归属于欺骗消费者等现象，那么针对这类情况就可以通过制定相关制度来明确商家责任和后果承担方式等来避免和解决虚拟世界的信用问题。另一方面，应当根据各领域、行业的特点预先制定防范信息安全问题的相关措施，面对互联网环境的变化也要将已有的措施和政策进行修改和完善，坚持有法可依、执法必严、违法必究。

三、"互联网＋"管理创新领域

（一）"互联网＋教育"管理创新与挑战

随着互联网、大数据、云计算技术的成熟应用，"互联网＋教育"形成智慧教育的趋势越来越明显。信息技术网络平台的构建，促使"互联网＋教育"为学生、家长、教师提供一个全新的教育模式。

第一，"互联网＋教育"打破地域局限。传统的教育理念，学生上课的地点就是教室，固定的环境、座位枯燥乏味，从某种意义上局限了学生的自由思想发散。而家长、学生很多会选择线下教育即课外辅导班，这样的教育机构跟学校校园式教育都存在同一个问题即地域性，一个校园和辅导机构的受众范围都是有限的，只能辐射周边几公里的学生。很多优秀的教学资源、师资力量、精品课程不能够让更多的学生去分享，上课距离过远导致的交通成本、时间成本、安全隐患也成为学生获取知识的阻碍。"互联网＋教育"可以破除地域局限，方便学生接受知识。

第二，"互联网＋教育"创新教学形式。在"互联网＋教学"理念下，出现了网络教学平台，智慧教育系统下配置教学资源、教学理念、教学软件、教学视频等要素。更新传统教育的管理理念，培育掌握先进技术的教师，利用互联网便利互动的特性，改变以往的教学格局，学生可以在课堂中按照个人兴趣选择学习相关内容，教师不再是知识的灌输者，而是作为思维发散的引领者，在学生需要指导的时候，随时给予学生方向的引导。学生作为课堂的参与者可以及时发表个人观点，与同学交流心得，和老师进行沟通。这样学生可以在课堂获取自己想要的知识，通过信息技术的先进性可以身临其境课本内容的产生环境，丰富的画面、形象的音像体验给了学生更立体的体验，增加了学科的趣味性。在"互联网＋教育"的新型关系建立下，传统的教育才能够打破陈旧的教学形式、落后的教学理念、低下的教学效率，完成由传统教育向互联网教育转型，才是一个可持续发展的教育系统。

第三，"互联网＋教育"以人为中心。"互联网＋教育"形成的智慧教育应当是开放型的互联网教育，人们不再是知识的接受者，也是知识的创造者，更是知识的传递者和分享者，每个人都有权利获得和运用知识。开放包容的大环境下，全球性的知识系统正在逐步完善，跨地域的知识和优秀教学资源便利地让人人共享。不同的知识体系和思想观念通过大数据、云计算平

现代信息革命再认识
——信息社会变革与治理体系创新

台、网络联通形成一个整体,人们实现不出门便知天下事的梦想。这极大地拓宽了人们获取知识的深度和广度,也缩短了知识传播共享的时间成本和物质资源。社会逐步由人创造知识、积累知识向知识为人所用的社会形态转变。

互联网教育开创了新的教学模式,更新教学理念和教学方式,智慧教育带给教育生态圈新的优势,也带来了新的挑战和问题。互联网教育重点偏向于运用先进的信息技术平台,大数据和云计算等科学技术的支撑,开放自由的教育环境中,教师的育人功能相对就会弱化,在传统的教学过程中,教师不仅要传授给学生知识,还要从德操品行角度出发,培育学生的社会责任感和人文情怀,相对于冷冰冰的科学技术成果下的高端设备,教师的人文关怀作用不可替代。智慧教育中,教师与学生之间的关系大部分仅仅是信息和知识层面的交互,作为人的基本情绪,高科技很难像知识数据一样判断准确,容易把学生培育成没有情感的高级机器,而忽视了学生德智体美劳的全面发展,弱化了传统教育的育人功能。对于低龄的学习者,一开始就全面接触智慧教育,还没有形成系统的道德判断和是非辨别的能力,若没有教师正确的引领和熏陶,复杂斑驳的网络大数据很难帮助学习者从小养成正确的人生观、价值观和世界观。便利的信息获取方式,会弱化学生的记忆能力,养成事事依赖百度等搜索引擎,失去辨别筛选能力的功能。在网络中逐渐健全的信息世界,网络记忆代替了学生的课后记忆,长期沉迷于网络信息世界最终会形成纸上谈兵的弊端,学生只有知识数据的储备而没有实际操作的经验和能力。长期沉溺于虚拟世界,对学生的身心健康和视力会有所损伤,长此以往,学生没有与同伴面对面的互动体验,人际交往能力下降,将不利于学生健康成长,与世界万物接触减少,运用各种感官去认知世界的能力下降,那么学生的创造能力和思维主动性也会下降,反而不利于创新精神的延续和创造灵感的迸发。再次,互联网数据繁多而冗杂,形成了一种新的阅读形式——碎片化阅读。这种阅读不限人群的学习门槛,随时随地可以共享知识、传播信息,便利、省时、快捷,极大地扩展了人群的阅读面。然而,碎片化阅读会导致学生的专注度不够,长此以往不能够沉下心研究一个课题,同时简短的阅读局限性很大,研究深度明显降低。因此,导致知识获取和时间利用的碎片化趋势明显,乘车时间、课间休息、短时间的微博微信阅读等碎片时间,掌握的知识有限,学习者易形成懒于对获得信息进行加工思考的习惯,容易人云亦云失去自己的判断能力。同时,碎片化阅读最大的缺陷就是信息之间没有连贯性和关联性,学习者获取的信息都是独立的,一旦失去思考和自我加工的环节,那么,知识的网络架构很难形成。

传统的教育中,科学技术的匮乏和网络信息的缺失,学习者和教师所拥有的资源相对有限，固定的知识摄取方便教育的深度挖掘和反复思考，而互联网智慧教育提供给学习者更广阔的知识储备网络的同时也带来了不小的挑战，知识复杂性、知识面拓展性、信息增长指数性，都需要学习者和教育者提高辨别意识和甄选手段，选择适合自己需求的数据。同时，互联网教育不可忽视人文情怀的培养，不能完全抛弃教育工作中的培育功能。

（二）"互联网+农业"管理创新与挑战

"互联网+农业"并不是简单的传统农业机械化，而是信息化、物联化、智能化的新型互联网农业，通过信息流打通生产过程各个领域，打造生态农业互联网互动平台，利用互联网对农业生产各个环节进行改造。农业互联网平台成为农业生产产业链的中心，连接整个产业链的资金、物资、人力及信息流，推动互联网农业快速发展，利用互联网可以提高农业生产、运营、监管、服务水平，完善新型互联网农业生产经营体系，形成多样化互联网农业管理模式，逐步建立农副产品、农资安全质量溯源体系。

第一，推动农业精准化生产。互联网农业利用精准农业、物联网、大数据、云平台分析处理，大幅推动传统农业向新型农业转型，达到改造农业生产技术提升问题、农业专业性规模化生产问题、农副产品安全生产质量问责问题、农副产品价值提升问题的目的。农业问题可以借鉴模范田效应，选择技术成熟、土壤环境适宜、基础设施完善、农户观念先进的区域进行农业生产环境网络化监测系统的尝试，感知环境变化、实时监控农产品的生长状况、摆脱人工监控实现机械化自动控制。针对大单农副产品生产的领域，试行全方位检测的农业物联网体系，进行智能化节水灌溉、因地制宜配置专属的肥料、机械化播种除草收割等精准化生产方式。在牲畜大规模标准化养殖基地及水产品养殖示范基地，进行饲料定时精准投放、疫病自动诊断治疗、废弃物机械化自动收回等高科技设备的普及应用和互联贯通。

第二，加快农业网络信息化进程。"互联网+农业"时代主要从时间、空间地域、成本控制、质量安全、个性化定制、品牌效应等方面改造农产品生产消费市场，加强消费群体的客户体验感、客户信任度、客户选择倾向，达到增加农产品消费者客户黏性的目的。提升农业网络信息化程度，可以进行信息进村入户试点尝试，推动经由移动互联网平台为农民提供政府政策、市场变化、科技手段、保险理赔、种植技术等生活生产服务信息。以互联网企业与农村农业生产经营个体户相结合的方式，利用网络信息平台、大数据支撑、云计算评估等技术，形成农村农业信息监测系统，给农户提供灾害预警、土地肥力质量评估、植物病疫防控、牲畜瘟疫防治、市场需求变化预测、科学种植养殖培训等服务。传统农业和传统企业都可以利用互联网农业的转机，借助农业网络平台的渠道组织农村和企业形成联动的整体。农户提供优质的农副产品,及时了解市场需求调整生产规模,企业提供广阔稳定的销售渠道和先进的保鲜方式,利用资金培训农户的生产理念,达到双赢局面,发挥两者的互动性及高效率生产特质。

第三,构建农副产品质量溯源体系。互联网农业生产过程开放、透明,可以利用便利快速的互联网信息,搭建农副产品质量安全溯源平台进行公共服务,加强农业生产制度化、标准化建设,形成农副产品生产产地准出及销售市场准入的衔接链条,做到生产有迹可循。推动新型农业生产运营主体依托互联网平台,精细化、信息化、准确化管理从生产到销售的运营过程,快速推进移动互联网、二维码、物联网、无线射频识别等信息生产技术在农副产品生产、加工和运输销售等环节的应用推广,强化产品在每个经营领域的追溯体系联通和信息传递,不断加大、加深、加强溯源体系的力度和覆盖面,达到农副产品"从田园到餐桌"全过程、各环节可溯源问责,确保"舌尖上的安全"。农业中知名企业拥有全产业链中最为全面、优秀、有价值的信息,依托互联网,可以构建以农业知名企业为中心的农业互联网金融平台,提供给互联网农业生产过程金融的投资、融资、网上支付等便利活动;农业互联网金融将存在于农业资源购买及销售、农业产品生产、销售、运输、存储过程的每个阶段。

在向更为现代、先进的现代农业转型的同时,"互联网+农业"也同样面临着几大挑战:第一,传统理念和观点的转化。互联网与农业相结合,不仅是种植单位个体与企业两者之间关系的联通,更需要参与互联网农业的每个环节主体理念的更新和观点的逐渐转化。其中包含了企业加强互联网平台构建意识和市场需求变化环境变动中种植个体对互联网技术的接纳主动性和适应意识和能力的提升,都需要改变传统观念,转化为信息化、互联网化、互动化的新理念。第二,商业模型的形成。传统行业中最有代表性的农业,拥有区域性分布、季节更替变化、商品标准化程度较低、生产要素不集中等特质。农业与"互联网+"相结合,需要借用互联网的特性来重塑传统农业结构,更重要的是顺应传统农业自身发展的规律,在传统农业和新型互联网技术交融互通的过程中,形成互联网农业独有的商业模型。第三,物资运输配送问题。农副产品具有保鲜性、时效性、易损性、易腐烂性等特质,运输配送不仅提高了保鲜保质成本,也对交通配送等配套设施提出了挑战。虽然我国农村现代化网络构建中流通运输工程取得了进展,已经具有相对雏形和规模。但不可忽视的是,我国乡镇运输配送行业发展水平依然不高,缺乏统一的调配管理,没有一个系统的配送规划。各区域的基础性建设水平不一致,发展不均衡,部分区域的农村物流线路覆盖不彻底,农村住户的分散性也加大了物资运输配送的难度。第四,人才缺失和资金来源不足。互联网农业人才需要兼顾传统农业经验和新型知识技术应用，最主要的是具有耐性和决心投身艰苦的相对落后的城镇农村等环境意愿。人才的缺失与传统农业与互联网相结合目前没有得到企业关注有关，农业电子商务平台构建、互联网农业的技术开放、应用设备购买都需要大量的资金投入。

（三）"互联网+旅游"管理优势与不足

2015年8月，国务院办公厅印发《关于进一步促进旅游投资和消费的若干意见》，要求积极发展"互联网+旅游"行业，到2020年，全国4A级以上景区和智慧乡村旅游试点单位实现免费Wi-Fi（无线局域网）、智能导游、电子讲解、在线预订、信息推送等功能全覆盖，在全国打造1万家智慧景区和智慧旅游乡村。随后，9月16日，国家旅游局下发《关于实施"旅游+互联网"行动计划的通知》（征求意见稿），提出了实施"旅游+互联网"行动计划的行动要求，到2020年，旅游业各领域与互联网达到全面融合。可见，互联网已成为我国旅游业创新发展的主要动力和重要支撑。

第一，拓展旅游服务的内涵。互联网可以给旅行社提供快捷方便、及时有效的信息，拓展服务内容，为游客提供更加个性化的、便捷性的服务。"互联网+旅游"正在逐步地完善和加强，从最初提供简单的旅行信息搜索查询及简单的交通住宿预订服务到随着人们需求不断提升和互联网技术普及、发展，很快旅行社开始了游客出行计划制订、散客集中线下接待、收款预付结账等多项旅行社业务的建设，形成线上、线下随时互动，结合互通的一体化式旅行服务。互联网提供给旅行社一种自动化、科学性、自主化、效率高的运营方式，也提升了游客的客户体验。旅游已经由产业发展升级为特殊的服务型产品，由产业受众转化为忠于消费者，消费者由受众转化为参与者和推动者，加快了旅游业品牌塑造的进程。

第二，创新旅游体验新境界。当前旅游业存在很多共性问题，大多是停留在简单意义上的复制，而缺乏建立游客需求和体验意义的标准化。例如智慧景区与智能酒店是在推广营销、销售、门禁管理服务方面，通过"互联网+"来方便游客查询、预订、收取和使用电子门票、网上支付结算并随时分享感受、进行评价，不同之处是在景区内部游览及导游解说、展示互动和相关服务方面应用电子声讯、影像等技术、设备更好地为游客服务，以及在游客数据汇总分析、宣传推广目标选择、客流交通组织管理、安全监控和应急指挥、内部运营管理等方面应用大数据、云计算、物联网、射频等信息化技术、设备、手段。同时，导游服务的内容非常丰富，涉及面也很广泛，能够用信息化技术替代的主要是景区及途中的讲解、导览服务，其他组织协调、沟通交流、管理引导、应急调整等都必须继续以人工服务为主，当然导游人员可以应用互联网、大数据等技术来提高效率和服务质量。由电子导游来承担解说、导览及相关提示、提醒、引导服务，不仅仅是替代和减轻导游人员在这方面的工作量，而且往往还具有讲解语言更清楚明白、语调语音语速可调节、内容更规范、没有相互干扰等优势。

"互联网＋"思维颠覆传统的旅游管理模式，给人们带来了更好的旅游服务和体验的同时，也确实暴露出了一些问题：在实际体验中，种种预期总是被现实打破，落差严重，因此需要诚信评级、评价、精准的服务和营销。除了做社会动员，更重要的还要做监管。建立以信用管理为核心的市场监管新机制，完善信用评价发布机制和奖惩机制。

案例："互联网＋政务服务"

"互联网＋政务服务"是指以精细化、强针对性、超相关的在线政务跨模块服务为基础，以公共服务普惠化、敏捷化、精准化和体系化为主要内容，以实现智慧的一体政府为目标，运用智能化等相关技术，遵从互联网思维与原旨，贯通虚拟网络空间与现实空间，实现政府组织结构和办事流程的智能优化重组，向社会提供新模式、新过程、新治理、新生态结构下的管理和政务服务产品，构建更加扁平集约、平等便民、运行透明、敏捷精准的在线政府治理与运行模式。①②

在"互联网＋政务服务"的治理模式下，建立起政务服务网络平台和行政审批平台，有利于统筹公共资源和公共数据，不断消除不同地域、层级、部门间的数据壁垒，提高群众办事效率和人民满意度，切实推进依据数据进行服务。浙江省的"最多跑一次"改革是"互联网＋政务服务"在"放管服"改革中的成功转型实践。浙江以政企合作作为推力，推动政府纵向层级联动、横向部门协作，打造浙江政务服务网平台。作为"最多跑一次"改革和政府数字化转型的总载体，浙江政务服务网平台在打破部门壁垒、信息流动障碍，实现数据信息共享的基础上，促使行政审批事项一窗受理、一站式办理，极大地提高服务效率和群众满意度。这一做法的成功实践得到全国各地的借鉴和推广。2017年以来，甘肃省兰州市建立并推行了具有地区特色符合实际情况的服务承诺"四办四清单"制度，这一制度能够充分利用各项资

---

① 王谦，刘大玉，陈放. 智能技术视阈下"互联网＋政务服务"研究［J］. 中国行政管理，2020（06）：73—79.

② 闫建，高华丽. 地方政府"互联网＋政务服务"：应然性、存在问题与优化路径［J］. 理论探索，2020（05）：107—115.

源从而实现服务事项的"一网通办"。同年,新疆阿克苏地区建成新疆首个地县两级联动的"互联网＋政务服务"一体化平台。该平台应用的重点是不断向基层延伸覆盖,让企业群众办事真正能够实现"最多跑一次"。甘肃省兰州市为了推动"互联网＋政务服务"的深入发展,真正打通服务的"最后一公里",也在政务服务领域不断进行着有益探索。厦门市的"五个一"工程建设项目(一张蓝图、一个平台、一个窗口、一张表单、一套机制)也是我国地方政府在推进"互联网＋政务服务"的成功实践。厦门市的"五个一"体系改革以行政审批改革为立足点,以数据平台为技术支撑,同时坚持制度创新,加强顶层设计,推动整合线上线下服务渠道,不断优化政务服务,提高政务服务的质量和水平。

"互联网＋政务服务"是信息社会背景下政府积极寻求信息技术手段进行刀刃向内的改革,它的建设是政府治理的创新和服务模式的改进,是建设数字政府的实践中的产物和推手。"互联网＋政务服务"不是新兴技术与政府服务的简单相加,而是"互联网＋应用"与政务服务体系改革的深度融合。

小　结

本章系统地讲解了互联网技术的基本概念、发展历程以及它给社会治理带来的创新。互联网技术是一种传输数据的技术,它类似于人的神经系统,发挥着链接不同设备、快速传递信息的功能。从管理学意义上讲,互联网技术具备快捷融合、创新驱动、重塑结构和连接一起的潜在优势,因此也就对社会治理理念、体制以及治理领域带来了极大的变革动力。近年来蓬勃发展的"互联网＋政务"便是证明。当前,互联网技术已经被运用于包括政府管理的诸多领域,而未来需要加深对其的研究,释放其巨大效能。

思考题:

1. 互联网与物联网有所区别的同时,二者也具有重大的联系,那么互联网与物联网之间有着怎样的关系?

2. 当前,"互联网＋政务服务"取得了显著成效,但也面临着诸多问题,为应对此类问题政府未来的改革方向是什么?请举例。

第十三章 数字治理和智慧治理的"核"技术：管理学云计算技术

管理学云计算是将技术与管理相结合、推动组织机构适应现代信息社会新特征、实现组织结构"基因"重组的创新模式。可以将其理解为云计算与管理学的深度融合，具体而言是指处理共同事物的专业机构或专业团队。我们称这个专业机构或专业团队为一朵"云"，"云"的本质表现为高度虚拟化。主要思想有两层：一是将其视为共享资源池；二是将其理解为专业的机构、设备、人员、技术做专业的事情。

第一节 管理学云计算的概念和特征

一、管理学云计算的概念

如本章开篇所述，管理学云计算一方面是建立在云计算技术基础之上的组织创新管理手段，是物联网智能化的体现；另一方面是组织创新管理模式、重构管理架构、优化管理流程的重要途径。管理学云计算是指专业团队或组织利用专业设备、对共同事务进行专业管理的一种模式。"云管理"的实现是大数据、云计算、物联网等现代信息技术提供的强大支撑，通过特定算法能够有效地将公众多元化的需求进行归类，并实现有针对性的服务供给，而传统农业社会、工业社会难以在短时间内快速实现这一目标。

这一思想与我国自1999年建设数字政府的逻辑相吻合。借助现代信息技术进行业务服务集约化管理和云端式处理，政府信息化建设助力公共服务的高效供给。1999年，我国全面实施政府上网工程，正式铺开电子政务建设部署，实现政府部门内部业务上网，以提高行政效率、节约组织成本。至今，已完成从业务上网到公共服务上网、从电子政务到数字政府的转换过程，这种转换背后既体现了公共管理学科对效率和公平价值观的回应，又契合了目前我国国家治理能力现代化的现实需求。

管理学云计算秉持专业事务交予专业人员处理，将组织注意力集中于核心职能的理念。在这种理念之下，组织重审工作流程、梳理业务服务"元"事项，解构重复建设的工作系统，搭建起集中化和系统化的工作流程，将重复性程序化的行政事务与组织核心职能分离，以大数据为支撑的云计算为组织赋能、低成本优化工作流程，组织为管理云计算赋权，实现高效化处理复杂事务，相互配合与成就。

二、管理学云计算的特征

管理学云计算是云计算技术在管理领域的应用，因此管理学云计算技术的特征与云计算技术的特征大致类似。两者都具有随时获取、按需使用、随时扩展、按使用付费、可持续性、虚拟性等特征，是一种高效的计算资源。这些特征使其能够更好地发挥其服务性的本质，提高管理效率，节约成本。

（一）随时获取

云计算是一种存储在网络与计算机中的资源，不需要与供应者取得联系，没有时间的限制，用户在任意时间可以通过云计算为用户提供的服务类型选择即可，用户只需要提交需求，云计算便能为其处理，对于用户来说非常方便实用，所以云计算具有随时获取的特性。

云计算具有广泛的网络接入，用户可以通过网络，采用标准机制访问物理和虚拟资源的特性。这里的标准机制有助于通过异构用户平台使用资源。这个特性强调云计算用户可以更方便地访问物理和虚拟资源；用户可以在各种有网络覆盖的地方，通过各种客户端访问接入，包括移动电话、平板、笔记本和工作站访问资源。

（二）按需使用

云计算中存储的资源用之不竭，且通过云计算的筛选、分类与分析，用户可以将自己的需求提供给云计算，云计算通过其强大的计算能力与专业分析能力将分析过后的结果反馈给用户，满足用户的各类需求，按需取材，精准化服务，所以云计算具有按需使用的特征。

云服务用户能根据需要实现自助服务，可通过云服务提供者的最少交互，配置计算能力的特征。由于这个特性赋予了用户无须额外的人工交互，就能够在恰当的时候做正确事情的能力，所以云计算的这个典型特征强调云计算为用户节约了时间成本和操作成本。

（三）随时扩展

云计算的资源与空间都是灵活的，可以按照实际情况扩展。云计算中服

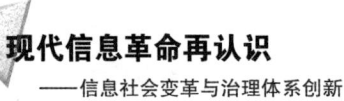

务使用的资源规模可以根据用户的需求量动态扩展,这种拓展对用户和提供者来说是透明的,扩展过程中云计算提供的服务不会中断,且保证服务的质量,所以云计算具有随时扩展性。

云计算中的资源包括硬件资源与软件资源,都可以通过按需配置来满足用户的各类需求。云计算中资源可以进行动态配置,除此之外,这些资源支持动态的扩展。例如,当我们现在访问的资源无法满足我们的需求时,云计算资源管理器会按照我们的需要动态地扩展相应的资源,来满足我们的服务需求,而当我们不需要这些资源时,资源管理器会回收这些资源。例如我们现在需要对我们原来的存储容量进行扩展,从原来的 1TB 扩展到 1.5TB,那么云计算资源管理器会自动地进行硬件资源的分配,我们不需要关心过程,只需要知道已经有了这样的资源一样,进行访问即可,云计算资源管理器会在很短的时间内完成资源的分配。

(四)按使用付费

云计算是一种资源,也是一种服务,需要持续的维护,所以有偿使用是必须的。

云计算可以通过计量服务来获得服务的使用情况,从而进行监控、控制、汇报和计费。通过这个特征,可优化并验证已经交付的云服务。这个特性强调用户只需要对使用的资源和服务付费,从用户的角度来讲,云计算为用户带来了价值,将用户从低效率和低资产利用率的业务服务模式转变到高效率的模式。

(五)可持续性

云计算的资源与服务可以随时获得补充,且大多数资源可重复进行使用,这种资源与服务不会因为用户的增加而减少,所以用户在使用过程中不会产生不可恢复的消耗,这使云计算的成本大大降低,用户的使用成本也降低了,所以云计算具有可持续性。

云计算物理或者虚拟资源能够快速并富有弹性地得到丰富,有时候可自动化地供应,具有快速增减资源的特性。对云服务用户来说,可供应的物理或者虚拟资源非常多,以至于可以在任何时间购买任意数量的资源,购买的数量仅仅受到服务协议的限制。这个特性强调云计算的可持续性,用户无须为资源量和容量规划担心。对用户来讲,如果需要更多的新资源,新资源就能够立刻自动地获得。资源本身是无限的,资源的供应只受服务协议的限制。

(六)虚拟性

云计算支持用户在任意位置、使用各种终端获取应用服务。所请求的资源来自"云",而不是固定的有形的实体。应用在"云"中某处运行,但实际上用户无须了解,也不用担心应用运行的具体位置。只需要一台笔记本或者一个手机,就可以通过网络服务来实现我们需要的一切,甚至包括超级计算这样的任务。

云计算将服务提供者的物理或者虚拟资源进行集成,以能够服务于一个或者多个云服务用户的特性。这个特性强调云服务提供者能够支持多租户,又能够通过抽象对用户屏蔽了处理的复杂性。对用户来说,他们只是在使用云计算,但是他们不需要知道资源是如何分布以及如何提供的。虚拟性将云计算的维护工作交给了提供者。

第二节 管理学云计算的发展历程

一、云计算的发展历程

(一)云计算技术形成的前提准备

从 1959 年到 2010 年戴尔推出云计算的相关服务,云计算的演变过程就是 IT 互联网行业进步与发展的缩影,见证了其不断完善自身的过程。虚拟化论文的出现是云计算技术初步形成的标志,同时也为以后云计算技术的形成打下了基础。

(二)Web2.0 促使云计算技术进入新阶段

"云计算"这一学术定义首次出现在 1997 年,一个"云"字象征了科学家们对计算这一领域的期待,正是源于其自身的无边无界,发展的潜力无穷大。这一理念对于之后虚拟技术以及商业化的 IaaS 平台的发展有重要推动作用。在 2004 年,由于 Web2.0 的提出,使互联网的发展更加快速,有了质的飞跃,进入崭新的阶段。

(三)云计算技术形成阶段

在 2005 年,云计算平台的推出为以后云计算的成熟发展奠定了基础。Amazon 提出了一系列云服务技术,如 S3、EC2 等;戴尔提出了云基础架构,正是云计算推出前的技术储备与完善,2008 年,其申请了云计算的商标,这是对这一技术的肯定;此后,微软拉开云计算序幕,阿里、谷歌等都十分热衷云计算技术的研究,在浏览器以及操作系统等方面都推出了更加快捷、简便的操作模式。到 2010 年时,云计算技术成为众所周知的新的计算方式。①

(四) 云计算的商业交付阶段

云计算发展至今已逐渐形成三种不同类型的商业交付模式。一是云基础设施作为服务 (IaaS)。IaaS 是将硬件设备等基础资源封装后对消费者提供处理、存储、网络及基础计算资源的一种服务能力。二是云平台作为服务 (PaaS)。PaaS 通过开放的架构,为互联网应用开发者提供了一个共享云计算、超大规模计算能力的平台。三是云软件作为服务 (SaaS)。SaaS 以互联网为载体,以浏览器为交互方式,把在云基础设施上的服务器端的程序软件提供给用户应用。SaaS 可帮助有效资源的管理和利用,彻底改变传统交付应用程序高成本、低效率的状况,用可控、可分解、可管理、可共享的服务交付模式,最快地实现用户的需求。②

(五) 云计算的未来趋势

云计算各个阶段的发展已经为人类生产生活带来巨变,从为企业助力到为政府赋能,从为个人带来便利再到为集体谋求效益。例如,边缘计算技术就是管理学云计算在经端上的运用。未来云计算还将进一步扩展其功效,持续为人类各项生产活动赋能。

二、管理学云计算的应用

1999 年我国正式全面实施"政府上网工程",2008 年 5 月颁布实施《中华人民共和国政府信息公开条例》,2017 年再次修订《政府信息公开条例》,明确提出"各级人民政府应当加强政府信息资源的规范化、电子化管理,整合政府信息资源,提高政府信息资源的共享水平"。至今 20 余年,各级政府部门业务和服务上网工程逐步取得成效,实现电子政府向内涵外延更加多元化的数字政府转变。政府形态已由 1.0 进化至 3.0,治理策略从技术主导转向技术与行政协同。作为数据治理理论框架下建构起来的管理学云计算模式,是组织流程再优化、机构重组与改革的新途径。

我国 2018 年颁布的《进一步深化"互联网+政务服务"推进政务服务"一网、一门、一次"改革实施方案》和《国务院关于加快推进全国一体化在线政务服务平台建设的指导意见》,前者回应大数据在驱动政府治理进程

---

① 袁慧. 云计算的发展及数据安全问题研究 [J]. 中国新通信,2016,18 (20): 62.

② 李德友,王勇. 云计算技术发展历程探究 [J]. 无线互联科技,2013 (06): 141.

中，数据科学与技术科学如何推进政务服务的优质化和便捷化，以有效实现公共服务体系以人为本、惠及全民的建设思想；而后者审时度势加快构建全国上下贯通的数据互动共享政务平台，布好全国政务服务一体化建设框架。截至目前，我国已有多个省份建立起省级"政务云"平台，提升机政务处理效率。

第三节 管理学云计算与管理创新

一、使管理主体专业化

最初的云计算运用涉及大量技术层面的应用，需要编程以及更多的专业知识，才能对云计算进行操作，这造成了云计算只是部分IT人员的专属。随着云计算概念的提出与发展，越来越多的人了解云计算，未来的云计算服务将会朝着大众化的方向发展，会有专业的人进行数据提取，专业的人进行数据分析，专业的人对用户进行服务与指导，云计算服务的获得不再是少数人的专利，更多的人将会受益于云计算。只要用户有需求，只需要提出问题，云计算服务中心将会直接对用户的需要进行回应，并不需要用户去操作，用户不需要知道怎么做，即"How to do"，这是专业人员需要去做的事情，用户只需要知道最后应该做什么，即"What to do"，按照最后解决问题的方案去实施就可以了。科技进步的成果最终都是由大众来分享的，云计算最后的发展结果是低价大众化，只有这样才能促进整个社会的发展。

在区分组织核心业务和专业技术业务的基础上，云计算技术秉持专业事务交予专业人员处理的理念，将专业化的技术应用职能从组织业务范围中划分出来交予专业的技术团队。专业团队利用专业化的处理手段对数据信息进行收集、分类、储存与基础运算，并将数据信息以决策数据包的形式反馈至组织机构，辅助其进行决策。云计算使得组织机构从冗杂的专业技术业务中脱离出来，实现复杂事务处理专业化、高效化。云计算的专业性致使组织管理者重新审视组织工作流程，梳理业务服务"元"事项，解构重复建设的工作系统，搭建起集中化和系统化的工作流程，将重复性程序化的行政事务与组织核心职能分离。在治理能力现代化视域下，运用云计算技术将政府部门中非核心、重复性事务和专业性极强的技术性事务外包，交予市场的专业技术团队进行处理，各个组织部门集中精力承担好顶层设计功能，并通过法律规章的形式对这类专业技术团队进行制度规制，确保专业技术团队服务的合法性、合理性和合道德性。

二、使管理活动便捷化

管理学云计算是计算机技术与组织管理服务理念进步的产物，云计算的核心思想是服务，核心技术是"虚拟化"，主要功能是资源虚拟化和服务虚拟化。云计算基于大数据、云计算、物联网等现代信息技术提供的强大支撑，将技术与管理相结合推动组织机构以适应现代信息社会新特征，通过特定算法有效地将公众多元化的需求进行归类，并实现有针对性的服务供给，实现服务资源随时获取、按需使用。云计算负责将所有数据与信息等资源进行集中，使资源通过云计算的强大计算与分析能力下得出的信息在经过系统梳理、解读以及综合分析与处理的基础上，将灵活、有效与高效的分析结果最终以服务的形式提供给有需求的用户的一个平台。云计算可以提高管理效率、优化管理流程、促进管理改革、提高管理有效性，最后促进组织的发展。

政府可以建立一个基于云计算的管理平台，根据具体的管理要求，形成现代政府管理的基础，实现平稳过渡、快速进行数据交换等。正确使用云计算技术可以满足公众和相关组织的需求，行政部门和公众组织可以轻松收集，也可以参与日常使用管理网络信息。将信息技术的初始专业知识降低到特定的技术要求。由于功能和数据类型限制，使得云计算的使用日益增加，还有数据需求的提供和群众服务的使用，大大提高了用户终端、云计算管理平台处理、网络信息资源的管理效率。灵活的政府网络等公共关系，最大限度地采用云计算，使政府能够轻松地让公众参与者了解国家网络和社会中所有组织的个人信息启用服务并使用适当的方法。如果政府工作人员缺乏相关的信息技术知识，可能会增加群众与政府之间的距离感。[1]

三、使管理过程智慧化

最初的云计算主要是基础设施的服务，提供数据储存业务。随着云计算技术的发展，云计算的功能也相应地进行了扩展，未来的云计算会朝着智慧化的方向发展，数据储存业务会成为其基本业务与支撑业务，但是智慧化才是云计算服务的核心。智慧化意味着云计算服务拥有更强大的数据处理能力与分析能力，能够通过软件与专家团队的结合，为用户提供更多的服务，满

---

[1] 张海. 浅析互联网时代政府行政管理的创新 [J]. 知识经济，2019（28）：26—27.

足用户多样化的需求。用户只需要提出需求，云计算后台便能为其调动所需的设备与软件，并组织专家团队进行讨论。云计算将成为智慧的云大脑，这种基于大数据处理基础的云计算将会比人脑更加科学和理性。

云计算可以造就一种智慧化、智能化的组织管理创新模式。互联网、大数据、云计算以及物联网等现代信息技术共同组成管理学云计算模式的"专业设备和技术"；具有专业信息技术的团队和个人成为管理学云计算模式中"专业团队"中的技术力量；政府部门和其他组织中具有专业管理知识的团队和个人成为"专业团队"中的决策力量和监管力量。[①] 这些专业设备和技术、专业团队和个人有效地支撑起管理学云计算模式智慧框架。

案例：昆明政务云[②]

（一）传统政府门户网站的跌落

"传统政府门户网站已经OUT了！"在信息应用高度发展的今天，信息资源的整合与共享已成为日常办公、生活的必需，传统的电子政务发展模式导致的部门间信息壁垒重重、群众办事诸多不便，已成为人们诟病政府服务的主要因素，全国各地关于传统电子政务模式不合时宜的声音此起彼伏。

昆明市政府相关负责人表示，由于缺乏统筹推进的权威主体，昆明市电子政务建设同样存在各自为政、重复建设、信息孤岛、协同困难及网络安全等普遍性问题。电子政务建设长期以来一直采用的传统的"自建、自管、自用"发展模式已远远不能满足社会对政府服务及监管的新需求。

调研结果统计显示，在昆明市已建的36家单位的独立机房中，46%的单位机房资源使用率在50%~100%之间，机房资源使用率不足30%的单位占总单位数的22%，还有13%的单位机房空间已不足以支撑目前设备运行的基本要求，而且大多数服务器在90%的时间内，计算资源利用率只有10%左右，大量计算资源没有得到充分利用。同时，由于架构标准花样百出，信息资源无法有效共享，出现奇葩证明的情况在所难免。

此外，在运维和信息安全方面也困扰着昆明市政府。90%的单位配备运维管理和技术人员的比例很小，有些单位对于运维技术人员的配置几乎为

---

① 王谦，何晓婷. 治理能力现代化视角下构建管理学云计算模式初探 [J]. 西南民族大学学报（人文社科版），2019（05）：222—226.

② 案例来源：https://cloud.inspur.com/product-news/291.html.

零,信息系统的稳定运行缺乏保障。同时,大多数单位都没有意识到数据灾备恢复的重要性,安全隐患问题严重。

(二)政务应用解决方案

怎样用一个统一的平台来支撑整个昆明市电子政务的业务?如何进行数据的整合、数据的拉通?如何创新地提出更好的政务应用的方案?……一切问题,都在政务云中找到了答案。

由浪潮实施的昆明市政务云项目是一个完备的电子政务体系建设,涵盖了计算资源和存储资源系统、平台管理系统、备份系统、安全系统等,计划分为两期建设:一期以"业务上云"为核心,为了满足政务云部署所需的互联互通网络,浪潮为其提供IaaS基础设施服务,整合现有软硬件资源,进行资源池化设计,通过昆明市政务云为各政务部门动态提供包括虚拟主机、存储等虚拟化的资源,这些资源负载均衡、虚拟网络等,统一管理和调度数据处理、存储等资源,实现对资源使用情况的实时监控、综合分析、快速部署、动态扩展,实现昆明市电子政务体系的基础设施整合与统一管理,实现电子政务平台的集约化应用。二期以"数据整合、应用创新"为核心,整合各级政府信息资源,搭建DaaS服务平台与SaaS应用服务平台,整合来源于相关部门的业务信息,主要包括人口、法人单位、自然资源和地理空间、宏观经济、电子证照等信息,为各部门业务应用提供基础信息资源支撑。开发的应用系统由信息化主管部门统一规划、统一定制接口标准,统一开发、统一部署在政务云上,各级各部门不再单独建设,而是可以直接租赁使用,用多少租多少,避免各部门在基础应用上的重复建设和投入浪费,并可以消除各部门由于使用不同标准的应用系统所形成的信息孤岛。

如此,"业务上云、数据整合、应用创新"的云计算三部曲便可圆满达成,可以有效解决昆明市电子政务系统的重复建设、信息分散等问题,降低行政成本,实现电子政务平台的集约化应用,提升公共管理和服务水平。

(三)政务云的效能及安全性

"政务云可以被看作基础设施,打个比方,就像高速公路,以前各部门间交流需要自己修路,低效又重复;现在可以跑高速公路,不仅速度快,而且体现集约化优势,极大提升效率。"昆明市政府相关负责人介绍。

政务云并非把各部门的数据简单地储存在一起,重点在于将数据整合后,利用云计算技术,进行虚拟化的统筹和调度。信息互通之后,能完成很多过去不可能完成的事情。例如社保、工商部门将数据与税务部门共享,后者就可能有效查到涉税风险点,避免偷税漏税;税务部门将其数据反馈给民政部门,后者就能判定哪些人能够缴很多税,却还在吃低保;税务数据反馈给科技厅，就可以帮助后者跟踪所扶持的项目，从而决定下一年是追加扶持还是停止扶持。"政务云可以帮助政府精准施策，降低行政成本。"该负责人说。

对社会公众来说，办事服务都将更方便。比如以前老百姓办事，经常"跑断腿"，信息互联互通之后，只进一家门就可办好各种事，而且峰值大的时候，网络也不拥堵，因为通过服务器资源池化的整合，可以将服务器硬件的利用率大幅提升，从 10%~15%提高到 60%。

减少重复投资，有效避免浪费，所以说，这朵"云"好用不贵。各部门自建系统的费用、维护费，每年都是一笔不菲的开支，而应用政务云后，只需对政务云一个平台进行管理和更新，大大节约财政资金。不仅是资金，时间成本也将大大节约。以前建信息系统，历时 2~3 年，现在只需在政务云平台提出申请，5 分钟便可完成以上工作。而对于政务云的安全性，浪潮为昆明市政务云设置了异地灾备，在极端情况下，使关键数据不丢失，核心业务快速恢复。

小　结

计算机技术与服务理念的变革产生了云计算，云计算是指 IT 基础设施的交付和使用模式，通过网络以按需、易拓展的方式获得所需资源（硬件 IaaS、平台 PaaS、软件 SaaS）。云计算的应用，是对组织管理的创新，是物联网管理模式中的一部分，是在物联网管理模式云端中负责将所有数据与信息等资源进行集中，通过云计算的强大计算与分析能力下得出的信息，再经过系统梳理、解读以及综合分析与处理的基础上，将灵活、有效与高效的分析结果最终以服务的形式提供给有需求的用户的一个综合管理平台。充分利用云计算对组织管理思想与组织管理形式进行革新，能够提高管理效率，提升管理效果，实现管理的智慧化。

思考题：
1. 何为云计算？其发展至今共经历了哪几个阶段？
2. 云计算给政府管理带来了哪些机遇与挑战？
3. 云计算在未来的发展趋势如何？

第十四章 数字治理和智慧治理的"信"技术：区块链技术

信息社会万物互联，区块链技术作为现代信息技术体系中的重要技术之一，被视为"信"技术，即具有重构信息社会信任机制的作用。作为"信任的技术"的区块链技术，其技术范式带来哪些影响和变革？将会对社会治理流程、治理模式和治理体制等方面带来什么影响？这些影响所产生的基本逻辑又有哪些？

第一节 区块链的概念和特征

一、区块链的概念

区块链（Blockchain）这一概念最早出现在 2008 年，由 Dorian S. Nakamoto（中本聪）在其论文"Bitcoin：A Peer-to-Peer Electronic Cash System"（《比特币：一种点对点的电子现金系统》）中首次提出。区块链可以被认为是一种公共记账的机制，它并不是一个物质化的产品。区块链的基本思想是通过互联网建立一个公共账本，由网络中所有的用户同步在账本上记账与核账，以此来保证信息的真实性和不可篡改性。[1] 区块链的结构呈现出的是由一块一块的具有存储功能的"区块"链接而成的链条形式，并且每个区块中都包含了一定时间内的全部信息数据，因此取名为区块链，这条链的长度也会随时间变长。本书将区块链技术的管理学定义解释为建立无第三方认证的"诚信体系"的技术，重点在于建立没有第三方监管的诚信体系。

---

[1] 牛禄青. 链金术区块链应用新趋势 [J]. 新经济导刊，2017（08）：10—18.

二、区块链的特征

区块链技术通过数字编码并保存在透明、共享的分布式数据库中，具有无法删除、无法修订的属性和可识别、验证、保存和分享的数字记录，取代了第三方作为中介的信用担保作用，个人和组织之间通过机器和算法成为更加可信的社会体系，主要有去中心化、去信任化、可拓展、匿名化和相对安全可靠等特征。

在区块链技术语境下，单个独立节点不受其他节点影响，系统的维护和信息的传递真实性是由各个节点共同实现的，其中并没有处于中心位置的节点，不实施集中管理。

去信任化是区块链技术的重要特征之一，即以实时、不可修改的数据传递事实，而不需要建立传统的人与人、人与数据之间的信任关系，也不需要在信任基础上实现数据交互，同时，每个节点都可被公开监督。

可拓展作为一种开源技术，不同个体或组织可在这个技术基础上实现技术与数据拓展，有效区别于工业社会管理的有边界与固定化特征。

匿名化则保障了数据交易者身份的隐匿性，能保证数据的真实性，也是去信任化的一种衍生。

相对可靠性是基于数据可被公开监督，以及数据的分布式存储方式。

第二节　区块链的发展历程

区块链基于信任和平等逻辑，是互联网思维的结构表达，是信息产生价值的美好愿景。从区块链的发展历程来看，主要分成三个阶段：第一阶段，从 2008 年到 2012 年，这一阶段也是比特币的诞生与成长阶段，区块链作为比特币的底层技术并未受到过多关注。比特币挖矿技术、交易平台以及莱特币等网络货币在这一阶段有重大发展。第二阶段，2012—2015 年是由比特币向区块链的过渡期。随着比特币的发展，这种数字货币能带来的经济效益被不断开发，除比特币外，莱特币、以太经典、聚宝币、美通币、狗狗币、点点币等网络货币层出不穷，形成币圈。同时，基于数字货币底层技术的区块链逻辑开始被关注。第三阶段，在 2015 年之后，进入了区块链迅速发展时期，在金融、科技、司法等更多领域得到了更多应用，区块链应用开发和投资项目增加，全球大型金融机构也相继成立联盟或投资区块链初创企业。

在区块链发展过程中，离不开国家政策的推动。2016 年 12 月 27 日，

现代信息革命再认识
——信息社会变革与治理体系创新

国务院印发《"十三五"国家信息化规划》（以下简称《规划》），《规划》中提到："物联网、云计算、大数据、人工智能、机器深度学习、区块链、生物基因工程等新技术驱动网络空间从人人互联向万物互联演进，数字化、网络化、智能化服务将无处不在。"其中，人工智能和机器深度学习，都离不开大数据这个基础，未来数据源将会成为该领域的核心竞争力。"区块链"首次被写入"十三五"规划，并且提出："到2020年，'数字中国'建设取得显著成效。"

从比特币到区块链再到数字货币，建立在区块链技术基础之上的虚拟经济迎来新的发展契机。在我国，数字货币发展进程加快，央行已经成立了关于数字货币的研究所，并于11月公开招募了相关的专业人员，至此，法定数字货币原型方案已经完成两轮修订，相关系统Demo有望提出。深圳还成立了首个Fintech数字货币联盟，有望率先试点我国的数字货币。其中，该联盟在市政府的指导下，平安集团、招商银行、微众银行、大成基金等国内外40多家知名金融机构均参与到该联盟之中，对推进我国货币数字化进程有着重要意义。

第三节 区块链与管理创新

地方政府探索区块链驱动政府职能转变、创新政府治理模式，即通过区块链技术，以分布式、高效、低成本的方式提供政务服务。区块链技术的低成本、去中心化和满足个性化需求的能力，为加快政府职能转变、创新政务服务提供了思路。北京市、都江堰等地区应用区块链技术创新政务服务的模式为其他地方实践创新提供了样本。

一、北京市竭力推进"区块链+政务服务"模式

北京市大力推进"区块链+政务服务"模式，优化营商环境。目前，已有140个具体场景应用在政务服务领域落地，平均减少材料40%。作为北京市区块链总体布局的重要内容之一，自2019年11月以来，北京市政务服务局、北京市科委、北京市经济和信息化局牵头落实《政务服务领域区块链应用行动计划》，北京市商务局等多部门作为责任单位在全市4个试点区大力推进政务服务领域区块链应用建设。目前，不少场景下，企业、群众跑动次数从五六次减少到"最多跑一次"。

例如，为解决空港国际物流传统模式中参与通关物流流程的企业部门间

数据难以整合，从而造成协同难度大、耗时长、流程协同低效等问题，北京市推出了北京空港国际物流区块链服务平台，将海关、商务、税务、园区、货站等单位数据上"链"共享，提高外贸通关效率。2020年3月上线至5月底，上"链"各类通关物流数据共计300余万条，已有121家企业先后使用了区块链系统查询验证各项功能近7800次。

此外，北京市还设立了首贷服务中心、上线中小微企业确权及供应链金融服务平台和企业电子身份认证信息系统，企业填报数据减少了80%，银行开户时间节约了40%，助力中小企业解决"融资难"问题。

二、都江堰区块链应用场景项目

2021年1月11日，"成都链博会系列活动——都江堰首批区块链应用场景示范项目发布会"成功举行。本次发布会以"创新沙盒，智链未来"为主题，见证都江堰区块链场景实验室揭牌、发布成都市首批区块链应用场景示范项目，是成都市区块链技术应用转化的率先尝试。

会议最大的亮点是都江堰"政务服务+区块链"的创新探索——发布全国首例基于区块链化数字不动产证及区块链营业执照办理的区块链医疗机构执业许可证。和普通的纸质不动产证、营业执照相比，区块链化数字不动产证、营业执照是由原本的纸质证件加密计算生成的唯一可验真的二维码。企业或居民可将二维码保存，在后续业务办理时，将无须"多次跑"或重新提交材料，只需要坐在家中，在手机银行上面发起业务，由业务后台系统扫描相应的二维码，即可核实信息，发起业务办理。

政务服务+区块链，都江堰定下"智慧政务系统"建设"小目标"。"区块链存证能巧妙实现轻便、快速普及数字不动产证及数字营业执照落地。"都江堰市行政审批局相关负责人表示，2021年，都江堰将继续致力于实现数字不动产证及数字营业执照的普及推广，打造真正的"智慧政务系统"。下一步，"智慧政务系统"将更深化"让数据多跑路，让人少跑路"目标，完善企业"全生命周期"服务链，助力都江堰持续优化国际化营商环境。

小 结

本章探究的区块链技术并没有涉及具体的技术细节，而是从现代信息技术所带来的管理变革和意义来讨论。作为无须第三方监管的可信任技术，它是由一个所有参与者共同记录信息、由所有参与者记录的节点共同储存并且

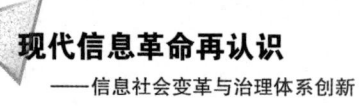

不可任意修改的数据库，它将和其他技术一起组合使用，发挥其最大的作用和价值。

思考题：

1. 区块链相比其他新兴技术有哪些优势？
2. 区块链是如何发展起来的？
3. 区块链如何帮助政府处理实践中的各项管理和服务活动？

第十五章　数字治理和智慧治理的"基"技术：5G 技术

现代信息技术为信息社会实现智慧治理变革保驾护航，5G 技术作为信息社会的通信和传输手段，助推着海量数据的收集和整合，是信息社会实现数字治理和智慧治理的基技术，也是建立互联互通的治理基础。5G 技术终将会应用到各行业领域的管理活动中，当然政府也不例外，从管理学的角度来讲，5G 技术是一种高速通信技术，它能够让万物互联，具有极低时间延迟，是一项能够远程互操作的新兴技术。那么，5G 技术的功能作用和应用普及将会对社会治理各个方面的流程和操作带来哪些影响和变革呢？其与管理创新又存在怎样的互嵌性呢？同时，5G 技术的作用机理又会与管理变革产生怎样"1+1>2"的效果呢？

第一节　5G 技术的概念和特征

一、5G 技术的概念

5G——5th-Generation，5G 技术，即移动通信系统第五代技术，国际电信联盟（ITU）将其命名为"IMT－2020"。中国信息通信研究院用"标志性能力指标＋一组核心关键技术"作为 5G 的解释。[①] 5G 是对现有无线接入技术（包括 2G、3G、4G 和 WiFi）的技术演进与新增补充性无线接入技术集成后的解决方案的总称。作为数字治理和智慧治理的基技术和信息社会的通信和传输手段，5G 技术助推着海量数据的收集和整合，是建立互联互通的治理基础。

[①] 本刊讯．IMT-2020（5G）推进组发布 5G 技术白皮书［J］．中国无线电，2015（05）：6．

5G技术是移动技术的演进和革命，使融合网络有了展现机会，融合统一的标准，将提供人与人、人与物，以及物与物之间高速、安全、自由的连接。①

二、5G技术的特征

5G具有超高速率、超大连接、超低时延三大特性。5G的网络架构更加扁平化，是功能强大的基站叠加一个大服务器集群；更加新型化。5G是一个广带化、泛在化（即广泛存在的网络）、智能化、融合化、绿色节能的大通信网络。

5G的出现将使今天的移动互联网发展为未来的超级物联网，设备开始提供更人性化和个性化的服务。而且，它们之间会相互"通话"：移动互联网是将计算机和手机等设备接入网络，而这些设备背后由人操控，从而实现了人与人之间的通信；超级物联网则是将所有能接入网络的东西都接入网络，实现机器与机器之间的通信，而它们之间进行通信的目的则是为人服务。

第二节　5G技术的发展历程和发展前景

一、5G技术的发展历程

第五代移动通信技术（5G）的关键发展节点是"万物互联"，即数据、人和事物实现互相连接和信息交换，构建多维立体的管理空间。5G技术并不是突兀的技术飞升，也不是孤立的技术畸变，从1G到5G的技术基础突破，展现了5G技术与物联网、人工智能以及区块链技术之间的融合和升级。《麻省理工科技评论》表示，5G是技术范式转变，类似于从打字机到计算机的转变，成为完全连接智能传感器和设备的整体生态系统的基础结构，能够彻底改革经济和商业政策，并进一步模糊地理和文化边界。② 与之前1G到4G注重的无线和有线数字产品的更新不同，5G技术不是移动连接能

---

① 胡金泉.5G系统的关键技术及其国内外发展现状［J］.电信快报，2017（01）：10－14.

② 陈芬.5G是一项技术范式转变——专访安永亚太区TMT行业主管合伙人罗奕智［J］.中国经济信息，2018（23）：36－37.

力的简单升级优化,而是扩大了城市、人与物体的连接范畴,将数据、物体和人、城市以无缝信息交换相互连接。

(一)第一阶段:区域性语音传输——1G 时代

美国摩托罗拉公司的工程师马丁·库珀于 1976 年首先将无线电应用于移动电话。贝尔实验室在 1978 年底研制成功了全球第一个移动蜂窝电话系统——AMPS(Advanced Mobile Phone System)。1986 年,美国芝加哥的摩托罗拉公司率先采用蜂窝移动通信技术,生产出移动手提式电话,随后"大哥大"风靡全球,让某些科幻场景成为现实,相隔千里的人也能交谈聊天,而且不用被一根电话线局限。但由于 1G 采用的是模拟信号传输,所以其容量非常有限,一般只能传输语音信号,且存在语音品质低、信号不稳定、涵盖范围不够全面、保密性差和易受干扰等问题,经常出现串号、盗号等现象。1G 系统的先天不足,使得它无法真正大规模普及和应用,价格更是非常昂贵,成为当时的一种奢侈品和财富的象征。比如当时在我国拥有大砖头式的"大哥大"便成为一个人身份地位的象征。与此同时,不同国家的各自为政也使得 1G 的技术标准各不相同,即只有"国家标准",没有"国际标准",国际漫游成为一个突出的问题。这些缺点都随着第二代移动通信系统的到来得到了很大的改善。

(二)第二阶段:网上数据传输——2G 时代

2G 时代,手机能够上网了,诺基亚推出的数字手机击垮了砖头式的"大哥大",诺基亚也成为 2G 时代最大的移动手机商,开始在这一时期引领潮流。1980 年代后期,数字通信技术的出现标志着 2G 时代的来临,还伴随着大规模集成电路、微处理器与数字信号的成熟应用。第二代通信技术,以数字语音传输技术为核心。这一阶段的显著特征是,手机能够上网进行数据传输,即文字简讯开始传送。虽然无法直接传送电子邮件、软件等数据信息,通话还是作为这一时期通信的主要功能,但手机短信在它的某些规格中能够被执行已经是巨大的突破了,短信传输的出现使人与人之间的情感联系依然保持着"见字如面"的欣喜和悸动。从 1G 跨入 2G 则是从模拟调制进入数字调制,相较而言,第二代移动通信具备高度的保密性,系统的容量也在增加,即使网速仅有 9.6kb/s,但依然开始尝试建立明确统一的国际移动通信标准,各个国家之间开始进行通信标准制定的较量,这也是国家之间综合国力的较量。欧洲率先成立了"移动专家组",负责通信标准的研究,向全球推广全球移动通信系统,成为当时世界标准的基点。即使这一标准通信系统依然有容量有限的缺陷,但却能支持国际漫游,一定程度上使全世界一百多个国家能够运行统一标准系统,促进世界的交流和合作。这一时期数字移动电话渐渐取代模拟移动电话,逆潮流而行的摩托罗拉最终被时代抛弃。

(三)第三阶段:无线智能上网——3G时代

3G是第三代移动通信技术,是指支持高速数据传输的蜂窝移动通信技术。随着时代创新对移动网络需求的增大,第三代移动通信网络在新的频谱上制定出新的标准,享用更高的数据传输速率,是2G时代的140倍,同时数据传输的稳定性也大大提升,更能够同时传送声音及数据信息。3G是指将无线通信与国际互联网等多媒体通信结合的新一代移动通信系统。[①] 相比于2G,3G依然采用数字数据传输,更快的移动网络速度也让智能手机行业进入了飞速发展的阶段,实现手机浏览网页、分享照片、视频通话等功能,移动多媒体时代正式开启。在3G之下,有了高频宽和稳定的传输,影像电话和大量数据的传送更为普遍,行动通信有更多样化的应用,因此3G被视为是开启行动通信新纪元的关键。3G的崛起,是从iPhone开始,即智能手机开始在这一时期出现。从2000年开始,通信业界就在呼唤3G,但直到2007年,乔布斯推出第一台iPhone,自此开启任何人随时随地利用移动电话和其他移动设备打电话、上网、传送语音和数据视频、电脑游戏等。智能手机和3G网络相得益彰,灵活的操作系统、触控屏幕系统搭配流畅稳定的网络连接速度,使这种全新的移动通信系统可以支持更多功能和想象的实现。

(四)第四阶段:网络空间成熟——4G时代

4G是指第四代无线蜂窝电话通信协议,集3G与WLAN于一体并能够传输高质量视频图像的技术产品。4G系统比拨号上网快2000倍,上传的速度也能达到20Mbp/s。4G移动通信技术具有的优势很多,主要体现在以下几方面。首先,4G移动通信技术的数据传输速率较快,与3G通信技术相比,是其20倍,上网速度可以媲美大部分的家庭宽带网络,并能够满足几乎所有用户对于无线服务的要求。其次,4G可以独立于DSL和调制解调器进行部署,然后扩展到整个地区。很明显,4G有着不可比拟的优越性,也正是因为4G网络的普及,移动支付、平台直播、共享经济等新兴事物开始飞速地融入我们的日常生活,人类也由此跨入了移动互联网时代。4G时代的开启使我们每个人的生活从线下延伸到线上,开凿出一个网络空间平面,衣食住行各个方面都能在网络空间里找到自己的映射和位置,像是延展出生命的另一个维度,不局限于地理空间和时间空间的二维向度,通过移动通信系统和设备,构建出一个同样包含个体、社群、交互的网络空间。

---

① 吴琳琳,胡彬.5G移动通信发展趋势与关键技术分析[J].信息化建设,2016(07):125.

(五) 第五阶段：万物互联——5G 时代

2G 实现从 1G 的模拟时代走向数字时代，3G 实现从 2G 语音时代走向数据时代，4G 实现 IP 化，数据速率大幅提升。5G 将会给我们带来怎样的改变？第五代移动通信技术是最新一代蜂窝移动通信技术，是 4G、3G 和 2G 系统的延伸。而 5G 将不同于传统的几代移动通信，5G 不仅是更高速率、更大带宽、更强能力的技术，而且是一个多业务多技术融合的网络，更是面向业务应用和用户体验的智能网络，最终打造以用户为中心的信息生态系统。5G 的性能目标是高数据速率、减少延迟、节省能源、降低成本、提高系统容量和大规模设备连接。2019 年我国开启 5G 商用元年，相比 4G，5G 最直观的改变就是网速变得更快了，5G 的理论传输速度将超过 10GB，相当于下载速度 1.25GB/s，也就是说一部 10GB 左右的高清电影，7~8 秒就可以下载到手机上观看。① 正如前几代移动通信技术都极大地改变了我们的生产生活方式一样，5G 的到来，也即将开启万物互联的时代，智能家居、智慧交通、智慧医疗等都会出现在不久的将来。2013 年欧盟率先增加投资以加快 5G 移动技术的发展，同年韩国宣布已成功开发第 5 代移动通信 (5G) 的核心技术，该技术的关键在于以每秒 1Gbps 以上的速度传送数据，且最长传送距离可达 2 公里。与 4G 技术的传送速度相比，5G 技术预计可提供比 4G 快 100 倍的速度。利用这一技术，下载一部高画质（HD）电影只需十秒钟。5G 技术的低时延、高可靠、低功耗的特点大大提升了用户使用体验感，大规模物联网连接、超强续航能力、更高的容量意味着网络能够提供更多的多样化服务，更加开源的虚拟化平台也让每个个体都能参与进来，更加融合。5G 是一个端到端的生态系统，它将打造一个全移动和全连接的社会。5G 主要包括三方面：生态、客户和商业模式。它交付始终如一的服务体验，通过现有的和新的用例，以及可持续发展的商业模式，为客户和合作伙伴创造价值。②

二、5G 技术的发展前景

5G 技术带来的最大的改变就是实现从人与人之间的通信走向人与物、物与物之间的通信，实现万物互联，推动社会发展。在政策支持、技术进步

---

① 刘容，包锐，张俊.5G 移动通信技术发展与应用趋势 [J]. 中国新通信，2020，22 (23)：35—36.

② 康冠强.5G 移动通信的关键技术和发展趋势 [J]. 中国新通信，2020，22 (23)：13—14.

和市场需求的驱动下，5G 技术的商用对于推动数字化经济腾飞和智慧城市管理实践具有重要意义。作为解决数据连接延迟、响应慢和模块分离的信息孤岛等问题，5G 网络能有效协调智能城市之中微单元的互联互通，5G 主导的传感器网络把智能城市的各种人工智能场景桥接起来，使基于大数据的人工智能数据分析、收集和管理更加简易，比以往也更为深入。① 5G 高速通信技术实现了智慧生活的迭代升级，不仅通过物联网体系架起万物互联的桥梁，构建信息串联网络，还促使区块链技术在支付和金融方面的使用更便捷，使人工智能搭建的智能场景以虚拟现实的方式渗入公众生活里，使人们与环境本身在参与管理空间中游刃有余。

在实体空间中，通过智能感官设备探索和共享空间，人与物的深度连接构成城市管理的创新实践，全新的智能生活被创造出来。5G 技术在智能交互中的应用，体现在人与人、人与物、物与物之间的互联互通，每个人的生活变得更聪明，环境中每一样物品和人之间数据信息交互水平大大提高，并且远程进行信息交换和通信。同时，也促使实现"云生活"，开发和设计大容量存储设备，越来越多的移动通信设备和机械设备扮演着云的角色，数据信息的传输速率被用来改善云设备和机械设备的特性。5G 移动通信技术极大地丰富了数据传输方法，并为云生活奠定了技术基础。每个人只需携带 5G 手机和其他 5G 移动智能终端即可在控制面板中进行智能操作过程的各个方面，从而使日常生活更加便捷和快捷。5G 技术在网络空间的应用，将更加广泛地被应用于社交网络中，起到连接虚拟世界与现实世界的作用，因为 5G 移动侧重于创造最终的客户体验。5G 技术将人工智能技术与 Internet 技术和 Internet 大数据信息紧密联系在一起，为物联网技术打开了新的升级链接，并为居民的日常生活建立了更全面的集成通信服务平台。② 此外，5G 技术已经显示出"移动通信产业链"的应用将在未来真正实现一切互联的可能性。除此之外，我们可以看到在未来，5G 的参与者会越来越多，5G 通信这一概念也会被越来越广泛地接受，很多企业和部门都已加入这一改革与创新的行列中来，5G 技术与各个行业的连接和融合不仅能实现自身的价值，也能促进产业升级转型，并且会共同致力于网络信息安全的保护。

---

① 白龙，骆正林. 身体、空间与城市：5G 时代智能城市的媒介化重构 [J]. 新闻与传播评论，2021，74 (1)：26—34.

② 张弛. 5G 技术发展脉络分析 [J]. 移动通信，2015，39 (9)：5—8.

第三节　5G 技术与管理创新

2017 年 11 月，工信部发布《关于第五代移动通信系统使用 3300～3600MHz 和 4800～5000MHz 频段相关事宜的通知》，要求确保 5G 频谱能满足系统覆盖和大容量的基本需求。次月，发改委发布《关于组织实施 2018 年新一代信息基础设施建设工程的通知》，要求 2018 年将在不少于 5 个城市开展 5G 规模组网试点，每个城市 5G 基站数量不少于 50 个、全网 5G 终端数量不少于 500 个。同年 12 月，工信部正式对外公布，已向中国电信、中国移动、中国联通发放了 5G 系统中低频段试验频率使用许可。这一举动向产业界发出了 5G 商用的明确信号，推动了我国 5G 产业链的成熟与发展。2019 年 9 月 10 日，中国华为公司在布达佩斯举行的国际电信联盟 2019 年世界电信展上发布《5G 应用立场白皮书》，展望了 5G 在多个领域的应用场景，并呼吁全球行业组织和监管机构积极推进标准协同、频谱到位，为 5G 商用部署和应用提供良好的资源保障与商业环境。此外，在 2019 年 10 月 31 日，我国三大运营商公布 5G 商用套餐，并于 11 月 1 日正式上线 5G 商用套餐。

在第六届世界互联网大会上，乌镇向世界展示了令人震撼的 5G 新科技产品。据悉，乌镇目前已经实现了 5G 商用的全覆盖，其呈现出的诱人前景让人神往。正如习近平总书记在贺信中指出，"当前，新一轮科技革命和产业变革加速演进，人工智能、大数据、物联网等新技术新应用新业态方兴未艾，互联网迎来了更加强劲的发展动能和更加广阔的发展空间"。伴随中国联通、中国电信、中国移动 5G 牌照的发放，5G 应用将迎来一个前所未有的新时代。它带给我们的想象空间巨大，可能对中国社会产生一场史无前例的生产和生活方式的革命，对我国经济高质量发展和现代国家治理将提供新动能和新方案。

据业内人士预测，由于 5G 的速率提高、延时降低，其网络基础设施的使用，将极大地推动物联网、人工智能、在线游戏、虚拟/增强现实、智能城市、智慧农业、远程医疗、智能家居、无人驾驶、远程操控的发展。5G 展示的发展空间巨大，它将给中国社会带来多方面深层次的影响。由此可见，从我国乃至全球的范围来看，5G 的高速度、泛在网、低功耗、低延迟和万物互联等特点，不仅会颠覆传统产业，还会对城市治理、国家治理产生深远的影响。

现代信息革命再认识
——信息社会变革与治理体系创新

一、发挥科技治理和智慧治理的作用

进入 5G 时代，以往以消费者业务为主的移动网络将向产业互联网转变，5G 赋能千行百业，传统产业借力 5G、云计算、AI、大数据、物联网等新兴数字技术实现数字化转型，也催生一些新的产业，例如远程医疗、工业互联网、无人驾驶等，在管理创新上更趋向于智慧治理。现代国家治理从根本上讲是要通过利用各种现代化的资源，提高治理国家的效率，降低行政成本的路径，以此提高国家法治化、民主化的水平。① 尤其在城市的治理方面，接入 5G 网络来管理可以在网上进行远程访问。此外，2020 年年底因为新冠疫情的出现，5G 等新科技被大量应用于疫情防控和医疗领域。例如多家医院都开展了基于 5G 网络支持的远程手术、专家的远程会诊等。远程医疗产业最早可追溯到 2019 年 1 月，中国一名外科医生利用 5G 技术实施了全球首例远程外科手术，成功切除了一只实验动物的肝脏。

5G 实时性、低延迟将改变社会治理方式，更加注重个性化、定制化和精准化的智慧治理，助力建设数字中国、智慧社会的美好愿景。正如有人对其形象化的描述那样，"高性能的无线网络连接工厂内的海量传感器、机器人和信息系统，连接产生的海量数据、优质数据不断'喂食'人工智能，并将分析、决策反馈至工厂。同时，5G 广覆盖的物联网络覆盖全球，连接广泛分布或跨区域的商品、客户和供应商等。总之，未来的工厂是数字虚拟和物理现实相融合，ICT 技术与现代制造业相融合，以提高工业生产的灵活性、可追溯性、多功能性和生产效率，为制造业开辟新的商业模式。工厂内部和外部之间的界限也越来越模糊，工厂不再是独立的封闭实体，而是庞大的价值链和生态系统的一部分，这就是所谓的'虚拟工厂'"。

二、助推国家治理体系和治理能力现代化

5G 技术将开辟许多新的应用领域，它的广泛应用，能够使物联网提供丰富的数据资源，能够让人工智能为人们提供高质量的信息和个性化服务，为政府数字治理提供新的发展契机②，实现国家治理体系和治理能力现代化，表现为用户体验速率快、智能学习效率高、丰富数据资源、发展新型产

---

① 王嘉傲，丁晨曦. 浅谈 5G 时代的法治新象 [J]. 科技传播，2020，12（6）：136—139.

② 庄国波，韩惠.5G 时代政府数据开放共享的安全风险及防范 [J]. 理论探讨，2020（05）：48—54.

业和提供个性化公共服务。

（一）用户体验速率快

5G 在用户体验速率、连接数密度、端到端时延、流量密度、移动性、用户峰值速率等关键性能指标方面的要求远高于 4G。据赛迪智库无线电管理研究所与《通信产业报》联合发布的《5G 十大细分应用场景研究报告》显示，相较于 4G，在传输速率方面，5G 峰值速率为 10～20Gbps，提升了 10～20 倍，用户体验速率将达到 0.1～1Gbps，提升了 10～100 倍；流量密度方面，5G 目标值为 10Tbs/km^2，提升了 100 倍；网络能效方面，5G 提升了 100 倍；可连接数密度方面，5G 每平方公里可联网设备的数量高达 100 万个，提升了 10 倍；频谱效率方面，5G 相对于 4G 提升了 3～5 倍；端到端时延方面，5G 将达到 1ms 级，提升了 10 倍；移动性方面，5G 支持时速高达 500km/h 的通信环境，提升了 1.43 倍。

（二）智能学习效率高

5G 技术为人工智能数据传输速度与数据质量提供了有效保证，通过将服务器集中式云转化为零散式的移动设备云，解决了存储资源受限的弊端，以实现 AI 快速连接、数据优化、安全与隐私保护等方面的关键技术需求，使得 AI 应用的性能、整体可靠性大大提升。同时，5G 网络还可以更快、更智能地采集和传输数据，提高数据处理能力，缩短人工智能处理的响应时间，保证了 AR/VR、互联汽车、无人驾驶、智慧城市、远程医疗等智能终端产品及解决方案的实时性。

（三）丰富数据资源

通过将资源进行抽象，保证了资源的有效共享，被虚拟的资源可以是物理资源，也可以是虚拟化的资源，也就是说它支持不同虚拟层的递归抽象。进入 5G 时代以后，物联网将在很大程度上改善以往的数据信息缺失、数据信息量不足的状况，为政府数据开放共享带来容量巨大、类型完整的数据资源，公共组织可以获得的数据资源的范围也更广，而公共组织本身拥有海量的原始数据也将为公共决策提供全面的信息。

（四）发展新型产业

5G 网络新技术将成为 VR（虚拟现实）、AR（增强现实）产业赖以发展的通信技术，根据业务需求匹配网络和计算资源，将更好地满足 VR 业务需求，推动 VR 创新应用发展。当 VR、AR 产业遇上 5G 网络新技术，在 5G 和万物互联的大背景下，VR、AR 产业应用将实现井喷，将在生活、工作等各方面实现完美虚拟。①

5G与实体经济各行业各领域深度融合,能够促进各类要素、资源的优化配置和产业链、价值链的融会贯通,赋能传统产业优化升级,能够支撑更大范围、更深层次的数字化转型。

(五)提供个性化公共服务

它满足客户定制化的需求,包括速度、时延、质量、安全和可靠性等。它基于SDN/NFV的统计基础架构,能够灵活进行部署。

可以预见,由于智能终端网速提升,超高清视频将会流行。同时,因高速网络与低时延的结合,加上高度的网络稳定性,自动驾驶汽车等将迎来高速发展期,VR/AR也将更具有身临其境的感觉。因此,5G的发展应用将使整个中国社会步入万物互联时代,一个充满活力,更具人性化、个性化的智能社会即将来临。

案例:5G+远程医疗

5G技术支持的远程医疗突破传统医疗技术,融合了高速移动通信技术、无线通信技术和多媒体网络,支撑海量医疗数据的安全高速传输,实现高端医疗资源的深度共享,可以进行无线远程会诊、外科手术及突发救援事件处理等,在交通事故、自然灾害和战场等紧急事件中,也能发挥作用。随着基于5G通信的远程医疗技术的发展,可以打破空间和时间限制,使患者获得高质量的治疗和救助。

(一)远程手术

2018年12月18日,解放军总医院第一医学中心肝胆外二科主任刘荣主刀,利用5G网络,远程无线操控机器人床旁系统,为50公里外福建医科大学孟超肝胆医院动物实验室内一只实验猪进行肝小叶切除手术。手术全程约60分钟,术区无显性失血,这是世界首次5G远程外科手术测试。2019年3月16日,解放军总医院第一医学中心神经外科与位于三亚的解放军总医院海南医院神经外科,通过5G网络,跨越近3000公里,成功实施帕金森病"脑起搏器"植入术,这是全国首例基于5G的远程人体手术。随着5G通信技术的发展,外科医师的手臂可以延伸至千里之外,有利于优质

---

① 蒋雅丽.两院士详解5G+VR将给行业带来哪些变革?[J].通信世界,2019,812(20):36.

医疗资源下沉，缩小分级诊疗差距，减轻患者经济负担。

（二）远程视频会诊

5G通信技术可提高信息交互的速度，真正实现患者实地面对医师与患者视频中面对医师同质化。2020年2月28日，武汉火神山医院专家与解放军总医院专家开展5G远程视频会诊，视频通过连线一线科室病房，查看病人生命体征，听取管床医生汇报病史，提出疑难问题，现场专家讨论解决，有效解决了新冠肺炎危重症患者的遗留问题。

（三）远程医疗健康监护

目前在许多发达国家和地区，便携式穿戴检测仪已广泛应用于社区和家庭医疗保健工作中，如把患者心脏起搏器发出的异常信号直接向相应监护中心发送和预警。糖尿病患者血糖的自我监测可以结合5G穿戴血糖监测系统，对患者的血糖、饮食及药物进行监控，可以为糖尿病患者提供保健支持助力。通过5G通信技术，个人可建立预警模块，将身体各项生理参数传送至医疗保健中心，实现即刻诊断与医疗干预。

（四）突发应急事件指挥

当出现重大自然灾害、事故和战场救援时，实时和高质量的视频沟通，可以帮助急救人员和医务人员更迅速、更准确地做出更优临床决策，通过缩短诊断时间，最大限度地挽救突发事件中受伤人员的生命。

小　结

5G技术作为信息社会数字治理和智慧治理的基技术，以通信和传输技术为主要方向，通过超低时延、超大连接和超高速率的突破性特征致力于万物互联和远程互操作的管理创新实践。本章内容首先对通信技术的发展历程进行回溯，探究5G技术与过去时代的根本性差异特征，随后运用5G技术在医疗改革等公共服务领域中的应用说明5G技术在信息社会的治理作用。

思考题：

1. 5G技术对于物联网的发展有何重要作用？
2. 5G技术是如何发展的？
3. 5G技术对政府管理创新有哪些方面的影响？

第十六章 数字治理和智慧治理的"本"技术：大数据技术

大数据技术是人工智能技术之一，具体来说，大数据技术是众多人工智能技术的重要基础。大数据是解决一个问题或一类问题的、跨界的、跨层级的所有完整、系统的数据。大数据技术具有五大管理特征：跨界性、跨层级性、碎片化、标准化、法律化。因此，本书建议中央政府与地方政府应该加快完善数据体系、推动数据立法；同时，重构大数据中心与地方统计局等机构之间的关系。

第一节 大数据的概念和特征

一、大数据的概念

信息革命纵深发展，数据是信息的表现形式和载体，信息是数据的内涵。[①] 数据以文字、图片、声音、数字、符号、行为动作等形式为依托，依附于一定的环境背景，产生了信息。跟随技术创新的脚步，数据传达信息的能力日趋强大。利用先进的感知技术，诸如无线射频识别技术（Radio Frequency Identification，RFID）[②]、产品电子代码（Electronic Product Code，EPC）、传感器技术、无线传感网技术（Wireless Sensor Network，WSN）等，当然这也包括人——作为最基础的感知载体，在云计算、物联网、互联

---

① 数据［EB/OL］. http：//baike.baidu.com/link? url=222tTS2Oi4TdfSf3F9ZHu2PKgsBPS_EwbOaB0WwsIMjuIAeM0YSyMCUNQ4iKtVfDuOUHrhKKf56cji3H2sjzsGneZcfC1r2TxKrn2TPn0Ru.

② 无线射频识别技术，也称非接触式的自动识别技术或电子标签。它通过利用射频信号进行空间耦合，实现无接触信息传递，并通过所传递的信息达到识别目的。

网的作用下,产生了犹如细胞裂变般的海量数据。

麦肯锡全球研究所在报告《大数据:创新、竞争和生产力的下一个前沿领域》中给出的大数据定义为:"大数据指的是大小超出常规的数据库工具获取、存储、管理和分析能力的数据集。同时强调,并不是说一定要超过特定 TB 级的数据集才能算是大数据。"[1]

美国国家标准和技术研究院 NIST 则认为"大数据是指数据的容量、数据的获取速度或者数据的表示限制了使用传统关系方法对数据的分析处理能力,需要使用水平扩展的机制以提高处理效率"[2]。

维基百科定义大数据为:大数据是指利用常用软件工具捕获、管理和处理数据所耗时间超过可容忍时间的数据集。

IDC (International Data Corporation) 定义大数据为:大数据一般会涉及 2 种或 2 种以上数据形式。它要收集超过 100TB 的数据,并且是高速、实时数据流;或者是从小数据开始,但数据每年会增长 60% 以上。[3]

本书界定大数据为:超大容量且类型多样的数据,借助于相关信息技术,可以高速处理具有相对价值的信息数据集。

二、大数据的特征

大数据是新一代的信息技术,与传统的互联网相比,大数据有着更为独有的特征。根据 IBM 提出的大数据 5V 特点(即 Volume 大量、Velocity 高速、Variety 多样、Value 价值、Veracity 真实性),主要包括以下四个特征。

(一) 数据容量大

到底多大的数据容量才能称之为"大"呢?根据腾讯网相关资料表明,大数据一般指数据量达到了 1000TB 以上的数据。粗略地看,1TB 是 1000GB,也就是说,一个大数据通常指的是数据量在一千万 GB 及其以上的这些类型。有资料显示,大数据已经从 TB 级别跃升到 PB 乃至 EB 级别(注:1024GB = 1TB,1024TB = 1PB,1024PB = 1EB,1024EB = 1ZB,1024ZB=1YB)。日常生活中,一个人一个月的手机流量是以 GB 或是 MB

---

[1] 方巍,郑玉,徐江. 大数据:概念、技术及应用研究综述 [J]. 南京信息工程大学学报:自然科学版,2014,6 (5):405—419.

[2] 李学龙,龚海刚. 大数据系统综述 [J]. 中国科学:信息科学,2015,45 (1):1—44.

[3] 马建光,姜巍. 大数据的概念、特征及其应用 [J]. 国防科技,2013,34 (2):10—17.

为单位计算，1GB 以上的流量就被视为流量大，涵盖的数据多，那么以此进一步设想，对于一个数据量在一千万 GB 的手机用户而言，流量巨大。以前的网络社会，只有少数的机构能够以调研、取样的方式取得数据，而发布数据的部门少之又少，人们获取数据的源头有限，使用权限受限。而如今，随着各种传感技术的发展、三维扫描设备以及 Kinect 等动作捕捉设备的普及，数据越来越接近真实的世界，数据的描述能力不断增强，而数据量本身也在以几何级数增长，现代研究样本数目逐渐逼近原始的总体数据。[①] 因此，容量大是大数据的基本属性之一。

（二）数据类型多样

具有高智能的计算机技术与现代通信技术相结合之后，人类通信的含义就从单一的"信息传输"扩大到"信息处理"。[②] 那么大数据则是将人类交流的渠道由一对一变为多对多。社会中你、我、他不再是依赖于计算机进行人与物的交互模式，在现在这个传感技术日益进步的时代，已由点对点变为点、线、面为一体的立体交互模式，改变了过去以结构化数据为主的数据群。当下，人类上网不只是被动地接受互联网所发布的一切信息，还包括主动地分享自我状态，如上传照片或视频、发布消息等多样化的数据信息。每一个身在互联网的你、我、他可以接触到地球上另一个相似的或不一样的你、我、他，丰富多彩而富有变化。越来越多的个性化数据呈现在我们面前，所以我们感受到每一天都是在更新数据，每一天都在接受多样化的数据，包括文字、声音、视频、图片、位置信息等。至 2012 年末，非结构化数据占有比例达到整体数据量的 75％及以上[③]，类型如此之多的数据就对数据的处理功能提出更高的要求，而不仅仅局限于传输或存储。

（三）数据处理速度快

大数据可以借助于云计算等先进信息技术加快数据的导入和输出，并加快数据的分析和利用，这是区别于传统的数据挖掘技术的鲜明特点。数据处理遵循"1 秒定律"，可从各种类型的数据中快速获得信息。[④] 2015 年底，大数据应用服务公司芝麻科技与阿里巴巴联合发布了大数据产品"观星"，

---

① 马建光，姜巍．大数据的概念、特征及其应用 [J]．国防科技，2013，34 (2)：10—17．

② 王谦．物联网与政府管理创新 [M]．成都：四川大学出版社，2015．

③ 李国杰，程学旗．大数据研究：未来科技及经济社会发展的重大战略领域——大数据的研究现状与科学思考 [J]．中国科学院院刊，2012 (06)：647—657．

④ 大数据的特点及作用 [EB/OL]．[2013—06—12]．http://www.36dsj.com/archives/244．

这是一款可以描绘消费者群体画像的产品。"观星"将线下商业消费数据与脱敏后的线上消费行为轨迹融合，500多个标签可以精准呈现品牌或门店消费者的群体年龄、学历等基础特征及购物偏好、兴趣爱好等行为特征，还同时提供相关行业对比，为实体商业提供基于多维度分析的丰富画像报告。值得注意的是，"观星"在一个月内就产出50多份报告，这几乎是一家中等调研公司两年的工作量，报告的快速产出可以帮助品牌和门店及时地了解到市场变化，抓住商机。① 在现代快节奏的生活下，大数据以其高效、快捷的数据处理功能一次又一次地刷新我们的认知维度，我们可以通过互联网去触摸一个更为真实可靠的现实世界。

（四）价值密度低，商业价值高

由于大数据具备容量大、类型多样的特性，致使我们在收集、处理数据时产生的是更为全面、详尽的全部数据量，而不是样本。在一定的环境背景下，这些全部数据量就会产生大量的无意义信息，相对而言，数据的价值密度低。最典型的例子就是监控视频资料，被储存的视频数据常常有几个小时的长度，而有用的数据可能就一两秒。因此，界定大数据的价值大小是相对而言，不可一概而论。研究主体的不同，研究因素就会不同，需要的核心数据就会不同。大数据通过一个细小、微著的动作表现，能够引发"蝴蝶效应"，也能够创造出巨大的商业价值。例如亚马逊的"信息公司"，它是从大数据发掘出最大价值的全球知名公司，从用户的购买行为中获得相关信息，并记录个体用户在其网站的行为。亚马逊 CTO Werner Vogels 说，"一旦进入大数据的世界，企业的手中将握有无限可能"。对于亚马逊来说，以数据导向型文化为基础，大数据就意味着营业额与增收数据的增长。

第二节　大数据的发展历程

一、大数据的萌芽时期

早在18世纪80年代，"大数据"就有迹可循。美国的统计学家赫尔曼·霍尔瑞斯发明了一台电动器，利用该设备只花费了一年时间就完成了美国人口普查活动。要知道此前的人口普查需要八年时间才能够完成，这不仅

---

① 大数据调研，如何实现快全准？［EB/OL］.［2016－03－22］. http：//articles. e-works. net. cn/bigdata/article127420. htm.

提高了美国人口普查活动的效率，也开启了数据收集的新时代。1980年，特詹姆斯兰德在第四届美国电气和电子工程师协会（IEEE）"大规模存储系统专题研讨会"上做了一个题为《我们该何去何从?》的报告，在报告中，他点明人们正在储存大量数据以避免丢失潜在可用数据的机会。1986年，哈尔·贝克尔在《数据通信》上发表了《用户真的能够以今天或者明天的速度吸收数据吗?》一文，他预计数据记录密度将大幅度地增长。[①] 1997年，迈克尔·考克斯和大卫·埃尔斯沃思发表了《为外存模型可视化而应用控制程序请求页面调度》的文章。文章以下述内容开头："可视化对计算机系统提出了一个有趣的挑战：通常情况下数据集相当大，耗尽了主存储器、本地磁盘，甚至是远程磁盘的存储容量。我们将这个问题称为大数据。"这是在美国计算机学会的数字图书馆中第一篇使用"大数据"这一术语的文章。[②] 2001年，梅塔集团分析师道格·莱尼发布了一份研究报告，题为《3D数据管理：控制数据容量、处理速度及数据种类》。十年后，3V作为定义大数据的三个维度而被广泛接受。2005年蒂姆·奥莱利发表了《什么是Web2.0》一文，在文中他点明"数据将是下一项技术核心"。[③] 大数据初露端倪，就以一种势不可挡的气场影响了人类的生活和工作。

二、大数据的成长时期

2008年，计算社区联盟（Computing Community Consortium）发表了报告《大数据计算：在商务、科学和社会领域创建革命性突破》，文中提出了大数据的概念。同年，著名杂志 *Nature* 推出了"Big Data"专刊。[④] 从2009年开始，"大数据"已经成为互联网行业的流行词语。2009年美国政府通过启动Data.gov网站的方式进一步开放了数据的大门，这个网站向公众提供各种各样的政府数据。2010年肯尼斯·库克尔在《经济学人》上发表了一份关于管理信息的特别报告《数据，无所不在的数据》。库克尔在文中写道："……世界上有着无法想象的巨量数字信息，并以极快的速度增长……从经济界到科学界，从政府部门到艺术领域，很多方面都已感受到了

---

① 陈颖. 大数据发展历程综述 [J]. 当代经济，2015（08）：13—15.
② 大数据分析专业什么时候开始有的？[EB/OL]. [2015—11—24]. http：//bbs.pinggu.org/thread—4002088—1—1.html.
③ 大数据分析专业什么时候开始有的？[EB/OL]. [2015—11—24]. http：//bbs.pinggu.org/thread—4002088—1—1.html.
④ 陈颖. 大数据发展历程综述 [J]. 当代经济，2015（08）：13—15.

这种巨量信息的影响。科学家和计算机工程师已经为这个现象创造了一个新词汇：'大数据'。"① 随着信息技术的不断创新和人们认知的不断成熟，"大数据"这个名词，如雨后春笋般出现在社会的各个领域。

三、大数据的深化发展期

2011年5月，麦肯锡全球研究院发布报告《大数据：创新、竞争和生产能力的下一个新领域》，总的来讲，这项研究估计2010年所有的公司存储了7.4EB新产生的数据，消费者存储了6.8EB新数据。至此，大数据被专业机构进行研究并给出了专业化的定义。2012年1月，瑞士达沃斯召开世界经济论坛，把大数据作为重要主题，并发布了报告《大数据，大影响》（Big Data，Big Impact）宣称，数据已经成为一种新的经济资产类别。2012年3月，美国奥巴马政府在白宫网站发布了《大数据研究和发展计划》，这一倡议标志着大数据已经成为重要的时代特征，由此上升到了国家意志。2012年4月，美国软件公司Splunk于19日在纳斯达克成功上市，成为第一家上市的大数据处理公司。2012年7月，联合国在纽约发布了一本关于大数据政务的白皮书《大数据促发展：挑战与机遇》，全球大数据的研究和发展进入了前所未有的高潮。2014年5月，美国白宫发布了2014年全球"大数据"白皮书的研究报告《大数据：抓住机遇，守护价值》，报告鼓励使用数据以推动社会进步。

大数据以含量大、范围广、速度快等特性被人类认识，通过大数据的发展历程我们发现，这种新兴技术势如破竹，有摧枯拉朽般的能力改变固有的社会面貌，那么何为官方准确的大数据定义呢？

第三节　大数据与管理创新

一、大数据深化产业融合和资源信息共享

由技术创新引发了管理理念和管理方法的创新，最先应用在商业经济方面。我们看到，诸如谷歌、亚马逊、Facebook、LinkedIn、阿里巴巴、百度、腾讯都是数据信息公司，而像IBM、Oracle、EMC这类大型技术公司也纷纷投入大数据队列，整合大数据的信息和应用。因此，在大数据时代，

---

① 陈颖. 大数据发展历程综述［J］. 当代经济，2015（08）：13—15.

现代信息革命再认识
——信息社会变革与治理体系创新

信息产业呈现高速发展的势头,包括芯片、存储产业、一体化数据存储处理器、内存计算等硬件产业和数据处理、数据挖掘技术、软件产品等软件产业的蓬勃兴起。把大数据中数据存储、处理与分析技术有效地利用在组织的管理上,优化了组织管理的模式与流程。当下,我国倡导的"互联网+"也是反映大数据应用的鲜明证据,运用物联网、云计算、大数据等新一代的信息技术,深度融合实体产业,由以往的结果管理向过程管理改变,由平均化治理向精确化治理迈进。大数据体现在商业经济方面,帮助企业组织掌握动态市场走向,合理计划组织发展蓝图,高效预测未来结果,做出科学决策,为企业和员工提供一种人性化的服务。技术和方法是用来解决"如何做"这一问题,在大数据的技术里,不再是一句空话,践行了理论与实践的统一,深化了"技术+产业"的发展模式。以国家"两化融合"试验区建设为契机,以三维数字系统为重点,逐步拓宽信息技术应用领域,不断提高信息技术在社会管理、民生保障、产业发展等方面的作用。

为抢占大数据发展先机,加快培育基于大数据的三维数字"千亿产业、百亿企业",兰州市编制了《兰州市大数据产业发展"十三五"规划》(以下简称《规划》)。《规划》明确了2016年、2018年和2020年三个主要时间节点,着力加快三维产业发展。紧紧抓住国家电子商务试点城市的政策机遇,充分利用"一带一路"节点城市优势,全面落实市政府《扶持培育三维数字"千亿产业、百亿企业"的相关政策》,加快大滩三维大数据产业园、雁滩三维商城电子商务孵化园等大数据产业基础设施建设,筹备成立三维大数据产业集团,力争完成建设投资80亿元。实施"千亿产业"发展规划,进一步优化大数据公共管理与服务平台布局,以三维数字、三大电信运营商及广电网络、甘肃万维等为主体的100家公司的基于大数据应用服务产生的经济效益初具规模,大数据相关产业主营业务收入在2015年210亿元的基础上,增长24%,达到260亿元。

积极推进信息技术向传统产业渗透融合。充分利用国家级"两化融合"试验区政策平台优势,以石油化工、有色冶金、装备制造三大主导产业为突破口,积极推进信息技术向传统产业渗透融合,在工业现代设计、制造关键技术、重大产品数字化综合集成等方面取得突破。累计培育"两化"融合示范企业100户,组织实施"两化"融合重点项目100个,西北中小企业云计算中心项目通过国家工信部"可信云服务认证"。2015年年底,全市大数据相关企业1200余户,产值达210亿元,其中,软件及信息技术服务业主营业务收入达65亿元,占全省95%以上。

二、大数据助推政府管理模式创新

电子政务自 20 世纪 90 年代产生以来，确实加快了政府的工作效率，优化重组了政府组织结构。当下，如何拓宽网民与政府的电子沟通渠道，拉近公众与政府的关系是电子政务发展的新命题。从商业经济中技术工具的大放异彩得出启发，进而引用到政府管理上，运用技术手段的外衣，提高政府管理工作的效率是大数据的显著功能。新一代信息技术浪潮下，例如网络众包、各种公共服务平台社交网络的兴起，都借助了大数据的关键技术，即数据的收集存储和分析处理功能。政府的宗旨是"为人民服务"，这是不同于企业的价值结构，利用技术的外衣，保证政府管理目标的实现，也就坚持了工具理性与价值理性的统一，推动了政府管理方式创新。充分利用云计算、物联网、移动互联网等前沿技术，依托三维数字系统应用平台，通过项目建设、购买服务等方式，规范服务标准，提升服务质量，进一步优化产业格局，推动社会服务管理的创新。

创新研发三维数字社会服务管理系统。依托全国党建惠民品牌"民情流水线"工程研发的三维数字社会服务管理系统，于 2010 年在兰州市各区（县）开始全面推广应用。2012 年，将已建成的三县五区三维数字社会服务管理系统进行了全面整合升级，建成了全国首家市级三维数字社会服务管理平台。2014 年，对系统进行了全面升级，从 2.0 版本升级到 3.0 版本，将原有各个独立的系统整合到一个平台，实现系统的平台化和标准化。主动加强与工信部的汇报衔接，推动三维数字系统标准制定工作，标准第一部分总则已于 2015 年 9 月 30 日获工信部批准，上升为国家信息技术社会服务管理行业标准。兰州三维数字社会服务管理系统属全国首创，该系统提出运用空间地理信息技术创新社会服务管理的先进理念从而覆盖社会要素，实现资源共享、层级联动、闭环反馈、便民利民的社会服务管理新模式。2016 年，按照国家信息惠民工作的要求，结合三维数字社会服务管理系统国家社会服务管理信息化行业标准的制定发布，进一步升级完善系统功能，扩大服务范围，使更多的群众享受到系统带来的便利，全面推动兰州市信息惠民全国试点工作。

切实发挥"12345"民情通服务热线作用。2013 年，兰州市三维数字管理中心通过整合全市 48 部语音服务热线，开通了"12345"民情通服务热线，并通过全市 571 家单位 20 大类 200 多项业务的网上受理和一键转办，实现了一号受理、分类转办、各级联动。

不断创新三维服务网惠民利民理念。三维服务网自 2014 年 7 月 11 日开通运行以来，集中提供办事中心、信访中心、呼叫中心、查询中心、百姓生活、社区服务等特色服务，已是极具公信力的公共服务平台。2015年，通过整合信息惠民资源，三维服务网在线办事服务功能不断丰富和完善。

探索创建城市网格化管理模式。依托三维数字社会服务管理系统平台，以条块融合的扁平化网络管理为载体，完善五级负责的城市管理体制，将全市近郊四区划分为1482个网格，形成横向到边、纵向到底的城市网格化监管体系，切实提升城市管理的科学化、规范化、精细化水平。

积极推广三维数字应用系统。全力推进三维数字系统在全市深度应用，加大投入和应用管理力度，进一步丰富三维社会管理系统、信息惠民工程、三维市民卡服务功能和服务内容，不断提高服务质量，形成典型应用，使兰州市成为引领全国的信息惠民社会服务管理的示范城市。强化基层深化应用的引导和培训，着力推动三维数字系统在全市范围内深入应用，典型示范，使系统各项便民服务走入百姓家中，切实发挥系统服务功能，为群众提供高效快捷的服务。全力推广三维数字系统在全国的应用，在工信部和甘肃省委、省政府的大力支持下，三维数字社会服务管理系统从街道社区已经逐步推广应用到了全国13个省、市、自治区。甘肃省内6个市州已建成或者正在全面推广建设系统。

三、大数据与三大产业

（一）第一产业——农业领域

农业发展是世界各个国家地区稳定发展的基石，也是人类健康发展的基础产业。农业大数据涉及播种、施肥、杀虫、收割、育种各环节，整合农业产前、产中、产后各环节的基础精准数据，对于提高农业产量、优化农业环境、规范农业市场等重大问题发挥着良好的技术作用。诸如自动化网络监控系统，实时采集温室大棚内各种环境要素参数；及时发布预警信息的农业监测系统；自动开关的指定系统等已经开启了农业智慧化、现代化的脚步。首先是农业育种方面，可以利用最新的高通量测序技术，快速筛选需要的基因类型，合理优化种植周期。其次是农业栽培方面，通过手机、平板电脑等智能客户端，农业工作者可以快捷获取大数据所传达的信息，直接在田地里分辨土壤的品质，选取高收益的种植品种，确定最佳的施肥方案，规避气候、病虫害等风险，进而提高农业耕种的效率和质量。再次，农业工作者可以根据农业大数据中心存储的病虫害信息，结合土壤、光照、温度等环境变化和农作物生长情况科学预测病虫害的发生，并做出相关的防治措施。最后在信息技术的今天，农民利用大数据可以及时地获取关键的市场供求信息、价格信息、农药化肥信息、流通市场信息等农业信息，实时掌握农业市场的价格变化趋势，为农民建立一条便捷的通商之路。长远看之，大数据有利于合理优化农业资源、保护农业环境，保证农业生态发展。

（二）第二产业——工业领域

工业大数据将大数据与产品、机器、人、资源融合在一起，推动制造业的智能化转型。大数据的应用主要集中在以下几个方面。在生产计划方面，大数据可以根据产能、人员技能、物料条件、工装模具条件等，运用智能的优化算法，制定预计划排产，同时监控计划于实际生产的差距，灵活地调整生产计划。在生产过程方面，利用传感设备探测生产线上的温度、噪音、热能和压力，这些数据可以用于分析能耗、用电量、设备诊断、质量事故等，做到实时监控数据，一旦出现报警信号，就能快速找出问题症结并做出相应改善措施，切实保证整个生产流程的顺利进行。在供应链方面，利用大数据分析可以提前预测出各地商品需求量，提高配送、仓储、销售的效率，减少运营成本。在产品设备故障诊断方面，大数据应用、建模与仿真技术促使对产品预测科学化，能够进行实时诊断，保证产品售后服务的运营。在产品创新和销售方面，大数据通过客户与企业之间的交易行为分析出客户对产品的需求、产品品类的市场欢迎度、消费者的层次、客户对产品的属性要求，帮助产品进行创新活动，不断更新产品技术的同时做出科学的市场分析，掌握动态的产品需求情况，抓住潜在的销售机会。此外，在工业污染与环保监测方面，利用大数据可以将工业生产中的污染物种类、排放机构、气象水文数据、污染排放达标情况等显示出来，实时分享到社交网络或公共网络平台中，成为社会监督的重要工具。可以这么说，工业大数据应用将带来工业企业创新和变革的新时代。

（三）第三产业——服务业领域

《大数据时代》的作者维克托教授在"2013福布斯"论坛表示：所有服务行业都可从大数据中获益。我们知道，现代服务业是以现代科学技术尤其是信息通信技术为支撑的服务产业，它们在大数据的洪流中，扬风起航，势不可挡，以一种新的商业模式和服务方式改变了我们的工作、生活习惯。大数据广泛用于零售、医药、物流等行业，淘宝改变了我们购物的方式，支付宝改变了我们出门带钱包的习惯，百度地图改变了我们外出买地图的习惯，各种外卖App改变了我们叫外卖的形式，去哪儿网改变了我们旅游的方式，微信红包开启了看春晚的新乐趣……相对于第一和第二产业，大数据在服务业的应用带给人们的惊喜更为贴近社会中的每一位成员。大数据应用在服务业领域，主要从三个方面来阐述。第一，精确市场定位。通过大数据的数据挖掘和信息采集技术，分析服务业的市场构成、细分市场特征、消费者需求和习惯以及竞争对手情况、国家政策导向等多种因素，收集处理海量的数据信息，提出企业品牌定位的个性化方案。第二，助推市场营销。互联网时代的信息推送，帮助了电商进行大规模的数据采集，像微博、微信、论坛等众多社交网络，每日登陆的同时，总是负载着各种各样的商品推荐窗口。大数据可以整理出商品浏览记录、商品成交记录、产品使用周期、消费者个人消费观和生活环境、市场口碑等相关信息，企业可以做出针对性的营销方案，关注消费者的爱好，迎合市场需求。第三，科学管理收益。大数据通过建立数学模型，使企业了解每个细分市场的产品销售状况和价格走势，进而进行敏感度分析，找出市场的潜在收入，以期在合适时间以合适价格卖出产品，使企业收益最大化。

案例：健康码

2020 年，新冠疫情的爆发使健康码在各大城市相继使用，健康码是以真实数据为基准，识别人员是不是直接或间接接触过一些感染者，从而判断人员是否需要隔离排查。健康码是以真实数据为基础，由市民或者返工返岗人员通过自行网上申报，经后台审核后，即可生成属于个人的二维码作为个人在当地出入通行的一个电子凭证，实现一次申报，全市通用。健康码的推出，旨在让复工复产更加精准、科学、有序。2020 年 12 月 10 日，国家卫健委、国家医保局、国家中医药管理局联合发布《关于深入推进"互联网＋医疗健康""五个一"服务行动的通知》，明确要求各地落实"健康码"全国互认、一码通行。健康码融合了多源数据，健康码的实现需要融合公安局、电信运营商、卫健委、社区、海关、采集点、用户自身等方面的数据，所以，数据是健康码产品成型的重要生产要素；健康码离不开大数据存储技术与云计算的支持，健康码只是在用户界面上的外在表现，其背后是防疫健康信息服务平台。从平台的数据存储角度来看，需要借助 PB 级别数据存储和扩容的能力，才能支持健康码亿级用户的数据存储；从平台的计算角度来看，最重要的就是 ETL 和流处理技术，不管是采用 Spark 架构的内存计算还是利用 Flink 的流处理模式，其背后少不了需要集合上千台服务器的计算能力,阿里云或腾讯云的强大算力在背后发挥了基础性的支撑作用。① 健康码的生产依赖于规则引擎,健康码的规则引擎就是一系列关于二维码"红、黄、绿"颜色的赋值和判断标准。个人用户录入信息后,通过规则引擎的计算,与后台大数据进行综合比对和研判,根据所命中的规则得到健康码的颜色。规则引擎虽然简单,但它就是一个分类算法或者说是决策模型(见图16-1)。

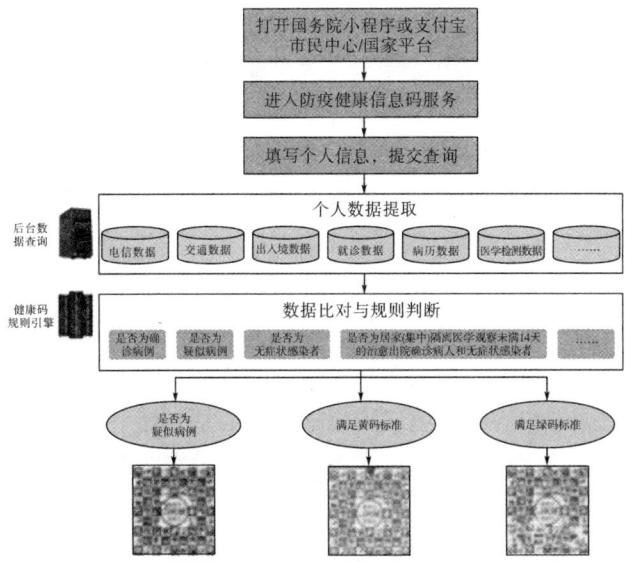

图 16-1 健康码的决策模型

健康码走向大规模应用,主要依靠腾讯和阿里,腾讯依托于其开发的App内的小程序,阿里是依托于支付宝平台。健康码的应用特征包含两方面,一方面是网络实名制,即理论上中国网民在网站和App上注册的所有账号,都是实名即对应一个真实的人员;另一方面是行为的数据化,只要被授权"定位"权限的App或网站中,做的任何动作,都能被App或网站记录到软件的后台服务器上,连带着那一时刻你的GPS定位数据。

技术推动数据发展的今天,凸显出数据的价值,每一个数据所传达的信息都可能在特定的条件下产生作用,预示着数据时代的到来。这深刻影响着人们思维方式的变化,未来人们分析数据关注于全部数据集,关注于各事物各因素之间的相关关系。这样的思维方式就会驱使企业和社会重视数据资

---

① 为什么说健康码是一款大数据产品[EB/OL].[2020-06-25]. https://baijiahao.baidu.com/s? id=1670446167452612620.

源，使大数据成为重要的战略性资源，越来越多的企业和组织想要掌控大数据资源，进而占据市场先机，取得丰厚收益。大数据与云计算息息相关，所以未来大数据的发展离不开云计算，二者紧密结合，融合现代企业管理和政府管理，促进组织科学决策，高效运作。数据革命引起人类思维方式的改变，也将人类从繁复琐碎的计算、处理工作中解脱出来，成为人类大脑功能的延伸和扩展。技术最终的目的是服务于人类，而不是取代人类，所以未来大数据的发展方向是建立以人为本的大数据，注重数据的服务作用，关注于人们生活和生产的方方面面，与人类活动密切相关。

小　结

大数据技术针对的对象是超大容量且类型多样的数据，目的是高速处理出具有相对价值的信息数据集，从而给相关主体提供决策依循。随着信息社会的加速迈进，容量大、类型多且价值高的数据不断涌现，而如何准确定义并抓取海量数据的内容与价值成为科学决策的重要环节。当前，大数据技术已经广泛运用于转变服务理念、改善管理模式等实践应用环节。本章对大数据技术的探索从概念发展、应用场景等方面进行，证明了大数据技术在信息社会的必要性，未来仍需持续对大数据技术的研究。

思考题：

1. 你认为健康码存在哪些利弊？
2. 你觉得大数据给管理带来了什么挑战？人们应如何应对？
3. 你还能想到哪些相关案例？

第十七章 数字治理和智慧治理的"感"技术：传感技术

传感技术是指将管理对象所产生的物理信号转变成数字信号，替代人的感知功能的技术。作为数字治理和智慧治理的感技术，传感技术可遍布社会各个领域，以获取治理领域中的一手数据、过程数据、碎片数据，是整体"智"治的基础。

第一节 传感技术的概念和特征

信息技术发展的今天，大多数的观点认为传感技术就是物联网的前身，并已经成为物联网的一部分。那么，究竟什么是传感技术？它具备怎样的特性呢？本节将进行详细阐述。

一、传感技术的概念

如前所述，传感技术被认为是物联网的前身，是物联网发展的萌芽，作为信息化建设的基础层面，本书将其定义为："由随机分布的传感器节点通过自组织方式形成的网络系统。"传感技术在智慧化信息系统建设中，相当于人的"感官"，用来获取收集所需要的信息和数据。由于传感器技术逐渐向无线化、网络化、智能化趋势发展，进而研发出由智能微型传感器节点组成无线传感器网络（Wireless Sensor Networks，WSN），这是对传感技术的进一步发展。

谈到传感技术，必然离不开介绍传感器。简单来说，传感技术的产品称为传感器。国家标准《传感器通用术语标准》（GB 7665—87）定义传感器为："能感受规定的被测量件并按照一定的规律转换成可用信号的器件或装置，通常由敏感元件、转换元件、变换电器和辅助电源四部分组成"，如图

17-1所示。① 传感器本身具有动态性、稳定性、分辨力、灵敏度等特点,它被认为是人类五官的延长,称为电五官,将传感器的功能与人类五大感觉器官对应。其作用主要体现在三方面:一是监视控制工业生产中的设备参数,保证产品生产效率和质量;二是助推基础学科研究,开拓边缘学科领域;三是促进经济社会发展,改变人类生活方式。

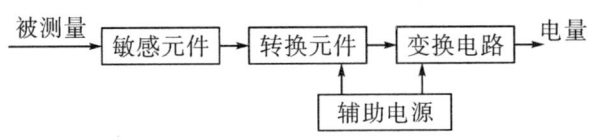

图 17-1 传感器的组成

二、传感技术的特征

传感器是传感技术的直观体现,传感器种类丰富,主要有电阻式传感器、变频功率传感器、称重传感器、激光传感器、霍尔传感器、光栅传感器、压力传感器、视觉传感器、智能传感器等常见的传感器类型。② 这些先进的传感器最主要的特征就是模拟人的感官和大脑的协调行为,模拟人的感知功能。

在信息社会中,通过传感技术的运用,我们在获取一手数据,进行数据采集时,大大减轻了一线工作者的调研工作负担,为信息整合的前期工作节省时间和人力成本,这是传感技术智能化、人性化的体现。其特征主要包括以下几个方面。

(一)以数据为中心

传感技术具备随机分布的传感器节点,核心作用就是通过"触及"数据来感知数据,类似于人类的感觉和运动神经系统。所以,传感技术是开展以数据为中心的任务性工作。

(二)自组织结构

传感技术中没有所谓的中心节点,各节点通过分布式算法相互协调,进而自动组织起网络。

---

① 传感器(检测装置)[EB/OL]. https://baike.baidu.com/item/传感器/26757?fr=aladdin#7.

② 常见传感器的特性及种类大全[EB/OL]. [2014-04-08]. http://www.meshot.com/JiShuTanTao/2014-04/1093.htm.

（三）动态性强

网络中的节点随着不断变化的环境而改变自我的状态，随之带来网络拓扑结构的变化。

（四）资源受限

由于成本、功耗、体积的限制，节点自身的计算能力、程序空间是有限的，每个节点都要储备可供长期使用的能量，或者自己从外汲取能量（太阳能）。

三、传感设备及种类

传感设备就是穿戴于用户身上的装置和设置于现实环境中的传感装置（不直接戴在身上），主要包括立体头盔、数据手套、数据衣等。[①] 本章主要介绍以下几类常见的传感设备。

可穿戴设备是常见的传感设备之一，通常直接穿戴在用户身上。在现实生活中，例如智能手表和智能手环是我们最常见的可穿戴设备，比较流行的有三星的 Galaxy Gear、苹果的 iWatch、小米的智能手环。此外，可穿戴设备又延伸到人体穿戴的其他方面，比如耐克的智能运动鞋、谷歌眼镜等。从最初产生以手臂为主发展到由头至脚都可以穿戴的设备，以其智能化、个性化的特点征服了一批批电子发烧友或者当下依赖于现代信息技术追求高效率生活的人群。这些先进设备大都需要通过与手机相连或者其他设备相匹配而运行，类似人体的一部分，像人的眼睛、手臂、皮肤一样，其强大的商业价值不断地被开发出来。

智能手机是每个人生活的必需品，这是信息社会发展以来最明显的特点。深层次、大容量的计算功能，传输功能和感知功能，将手机从传统单线沟通方面拓展到更为立体化、多维化的世界中去，人们进行生活、学习、工作、解决难题等，像是人类大脑的又一个存在，这也是典型的传感设备之一。智能手机时代的到来，将手机的感知功能无限放大，通过手机扫描二维码，人们可以知晓商品的价格、物流等信息；下载各种 App，可以感知人们每日的身体健康状况、运动频率，做出量化分析表，记录日常学习工作状况等。

说到传感设备，最主要的特点就是感知感应，这一功能最初的负载体就是人类。不论信息社会发展到何种程度，人总是最智慧的传感设备。人类自身就具备感知、识别、比较、分类和判断等功能，并能很好地用在生活与生

---

① 严体华，张志欣. 网络管理员教程［M］. 3 版. 北京：清华大学出版社，2011.

产当中。所以，在传感设备的范围内，无论如何是不能忽视人这一类的智能代表。

第二节 传感技术的发展历程

一、传感技术萌芽阶段

第二次世界大战时期英国出现的雷达网络，冷战时期出现的声监测系统是关于传感技术历史的最早期记录。在20世纪90年代末，通信技术、无线通信、嵌入式计算机、传感器技术的迅速发展，加速了传感技术的研究。1998年美国国防部先进研究计划局（DARPA）启动的传感器信息技术（Sensor Information Technology）拉开了现代传感技术研究的序幕。[①]

二、传感技术发展阶段

2004年，日本将传感器网络视为四项重点战略之一。在我国，国务院发布的《国家中长期科学和技术发展规划纲要（2006—2020年）》中把智能感知技术等信息技术列为重点发展的前沿技术。2009年8月，时任总理温家宝同志在中科院无锡微纳传感网工程技术研发中心考察时表示："在传感技术发展中，要早一点谋划未来，早一点攻破核心技术。"同时提出要加速传感技术发展，建立中国传感信息中心。[②]

随着信息技术的不断深化，人们对于传感技术研究的加深，将传感技术的含义延伸扩大到了物联网，美、欧、日、韩等都投入巨资深入研究探索物联网，并启动了以物联网为基础的"智慧地球""物联网行动计划""U-Japan""U-Korea"等国家性区域战略规划，以及我国提出的"感知中国"，都代表着新一轮信息技术的兴起，将掀起惊涛骇浪。

[①] 封松林，叶甜春. 物联网/传感网发展之路初探［J］. 中国科学院院刊，2010，25（1）：50—54.

[②] 朱仲英. 传感网与物联网的进展与趋势［J］. 微型电脑应用，2010，26（1）：1—3.

第三节 传感技术与管理创新

传感技术具有数据采集、实时监测、信息传输、协同处理、信息服务五大功能,这些功能运用在组织管理上会擦出怎样的火花呢?能为管理创新带来怎样的变化呢?管理创新有利于创造新的管理模式、有效整合资源、实现管理绩效。而将传感技术运用在管理工作上,推动管理的思想理论创新、制度创新以及具体技术方法创新,以期更好地服务于组织目标的完成。

传感技术在军事、反恐、科研、医疗、制造、交通、抗灾、环保、汽车、家居等众多领域都具有广泛应用。在此,笔者选取运用较为广泛的案例有针对性地展示传感技术在人类生活生产中的应用,读者通过案例便可以更好地理解传感技术是如何代替人的感知功能的。

一、数据采集精确化

案例1:无线传感器网络技术的军事应用

梳理传感技术的发展历程,我们发现传感技术应用在军事方面,能够发挥出巨大的能量与作用。随着传感技术的不断发展,无线传感器网络技术(WSN)的出现,加强了感知功能的开发与利用。WSN强大的感知功能充分体现在执行战场侦察与监控、目标定位、战争效能评估、核生化监测以及国土安全保护、边境监视等方面。[①]

首先是对战场上的侦察,体现了传感技术的精确细致化。通过布置大量的无线传感器网络,充分收集战场信息。与此同时,WSN可以对这些一手数据进行处理,提炼出重要信息并传输到信息数据中心。这里涉及的战场的建筑、天气、地理特点、周围环境等密切相关的信息,体现出收集数据不仅要大容量,还要有精准度。以数据的形式生动再现战场实况,为指挥员进行决策、制订战斗方案提供科学的数据资料和详尽的情报服务。其次是对战场的监控,包括对内对外两个方面的战场监控。第一是保持自身阵地的实时监控,通过布置在军事人员、武器装备上的各类传感设备,采集出相关人员调度和作战设备的准备供给工作,以防作战中间出现物资供给不够、人员应对不及时等现象。第二是利用飞机或其他手段在敌方阵地部署各种传感器,能

---

① 无线传感器网络技术的军事应用——传感技术[EB/OL]. http://www.5idzw.com/dianzi/chuangan2/666504_2.html.

够隐蔽地、精确地获知敌方战营和战术的部署，体现"知己知彼"的思想，通过了解敌方战营，及时调整自身战营的作战部署、作战方案和人员调度等工作，大大减少了监控敌情的危险性和难度系数。最后是目标定位方面，WSN中感知目标信息的节点将感知信息广播（无线）传送到管理节点，再由管理节点融合感知信息，对目标位置进行判断的过程称为目标定位。WSN非常适合对运动目标进行跟踪定位，它本身具有扩展性强、实时性和隐蔽性好的特点，能够为信息指挥中心提供实时位置信息。

信息化战争中，敌我双方谁抢占信息收集优势谁就获得作战的主动权，而传感技术的应用无疑是如虎添翼。一个国家的军事力量影响着国家的稳定与发展，关系着国家的权益和地位。而科学技术则对国家军事实力的提高具有重要的作用，二战时期军事上就已经有运用声探测系统的记录，这是关于传感技术使用的最早记录。现代军事中，更强调科学技术与军事的融合作用，如何研发出先进的作战设备，是增强军事实力的重要砝码。利用传感技术，可以在恶劣环境中快速传达作战信息，实时侦察战场态势，精确目标定位，高效监测核生化袭击，减少人员伤亡和装备损失，大大提高军事作战计划的准确率。

二、实时监测科学化

案例2：霍尼韦尔数字式温湿度传感器应用于雾霾监测

霍尼韦尔数字式温湿度传感器是传感技术监测功能的体现之一，这类传感器具有长时间稳定的特性，能极大限度地减少系统性问题。在应用生命周期内无须维护或更换传感器，也无须定期校准传感器，从而延长系统正常运行时间。测量误差小，精确度高，可暴露于恶劣的冷凝、灰尘、石油环境等应用中。[1]

传感技术应用可以从军事领域延伸到环保领域，说明它是个军民两用的新兴技术。在经济社会高速发展的今天，人类居住环境的好坏已经成为我们高度关注的问题之一。2015年2月，柴静的纪录片《穹顶之下》使雾霾问题得到了社会的广泛关注并引发了舆论高潮，治霾成为改善民生的当务之急。而传感技术的创新就很好地解决了这一难题，不仅仅是雾霾这一个方面，传感器在水质自动监测系统、噪声监测系统、大气环境监测系统中都具有数据采集、实时监测、信息传输的重要作用，这体现着传感技术的不断普

---

[1] 霍尼韦尔数字温湿度传感器应用于雾霾监测[EB/OL]．[2014－02－11]．http：//www.sensorexpert.com.cn/Article/huoniweiershuziwensh_1.html.

及应用。

三、信息传输便捷化

传感技术的信息传输功能即指可以将收集到的信息快捷地传达给信息数据中心，比如军事方面的战时实况信息、大气的实时监测信息、汽车行驶过程中的路况导航信息等。便捷化主要体现在实时传递，实时动态变化，传递信息实时调整。各类传感器在实践的运用过程中，将一线数据进行收集并不能体现数据的价值，只有将收集起来的数据进行传输，使得信息数据中心获取数据，才真正地转动起传感器"传"的发动机，才有可能进行后续的智能化分析过滤工作，进而为组织的管理工作加大马力，激发数据这一动态资源，促进组织目标的高效率完成。

四、协同处理系统化

传感技术作为新一代的通信信息技术，是对组织进行管理创新的技术工具。而如何能够将传感技术的工具性拔高到价值性，就是传感技术自身具备的协同处理功能。如果说数据采集是传感技术智慧化的开端，协同处理功能就是传感技术智能化的集成。体现在军事方面，通过前期一系列的数据收集、信息传输，使得作战方大致了解了战场的各个因素，而将各个重要因素进行整合，系统处理，进而通过信息化技术绘制出作战布局和实战状况，则是协同处理功能所要做的事情。传感技术的感知跳脱了简单定义的"知道"，而是在以人的能动思想为基础，通过传感技术对纷繁复杂的数据集进行整合，将各个信息重新组合匹配，做出系统化的指导，进而加大了组织管理工作的科学性和规范性。

五、信息服务个性化

案例3：传感器将助力智能家居 感知爱家的一切[①]

智能家居的出现，将传感技术的个性化服务功能体现得淋漓尽致。运动传感器是家庭安防系统的重要设备之一。运动传感器与监控录像机配合使用，使得一旦有些"风吹草动"都会将预警信息发送至用户的手机中。温湿度传感器可以为用户提供一个舒适的环境。空气传感器能够改善用户居家空气，从自身的居住环境入手，提高居住的空气质量。有害气体传感器则可以

---

① 传感器将助力智能家居 感知爱家的一切[EB/OL]. [2015-09-24]. http://network.51cto.com/art/201509/492405.htm.

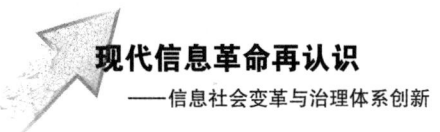

现代信息革命再认识
——信息社会变革与治理体系创新

使人们远离潜在危害。

作为新兴通信技术之一,传感技术以它出众的数据感知、信息传输、协同处理功能,对人类未来生活方式产生了深远的影响。近年来,传感技术拓展到了家居领域,这是技术融合产业发展的新势头。家对于每一个人而言是幸福的港湾,企业致力于打造舒适、便捷的现代家居体验,满足现代人追求高品质、智能化、个性化生活环境的要求。智能化的生活不仅使人们从烦琐劳累的家务中解脱出来,而且使人们有更多时间进行身体锻炼、与家人相处或者是外出旅游等。

案例:智能探测器

探测器是报警系统中最关键的组成部分,是整个报警系统的前端部件,探测器由传感器和信号处理部件组成。IEEE1451 标准族所定义的智能探测器,按功能划分为两个模块,智能探测器接口模块 STIM(Smart Transducer Independent Module)和网络适配处理器模块 NCAP(Network Capable Application Processor),两模块采用探测器独立接口 TII(Transducer Independent Interface)相互连接。

一、研发背景

常用探测器分为电子方式和机械方式,最终报警主机接收到探测器发来的信号基本是开关量信号,即不是断开就是闭合的信号。当报警主机接收断开信号时报警,此时若把探测器与报警主机的连接线短路,则探测器就失效了;而当报警主机接收闭合信号时报警,此时若把探测器与报警主机的连接线开路,探测器也就失效了。同时电子方式探测器或多或少存在误报,而现有机械式探测器探测功能比较单一、误报性高,因此不能提供有效的报警,容易被人为破坏,不为使用者所接受。

二、实践应用

(一)实时监测空气质量

"Bpeer"智能监控是一款内置多个传感器的设备,可以监控多种环境指标,如 PM2.5、有机污染物、空气质量、温度、湿度、噪音、一氧化碳等。"Bpeer"智能监控分为室内和室外。当环境指标不在正常范围内时,设备会在相配套的应用程序进行通知,同时会根据所监测到的各种数值为用户提出建议。

(二) 光辐射测量

智能光辐射探测器适合光电检测中的光辐射测量。其中,智能探测器接口模块的设计重点在于模拟电信号调理电路和数字信号处理电路。模拟电信号调理电路主要包括电流、电压信号转换电路,信号放大电路,增益调节电路,零漂自补偿电路。数字信号处理电路可采用单片数据采集系统及固件程序,实现对智能探测器的下位机控制、模数转换、TEDS读写,以及与接口电路通信。此外,采用基于CP机的虚拟仪器图形化开发环境,可实现STIM上位机控制面板的开发。

小　结

本章主要介绍了传感技术的概念及特征,传感技术的发展历程,传感技术引发的管理创新。本章从管理学含义出发,创新性地定义了传感技术,认为传感技术是将管理对象所产生的物理信号转变成数字信号,以获取数据的技术。传感技术具有以数据为中心、自组织结构、动态性强、资源受限的特点。随着信息技术的不断深化,传感技术历经着多年的发展,对其研究不断加深,已逐渐将其含义延伸扩大到了物联网。由于传感技术具有数据采集精确化、实时监测科学化、信息传输便捷化、协同处理系统化、信息服务个性化,在军事、反恐、科研、医疗、制造、交通、抗灾等领域中广泛应用,同时也引发着组织管理和治理领域的创新和变革。作为数字治理和智慧治理的感技术,传感技术能够遍布社会各个领域,为治理领域获取一手数据、过程数据、碎片数据,有助于数据精确分析和组织决策,是整体"智"治的基础。

思考题:
1. 传感技术的发展历程和时代背景有何联系?
2. 传感技术为当代管理带来了怎样的改变?

第十八章 数字治理和智慧治理的"源"技术：人工智能技术

人工智能技术是当前信息技术中的最高研究领域，在机器人、知识工程等领域发挥着重要作用。随着现代信息技术的变革和应用，公共治理领域也已开启了运用人工智能的探索。

第一节 人工智能技术的概念及特征

一、人工智能技术的概念

人工智能（Artificial Intelligence，AI），从字面可以分为"人工"和"智能"理解。"人工"即人依靠自身思考、制造等；而"智能"则是智慧和能力的总称，具有自我意识和思维。美国斯坦福大学著名的人工智能研究中心尼尔逊教授将人工智能定义为关于知识的学科，即怎样表示知识以及怎样获得知识并使用知识的学科[①]，而美国麻省理工学院的温斯顿教授则认为"人工智能就是研究如何使计算机替代人完成人能够完成智能的事情"[②]。可见，关于人工智能的研究至少应当包含对人类本身智能活动规律的认识和发现、构造智能化的系统，以及如何利用机器模拟人的思维和行动等方面。综上所述，本书认为人工智能技术是通过各种信息化手段模拟人的思维和行为，从而延伸或替代人的某些功能的技术，它的产品是机器人。

人工智能技术是一系列智能技术的统称，它包括大数据技术、模式识别技术（人脸识别）、语言翻译技术、自学习技术、匹配技术、推理技术、规则技术、智能代理技术、神经网络技术、专家系统技术以及遗传代码技术

---

① 贾同兴. 人工智能与情报检索 [M]. 北京：北京图书馆出版社，1997.
② 胡勤. 人工智能概述 [J]. 电脑知识与技术，2010（13）：3507—3509.

等。由于人工智能技术囊括了治理过程中各种数字化、智能化的"源"技术，所以称之为数字治理和智慧治理的"源"技术，它可以对政府管理、社会管理、企业管理等各种数字化、智慧化转型和创新带来技术支撑、模式支撑和思维支撑。

二、人工智能技术的特征

（一）智能计算，为人类提供服务

人工智能技术是处理数据的理想和有效方法，它根据人类设定的程序和算法逻辑，借助芯片等硬件载体来运行或工作。人工智能技术通过智能算法，快速地进行数据获取、储存、加工、处理和分析，从而形成有价值的信息流，以实现对人类期望的一些"智能行为"进行模拟，由此为人类提供服务。人工智能从根本上说，内涵着"以人为本"的理念，为人类提供更加便捷化、智慧化、人性化的服务。

（二）实时感知，与人交互互补

人工智能具有很强的交互性和感知能力。人工智能通过借助传感网将温度、湿度、大小、颜色等物理信号转变为数字信号，从而可以像人一样实时地感知外界信息，以此产生必要的反应。同时，借助按钮、键盘、鼠标、屏幕、手势、体态、表情等方式，实现机器与人之间互动，使机器设备"理解"人的行为。通过实时感知，与人交互，人工智能有利于帮助人类更好地完成工作，甚至是不擅长和不喜欢的工作，从而大大解放人类自身。

（三）自主学习，不断适应演化

人工智能具有一定的学习能力，可以保证其系统具有不断的适应性。具体而言，当外部环境、任务、数据等发生变化时，人工智能可以进行学习后调节相应的参数，更新优化升级。同时，人工智能通过网络，与云、端、人、物深入数字化连接延展，实现机器本身以及人类自身的演化，从而使得系统不断更新迭代，以应对不断变化的现实环境。

第二节　人工智能技术的发展历程

人工智能技术自诞生以来，其发展历程可以归纳为孕育、形成和发展三个阶段。以1956年为界，之前是人工智能的摸索和理论奠基，之后正式作为概念提出、作为一门科学开展研究。步入近代，随着理念创新和计算机发明等物质基础的完善，人工智能技术得到迅速发展，在应用层面取得惊人的成就。

一、第一阶段——孕育阶段

严格来说，人工智能思想并不是现代社会才出现的。早在封建社会人们就开始尝试使用机器来代替人征服自然的劳动。《列子·汤问》一书中就记载了周穆王时期的进献的能言能舞的"机器人"，后世发现达芬奇的众多手稿中也有对"人形机器人"的描绘。

随着西方社会启蒙运动的开展，数学、逻辑学、神经学等领域许多研究者在语言建立和计算推理方面有所建树，为机器的研究和发展带来了思想启蒙和理论奠基。如莱布尼茨首先提出了万能符号和推理计算的思想，成为数理逻辑和现代机器思维的思想萌芽[1]。图灵的理论为后来电子数字计算机的问世奠定了理论基础，他创造了图灵机和能够区别机器是否具备人的思维的图灵测试实验。美国神经生理学家1943年建成了第一个神经网络模型（M-P模型），开创了人工神经网络的研究先河[2]。世界上第一台电子计算机的诞生为人工智能的研究奠定了物质基础。

二、第二阶段——形成阶段

1956年，在美国达特茅斯大学召开的学术研讨会上，人工智能之父麦卡锡提议正式采用了"人工智能"这一术语。此后，美国建立了多个人工智能技术的研究机构。这一时期，人工智能技术在机器学习、定理证明、模式识别、问题求解、专家系统及人工智能语言等方面取得了诸多成就。

在机器学习方面，研制成功了感知机，推动了连接机制的研究。在定理证明方面，王浩利用IBM-704机器实现了数学定理的证明。在模式识别方面，推出了模式识别程序。在问题求解方面，纽厄尔等编制了可以求解11类型问题的GPS。在专家系统方面，费根鲍姆的研究小组在1968年完成的地质勘探专家系统DENDRAL的分析能力已经达到甚至超过该领域人类化学专家。在人工智能语言方面，1960年麦卡锡研制出了人工智能语言

---

[1] 杨汝清. 人工智能的起源与发展[EB/OL]. [2008-07-12]. http://wap.sciencenet.cn/home.php.

[2] 数字经济探索. 人工智能发展简史[EB/OL]. [2020-06-20]. https://baijiahao.baidu.com/s?id=1670022834422810793&wfr=spider&for=pc

（LISP），为专家系统的开发创造了重要的语言工具[①]。

1969年成立的国际人工智能联合会议（IJCAI）是人工智能发展史上一个重要的里程碑，标志着人工智能这门新兴学科已经得到了世界的肯定和认可[②]。1970年创刊的国际性人工智能杂志 *Artificial Intelligence* 对推动人工智能的发展，促进研究者们的交流起到了重要的作用。

三、第三阶段——发展阶段

进入20世纪70年代，许多国家都开展了人工智能的研究。但人工智能技术在各领域遭遇了瓶颈，研究常常陷入困境。经过研究者们的经验总结和不断试错，人工智能技术在理论和应用层面打开突破口，迎来了新的发展。费根鲍姆1977年提出了"知识工程"概念，将知识作为人工智能技术突破的核心[③]。这一观点被大多数人工智能研究者所接受，逐渐形成了以知识为基础的智能系统的研发趋势。在以知识为中心的新时期，多个领域的智能专家系统研究都取得重大突破，许多分门别类的智能专家系统研制出来，在地质勘探、医疗、博弈、辅助工作等多领域发挥不同功能，创造了巨大的效益。在理论方面也有所发展，对人工智能技术的发展提供了支持。1997年IBM公司的"深蓝"超级计算机战胜了国际象棋世界冠军卡斯帕罗夫[④]。

随着大数据、云计算、互联网、物联网等信息技术的发展，泛在感知数据和图形处理器等计算平台推动以深度神经网络为代表的人工智能技术飞速发展，大幅跨越了科学与应用之间的"技术鸿沟"，诸如图像分类、语音识别、知识问答、人机对弈、无人驾驶等人工智能技术实现了质的飞跃[⑤]。人工智能技术在人们日常生活中的普及度日趋升高，其实用性、应用价值得到提升，成为不可忽视的现代信息技术之一。

[①] 数字经济探索. 人工智能发展简史 [EB/OL]. [2020－06－20]. https：//baijiahao. baidu. com/s？id=16700228344422810793&wfr=spider&for=pc

[②] 杨汝清. 人工智能的起源与发展 [EB/OL]. [2008－07－12]. http：//wap. sciencenet. cn/home. php.

[③] 杨汝清. 人工智能的起源与发展 [EB/OL]. [2008－07－12]. http：//wap. sciencenet. cn/home. php.

[④] 谭铁牛. 人工智能的历史、现状和未来 [J]. 中国科技奖励, 2019 (03)：39－46.

[⑤] 李路军. 人工智能的前世今生 [N]. 科普时报, 2020－06－09.

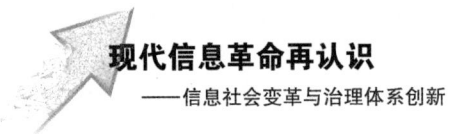

第三节 人工智能技术与管理创新

近年来,在互联网和大数据技术的发展和推动下,人类社会生产的信息化和智能化得到了显著提升,伴随着高质量大数据、高性能计算资源以及深度学习算法的日益成熟,人工智能在一些领域已然走到了人类智慧的前列。人工智能时代的到来,不仅开启了万物感知的新纪元,进一步提升了人类的社会生产能力,同时也给管理与治理模式的变革与创新带来新的机遇。

一、人工智能创新了传统人力资源管理模式

人工智能技术在创新和改变传统人力资源管理模式方面潜能较大。在以往企业、政府和社会组织的人力资源管理中,囿于主体资金预算和关联资源限制,组织创新无法在主体规模和管理人员数量上进行有效改革。面对日益复杂的公共管理事务,主体人力资源管理压力不断增大,而传统人力资源管理模式效率低下,日常公务活动、决策、行政与财政流程周转所需人力数量与质量亟待提高。因此,即使多数管理主体从技术、管理模块优化等途径尝试解决问题,效果却仍不理想。人工智能的应用能够从技术与模式更新上进行优化,在信息收集、流程再造、咨询应答和行政管理等方面替代人员及物资投入,从而改善传统人力资源管理局限,优化和管理创新模式。

二、人工智能为提高管理效率提供了技术支撑

人工智能技术能够为管理创新提供有力的技术支撑。一方面,人工智能技术的嵌入在一定程度上能够减少管理主体对于技术更新所要花费的财务支出。人工智能最大的便利性在于拥有不同于传统机器运作的精准、细致、便捷和迅速,例如在公共管理领域中政府工作部门通过办公自动化的应用很大程度上节省了技术创新、人力更迭和其他公共领域的财政支出,为提高管理效率和提升政务处理灵敏度提供了更为精确的载体。另一方面,人工智能技术的使用和投入能够有效提高管理与治理主体的能力。高素质管理主体是管理效率强化的基本前提,人工智能技术打破了传统管理中需要参与主体全方位参与的运作模式,以深度学习、高速算法和遗传大数据应用的特性赋能机器载体,在电子数据投入的基础上加强了一定程度自主研判和自主修正、调整决策的能力。总体而言,人工智能在技术层面上的应用主要解决了传统管理模式效率低下的弊病,客观上提高了人员积极性,同时为推进管理效益最大化提供可能。

三、人工智能助推管理新思维的转变

理念与思维是行动先导，管理需要发挥最大效率并长久地为社会治理带来积极影响就需要多元治理与管理主体思维的转变和更新。人工智能技术自 AlphaGo 以大比分优势碾压人类职业棋手以来，人们在人工智能技术的应用过程中，态度与想法有了复杂化趋势的转变。AI 产生至今，历经数次形态演进，始终牢固树立"技术"定位，秉持"模拟人脑行动模式"的逻辑大框架，其本质是对人的逻辑思维和思想的强化和延伸。人工智能技术在管理创新中的广泛应用能够推动各级管理组织建立智能高效的管理理念，发挥建设性的辅助性作用，同时 AI 横向嵌入管理活动也反向促使管理新思维朝着精细、科学的绩效导向转变。

四、人工智能促进了治理模式更迭

众所周知，科技企业是全球人工智能产业发展的主力军，以国际科技巨头公司为代表的科技企业引领了全球人工智能技术更新的走向。因此近年来随着国家科技策略与时俱进，技术投入不断提高，科技企业与政府之间的合作为智能化管理创新提供了现实基础。各级政府、社会组织、企业、市场等承担社会治理职能的主体面临着由管理向治理模式的更迭，这也是现代政府治理理论的核心内容要义。但另一方面，治理模式的创新也面临着管理失灵的问题与弊病，而在人工智能技术应用的环境之下，政府与社会的协同治理模式为大数据时代信息安全问题提供了出路。

案例：平安智慧城市运用 AI 技术打造 "2+N+C" 智慧政务平台体系

目前，数字政府的建设正经历由电子化向数字化、智能化发展的阶段，呈现出"决策向智慧化转型""数据集中协同服务"两大趋势。用 AI 赋能数字政府，智慧政务服务将会在更多方面实现快速提升。

平安智慧城市所构建的"2+N+C"的智慧政务平台体系，充分运用了 AI、大数据、区块链等先进技术，总揽数字政府的科学规划与推动统筹，促进政府决策的精准性、实现政府的协同办公、提升政府的智能管理能力。助力政府转变职能，深化简政放权，创新监管方式，推动"放管服"改革。通过 AI 赋能的数字政府，让曾经的"办事跑断腿"变成了如今的"最多跑

一次",真正地提高了市民的满意度和幸福感。①

平安智慧政务通过"2+N+C"的智慧政务平台(见图18-1),全面提升城市数据分析管理能力,精准分析能力覆盖100个以上的数据分析场景、400多个主题,使新项目实施周期减少50%;打造城市级统一平台,助力办公效率提升20%,信息泄露风险降低87.5%;助力监管巡查效率提升60%,产业分析效率提升80%,促使营商环境排名大幅提升。

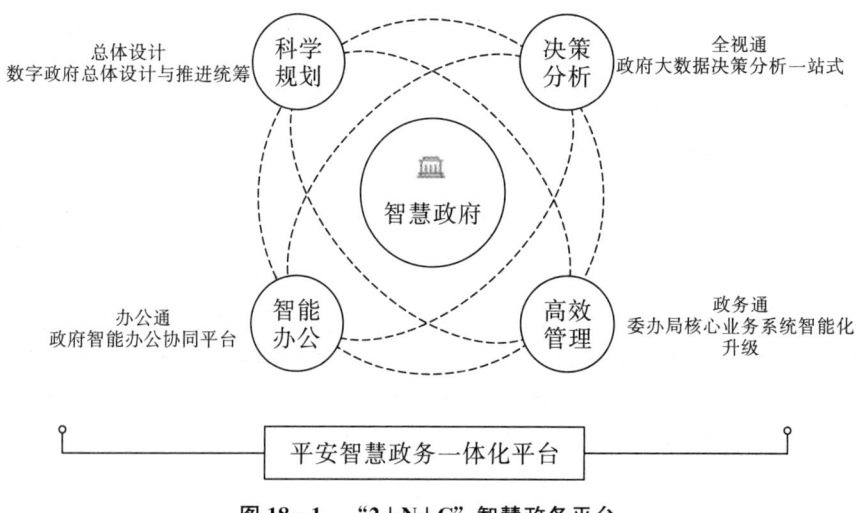

图18-1 "2+N+C"智慧政务平台

其中,"全视通"作为城市智能大脑,运用城市中台能力支撑政务大数据智能分析,构建覆盖经济产业、城市治理、社会民生的30多个领域、100多个数据分析场景、400多个主题、3000多个指标、10000多个数据—系统—场景血缘脉络,1个月即可快速上线部署。运用城市中台能力,打造城市运营管理中心,让政务大数据从"看不见"变为"看得准",高效辅助政府各级决策。"全视通"可以推进统一数据平台、打通业务数据、规范数据管理、构建分析体系;运用 AI 智能执法优化指挥流程、提高监管效能、降低管控风险。

"办公通"依托 AI、IoT、大数据等技术,应用在智能办公场景上,通过整合政务办公、沟通协作、业务互通、数据决策,打造了一个智能、安全、协作的政府智能办公协作平台,依托 AI 办公场景,100%系统汇聚入口,智能管理人、文、事、会、物,解决政府办公慢、办事碎、办事难、集

---

① AI 碰上政务,智慧城市如何驶入快车道?[EB/OL].[2021-04-28]. https://www.sohu.com/a/338663089_99944406.

成少的问题，实现100％智能移动办公覆盖率，有效提高办公效率40％。"办公通"可以实现自动关联的智能办公，办公协作之间的安全交流，AI代替人工书写会议纪要等。

"政务通"依托委办局核心业务系统智能化升级，切合委办局专业业务痛点，用创新科技赋能委办局业务管理体系，提升管理效率，形成核心业务管理平台。"政务通"的应用场景包括智慧市场监管、智慧经贸和智慧发改。其中，智慧市场监管一体化平台涵盖了原工商局、质监局、食药监局系统，利用8大AI智能场景实现了事前事中事后的全程化智慧监管，有效提升了巡查、办结效率等；智能化城市经济发展服务平台运用大数据画像＋AI分析城市全产业运行，打造产业促进平台，让资金全流程优化监管，实现城市经济产业发展一体化管理；智能化城市综合调控平台建设投资项目管理系统，智能管理全流程，实现了可见、可控、可用的监管模式。

人工智能技术的不断发展，使得AI技术真正能够服务于人类，人类与AI之间能够进行有温度的对话与交流。现在，AI不仅可以理解人类特有的感情，更能为人类社会的运行发展提供技术支撑。从"能办事"到"办好事"，从消除办事难到不断提升办事体验，从数据分析到辅助决策，AI应用于政府决策领域，在提升市民获得感、幸福感的同时，不断优化营商环境，为推进数字政府、新型智慧城市建设发挥新的更大作用。

小 结

人工智能技术是通过各种信息化手段模拟人的思维和行为，延伸替代人的某些功能的技术，包含一系列智能技术，是数字治理和智慧治理的"源"技术。其具有智能计算、实时感知、自主学习三大特征，能够为人类提供服务、与人交互互补、实现自身演化。人工智能技术的发展经过了孕育、形成和发展三个阶段，发展至今，人工智能技术成为不可忽视的现代信息技术之一。

人工智能技术时代的到来为管理和治理模式带来了新的变革，一是创新了传统人力资源管理模式，二是为提高管理效率提供了技术支撑，三是推动管理新思维向精细、科学、绩效导向转变，四是促进了治理模式更迭。

思考题：
1. 什么是人工智能技术？它经历了哪些发展阶段？
2. 当前，人工智能技术在公共管理领域中有哪些应用？请举例。
3. 人工智能技术对政府治理、社会治理有哪些深远影响？

第十九章　数字治理和智慧治理的"合"技术：物联网技术

物联网技术是继计算机技术和互联网技术之后又一颠覆性技术，物联网技术实现了万物互联，其核心表现为四端联动，即感知端、传输端、云端和应用端。感知端是将一切事物转化为计算机可识别的数字信号的过程，传输端是对数字信号进行传输，云端是对数字信号进行整合、分析的过程，而应用端则是利用整合后的信息来辅助决策、提供服务的过程。物联网实现了对人类功能的替代，也给管理带来了极大的变革。

第一节　物联网的概念和特征

一、物联网的概念

1991 年，美国麻省理工学院的 Kevin Ashton 教授首次提出"物联网"这一概念。1999 年，美国麻省理工学院建立了"自动识别中心（Auto-ID）"，提出了"万物皆可通过网络互联"，阐明了物联网的基本含义。2005 年在突尼斯举行的信息社会世界峰会上，在 ITU 国际电信联盟发布的题为《ITU 互联网报告 2005：物联网》的报告中，正式提出了物联网的概念，重新定义了其含义和范围。报告中指出，信息与通信技术的目标已经从满足人与人之间的沟通发展到人与物、物与物之间的连接，它标志着无所不在的"物联网"通信时代即将来临。

简而言之，就是"物物相连的互联网"[1]。物联网最早的实践案例即 1990 年施乐公司开设的网络贩售可乐机——Networked Coke Machine。

---

[1]　刘锦，顾加强. 我国物联网现状及发展策略 [J]. 企业经济，2013（4）：114—117.

2009年9月,物联网与企业环境中欧研讨会在北京举办,参会的 Lorent Ferderix 博士给出了欧盟对物联网的定义:物联网是一个动态的、全球性的网络基础设施,它在标准和相互操作通信协议方面,具有自组织能力。其中物理的"物"和虚拟的"物"具有身份识别、物理属性、虚拟特性和智能接口的特点,并与信息网络紧密连接。物联网将与媒体、服务、企业的互联网一起,构成未来互联网。[①]

关于物联网的"物",我们扩展为"硬物"(或"实物",即一件物品)与"软物"(或"虚物",即一项工作或一项服务)。被纳入"物联网"的范围需要满足以下9项条件:相应的信息接收器,数据传输通路,一定的存储功能,CPU,操作系统,专门的应用程序,数据发送器,遵循物联网的通信协议,具备唯一编号并在世界网络中可被识别。这样的软硬结合,通过连接点实时传输,物联网便可以为管理的各个环节服务了。

无论是国内还是国外,物联网的研究和开发仍处于起步阶段,目前关于物联网的定义和特征还存在一些混乱的概念,体系架构、关键技术等的界定尚不清晰。鉴于此,本文认为物联网是通过一系列信息传感设备,如射频识别(RFID)、全球定位系统、红外感应器、激光扫描器等,按照约定的协议,赋予物体智能,通过各个端口与互联网连接起来,形成一个巨大分布式的网络,让物与物相互连接,从而实现智能化识别、定位、跟踪、监控和管理的一种网络。此外,物联网作为现代信息革命的第三次浪潮的代表,其内涵远远超过了物联网技术本身的概念,而是囊括感知网、互联网、其他网络和通信技术、广电网络系统、云计算技术(含大数据技术)、纳米技术、可穿戴技术、M2M、MEMS技术、感知技术等在内的对一系列现代信息技术的高度集成;全面感知、准确实时传输和智能处理是物联网技术的三大联动特征。[②]只有清晰呈现物联网技术的内涵,透彻剖析物联网概念,才能真正稳健地打造以物联网为新一轮现代信息革命代表的物联网管理模式,否则所有管理模式的构建和思考将会是"空中楼阁",随时面临倾斜坍塌的危险。

物联网的发展,实现了客观世界中物物相连,是继计算机、互联网之后现代信息革命的第三次浪潮。它以一种更智慧的方法来改变人们交互的方式,也将对人类的生产和生活方式产生巨大冲击和影响。物联网从提出发展

---

① 马文方. 物联网:欧盟在行动[EB/OL]. [2010-04-07]. http://news.rfidworld.com.cn/2010_4/20104799317468.html.

② 王谦. 物联网管理模式——基于以物联网为代表的新一轮信息革命浪潮的管理思辨[J]. 四川大学学报(哲学社会科学版),2014(05):119-126.

至今,已经在各行各业中获得了广泛的应用,人类社会正以不可阻挡之势迈向物联网时代。

二、物联网的特征

物联网通过利用新一代信息技术来改变政府、企业和人们交互的方式。与传统的互联网相比,物联网有其鲜明的特征。

（一）全面感知

利用 RFID、传感器、二维码、GPS 等设备可以随时随地采集、获取和储存物体的信息。物联网内拥有大量各种类型的传感器,每个传感器都作为一个信息源,对物体的信息进行实时的感知和获取,能够及时和不断地更新数据。

（二）实时准确传输

通过各种有线网络、无线网络及其他信息技术设备,实现通信网、互联网、广电网的三网融合,把前端信息采集设备采集和接收到的物体信息实时、准确地传输出去。

（三）智能处理

利用云计算、模糊识别等各种智能处理技术,对海量数据和信息进行分析、加工和处理,对物体实施智能化控制,并形成各种决策方案,以适应各级各类用户的不同需求。

物联网的三个重要特征有机联合才能构成真正的物联网（见图 19-1）,否则只是取其名而已。

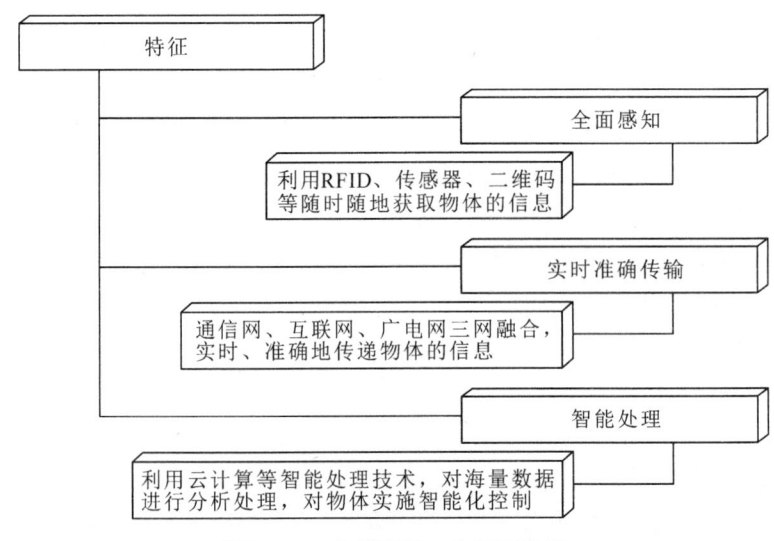

图 19-1　物联网的三大重要特征

第二节 物联网的发展历程

物联网（The Internet of Things）起源于传媒领域，是信息科学技术产业的第三次革命。物联网是基于互联网、广播电视网、传统电信网等信息承载体，让所有能够被独立寻址的普通物理对象实现互联互通的网络。

一、物联网在国外的发展历程

1995年，比尔·盖茨在《未来之路》一书中首次提及物联网概念。

1998年，美国麻省理工学院（MIT）创造性地提出了当时被称作EPC系统的"物联网"的构想。1999年，美国Auto-ID首先提出"物联网"主要是建立在物品编码、RFID技术和互联网的基础上。同年，在美国召开的移动计算和网络国际会议提出了"传感网是下一个世纪人类面临的又一个发展机遇"。

2005年11月17日，在突尼斯举行的信息社会世界峰会（WSIS）上，国际电信联盟（ITU）发布的《ITU互联网报告2005：物联网》报告中指出，人类即将迎来无所不在的"物联网"通信时代，世界上所有的物体都可以通过互联网主动进行交换。

2009年1月28日，奥巴马与美国工商业领袖举行了一次"圆桌会议"，IBM首席执行官彭明盛首次提出"智慧地球"概念，建议新政府投资新一代的智慧型基础设施。IBM大中华区首席执行官钱大群在2009IBM论坛上公布了名为"智慧的地球"的最新策略，得到了美国各界的高度关注。IBM认为，IT产业应该在下一阶段将新一代IT技术充分运用在各行业各领域之中。

二、物联网在中国的发展历程

1999年，中国科学院开始着手传感网研究，组成了2000多人的团队，先后投入数亿元。

2004年，全球产品电子代码管理中心授权中国物品编码中心为国内代表机构，负责在中国推广EPC与物联网技术。

2009年9月，我国物联网标准体系已形成初步框架，向国际标准化组织提交的多项标准提案被采纳。

2009年9月，南京邮电大学成立全国高校首家物联网研究院、物联网学院。

2009年11月,时任总理温家宝在人民大会堂向首都科技界发表了题为《让科技引领中国可持续发展》的讲话,指示要着力突破物联网、传感网关键技术,物联网产业随即被列入国家五大新兴产业之一。

2009年11月,中国物联网研究发展中心在无锡成立。

2009年11月1日,集聚产业链上40余家机构的中关村物联网产业联盟成立。

2009年11月12日,中国科学院、江苏省和无锡市签署合作协议,成立中国物联网研发中心;同时,国务院正式批复同意无锡建设国家传感网创新示范区。

2010年1月江苏无锡高新技术产业开发区正式获批为国家电子信息(物联网)示范基地。

2010年2月,苏州市政府与中国移动通信集团公司签订了"感知中国,应用中心——苏州"项目合作协议。12月,杭州市政府推出"感知中国·智能杭州"工程,并举办了"1511"系列活动,即1个主论坛、5个分论坛、1个RFID创新与应用体验馆开馆活动、1个杭州物联网产业发展成果展览。

2010年6月,中华人民共和国工业和信息化部(简称工信部)将物联网规划纳入"十二五"的专题规划。

2011年6月,中国国际物联网大会暨展览会在上海召开。

2011年10月,中国国际物联网(传感网)博览会在无锡开幕,博览会的高端论坛——第二届中国国际物联网大会同期开幕。博览会上发布了《2010—2011年中国物联网发展年度报告》,该报告以美、欧、日、韩等经济体的物联网发展与中国物联网的现状发展做比较,并分析出中国物联网在发展中有着政策投入强劲、产业链成熟等特点。

2011年年底,工信部制定了《物联网"十二五"发展规划》,重点培养物联网产业10个聚集区和100个骨干企业,实现产业链上下游企业的汇集和产业资源整合。

2012年4月25日,第三届物联网大会在北京开幕,从专业和科学的角度出发,直面物联网的核心问题和难点问题,分析物联网的现状和机会,正确引导我国物联网的健康发展。同期举办盛大国际物联网博览会,会议内容涵盖物联网的政策、技术、应用、商业模式等。

第三节　物联网与管理创新

信息化的发展，特别是物联网技术的发展，不仅为人类管理活动带来了新的手段与方式，提供了管理创新的途径，同时能够有效改变传统组织在战略上各自为政的局面，给政府管理带来根本性的变革。而如何进行政府管理的创新与变革，需要从以下四个方面论证。

一、统一规划和领导的管理理念

按照统筹规划、分工协作、保障重点、急用先行的原则，建立高效协调机制，积极推动自主技术标准的国际化，逐步完善物联网标准体系。首先，加速建设标准化的体系框架。其次，积极推进共性和关键技术标准的研制。最后，加强专业化公共服务平台建设。建立健全各行业统计和运行监测分析工作体系，进而加强对重大项目建设的监督、检查和处理，推动物联网产业发展。

二、提升安全保障体系建设水平

构建信息安全保障体系，完善物联网信息安全的顶层设计。加强监管工作，进行重大项目的安全监测和风险评估，实现以政府和行业主管部门为主导，第三方测试机构参与的物联网信息安全保障体系，建立有效的预警和管理机制，大幅度提升信息安全保障能力。

对各类物联网应用示范工程全面开展安全风险与系统可靠性评估工作。加强网络基础设施安全防护建设，加强对基础设施性能的分析和行为预测，有针对性地做好网络基础设施的保护。

三、完善物联网相关法律法规建设

深入研究国内外的物联网发展态势，找出和分析发展中出现的热点、难点，结合国情实际，及时制定出台相关管理办法。归纳、总结、推广各地区、各部门的先进经验，加强政策协调，制定促进物联网健康稳定发展的政策法律规范。

四、加大人才队伍建设和财政资助

重点培育一批具有强影响力、号召力的大企业，营造企业发展良好氛围,加强产业联盟建设。制定和落实相关人才引进和配套服务政策。加大力度培养各类物联网人才,建立健全激励机制,形成专业的技术人员团队。

增加物联网发展专项资金规模,加大产业化专项等对物联网的投入比重,鼓励民资、外资投入物联网领域。落实国家支持高新技术产业和战略性新兴产业发展的税收政策,支持物联网产业发展。

案例:智慧家居

一、基于物联网下的智慧家居简介

智慧家居主要以房屋住宅为平台,是兼具建筑、网络通信、智能家电、设备自动化,集系统、结构、服务、管理为一体的高效、舒适、安全、便利、环保的居住环境。[①] Home Automation Association(HAA,家庭自动化协会)将智能家居定义为一个使用不同的方法或设备的过程,以此来提高人们生活的能力,使家庭变得更舒适、安全和有效。

传统的智能家居,包含了智能家电的控制、智能安防、智能影音等方面,已经广泛地得到了一些国家住宅区的应用。基于物联网的智慧家居,主要是在传统智能家居的基础上涵盖了远程监控、家庭医疗保健和监护、信息服务、网络教育,以及联合智慧社区、智慧城市的各项拓展应用,主要表现在智能家电控制、智能灯光控制、智能影音、智能安防、远程监控、讯息服务和网络教育。

在物联网时代的智能家居可以理解为一个更复杂、庞大的家居智能化系统,借助于总线、无线等各种通信技术的融合,让各种融合了智能、监测的产品可以借助于系统平台实现互联互通互动,并为用户带来一种便捷的智能生活方式。

二、智慧家居产业前景

随着科技的发展、人们生活水平的提高以及一波高过一波的智能热潮,智能家居行业已经取得飞速发展并日益渗透到平常百姓的生活中。

智慧家居在美国、德国、日本、新加坡已经获得了广泛的运用。美国是家居智能与自动化系统、设备最大的市场,谷歌、苹果、微软等行业巨头更

---

① 肖永清.探寻"无网不胜"的智能住宅世界[J].居业,2013(06):67—77.

是在智慧家居领域领跑全球。日本也是家居智能化发展较快的国家，除家庭电器联网自动化之外，它还通过生物认证技术实现了自动门禁识别系统。智慧家居引入中国，由于诸多原因，其发展步伐相对缓慢，作为一个新生产业，目前国内正处于一个成长期的临界点，市场消费观念还未形成，创业者所推出的相关智能硬件产品一直处于争议状态。但随着智慧家居市场推广普及的进一步落实，培育起消费者的使用习惯，智慧家居市场具有不可忽视的消费潜力；国家政策扶持与规范引导、智慧城市建设的逐步深入与完善也为智慧家居的发展注入了原动力，加之物联网技术的发展与兴盛更是给传统智慧家居指明了发展变革之路，家居大智能化时代已经到来，智慧家居产业前景十分广阔。

小　结

本章主要介绍了物联网的概念、体系架构（包括感知层、传输层、智能处理层、应用层）、物联网的关键技术（射频识别技术、传感技术、纳米技术、智能嵌入技术、云计算、IPv6 技术），进而介绍了国内外物联网的发展现状。"物联网（The Internet of Things）"这一概念出现之后，世界各国纷纷掀起发展物联网的热潮。自 2005 年 11 月 17 日，《ITU 互联网报告 2005：物联网》在信息社会世界峰会（WSIS）上发布之后，各国热烈响应，陆续制定各自的发展战略，随后逐步展开了相应的计划和行动：美国的"智慧地球"、欧洲的物联网行动、日韩基于物联网应用建立"泛在社会"的信息战略等。在我国，2009 年时任总理温家宝考察无锡时，也提出了建立"感知中国"的指示。目前，各国均已形成了各具特色的政策规划，诸多领域积极引入并推广物联网的技术应用。最后对物联网的发展趋势、发展规模做出了预测，并列举了物联网的应用实例。物联网将成为下一个亿万元级别的新兴产业和行业，它将作为全球新一轮社会经济发展的主导力量，推动世界经济向下一个阶段迈进。

思考题：
1. 物联网带给智慧家居的产业变革意义在哪里？
2. 物联网带给管理方面的影响表现在哪些方面？
3. 简要分析互联网＋、云计算、大数据、传感技术与物联网的关系。

Chapter4　第四篇
信息社会新思维

  现代信息革命将我们的生产生活管理带入了一个全新的信息社会，新事物、新模式的大量涌现，势必冲击着我们已经习惯了的传统工业社会的经验、理论、价值观，从而逐渐形成新的思维、新的价值观、新的理论体系。本篇将讨论新一轮信息革命带来的思想的转变。信息技术的广泛应用改变了人们的生活方式，组织的管理理念由管制管理向服务管理转变，管理方式从结果管理向过程管理转变。信息技术的虚拟性改变了人们的生活方式，人们的世界观、伦理观的转变，也带来法律法规的配套转变。

第二十章　去割裂化新思维

第一节　去割裂化新思维的形成基础

去割裂化指向传统组织与管理中"条块式""孤岛式""分裂化"等导致的管理效率低下、组织结构臃肿僵化问题。以形成的管理学云计算思路破解上述难题，试图去弥合割裂化的组织形式、构建去中心化的组织架构、建成呈扁平化的组织结构，换句话说，拟解决的这些问题也是管理学云计算思维落地模式化的运行路径。管理学云计算思维是信息技术与组织管理创新融合的产物，旨在改善并解决组织结构与管理中存在的割裂化、条块式的影响组织管理效率的问题。

一、弥合割裂化的组织形式

"割裂化""条块式"在传统组织管理中客观存在，既是组织运行的一种显现特征，也是组织实现管理创新的无形障碍。在特定的社会环境下，传统割裂式的组织形式在提高组织管理效率、优化组织运行效能方面具有重要作用。

进入信息社会后，新的社会特征决定了社会互动与发展的转向，网络化、虚拟化、数字化的社会互动形态反向推动组织管理创新；同时，割裂化的组织形态一定程度上导致了信息割裂、数据孤岛等现实性问题迫切需要寻求一种有效路径进行根治，去割裂化思维的发展逻辑之一即指向解决割裂化的组织形式。在弥合组织形式中具体的割裂化问题时，管理学云计算思维的运行逻辑遵循"专业事务交予专业人员处理、要求组织将注意力集中于核心职能的理念"[①]，通过倡导组织重新梳理工作流程和业务服务"元"事项，解构重复建设的工作系统，搭建起集中化和系统化的工作流程，将重复性程序化的行政事务与组织核心职能分离，以大数据为支撑的云计算为组织赋能、低成本优化工作流程，组织为管理云计算模式赋权、高效化处理复杂事务，相互配合与成就。

以管理学云计算思维为代表的去割裂化思想具有一套应对割裂化问题的自恰路径，以业务和服务本身为导向、下沉顶层设计职能、外包专业化技术、内控数量庞大的数据群，以确保组织高度完成业务和服务过程。

二、实现去中心化的组织架构

去中心化是遵循科学化的模式对组织架构进行重构，以形成开放式、多中心、平等式的组织特征和形态。去中心化作为管理学云计算思维的核心，旨在化解传统组织高度集中的特征所形成的组织结构与组织权力内卷化矛盾。

管理学云计算思维倡导组织与社会形成良好的合作关系。组织管理层专注于专业化的决策职能，将技术服务外包于专业技术团队，并与之形成良好的系统开发维护、数据挖掘利用的协作关系。不再将组织视为无所不能、无所不包的全能型组织，充分发挥组织本身、社会主体的专业特长，辅助组织厘清业务流程，更好地实现管理创新。

而多元治理、协同治理理论则为管理学云计算思维成为现实模式奠定了理论基础，倡导多元主体参与、多重手段创新，借助多元力量促进组织在数字化时代实现转型。

三、建成扁平化的组织结构

组织架构去中心化后形成扁平化的组织结构，这是在组织变革过程中应用信息化技术达成的一种状态。现代信息技术给予改善传统组织结构臃肿、服务效率低下问题的可能性，管理学云计算的创新思维和实践模式对这种可能性做出了回应。

强调专业化、梳理"元"事项、注重核心职能、外包专业技术等的管理变革，是优化组织结构、形成扁平化形态的过程。扁平化实现了组织结构的精简，改善了组织以往臃肿、低效和僵化的问题，增强了组织间信息流通的灵活性和有效性。通过组织职能的下沉与外包、管理手段的内紧与外松，使

---

① 王谦，何晓婷．治理能力现代化视角下构建管理学云计算模式初探［J］．西南民族大学学报（人文社科版），2019，40（5）：222－226．

得组织整体保持在一定的活力弹性范围内，组织不再是一个无所不包的全能型主体而忽视了自身的核心职能与专长。

第二节 去割裂化新思维的创新意义

管理学云计算是去割裂化、空间四维化思维等综合作用的结果，指的是专业团队或组织利用专业设备对社会共同事务进行专业管理的一种模式，是将技术与管理相结合，推动组织机构适应现代信息社会新特征，实现组织机构"基因"重组的创新模式。这种创新模式源于创新思维，信息社会中快速发展的信息技术和信息技术高度渗透组织管理的现实背景，给予组织管理创新系统化的技术基础、多元化的思维源泉和结构化的组织模式。简单来说，管理学云计算思维事实上是一种突出"专业化"的思维以促进组织实现管理创新，其创新意义主要体现在促进组织管理手段创新、实现管理模式创新和优化组织服务创新。

一、为驱动多种科学融合奠定基础

以思维创新为起点，整合信息技术，驱动实践创新有效推动了多学科走向融合。吉姆·格雷认为科学研究依次出现的四种范式是：实验科学、理论科学、模拟科学和数据科学。[1] 显然，当前科学研究已经进入数据科学研究范式阶段。在网络技术迅速发展的背景下，数据科学、管理科学和技术科学具有融合的必要性和可行性，其初步探索也得到广泛的关注和应用。管理科学建构起框架、数据科学和技术科学既强化管理的内容又丰富了管理手段，能够有效应对当前网络技术、网络平台发展对组织管理幅度、宽度、力度的要求。

互联网与大数据的发展加快了管理科学、数据科学与技术科学之间的快速整合。一方面信息技术推动社会、经济生活数字化，另一方面互联网等平台的成熟完善进一步将管理科学的思想落入实践层面。管理科学是在管理现代化的背景下提出来的，是衡量国家发展现代化的重要指标[2]，其核心内容是展开对管理内容、方法和对象的讨论研究。而管理云计算模式以管理科学

---

[1] Tony Hey, Stewart Tansley, Kristin Tolle. 第四范式：数据密集型科学发现 [M]. 潘教峰，张晓林，译. 北京：科学出版社，2012.

[2] 李雅茹. 管理科学发展的内在逻辑与未来趋势 [J]. 经贸实践，2018（15）：228.

的核心内容为基础，结合数据科学充实管理内容、丰富管理对象，结合技术科学强化管理方法，将管理内容和对象有序化、秩序化。同时，数据科学和技术科学将组织决策程序和决策工具科学化，减少组织决策过程中人为因素的干扰。也就是说，建立在管理科学、数据科学和技术科学融合基础上的管理学云模式，有力推动组织从科学管理到管理科学的转型。

这种科学融合与思维创新能够有效推动实践创新。在公共管理实践领域，成熟于福建省的"政务云""生态云"，萌芽于贵州省的"云长制""云端教研室"等云模式，成为大数据、云计算和物联网等现代信息技术助力政府治理的创新案例，这种新型的治理模式本身是多种科学融合发展的结果，且这些创新治理模式不断丰富管理学云计算模式的内涵。

二、为推动组织结构变革提供方法

信息社会去割裂化思维为创新管理手段提供了思路，为推动组织结构变革提供了路径。管理学云计算思维的重要产物是构建起与之思想相匹配的云模式，提供以组织精简结构、优化流程的方式方法。信息社会中信息技术的快速发展奠定了数据治理时代坚实的方法论基础，新的技术为组织结构变革坚实基础、提供推动力。以大数据、云计算为载体，信息社会中实时产生和更新的数据被有效、有序存储和运算，并使之成为组织决策的重要信息。

云计算依托其基础设施即服务、平台即服务、软件即服务的三种服务模式，满足组织个性化的需求，一方面大量的数据资料有被存储、运算的平台，为数字化资源存储提供了保障，另一方面云计算技术成熟发展为大量数据变成有效的决策信息奠定了坚实的基础。

三、为推动组织结构变革构建路径

新思维为推动组织结构变革构建起实践路径，在去割裂化思维的指导下，管理学云计算模式为行动指南提出了一种助推组织结构改革的行动框架。这种模式既是一种理论图景，也是一种实践路径。其应用的基础是组织能够有效地将顶层设计、宏观掌控、协调统筹等调控职能与组织运行所需的专业化操作职能、系统维护、更新职能进行区分，组织执行好前三者重要职能，掌控好系统数据生成的真实性、内容的全面性，保障数据的安全性，保证使用过程的合法合理性，将专业性的数据存储、模块分析等职能交予专业的技术团队进行运行，以缓解组织因专业性棘手问题而导致的组织结构臃肿、各部门间任务职能交叉、数据来源多元但归总数据规模较小、辅助决策能力不足等问题。

快速信息化的时代背景，社会、经济生活不断被数字化。就政府部门来说,以数字化、网络化、智能化等为特质的新一代信息通信技术驱动政府转型驶入快车道,全方位重塑与再造政府组织、政务流程、行政审批、政民互动等体制机制,对政府治理体系产生革命性催化,致使数字政府建设具有战略性和技术可行性。① 至此,各国制定并实施"数字战略",以期以数字化、信息技术为突破口形成改革新动能,占据新一轮发展优势。以此为基础,组织间的合作与分工呈现出新的模式,数字生产、数字加工、数字分析与应用等程序背后各是一组数量规模较大的企业和组织。任何一个组织都能成为数字生产、加工或是直接应用的主体,这种趋势下,组织结构的变革方向呈现出与数字加工环节相一致的方向,充分利用市场专业化程度较强的组织,以辅助职能部门做好数字信息的深加工,有效助力决策。

小　结

本章主要介绍了信息社会下去割裂化新思维的形成基础和创新意义。去割裂化新思维是信息社会背景下,对工业社会所遗留下的管理弊病的再认识。去割裂化新思维也是管理学云计算思维,即信息技术与组织管理创新融合的产物,在弥合割裂化的组织形式、实现去中心化的组织架构、建成呈扁平化的组织结构中显示出独特的优势。在现代信息技术高速发展和深度融合组织管理的现实中,去割裂化思维基于专业化、多元化、信息化、系统化指导管理方式创新,具有驱动多种科学融合、推动组织结构变革、促进组织管理手段创新的创新意义。

思考题:

1. 去割裂化思维具有哪些创新意义?

2. 现代信息革命背景下,国家治理转型中面向去割裂化的整体性治理策略是什么?

3. 请举例体现去割裂化思维的创新实践。

---

① Tomasz Janowski. Digital Government Evolution: From Trans formation to Contextualization [J]. Government Information Quarterly, 2015 (32): 221—236.

第二十一章　空间四维化新思维

第一节　新思维背景下的多元整合

信息社会作为一个全新社会形态，带给社会的变革与重组社会生产力、生产关系的力量不可小觑。全新社会形态下理应具备与新社会、新特征相匹配的全新思维。多元整合化思维是现代信息社会的全新思维，由于第四维网络虚拟空间的包络，使得人们重新审视社会结构，在充分认识信息社会这一巨变的前提下改革生产力与生产关系。工业社会及更早时期，处于割裂化状态下的社会主体无法形成一个全面细致整合的思维，去解决社会暴露出来的问题，而在现代信息社会，去中心化、去割裂化为社会治理塑造了一个完整解释框架，整合化思维已不难实现，无论是在人们的理论思辨还是实践探索中，碎片信息的流通与整合、多维空间的扩展与衔接、专业平台的融合与互嵌，使得现代信息社会能够以最快的速度整合社会在发展中显露出来的各种生产关系，诸如在解除部门壁垒、机构重叠等实践困扰中大显身手。

一、整合碎片信息

碎片信息是现代信息社会一个不可逃避且必须直面的问题。碎片信息一直以来都存在，只是在信息化时代最为广泛。笔者认为信息社会的碎片化信息在一定程度上指涉网络虚拟空间生产的大量数字信息，这类信息产生速度极快且非体系化。

在现代信息社会，信息量随着时间推移呈指数级增长，我们已经能够借助现代信息技术实现数据信息的大量存储，然而要想真正实现得以保存的这些信息的存在价值，还需要对这些碎片化的信息加以整合分析再利用，在此基础之上所做出的行动才会更加合理。碎片信息的整合之于个人能够被提供更多定制式的服务，之于社会公共利益最大化的服务。

碎片信息的整合得益于现代信息技术，信息技术以其全面的捕捉能力、快速的传输能力、高效的整合能力将日常的碎片信息转化为具备利用价值的数字资源。现代信息技术为碎片信息整合提供了巨大便利，透过现代信息技术，使得原本存在于三维立体空间中被隔绝的碎片信息暴露并汇集于网络虚拟空间，凭借特殊的信息整合处理技术为人们决策提供精准信息指引。对管理实践来说，碎片信息的整合能够使杂乱无章的信息更加体系化，而体系化的信息更具备可分析价值，管理者也只有在对信息充分挖掘并分析的基础之上才能做出更加合理的决策。

二、整合虚实空间

空间四维化是现代信息社会一大特征。具体指的是，现代信息社会借助互联网技术实现线下三维实体空间与线上网络空间共存的多维度社会空间状态，其结构由实体三维空间、网络空间两大主体构成。[1] 现代信息技术为虚实空间的联结构架了"桥梁"，而资源流通整合又以一种"软"动力的形式增强虚实空间的黏合度。

网络虚拟空间的虚拟性并不代表它不存在实际意义，也不代表它可以有完全超越实体三维空间而不再理会实体三维空间的重要性。信息技术已经为我们解决了这个问题，其勾勒出的虚实结合的轨道正是让我们能够更好理解与完善这个社会所做出的最大努力。实体三维空间与网络虚拟空间并不是两个相互隔绝的不同的状态，正如笔者把网络虚拟空间当作实体三维空间的"镜像世界"一样，网络虚拟空间是实体三维空间向高维度空间一层延伸的空间，而实体三维空间又是网络虚拟空间赖以存在的基础，二者相互融合、相互渗透。信息社会空间的四维化特征有效延展虚拟与实体空间之间的互嵌渠道，而其中信息技术则是二者互嵌的技术支撑。[2]

虚实空间的有效整合，不仅带给人们生活上的改变，给社会治理也带来了改变。由于社会治理场域从实体三维空间延伸到网络虚拟空间，因此，社会治理主体不仅需要关注个体在实体三维空间中的活动状态，还要了解个体在网络虚拟空间中的行动规则。换句话说，现代信息社会延伸了治理场域，管理人员的视野应当从工业社会时期眼观三维实体空间转换到现代信息社会四维化空间，以一种全新的整合性的思维去思考过往、当下、今后可能出现

---

[1] 王谦，何晓婷.场域拓展、资源整合与平台实践：信息社会政府治理创新的认知维度［J］.中国行政管理，2019（12）：41—46.

[2] 王谦，何晓婷.场域拓展、资源整合与平台实践：信息社会政府治理创新的认知维度［J］.中国行政管理，2019（12）：41—46.

的治理难题。虚实空间的有效整合是集合理论上的必要性与实践上的可行性的多维度应用场景。在化解工业社会割裂化弊端的同时，利用各种产业模式创新、流程创新、管理创新给社会注入了新鲜的血液。虚实空间的整合以扩展人们视野的方式精准地把握着信息社会治理的脉搏，治理主体不会再苦苦哀求于区域割裂、多中心化而束手无策。

三、整合多重平台

现代信息社会带来了诸多线上平台化服务，各种诉诸现代信息技术的平台镶嵌于虚拟网络空间之中，不同属性的平台为跨界竞争、跨界合作埋下了基石。多重平台的整合在资源整合、社会治理、多赢众赢等方面发挥着强势作用。基于平台的组织管理结构是"自下而上"的，平台管理的基本架构是：基础设备做底层，应用平台做顶层，服务窗口前置，后台管理做支撑，信息采集网络、传输网络、交互规则做连接的前后衔接、上下匹配、中心传输的"立体式"网状结构。[①] 信息社会整合多重平台以实现平台化配备、平台化供给，全方位、一体式服务。

网络平台是各类平台的聚合地，依靠各类平台的有机整合，在融合多种信息通信技术背景下，运用大数据、云计算等新型互联网技术所构造的多主体参与、实时互动的，提供人性化服务和进行专业化后台管理的工具。[②] 网络平台的出现让使用者能够更快捷地获得便捷式的服务，网络平台模式以优质服务为基本定位，以信息整合为发展基础，以快速资源更新为存续动力。由于网络平台进入门槛较低，并且拥有着信息聚合、功能导向的优势，所以其价值是显而易见的。

有机整合之后的网络平台以其独特的优势发挥着作用，其在具体使用过程中一般不是单个平台独立发挥作用，而是众多平台一起通过一定的顺序流程化地处理使用者发出的指令。对管理实践来说，多重平台的整合有助于克服"部门壁垒""数字鸿沟"，还有利于部门流程再造，精简组织机构，避免组织不必要的浪费。对网络平台基本要素的解构与重构，可以使任务流程所必需的要素尽可能暴露出来，在对必要环节梳理的基础之上最大限度提升管理的流畅性与效率。

[①] 王谦：物联网管理模式——基于以物联网为代表的新一轮信息革命浪潮的管理思辨［J］．四川大学学报（哲学社会科学版），2014（05）：119—126．

[②] 王谦，何晓婷．场域拓展、资源整合与平台实践：信息社会政府治理创新的认知维度［J］．中国行政管理，2019（12）：41—46．

第二节 空间四维化新思维的创新意义

现代信息革命是由信息技术的发展、变革而引发的又一场社会革命，它不只是一场技术革命，更是一种全新的文明降临。[①] 现代信息革命催生出以计算机、互联网、大数据、物联网等新型数字技术为支撑的信息社会。信息社会是一种新的社会模式和社会形态，具有有别于农业社会和工业社会的社会特征，引发了生产模式、组织模式、管理模式的变革，形成了信息社会的新思维。

信息社会的新特征是依据信息社会所普遍的特性抽象出的概念，表明了信息社会异于其他社会形态，极具独特的象征。鲜明的社会特征表示着新的社会形态。"如果我们相信信息社会不是工业社会的高级阶段，而是一个与工业社会有着本质区别的新型社会形态，那就必须在特征判断方面给出明确的答案"。目前对我们所处社会的称呼是知识型社会、信息社会、后工业社会、网络社会抑或是新经济时代，但无论哪一种称呼实质上都是一种现代信息技术和应用走在信息社会基础理论生成和成熟之前的状态，而这些状态与信息社会表现出的明显特征分不开。以机器代替手工劳动力的工业社会则具有规模化、固定化、中心化的特征。而信息社会在现代信息技术支持下，呈现出组织结构扁平化、去中心化，数据信息碎片化，产业结构精细化、智慧化等一系列社会特征。信息社会的新特征是社会形态演变的外显表现，是社会形态区分的标志。

信息社会的新模式是指在现代信息技术背景下人们行为的一般方式，是在解决社会实践的某类问题中对方法的归纳总结。相较于信息社会的新特征，新模式是社会形态演变的内核表现，具有生产模式、组织模式、管理模式等变革的深刻内涵，信息社会下虚拟空间的构建使得实体三维传统空间下的事物向网络空间转移，势必引起生产经营、管理、组织的形态和运作模式的嬗变。"四端联动、三位一体"的物联网管理模式、能够模拟人的行为和思维的智慧模式、具备专业服务的云计算模式、非专业人员决策的网络众包模式、"线上线下结合"的O2O模式无疑是生产经营模式、各类组织管理模式的突破与创新，也将成为信息社会中常态的生活、生产、管理模式。以计算机、微电子技术和通信技术为主的信息技术革命构成了社会信息化的动力

---

① 阿尔温·托夫勒. 第三次浪潮[M]. 朱志焱，潘琪，张焱，译. 北京：新华出版社，1996.

源泉。

有别于新特征、新模式,信息社会的新思维是人们基于对信息社会的分析、综合以及充分认识的过程中,产生的解决实践问题的各种有效的想法,并在社会实践基础上形成概念,进而以此指导实践。现代信息革命引领人类生产生活进入全新的信息社会,新事物、新模式的大量涌现,日益改变着曾身处传统工业社会的人们所具有的经验理论和价值观,促使人们逐渐形成新的思维、新的价值观、新的理论体系。信息社会的新思维集理论经验、价值观念、思维方式于一体,形成空间思维化、去割裂化、数据治理和一体化平台的新思维,为拓展场域、驱动多学科融合、变革组织结构、改善治理实践、优化决策提供方法和路径,具有巨大的创新意义和现实意义。

小 结

作为与信息社会新社会形态相匹配的新思维——空间四维化,它是借助互联网技术实现线下三维实体空间与线上网络空间共存的多维度社会空间状态,其结构由实体三维空间、网络空间两大主体构成。空间四维化最突出的特点就是多元整合思维。通过整合碎片信息、整合虚实空间和整合多重平台等途径,实现碎片信息的流通与整合、多维空间的扩展与衔接、专业平台的融合与互嵌,使得现代信息社会能够以最快的速度整合社会在发展中显露出来的各种生产关系,无论在理论界还是在实践界都具有重要探索价值和创新意义。

现代信息革命带领人类生产生活进入全新的信息社会中,涌现出众多新的事物、新的模式,也改变着曾身处传统工业社会的人们所具有的经验理论和价值观,促使人们逐渐形成新的思维、新的价值观、新的理论体系。信息社会的新思维集理论经验、价值观念、思维方式于一体,形成空间思维化、去割裂化、数据治理和一体化平台的新思维,将为拓展场域、驱动多学科融合、变革组织结构、优化决策等方面提供治理方法、治理路径和治理模式的创新。

思考题:

1. 空间四维化思维具有哪些整合理念?
2. 空间四维化思维具有哪些创新意义?
3. 请举出体现空间四维化思维的治理实例。

第二十二章　数据治理新思维

第一节　数据治理新思维的形成基础

伴随着信息社会的到来，人类走过农业社会的积累，穿过工业社会中的丛丛密林，终于触摸到了信息社会的微光。以大数据、人工智能为特征，生活在这个时代的人类开始在生活方式和社会连接上拥抱变革和创新。数据、数字已成为这个时代的特征符号，开拓出一个虚拟的空间，甚至我们还没探索到空间的边缘。因此，仔细研究这一符号在社会管理领域的记录和书写，既可以察觉数据治理思维在规划社会管理上的建构意义，也可以帮助我们构想和规划社会虚拟化条件下的治理以及虚拟世界的治理。

一、面向信息社会数字化转型的现实背景

信息技术革命催生信息社会新形态，纵观人类历史发展进程，农业革命、工业革命和现代信息革命这三次技术革命均对社会结构产生巨大冲击，并形成对应的三种社会形态：农业社会、工业社会和信息社会。[1] 现代信息革命是由信息技术的发展、变革而引发的又一场社会革命，它不仅是一场技术的变革，更是一场由于技术的发展而引发的深刻的社会变革。计算机、互联网、云计算、大数据、物联网等新型信息技术的产生与发展对现代社会产生了深刻的影响。在农业社会和工业社会中，物质和能源是主要资源，人类所从事的是大规模的物质生产。而在信息社会中，信息成为比物质和能源更为重要的资源，以开发和利用信息资源为目的的信息经济活动迅速扩大，逐渐取代工业生产活动而成为国民经济活动的主要内容。当信息逐渐成为重要

---

[1] 戴长征，鲍静. 数字政府治理——基于社会形态演变进程的考察［J］. 中国行政管理，2017（09）：21—27.

的生产资料,劳动力主要成为信息的生产者和传播者,同时由于信息技术在资料生产、科研教育、医疗保健、企业和政府管理以及家庭中的广泛应用,从而对经济和社会发展产生了巨大而深刻的影响,从根本上改变了人们的生活方式、行为方式和价值观念,最终形成了以网络化和数字化为基础的,以互联网为国际、国内信息流的主要载体和通信交流工具的,以知识为主体的社会形态。

可以发现在信息社会的文化冲击下,数字化的文化信息对社会文化的形成、交流、传播、演变、发展带来巨大的变化。文化交流最大的障碍是地理环境和语言,而信息社会的数字化很好地统一并形成了一种数字语言。数字化的基本过程就是先将许多复杂多变的信息转变为可以度量的数字、数据,再以这些数字、数据建立起适当的数字化模型,把它们转变为一系列二进制代码,引入计算机内部,进行统一处理,把整个客观事物的发生发展转化成计算机可识别的数字即 0 和 1,由此基于同种语言上的交互和发展才能顺利进行。信息社会的数字化转型的根本逻辑是基于数字技术的社会演进,对数字技术逻辑及其影响的概括,就是数字化。有学者对数字化下了两个层面的定义:一是数字技术把人与物的各种信息变成数字信号或数字编码,通过各种程序进行处理,并伴随和推动互联网、物联网等的发展,逐渐进入数据化与智能化等更高的阶段;二是数字技术带来的社会影响和产业变革,其中最重要的是生活方式和生产方式的变革。

近年来,数字化转型逐渐成为全球社会变革的核心战略方向,从国际国内都能看到社会数字化转型的效果和表现。据全球知名调研机构 IDC 于 2018 年发布的一项调查显示,全球 1000 强企业中有 67% 的企业将数字化转型作为其战略核心。① 埃森哲与国家工业信息安全发展研究中心合作发布的《2019 中国企业数字转型指数》研究报告也显示,2018 年中国数字经济规模达 31.3 万亿元,已占我国 GDP 的 1/3。② 政策层面,国务院在 2016 年发布的《"十三五"国家战略性新兴产业发展规划》中明确表示,将对涵盖"互联网+"、云计算、大数据、物联网、智能制造等在内的新兴产业进行大力扶持。

因此,数据治理作为一种有效使用机构的结构化的或非结构化的信息资

---

① 什么是企业数字化转型?[EB/OL].[2020-01-08]. https://www.zhihu.com/question/287028088.

② 埃森哲. 2019 中国企业数字转型指数研究[EB/OL].[2019-11-07]. http://vr.sina.com.cn/news/hot/2019-11-07/doc-iicezzrr7911917.shtml.

源的一种包含政策、流程的实践，对于信息社会的数字化转型而在全社会各个主体和领域对数字化和数字技术形成的深刻认识和应用中得到凸显。如果在基础认识和指导思维上首先形成数据治理思维，明确数据治理不是一个基础概念而是一个管理概念，不仅是工具手段，更是社会文化价值观的塑造，这对于信息社会的数字文化基底的形成大有助益。甚至数字治理思维所蕴藏的公平和协作导向对整体公民信息素养和政府管理生态具有不可小觑的作用，并以此为信息社会的数字化变革提供建设基底和一以贯之的指导宗旨。其次，数据治理思维着重把我们引向对数据现实状态的关注，对自身、市场和社会中的数据资源和数据行为的治理，数据整合涉及和涵盖诸多方面，从挖掘、存储、使用、监管等过程中，为信息社会的数字化转型的实现路径提供基础，从数字技术的应用迭代到辅之以匹配的数字化管理流程，最终还要实现信息的安全利用和妥善维护，善于运用数据治理思维，把数字化的技术手段和平台工具聚拢于宏观认识之下，推动数字技术与各行各业深度融合并产生具体效果，最终实现信息社会的数字化转型。

二、回应社会数字化转型中的碎片化问题

从结绳记事到仓颉造字，信息的存储、流动、传达通过文字、语言等载体得以实现，随着信息技术的发展，计算机语言把各种信息数字化处理并通过计算机可以识别的语言传送，最终革新了信息存在方式，并生成数字技术的运行规则为一个数字时代的到来保驾护航。数字时代喷涌出海量数据和信息，借助信息技术以字符的形式在虚拟空间留下痕迹，通过对这些痕迹的分析，归纳痕迹背后的心理需求和行为动机，发现其中的新知识、创造新价值、提升新能力，对经济发展、社会治理、国家管理、人民生活都产生巨大的影响。中国的社会数字化转型早已经从概念落地为应用。

数字化转型就是建立一种新的生产函数，通过数字化实现生产要素的重新组合，即把一种从来没有的关于生产要素和生产条件的数字化新组合引进生产体系中去，以实现对生产要素或生产条件的创新。[①] 在商业领域，数字化的价值是全领域、全流程、全方位的，是要对企业的人、货、场的整体重构，推及全社会的数字化变革则是民生福祉改善的关键支撑，其通过推动智慧社会建设，以海量连接能力与交通、医疗、教育等行业融合渗透，促进智慧城市、智能交通、数字课堂、远程医疗等新型智慧民生领域的应用发展，

---

① 数字化是新生产力 [EB/OL]. [2020-04-21]. http://swt.changsha.gov.cn/fwwb/zxzx/jrzx/202004/t20200421_7708146.html.

现代信息革命再认识
——信息社会变革与治理体系创新

为人们在工作、生活、交通等方面提供便利，不断提升人民生活获得感，深刻改变社会生活方式，推动人类社会向智能化时代迈进。利用数字化技术和能力来驱动社会组织管理模式创新和社会生态系统重构的途径与方法就是社会的数字化转型实践，从传感器、GPS、摄像头等 IoT 的大规模数据采集，到 4G、5G 的大规模数据传输，到云计算的大规模数据存储，再到语音识别、视觉识别、语义识别的大规模数据计算，我们生活中的一切都可以被"数字化"存储、使用。

但是在社会数字化转型过程中，不同领域和不同主体对社会数字化转型的认识程度深浅不一，各种信息技术的发展和应用也不同步，导致实践步伐前后相差，由此形成的差异化发展状况和碎片式发展路径在转型过程中受到关注，就连作为转型领先者的科技和经济领域，也是有分割的专业性较强的领头羊，因此社会数字化转型中的碎片化问题不容忽视。从新公共管理运动兴起开始就出现分割性和碎片化，基于专业分工和职能强化的目的，社会管理和运行强调以各司其职来增加专业性提高效率，仅仅把数字化当成治理过程中的手段工具更新，缺乏整个规划发展的布局，如此导致的部门分割和职能割裂成为碎片化管理现实的表现。发展到信息社会，大数据技术使信息的高度分解成为可能，即时通信和网络技术的发达使每个人都能成为信息主体，而同时每个人接收到的信息也是知识和信息爆炸出现后经过裁剪的部分信息，碎片化信息内容不完整、逻辑不清晰，但是在快速变革的数字化社会却能分割每个人的生活。而且不止信息碎片化，我国社会在急速转型期，社会结构、经济结构、产业结构都在发生剧烈的变化，伴随着社会政治经济文化的各方面变革，传统的社会结构、社会分工、社会关系、社会观念的整体化发生分裂，价值观念多样化、社会主体多样化，原来总体性社会整体在瓦解，社会的差异性更加明显，社会群体的利益诉求趋向碎片化，表达多样化。社会结构分化、价值观念多样化、利益主体和利益诉求多元化等新特征导致社会数字化转型中社会治理结构、运行逻辑的碎片化问题。

社会治理结构和运行逻辑的碎片化，要求无缝隙的网络结构，因此数据治理思维始终关注信息生命周期的全过程，在要求确保每一主体诉求和利益的数据信息都能采集保存，同时也在统一思维的指导下对于在不同层级和部门间建成互相包容和融入的平台体系，促成信息的整合，通过碎片化的数据段，聚集一个整体性的事实规律。这也会实现社会各主体内部和组织间的协作，多中心、多主体的治理结构使参与者聚合起来，合作向社会提供无缝隙的而不是碎片化的服务。在数据治理思维中，通过引导社会数字化转型过程中不同领域和行业共享资源、共享信息达到共同决策、共同行动的目的，通过实时沟通与协作形成整体性的服务理念和目标。其中包含的整体性和协同性理念对于整合部门和功能的分散与裂解有很大的作用。因此在这样一个以技术基础带动思维转变的信息时代,数据治理的整合和协调性,在兼具工具理性和价值理性的基础上,协调主体间关系,整合分散化的资源和信息,以公民多元化的需求为导向,重视公共利益和民生价值,合理运用现代信息技术手段,解决碎片化问题,为公民提供无缝隙式的公共服务。治理格局从分散走向集中、从部分走向整体、从破碎走向整合。

三、智慧化管理提供信息社会解决碎片化问题的手段

迄今为止,人类总共历经三次重大革命,当前人类正面临着第三次重大革命:信息革命。当这一革命完成时,人类将完成从物理生态到智能生态的转变,真正进入智慧社会,进入智慧治理的新时代。虽然目前尚未完全实现智慧社会,但是在日常生活中已经出现了诸多人机交互、人机共事的场景,医疗机器人、建筑机器人、陪护机器人、自动驾驶机器人等智能化替代技术和工具的出现,使得人机交互可能出现在任何行业和领域之中。在日常的生产生活中,一些人力依靠机器人进行工作,而一些则可以完全由机器人替代进行作业,这些都是智慧化手段和技术对人类生产生活的渗透,智慧化愈发成为社会治理和日常管理所追求的趋势。在信息社会,各个领域的业务条线被编织成网,实现纵向贯通横向连通,信息获取更便利、更高效,整体业务模式由此具备了"智慧"条件,<u>重塑业务模式</u>。大数据在智慧化管理中日益发挥着重要作用,配合数据资源的整合和开放共享,应用相关技术和手段工具,建设智慧治理平台和结构。管理创新经历信息化、数字化、智能化再到智慧化的进阶行程,从一开始的信息资源得到重视,而形成信息资源的开发利用,然后经历了信息的解码和编撰,转变成有统一辨识规则的数字化资源,随后伴随着科技的发展,创造出越来越多的工具和手段,实现人与物品的互联互通,完成智能化,最后在探索智慧化管理的实践中推动整个社会从理念上、模式上、手段上实现人机的自主交互。

习近平总书记在浙江考察时指出:"运用大数据、云计算、区块链、人工智能等前沿技术推动城市管理手段、管理模式、管理理念创新,从数字化到智能化再到智慧化,让城市更聪明一些、更智慧一些,是推动城市治理体系和治理能力现代化的必由之路,前景广阔。"① 智慧化作为信息社会的重

---

① 以智慧化推动论千里现代化 [EB/OL]. [2020—05—21]. http://theory.gmw.cn/2020—05/21/content_33847328.htm.

现代信息革命再认识
——信息社会变革与治理体系创新

要特征之一,这一趋势的产生是符合信息社会的发展要求的,同时也是信息社会变革与治理体系创新的重要技术手段。智慧化管理在信息社会的重要性不仅在于云计算、大数据、物联网等技术革新了改造世界的方式和途径,而且还在于其与数据治理思维的耦合关系颠覆了我们对于时代的认识,从而踏出适应时代变化和要求的一大步。

首先,智慧化管理中蕴含的手段工具智能化特征对于解决信息社会碎片化发挥了重要的作用。智能化是指通过互联网、大数据、物联网和人工智能等现代信息技术,随着人们的认知和需求的改变,人们在生产生活中所使用到的智能工具、物品等可以能动地满足人类生产生活的需要。例如我们生活中常见的医院系统智能化、居家系统智能化等。伴随着社会组织智能化、社会成员智能化、社会设施智能化、社会治理模式智能化[①],数据治理思维通过各类社会组织的组织架构、组织空间运行以及组织生产的智能化实践得到较好的应用,即使每一位社会成员通过使用相关信息技术成为信息和数据的载体和传播者,通过智能化的基础设施和整合平台,可以汇集不同人的信息数据,兼顾和聚合多方碎片化需求,提取合理的整合公因式。另外在传统管理模式下,教育、医疗、卫生、社会保障等各项社会生活方方面面的服务都是以线上配合线下的形式进行,虽然兼顾了不同人的服务需求,但是参与主体付出的成本较高。因此,在智慧化管理中参与主体充分利用技术和手段对相关的社会信息和资源进行有效整合,并通过大数据分析与处理,从而能够更加全面综合地收集人民群众在教育、医疗、卫生、交通、社会保障等方面的公共服务需求,既满足了个性化表达也在整体性上保持了平衡,缓解了信息社会的碎片化状态。其次,基于智慧化的手段工具,信息可以在信息技术平台上跨地域、跨层级、跨部门进行开放共享。参与性和协同性是智慧化管理的另一特征,多元主体的跨领域的协同,各个治理层级的协同,不仅有利于智慧化管理工具的一体化建设,而且形成统一管理建设标准。在数据治理思维的指导下,基于大数据、云计算搭建起的标准一致的智慧化网络平台,通过数据集中、资源整合、管理变革实现了兼顾精细个性化管理和整体协同性的统一。最后,基于大数据等信息技术的广泛应用使数据信息的获得与运用更加低廉而高效。这不仅有效地打破了部门壁垒,而且逐步缩小管理各主体间的距离,能够极大地提高管理质量与效率,稳步建立统一的管理模式;这不仅可以消解由于管理主体和层级不同造成的割裂管理状态,而且能够对信息社会的碎片化形成过程进行阻隔,建立协同局面。

---

① 王操.智慧治理开启善治新阶段[J].上海信息化,2018(12):54—56.

智慧化是信息社会革新与社会治理创新的产物和抓手,各类智能化的技术手段以及智慧化的治理模式的出现给国家治理和现代化建设带来了许多改变。同时,智能化的技术手段和智慧化的治理模式也影响着人们日常的生产生活方式。

第二节 数据治理新思维的创新意义

一、有助于创新适应数字时代和人工智能时代的新观念

随着互联网、大数据、云计算、物联网、人机交换、人工智能等诸多现代新兴信息技术的不断应用和发展,人类已经在向数字时代和人工智能时代大步跨进,并且出现了"数字世界成为独立于我们所处的物理世界的第二空间"。由此可见,现代社会的生产生活已经和数据密不可分,各类数字化技术的应用与普及,使我们已经处于大数据围绕的大环境之中。2019年通过的《中共中央关于坚持和完善中国特色社会主义制度推进国家治理体系和治理能力现代化若干重大问题的决定》明确提出了推进国家治理体系和治理能力现代化的战略任务,这表明我国为了适应数字时代而不断更新上层建筑和战略引领,是顺势而为的正确选择。

"理念是行动的先导",因此在数字时代和人工智能时代发展的时代洪流中,首先应该进行理念和思维的转变、创新,才能为行动和技术的变革提供正确、先进的思想指引。因此,数据治理思维的出现和不断发散能够帮助人们尽快适应数字时代和人工智能时代的观念转变。在数字时代和人工智能时代之中,不论是个体还是企业,抑或是政府和国家,要不断提高自身的竞争力,需要具备许多先进的理念和思维,包括数据治理思维、管理学云计算思维、一体化平台思维、整合化思维等。数据治理思维是数字时代政府不断提高数据治理能力、创新数据治理技术的思想前提。

尤其是在政府治理领域,为了实现治理能力和治理体系现代化的战略目标,愈发重视数据治理思维的宣传和培养。数据治理与数据人才的培养、数字化技术的开发是政府信息化建设的关键和重点,只有不断加强政府系统内部数据思维人才团队的建设和培养,才能够充分普及数据治理思维,利用数据治理思维指引数据治理的实践和变革。

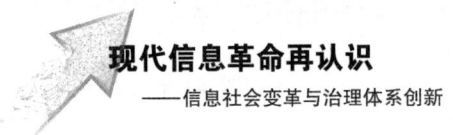

二、有利于开拓和创新政府治理方式的新视野和新范式

在大数据时代,无论是人民群众对于政务服务的新需求还是政府系统内部提高政府治理能力和水平的自我需求,都要求政府不断革新政府治理手段和工具。习近平总书记也提出"推动实施国家大数据战略,加快完善数字基础设施,推进数据资源整合和开放共享,保障数据安全,加快建设数字中国……"以及"要运用大数据提升国家治理现代化水平"。由此可见,运用数据治理思维创新政府治理工具和技术是推动国家治理现代化进程的重要手段。因此,为了实现政府治理现代化,我国不断提出新的政府治理理念,从政府信息治理到政府数据治理,这体现了治理思维的更上一层楼。政府数据治理是以数据治理思维为思想基础,运用大数据技术对数据进行挖掘、整合、分析等,并最终实现"数据共享、互联互通、业务协同",形成政府数据治理的新体系。

数据治理思维为政府不断革新治理方式和手段提供了新角度和新方法,我国各地政府沿着数据治理思维开创了许多具有创新性的治理模式。例如福建省建立了全国首个省级生态环境大数据平台——生态云平台,该平台能够整合汇聚环保系统的业务数据和互联网数据,最终建立起环境质量监测、污染源监管和公共服务三大信息化支撑体系;广州利用政务热线数据对推动政务热线模式创新进行了研究,在这一模式下,广州政务热线不断探索数据管理应用的有效机制,充分发挥海量数据的价值,从传统的"呼叫中心"转型成为"数据中心",为相关部门的管理和决策提供了大量的数据支撑。

由此可见,数据治理思维有利于开拓创新政府治理方式的新视野和新范式,数据治理模式之下能够跨越部门、单位、地域的限制来收集分析数据,有利于消融政府内部各部门的边界,为政府部门业务的协同发展提供技术保障,数据的互联互通促进政府的整体化治理,极大地提升了政府效能。

三、有利于创新应对重大公共安全卫生问题的手段和措施

2020年新冠肺炎疫情在全球蔓延,能否及时有效地应对严峻的疫情形势成为一国治理水平高低的象征。现代信息社会,不同于农业社会和工业社会,应对重大公共卫生事件也应该创新手段和技术以适应时代的要求。在此次新型冠状病毒肺炎疫情的防控中,明显具有信息社会的特征,尤其是数据治理思维贯穿始终。为了更快地落实"科技战疫情"的治理理念,更好地宣传数据治理理念在重大疫情防控之中的引领作用,2020年4月25日,教育部人文社科重点研究基地武汉大学信息资源研究中心主办了"重大疫情中的

数据治理与危机应对"云端学术研讨会,来自全国各地高校的专家学者展开了线上直播探讨,交流了疫情防控之中的数据感知、数据关系等问题。

除了严格防控疫情的蔓延之外,在应对公共卫生事件的时候,同时要加强舆论管控。而数据治理思维在舆论管控之中也能很好地发挥作用,因此可以充分利用大数据技术来进行网络谣言的防控,精准地预判网络舆情发展趋势,从而及时地制止谣言,正确引导民众舆情。有学者指出数据治理在疫情防控中具有极大的效用和价值,在疫情管控过程之中从决策、调查、排查到追踪、回访都需要充分利用数据治理思维,可以极大地提高疫情防控的效率。

由此可见,相较于农业社会和工业社会对于重大公共卫生安全事件的应对而言,现代信息社会采用的信息技术手段,秉承的数据治理理念将使疫情防控工作更加精准有效地进行。因此,当突发紧急事件时,数据治理思维能够使应对手段和技术与时俱进,从而维护国家安全和社会稳定。

小　结

从绳结记事到仓颉造字,信息的存储、流动、传达等传统方式须借助文字、语言等载体得以实现。随着信息技术的发展,计算机语言把各种信息数字化处理并通过计算机可以识别的语言传送,改变了信息存在方式,在 0 和 1 数字化语言的基础上形成了新的数据治理思维。数据治理思维不仅仅在商业领域成功运用,在政府治理领域也愈发重视数据治理思维的培养、数据人才的培养和数字化技术的开发等关键环节。就重大公共卫生安全事件的应对而言,相较于农业社会和工业社会,现代信息社会采用的信息技术手段,秉承的数据治理理念将使得疫情防控工作更加精准有效地进行。

总之,数据治理思维为政府提供了新的治理方式和手段,开创许多具有创新性的治理模式,不仅可有效地解决信息社会碎片化问题,助力于有关部门的管理和决策体系,还能及时处理重大突发紧急事件,从而实现国家治理体系和治理能力的现代化。

思考题:

1. 信息时代数据治理的内涵是什么?
2. 数据治理主要应用在哪些方面?
3. 数据治理有何实践意义?

第二十三章　一体化平台新思维

第一节　一体化平台思维的现实意义

在全球新一轮科技革命和产业变革浪潮中，互联网与各领域的融合已成为不可阻挡的潮流。当前，互联网已经深度融入我国经济社会的各领域、各方面，"互联网＋政务服务"成为政府有效治理的工具之一。促进政府服务与互联网的有效融合，不仅仅是当代管理的手段需要，更是时代的进步趋势。政府只有有效地利用信息，发展信息技术，才能够建立一个更加勤政、廉政、精简的政府形象。"互联网＋政务服务"是政府职能转变、推进治理现代化的重要抓手，应该积极建设电子政务一体化平台，推动政府数字化建设，提升公众服务水平。

O2O 是"Online to Offline"（从线上到线下）的缩写，概念最早产生于美国，缘起于电子商务理论。历经多年发展，O2O 模式已发展成为线上、线下双向流通互动的闭环模式，成为连接线上平台与线下实体的桥梁，是线上与线下高度融合、无缝对接、同时进行服务供给的模式。

一、提高政府的行政效率，降低行政管理成本

通过推动政府信息化、构建电子网络政府一体化平台，可以实现资源共享，降低政府的行政管理成本。当前，我国各地区各部门电子政务发展水平还很不平衡，仍然存在"数据烟囱""信息孤岛"等情况，推动一体化平台建设，可以收集整合多渠道来源的数据，建立对应的共享交换机制及数据更新机制，实现数据有序共享，使得各类资源价值发挥最大化。建立一体化平台的互联互通机制，保证信息畅通和上传下达，实现政府部门的快速响应，能有效地提高行政办公效率，大幅度降低行政成本，促进政务信息公开和政府廉政建设，基本实现政务的经济性、高效性和有效性。

二、提高政府对公众的服务水平

当前,大数据、云计算、移动互联网等新型互联网技术的崛起,促使政府开始顺应技术潮流,改变政务服务的模式,转变履行职能的方式,逐渐向智慧型政府转型。智慧一体化政务平台的搭建能够为政务办公信息化、群众办事简便化等提供良好的技术支持。建设政务一体化平台可以简化优化群众办事流程、改革创新政务服务模式、畅通政务服务方式渠道,实现政务服务事项办理"一号申请、一窗受理、一网通办";通过一体化平台建设,可以突破部门界限、拆除政务藩篱、打通信息孤岛、优化服务流程、创新服务方式、提升服务水平。同时平台能够保持政府与社会的互动,充分发挥政府部门宏观规划、综合协调等业务职能,提高人民政府为人民服务的能力和水平,改善民生服务质量,建设服务型政府,实现便民、利民、为民、惠民,从而促进智慧政务直至智慧城市的长效发展。一体化政务服务平台的建设,是对政府职能的一次再造,也是对已建各类政务平台的一次再造,是政府管理和服务模式的重大创新。

三、有利于政府做出更科学、准确的决策

通过推动政府信息化、构建电子网络政府一体化平台,可以提高政府决策的科学性、及时性、有效性。进行政务工作系统的一体化平台改造,能够优化政府管理职能,改造政府部门的组织结构和具体业务范围,规范相关业务流程,促进一般政务模式向电子政务模式转变。一体化政务平台能够为决策者提供科学的评价结果,有助于推进政府信息化建设工作,有利于政府部门适时地调整和完善智慧政务系统,不断提高智慧政务发展水平。通过政务信息化推进企业信息化、社会信息化和农业信息化等领域的综合水平,促进社会信息化水平迈上新的台阶。建立一体化平台,进行集约化设计、互联互通、信息资源共享和信息安全管理,形成统一规划、统一建设、统一管理的电子政务建设新型模式,有利于进一步优化营商环境,进一步降低制度性交易成本,进一步激发社会和市场活力,为经济社会发展注入新的动能。这不仅是深入推进"放管服"改革的关键举措,也是建立与互联网时代经济社会发展相适应的政府管理服务模式的迫切需要。

一体化平台的建设将政务空间数据、物联网感知信息整合起来打造智能决策、灵活可靠的服务平台,为实现社会治理智能高效、公共服务智能便捷、生态环境智能感知、数字产业创新发展等方面提供有效支持。按照一体化管理的目标,作为载体的平台,政务平台建设应该积极拓展"智能+",

整合政务系统内外的信息资源，促进条线区域之间的信息往来和服务管理的业务协同，快速、高效地解决政府服务管理问题，为经济社会宏观调控提供科学依据，为基层综合治理提供智能化解决方案，促进经济社会高质量发展。

第二节　O2O 模式：一体化平台思维的形成基础

在信息社会，网络虚拟空间生产大量的数字信息，这类信息产生速度极快且非体系化，而镜像的虚拟空间搭建起高效率整合资源的新平台。一方面整合线下散落的资源并导流至数字信息池；另一方面成熟的信息技术搭建起网络平台将碎片化资源进行系统化的处理，加快资源整合与流动效率。现代化的网络平台的管理模式涉及技术、管理方式和体制三方面的创新，而一体化平台是在此基础之上，将各方信息、资源和力量集聚到一起，在一个统一的系统模式下进行运转和控制，以便能以更低的成本和更高的效率实现目标。一体化平台包含了线上、线下服务整合模式，不论是互联网催生的外卖、网店等市场化新型业态，还是政府等公共部门将技术科学与管理科学融合，推陈出新地推出诸如"互联网＋服务"的举措，这些盈利方式或服务模式的实现渠道均可总结为 O2O 平台。

一、信息技术重构资源流通路径

在信息技术出现之前，人们获取数据或资源大多是通过人工方式获取，这种方式耗时耗力，虽然在当时还未出现较大问题，但随着社会资源、信息和数据的大量涌出，逐渐暴露了许多问题，诸如资源获取困难、信息获取不及时等。而信息技术为大量数据资源的流通重构新的路径，有序的数据资源流通共享为线上线下协同服务提供基础，良好的线上线下协同服务模式为数据资源的整合共享奠定数据基础。

信息和通信技术发展到今天，尤其是当网络被深度和普遍应用，人、物（自然界、机器等）、组织的活动或运行数据被各种网络系统、传感器和智能设备记录下来，形成描述客观世界的数据。[①] 正是因为有这些现代网络信息技术，我们的所有活动以及其他物体的信息才能够被比较完整地记录下来，

---

① 高富平. 数据流通理论 数据资源权利配置的基础［J］. 中外法学，2019，31(6)：1405—1424.

供人们使用和研究。现在,信息技术成为人们发现和获取智慧的新手段和新方式,人们借助信息技术简单快捷等特点来辅助自己的生活和工作。

二、满足信息社会互联互通目标

信息社会打破了工业社会时间和空间的限制,帮助人们实现了在不同时间、不同地区也能够互相交流沟通的愿望,将全世界的资源通过各种信息技术来实现互联互通。而信息社会的目标也是实现资源之间的互联互通,这里的资源不仅指物质资源,也包括人的信息资源等。要形成资源互联互通的信息社会,当中就需要一个乃至多个连接各资源分点的中心,所有的信息都在这个中心进行整合、交换和互动,并且遵循相应的规则,这样的一个模式就形成了一体化平台。

利用人工智能和各项信息技术,加强信息平台一体化建设,形成供多元主体互动交流的网络平台,在平台上发表拥有的和收集自己需要的信息,再通过多元主体之间的互动交流,收集大量信息,融合各方力量,解决社会问题。

从政府实际工作方面来说,现实中,公共服务多元供给和协作创新要付诸现实,网络协同治理要落地生根,必然借助于多边平台的互动结构与治理模式。[①] 因此,在信息社会要实现真正的互联互通,就必须有一体化平台的思维,通过平台汇聚多方力量,从而解决社会问题。

三、O2O 模式搭建起一体化平台框架

构建一体化平台,其目标就是实现线上线下服务的整合,而事实上,O2O 平台模式是信息社会中"线上线下服务整合"服务目标的具体实现途径(见图 23-1)。

在 O2O 模式中,线上与线下高度融合体现在两端互联形成闭环。O2O 一方面依靠互联网、线下实体店与各种媒介等方式引导不同时段、不同地点、不同类型的用户进入闭环;另一方面确保线上线下双向通道的畅通,让闭环内的用户能够借助互联网与电商平台流畅地往返网络与现实之间。

---

① 刘家明. 多边公共平台治理绩效的影响因素分析 [J]. 江西社会科学,2019(07):221—230.

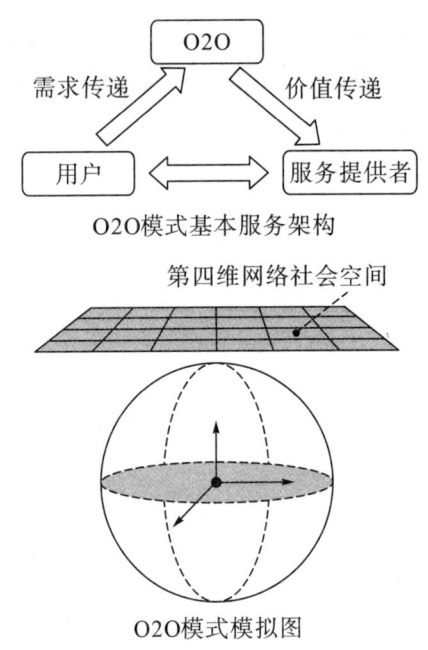

图 23-1　O2O 模式基本服务架构与模拟图

O2O 模式是虚拟网络空间拓展实体三维空间后社会互动的现实表达模式之一，也是目前组织管理常态、社会生活常态。线上线下的服务模式在一定程度上搭建起实体空间秩序与虚拟网络空间秩序有效融合的渠道。O2O 模式起始于商业领域并获得成功，众多实体店铺实现线上线下同步销售，并催生出一批以美团、大众点评等为代表的企业或是商业服务模式，创造出大量的就业岗位。就政府部门创新政务服务路径来说，商业领域 O2O 模式为各级政务服务中心落地成熟奠定了框架基础，信息社会互动模式转型升级也为服务型政府的建设提供了数据基础和技术支撑。空间四维化为 O2O 模式开启创新的发展局面提供了平台、奠定了基础，O2O 模式为虚拟与实体空间有效融合提供了渠道，二者相互促进，推动信息社会实现更加完善的"人人可创造、获取和使用信息资源"[①]的多元、共建共享价值观。

（一）数据集约化开放共享的需要

集约化就是集中各项资源和要素，进行统一管理和配置，并在其过程中降低成本、提高效率，进而实现力量的集中，获得可持续竞争的优势。在大

---

① 《原则宣言》建设信息社会：新千年的全球性挑战［EB/OL］. http：//www.docin.com/p-1670058256.html.

数据时代，集约化管理被广泛应用于对数据的管理，因为数据量大和繁杂，使得人们对其的获取和管理变得更加困难。

在信息量巨大的今天，对数据的管理不仅要实现高效获取和处理，也必须迎合大众和社会进行数据的开放和共享。因此，建设大数据集约化整合平台是有必要的。建设大数据集约化整合平台需要进行统一化管理，在一体化的平台运行下，对数据的利用才能够实现真正的低成本、高效率。

我国政府网站的建设也就是顺应这一发展方向，取得了巨大的成绩。2017年，国务院办公厅发布的《政府网站发展指引》指出："集约化是解决政府网站'信息孤岛''数据烟囱'等问题的有效途径。要通过统一标准体系、统一技术平台、统一安全防护、统一运维监管，集中管理信息数据，集中提供内容服务，实现政府网站资源优化融合、平台整合安全、数据互认共享、管理统筹规范、服务便捷高效。"[①] 从其中的内容可以看出，要实现数据的集约化管理以及开放和共享，就需要在统一的管理下进行，因此面向数据集约化开放共享的需要，就要以一体化平台管理的思维建设统一标准的、高效的综合管理系统。

（二）回应智慧化管理的现实诉求

智慧化是我国为顺应时代发展所必然经历的阶段，现阶段我国无论是企业还是政府都在追求和实现智慧化的管理。各种新兴信息技术都有鲜明的功能特点，智慧建设正是取长补短、优势互补，在统一研究框架下，将多种新兴信息技术高度集成，为智慧建设的目标服务。[②] 利用时下的先进科学技术，如大数据、云计算等技术，为我国的信息管理搭建智慧化的网络平台，实现高效便捷和个性化的现代管理模式。智慧化管理追求的是资源的共享、各方的协同、信息的高效获取和处理等，要满足这些条件，就需要一个统一的平台作支撑，将共享、协同、高效、智能和科学集于一身，形成"一条龙"的模式。

智慧城市、智慧图书馆、智慧医疗、智慧政府等相关的智慧化建设在我国社会治理中的多方领域已经发挥出巨大的作用，而实现这些领域的智慧化管理，则需要建设一体化的平台和回应智慧管理的诉求，并且每个智慧化的建设项目都必须是一个受统一控制的一体化系统。但在智慧化实际建设中，

---

① 国务院办公厅关于印发政府网站发展指引的通知[J]. 中华人民共和国国务院公报，2017（17）：16—31.

② 吴宇迪. 智慧建设理念下的智慧建设信息模型研究[D]. 哈尔滨：哈尔滨工业大学，2015.

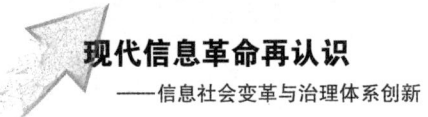

各自为政、信息资源共享难等问题层出不穷,追究其根本原因就是没有建立真正一体化的平台以支撑其运行和实施。

任何一个领域的智慧化管理系统都是受一体化控制的,一体化平台思维的形成是为了更好地回应我国各领域对智慧化管理的需求,建设一体化的平台,可以解决信息不对称、"信息孤岛"等问题,实现各领域智慧化、集约化、高效能的管理,因此在智慧化的进程中,需要用一体化的思维去思考如何更好地建设。

小　结

本章主要论述一体化平台思维的形成基础和现实意义。随着大数据、云计算、移动互联网等信息技术的崛起,政府开始顺应技术潮流,改变政府服务的模式,转变履行职能的方式。因此,政府各个部门根据实际业务建立了各类政务平台,在提升服务水平的同时也出现了各业务平台部分服务内容重合、平台与平台之间信息无法对接共享等一系列问题,而一体化平台思维的出现大大改善了原有的这些情况。电子政务服务一体化平台的互联互通机制可以保证信息畅通,从而提高政府部门的行政效率,提升政府部门的公共服务水平。在信息社会,虚拟网络空间产生的大量数字信息需要高效率整合资源的新平台,一方面整合线下散落的信息资源并导流至数字信息池;另一方面成熟的信息技术搭建起网络平台,将碎片化资源进行系统化的处理,加快资源整合与流动效率。一体化平台就是在此基础上将各方信息资源和力量汇集到一起,在统一的模式下进行运转和控制,以更低的成本和更高的效率实现目标。由此可见,一体化平台思维不仅强调信息技术重构资源流通路径的重要性,而且关注线上线下的统一管理,这也是智慧化管理的要求。那么,如何运用一体化平台思维助推智慧化建设进程值得进一步思考和研究。

思考题:
1. 一体化平台思维具有怎样的实践意义?
2. 一体化平台思维是如何形成的?
3. 采用O2O模式如何搭建一体化平台?

Chapter5 第五篇
信息社会新模式

信息社会因信息技术的发展、虚拟空间的成熟带来组织管理模式创新。信息社会改变了传统社会的生产生活方式，同时也带来组织管理模式的创新，相对应的，组织运营管理的体制机制、政策法规、标准体系等随之发生改变。

现代信息技术引发并形成了众多治理模式，本篇内容将集中阐述"物联网管理模式""智慧模式""管理学云计算模式""网络平台模式""网络众包"和"O2O模式"，而这些模式仅仅是众多治理模式中的一部分。除此之外，还包括云大脑模式、PROSUMER管理模式等。本书不再集中阐述。

第二十四章 物联网管理模式

案例

2009年,《阿凡达》以27亿美元的票房纪录缔造了当年全球电影票房神话。《阿凡达》的虚拟故事发生在2154年,地球上的一个采矿公司为了获得另一个星球潘多拉上的矿石资源,启动了一个阿凡达计划,将人类和潘多拉星球的土著人纳美人的DNA进行混合,培育出与土著人类似的阿凡达,让阿凡达潜入潘多拉内部,了解潘多拉土著人的生活和习俗,获取土著人的信任,夺取潘多拉的矿石资源。

《阿凡达》堪称神话般的物联网模式。每个纳美人包括阿凡达的尾巴上都有一个触觉组织(类似神经元之间可供连接的突触),每种生物(动植物)也都有自己的触觉(植物的触觉在根须上),当两种触觉相接触的时候,便可通过圣树缔结联系,实现物物相连,互通心意。此外,形状类似"蒲公英"的圣树种子,可以在游离状态下与其他生物互通联系。

若将圣树视为一个云计算平台,树干是它的传输设备,树根则是它的传感设备,在树和树根之间,充满类似电流的信息传递。此外,潘多拉星球上的万事万物都可以作为传感器(包括纳美人)。在潘多拉星球上有10^{21}棵树,每棵树上有10^{14}个可供连接的根须,树与树之间、万事与万物之间互联互通,形成一个全球般的网络。纳美人可以通过自己的触觉组织,登陆至云平台,了解自己所触物体的过去,下载自己所需的信息,也可以上传信息至云平台。

最神奇的是,任何人与物、物与物之间都可以实现随时随地的缔结关系,互联互通,并不需要统一的传感器标准或者统一的通信传输标准,真正实现了万事万物的自由连通。除了表面上的连接,纳美人还可以通过接触对方身上的传感设备,从云端迅速获取有关对方的信息,达到"I see you"

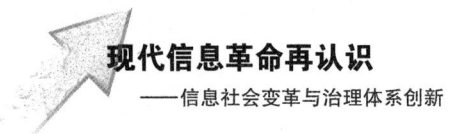

（我理解了你）般的心意相通的地步。由于电影《阿凡达》中潘多拉星球上的情境酷似现实版的物联网模式，其被誉为史上最强的物联网模式宣传片。

第一节 物联网管理模式的定义和特征

物联网技术是物联网管理模式的基石，只有透彻理解物联网的定义和特征，打牢上层建筑的地基，才能一砖一瓦扎实建好物联网管理模式，使其经受实践的考验，并应用在政府、企业或者其他组织。

一、物联网的定义和特征

目前，国内外对物联网的研究都还处在起步阶段，概念与特征尚未形成统一的规定，体系架构、标准体系、关键技术也亟须达成一致规范。我们先给出几种具有代表性的定义。

（1）2005 年，国际电信联盟发布的《ITU 互联网报告 2005：物联网》[1]正式给出了物联网的第一个定义，即物联网是互联网应用的延伸，是一种全新的动态网络，能够随时随地实现物与物、人与人、人与物之间的交互，RFID、传感器技术、纳米技术、智能嵌入技术是实现物联网的四大核心技术。

（2）物联网是未来网络的整合部分，以标准、互通的通信协议为基础，拥有全球性动态网络设施。在这个动态网络中，所有物品（实物或者信息）都有特定的编码与特征，通过智能界面互联互通，实现信息共享。[2]

（3）物联网指通过传感设备，按照标准、互通的协议，把物品与互联网连接起来，进行信息共享和互通，以实现对实物和虚物智能化标识、定位、跟踪和监管的一种网络。[3]

以上定义从不同侧面对物联网的内涵外延进行阐述。本书认为，物联网

---

[1] International Telecommunication Union (ITU). ITU Internet Reports 2005：The Internet of Things [R]. Tunis：World Summit on the Information Society (WSIS)，2005.

[2] European Research Projects on the Internet of Things (CERP－IOT) Strategic Research Agenda (SRA). Internet of things — strategic research road map [EB/OL]. (2009－09－15) [2010－05－12]. http：//ec. europa. eu /information _ society /policy / rfid/documents /in _ cerp. pdf.

[3] 2010 年政府工作报告 [EB/OL]. [2010－03－15]. http：/ / www. gov. cn /2010lh /content _ 1555767. htm.

是通过 RFID 装置、红外感应器、全球定位系统、激光扫描器等信息传感设备，按约定的协议把所有物品与互联网相连接，进行信息交换和共享，以实现智能化识别、定位、跟踪、监控和管理的一种动态网络。其内涵囊括传感网、互联网、广电网络系统、云计算技术、大数据技术、数据挖掘技术、纳米技术、可穿戴技术、M2M、MEMS 技术等对一系列现代信息技术的高度集成，具有全面瞬时感知、准确可靠传递、智能高效处理三个特征。[①]

二、物联网管理模式的定义和特征

（一）物联网管理模式的定义

物联网管理模式是应用于政府、企业等组织的，由感知端、传输端、云端和应用端四端协同联动，集技术创新、管理创新和制度创新于一体的整体设计，是一种过程化、精确化、智慧化、个性化的创新管理模式。

物联网管理模式是一种"四端联动、三位一体"的整体系统设计与运维模式。很大程度上，它并不依赖于信息技术，即使没有信息技术支持，具有思考能力的人就是传感器，人的大脑就是最有效的云端处理器。感知端、传输端、云端和应用端自下而上紧密连接，最上层的应用端又持续为最下层的感知端提供感知数据，从而形成物联网管理模式四端联动、生生不息的强健骨架。四端联动引起技术创新，技术创新又带动管理理念和管理模式的创新，最终技术创新和管理创新又将牵引制度的变革与创新，物联网管理模式集三大创新于一体，保证了应用物联网管理模式组织的生气和活力，为组织的可持续发展提供有力的管理保障。

（二）物联网管理模式的特征

1. 感知端、传输端、云端与应用端——四端联动

感知端作为基础，通过运用 RFID、传感器、智能嵌入等感知技术，对物体进行识别、感知，收集有关物体的第一手数据；传输端作为保障，承上启下，将感知端收集到的数据实时、准确地传输到云端；云端作为大脑，云端中的云计算、大数据、数据挖掘等技术将收集到的数据和资源进行整合、分类处理、专业储存和智能处理，为应用端的应用提供支持；应用端不仅可以按需使用云端的处理结果，而且可以进一步成为感知端，最终形成四端联动的形式。

---

① 王谦. 物联网管理模式——基于以物联网为代表的新一轮信息革命浪潮的管理思辨 [J]. 四川大学学报（哲学社会科学版），2014（05）：119—126.

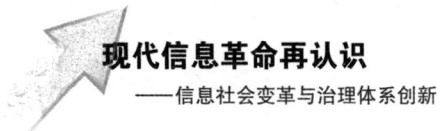

2. 技术、管理和制度创新的交融——三位一体

技术创新、管理创新与制度创新共同形成"三位一体"的创新体系。其中，技术为手段，从工具理性的视角出发，政府希望引入成熟、稳定、高效的技术手段来提高政府机构运行的效率和提高公共服务的水平；管理创造新的模式，从权变组织理论视角出发，技术创新要求管理模式进行创新，组织的管理模式必须顺应外部环境的变化而做出灵活的改变与重构；制度为保障，技术和管理创新会拉动滞后性的制度的改革，制度适应性变化又会保障组织技术和管理的创新，从而实现三位一体、组织可持续发展的良好局面。

3. 精确化、个性化、过程化和智慧化的管理模式

感知端和传输端可以保证信息及时精确地采集和传输，云端可以利用云计算、大数据、数据挖掘等技术进行智慧处理、资源整合、分类管理。物联网管理模式为政府、企业或其他组织提供专业的云团队服务，为决策者提供个性化的决策咨询服务，从而有助于各层各级决策者集中精力去思考该做什么，而不用担心该怎么去做才能实现目标。此外，物联网管理模式关注的是变结果管理为过程管理，防范风险于过程中，使政府、企业或其他组织掌握管理的主动权，防患于未然。

4. 集约型、透明化和高效率的管理模式

除了初期的感知端、传输端、云端等技术成本的投入，物联网管理模式的构建和运行并不需要昂贵的成本，况且具有思考能力的人都可作为传感器和云端处理器，具有集约型的特征。一整套物联网管理模式可通过搭建各类公众平台来实现管理的透明化。此外，先进的传感设备、网络通信设备和云端技术可以大大提高组织管理的效率。

5. 催生一系列制度创新

其一，从平均治理的体制机制向个性治理的体制机制转变，通过云平台专业子云的建设，为各行各业的治理主体提供专业的按需的个性化服务，从而实现个性治理；其二，从结果治理的体制机制向过程治理的体制机制转变，结果治理具有滞后性，物联网管理模式的一整套流程可以革新组织的流程管理，促进过程管理的有效性；其三，从分散治理的体制机制向集中治理的体制机制转变，云平台具有整合各类分散资源的能力，分散治理常常导致资源重复利用、多头领导、责任分散等问题，集中治理可以运用云平台中的整合资源，实现资源的高效运用。

第二节　物联网管理模式产生的背景

20世纪90年代末，物联网最初起源于美国麻省理工学院（MIT）自动识别中心提出的网络无线射频识别（RFID）系统。2005年，ITU在突尼斯举行的信息社会世界峰会上正式确定了"物联网"的概念。[①] 物联网自诞生以来，备受国内外的高度重视，被誉为继计算机、互联网和移动通信之后，信息领域的第五次信息革命的第三次浪潮。[②] 欧盟、韩国、美国、日本等发达国家加快物联网技术和产业的前瞻布局，纷纷出台了物联网发展行动规划。中国自温家宝总理提出"感知中国"的理念后，2013年《国务院关于推进物联网有序健康发展的指导意见》明确指出："推进物联网的应用和发展，有利于促进生产生活和社会管理方式向智能化、精细化、网络化方向转变，对于提高国民经济和社会生活信息化水平，提升社会管理和公共服务水平，带动相关学科发展和技术创新能力增强，推动产业结构调整和发展方式转变具有重要意义，我国已将物联网作为战略性新兴产业的一项重要组成内容。目前，在全球范围内物联网正处于起步发展阶段，物联网技术发展和产业应用具有广阔的前景和难得的机遇。"[③] 该意见还从基本原则、发展目标和保障措施等方面系统阐述了未来中国将如何推进物联网这项战略性新兴产业的发展。此外，《中华人民共和国国民经济和社会发展第十三个五年规划纲要》第二十三章"支持战略性新兴产业发展"指出，"支持新一代信息技术产业、新能源汽车等领域的发展壮大。大力推进先进半导体、机器人、增材制造、智能系统、新一代航空装备、空间技术综合服务系统、智能交通、精准医疗、高效储能与分布式能源系统、智能材料、高效节能环保、虚拟现实与互动影视等新兴前沿领域创新和产业化，形成一批新增长点。着力构建量子通信和泛在安全物联网。"将物联网和物联网智慧系列的应用放在国民经济和社会发展的高度上来予以重视和培养。

历史经验表明，技术革命往往会掀起社会经济生活的巨变。目前，物联

[①] 孙其博，刘杰，黎羴，等. 物联网：概念、架构与关键技术研究综述［J］. 北京邮电大学学报，2010，33（3）：1—9.

[②] 陈健翔. 人类文明大揭秘：脚印中不得不说的事［M］. 南昌：二十一世纪出版社，2010.

[③] 国务院关于推进物联网有序健康发展的指导意见［EB/OL］.［2013-02-17］. http://www.gov.cn/zwgk/2013-02/17/content_2333141.htm.

现代信息革命再认识
——信息社会变革与治理体系创新

网技术变革的成果已经逐步渗透国家政治、经济、社会文化和社会发展的方方面面。如智慧物流、智慧环保、智慧停车、智慧家电、智慧旅游、电子标签车辆防盗系统、智慧办公和智能门禁管理系统等物联网技术的应用,大大提高了政府、企业或其他组织的效率和效益,极大地提高了人类的生活品质,为人类带来丰富的个性化体验。然而物联网技术所能带来的,不仅仅是技术上的变革,更是管理模式、体制机制的变革。为了适应信息时代的技术变化,抓住物联网带来的国家和社会各层次的发展机遇,我们必须避免陷入将物联网纯技术化,简单嫁接在传统管理模式、体制机制上的误区,利用物联网技术掀起一场彻底的管理模式、体制机制的创新,才能使我国真正站在物联网战略发展的制高点,成为物联网技术和应用发展的领头羊。

基于全球物联网发展不可阻挡的浪潮,为了顺应精简机构、简政放权、培育战略性新兴产业、社会变革的大潮,本书在深入进行理论和实证研究的基础上,借助物联网技术创新,进行管理和制度创新思辨,提出一种普适性的新型组织管理模式——物联网管理模式。

第三节 物联网管理模式的理论基础与变迁

一、物联网管理模式的理论基础

(一) 熵变理论和耗散结构理论

20世纪70年代,比利时化学家和理论物理学家普利高津通过研究非平衡态的不可逆过程热力学,提出了自然科学领域著名的"耗散结构理论"。而熵变理论是由克劳修斯和开尔文提出的。自然科学领域中的熵变理论和耗散结构理论一经问世,立即引起了管理学、社会学等社会科学领域学者们的高度重视,运用这两种理论解释社会问题成为社会共识。

普利高津的耗散结构理论认为,耗散结构是一个远离平衡状态的非线性开放系统,通过不断与外界进行物质、能量交换,当系统内部某个参量的变化达到一定阈值时,经过涨落后系统发生突变,系统由原来的无序状态转变为在时间、空间或者功能上的有序状态。[①] 由于耗散结构是一种"活"的结构,具有极强的生命力,因而它被广泛应用于社会科学领域。

[①] 沈小峰,吴彤,曾国屏. 自组织的哲学——一种新的自然观和科学观 [M]. 北京:中共中央党校出版社,1993.

"熵"，是一个测量系统失序程度的变量。熵值越高，系统越混乱。任何系统的熵变均由两部分共同起作用，用公式可表示为 $d_s=di_s+de_s$。其中，d_s 代表总熵，反映的是系统总体失序情况；de_s 代表系统与外界环境交换物质、能量所产生的熵，称为"熵流"；di_s 是系统内部自发产生的熵，称为"熵产生"。[1] 在孤立系统中，系统与外界环境不进行物质、能量交换，此时 $de_s=0$，而系统内部自发产生的熵值却在不断增加，即 $di_s>0$，故 $d_s\geqslant 0$。若没有负熵流流入，则系统熵值恒为正，系统总会朝着无序方向发展。

任何一个组织都需要成为一个开放的系统，才能获得长久的生存，达到真正的动态的平衡状态。熵变理论认为，组织需要与外界环境不断地交换能量，引入负的 de_s 与组织内部正的 di_s 相互抵消，使组织从无序走向有序。耗散结构理论认为，组织需成为一个动态的开放的系统，实时地感知外界环境的变化，在不断地与外界环境进行物质和能量交换的过程中，发生涨落：首先，组织中的个别子系统认识到新变化带来的新需要，进而超越常规，进行内部创新；其次，新的变更被其他子系统响应；最后，整个系统的变化得以整体大于部分之和的效果放大，此时系统进入了新的有序状态。涨落可由三个因素驱动：技术创新、产品创新和制度创新。[2]

基于耗散结构理论和熵变理论，我们认为，物联网管理模式有助于组织从一个无序的状态重新走上有序的状态，并保持组织与外界环境的不断交换，防止组织处于封闭而逐渐消亡的状态。物联网管理模式以"四端联动，三位一体"为基本特征。感知端可以帮助组织实时全面地采集外界环境中会对组织造成影响的数据和信息；传输端可以准确及时地将数据和信息传达至组织的云端——神经中枢；云端通过整合组织资源，进行智能分析，可以有效地促进组织自身及时有效地响应外界环境的变化，为组织做出适应性的变化提供决策建议和模型；应用端一方面可以使组织发生涨落即变化，另一方面又可以作为一个新的传感器，采集发生变化后的组织是否正确适应了外界环境变化的信息。如此，四端联动循环，使得组织处于一种健康的动态感知和适应环境的状态。此外，三位一体的技术创新、管理创新和制度创新又可以促进组织系统实现涨落，从无序走向有序，保持组织系统动态的长久的生命力。

---

[1] 姜文，汪应洛. 基于耗散结构理论的知识创新研究 [J]. 科学管理创新，2006 (08)：6.

[2] 李彬. 基于耗散结构理论的日本"二次元"动漫产业系统 [J]. 日本问题研究，2015，29 (3)：1—11.

（二）行为者网络理论

20世纪80年代，巴黎学派提出了行动者网络理论。1986年，巴黎学派的代表之一卡龙描述了法国EDF集团提出的开发新型的电动车计划。该电动车计划首先需要CGE公司来研发发动机和蓄电池；其次，由雷诺公司负责装配电动车底盘和制造车身；最后，仍需考虑消费者和政府部门等影响电动车计划的因素。这些"行动者"共同构成了相互依存的网络世界，来共同作用于组织的决策行为。行动者网络理论包含三大行动者网络：一是以众多技术实体为主的技术层；二是以资源整合为主的组织管理层；三是以协调组织内外环境为主的制度层。

物联网管理模式本身就是一个关联广泛的多重行动者网络系统。物联网管理模式中的射频识别技术、电子标签等传感技术，有线、无线网络等传输技术和大数据、云计算等云端技术共同构成了一个技术实体，即技术创新网络；以云计算为资源整合、智能处理核心的管理层，构成了一个管理实体，即管理创新网络；观念认知、法律法规和体制机制等制度实体，因技术创新和管理创新的带动而发生变化，同时又反过来保障技术创新和管理创新，这些制度实体构成了制度创新网络。三层网络交叉重叠、错综联系，交织成一个多重行动者网络集合，构成技术创新、管理创新和制度创新三位一体的联动系统。

（三）有限技术决定论

技术决定论认为，技术、文化与社会系统三者构成了一个单向的"决定与被决定"的关系，即技术构成了一种新的文化体系，而这种文化体系又构成了整个社会。[①] 技术的作用是首要的，技术决定了社会系统，而社会系统并不会反作用于技术，对技术产生影响。

技术决定论在理论上忽视了社会系统的作用力，而有限技术论弥补了这一缺陷。有限技术论认为，不仅技术可以作用于社会系统，社会系统也会反作用于技术。二者相互作用、相互影响、相互促进抑或相互牵制。技术可以带动社会系统的创新，但是社会系统对技术的制约作用体现在社会系统旧有的体制机制会选择性地吸纳技术。技术、其他因素和体制机制共同决定着社会系统未来发展的方向。

物联网管理模式以技术创新为基石，但是不止于技术。在洞悉了技术、管理和制度三者之间的相互作用力的基础上，我们提出了三位一体的物联网

---

① 宋朝龙. 社会生产方式的二重结构——技术决定论批判 [M]. 北京：经济管理出版社，2012.

管理模式，即技术创新、管理创新和制度创新是相互交织、相互作用，共同构成一个整体，任何一位的落后和墨守成规都会作用于其他创新，束缚其他创新的效果。因此，物联网管理模式一向提倡依靠三位一体的有机模式，来带动和促进整个组织的发展。

二、物联网管理模式的发展变迁

（一）物联网管理模式的基础形态

在现代信息技术尤其是物联网技术作为支撑的背景下，物联网管理模式呈现出以四端联动为框架的基础形态，如图24-1所示。

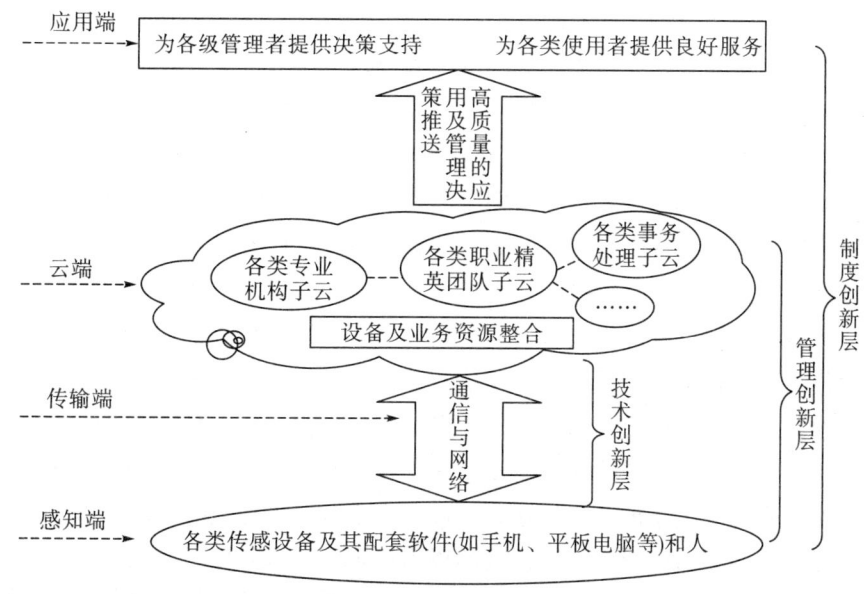

图24-1　物联网四端联动框架

感知端处于物联网管理模式基础形态的最底层，负责运用各式传感设备对实物和虚物（数据、任务、难题）进行感应和识别，获取最原始的碎片化的数据和信息。① 感知端就像数不胜数的树根，可以伸展进社会生活和管理的方方面面，只要是树根的触点可以到达的地方，碎片化的原始数据和信息都可以被感知和收集起来，并转化成通信和网络可以识别的数据格式，进入

---

① 沈苏彬，毛燕琴，范曲立，等．物联网概念模型与体系结构［J］．南京邮电大学学报（自然科学版），2010，30（4）：1-8．

传输和流动的阶段。

传输端处于物联网管理模式基础形态的第二层,负责感知端第一手数据的实时、安全、保真的接入和传输。[①]传输端以现代各类通信和网络技术作支撑,这些技术所面临的接口标准化瓶颈、异构网络的融合难题和安全等问题也是传输端需要逐步获得突破的重难点。

云端是物联网管理模式基础形态的第三层,是整个模式的神经中枢。云端负责数据和资源的深度整合和专业化的分工与处理,为各自为政的部门"信息孤岛"的共享和联结提供了技术支撑的平台。云端以云计算、数据挖掘、模糊识别和大数据等云处理技术为支撑,对由传输端输送的各类数据和资源进行专业的整合并分类,储存在各类子云中。为不同的部门、业务和决策者提供专业的决策支持和服务,从而解决"how to do"的难题。

应用端是物联网管理模式基础形态的顶层,负责将从云端获取的科学分类的智能化信息应用到管理决策和各类服务平台中,为管理者集中精力做好"what to do"的决策提供支持,为各类政府服务的使用者提供个性化、便捷化的服务。应用端是对各端预期功能和实际作用之间匹配程度的检验,也是对管理模式设计和管理实践效果之间契合程度的检验。

(二)忽略传输端的演进模式

随着第三届互联网大会评出的 15 项世界互联网领先科技成果之一的量子通信技术从科研走向了"京沪干线"试点[②],在"十三五"规划末期运用量子通信技术提高城市间组网通信传播速度上百倍,保证数据传输的绝对安全性,实现量子通信技术和传统通信技术的深度融合、相辅相成将成新常态。通信和网络技术的高度发达,高速、安全和保真性能的完善和落实,为忽略传输端的物联网管理演进模式的提出提供了技术条件。

忽略传输端的物联网管理演进模式,以假设现有的通信和网络技术已相当成熟,不必再专门建设物联网管理模式的传输端为前提,着重探究和建立感知端、云端和应用端,并且提出感知端和应用端实际可以合二为一的思想。如图 24-2 所示,感知端和应用端可以合二为一在一个平面上,感知端可以通过射频识别、穿戴设备等传感技术将社会生产和生活方方面面的碎片化数据,通过发达而无须专门建设的传输端传递至作为神经中枢的云端。应

[①] 刘永谋,吴林海. 物联网的本质、面临的风险与应对之策 [J]. 中国人民大学学报,2011(04):35—40.

[②] 我国量子通信技术领先世界水平 3～5 年 [EB/OL]. [2016—11—03]. http://news.163.com/16/1103/09/C4UGS6VU00014SEH.html.

用端还可以发挥收集第一手碎片化数据的作用,通过应用端的管理者和使用者对云端智能化信息应用效果的反馈,为整个物联网管理模式提供新的数据血液,促使物联网管理演进模式的数据和信息从感知端—云端—应用端(感知端)—云端—应用端(感知端)循环往复,生生不息。这些一遍遍经过云端智能分类整合处理的数据和信息将越来越倾向于科学合理。

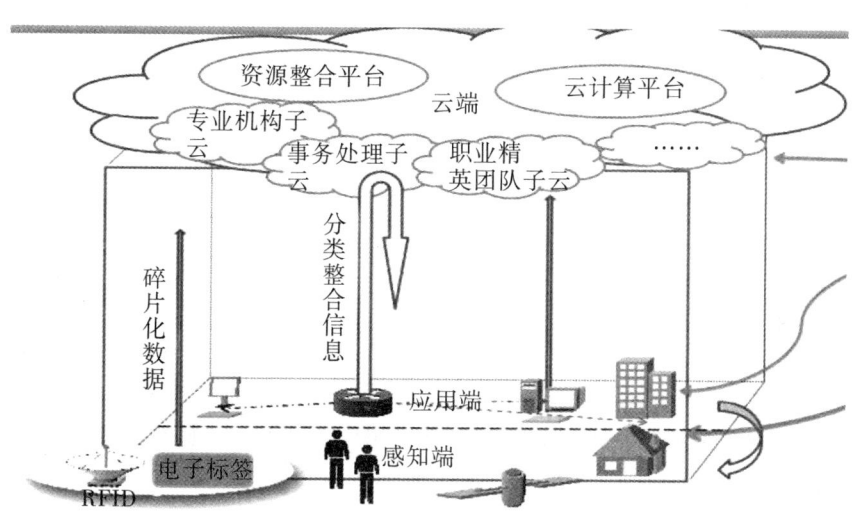

图 24-2　感知端和应用端合二为一模拟图

(三) 无技术参与的特殊式样

在传感、通信网络、云处理技术发达的时代,我们可以在感知端利用传感技术收集碎片化的一手数据,在传输端利用现代通信和网络技术安全、高速地传递一手数据至云端,在云端利用模糊识别、数据挖掘、云计算和深度学习神经网络处理器等云处理技术对数据进行智能整合和分类,在应用端建立决策和使用的系统或平台,从云端各个专业的子云中选取有利于特定决策和使用目的的智能化的信息。在传感、通信网络和云处理技术并不具备或者并不方便适用的情形下,物联网管理模式是否还能运行并起到关键性的作用呢?笔者认为,即使没有现代高新技术的参与,物联网管理模式也能以其特殊式样运行并起到支持决策和为使用者服务的关键作用,我们以毛泽东湖南农民运动的考察为例。

从青年求学时期到 20 世纪 60 年代,毛泽东像社会学家一样深入实际,

现代信息革命再认识
——信息社会变革与治理体系创新

孜孜不倦地进行调查研究,在每一次决策的背后,基本都有一个调研的故事[①],力求从现实的土壤中,去探索出解决中国革命和建设问题的良方。毛泽东的调研历时长、范围广,强调客观性。在他广泛的调研中,又以农村调查居多。仅 1925—1934 年,毛泽东就集中地对农村进行了长达七年的调查分析。毛泽东的湖南农民运动考察就是在 1927 年完成的。1926 年年底,中共领导的农民运动高涨,各阶级出于自身利益的考虑对此褒贬不一,中间派分子动摇,以陈独秀为代表的右倾分子对此极为怀疑和反对。中国革命将开往何方?在此背景下,毛泽东坚信,没有正确的调查,没有掌握第一手资料和数据并抓住反映事物本质的材料进行分析,就没有发言权,就无法做出科学合理的决策。[②] 于是,在 1927 年这个没有现代信息技术的年代,毛泽东运用特殊的物联网管理模式对湖南农民运动进行了一场如火如荼的耗时 31 天的考察。

1927 年 1 月 4 日至 2 月 5 日,毛泽东先后考察了湖南省五县农民运动的实地情况。1 月 4 日毛泽东乘船到湘潭县,11 日抵湘乡县,15 日到衡山白果,20 日至 23 日在衡山县城,24 日返省。27 日赶赴醴陵县城,2 月 7 日上午回长沙。毛泽东每到一处地方,就应用典型调查和开调查会的方式,撒开传感的网,邀请 3~7 个典型代表参与调查会,调查人员口问手写,并与参与人员进行积极而热烈的讨论,收集和记录大量客观的一手数据和信息。[③] 随着毛泽东考察湖南各县的足迹越来越多,这张传感网就越来越密集、越来越复杂,收集到的一手数据和资料也就越来越丰富。在调查湖南农民运动的 31 天内,毛泽东两次回到区委,将获得的一手数据传递给专业负责的同志,并与其进行全面而周详的讨论。毛泽东和负责调研的同志的智慧和思维其实就是云端智能处理模仿的对象。最终,毛泽东凭借客观的调研资料和敏锐的判断力,发表了《湖南农民运动考察报告》,为中国革命指明了正确的方向,并最终走上农村包围城市,夺取全国政权的道路。

---

① 甘月文. 论毛泽东调查研究的特点 [J]. 内蒙古师范大学学报,2001,30 (6):54—59.

② 黄清辉. 从调查到决策——毛泽东同志留给我党处理现实问题的法宝 [J]. 湖南社会科学,2001 (01):125—126.

③ 毛泽东. 毛泽东农村调查文集 [M]. 北京:人民出版社,1982.

第四节 物联网管理模式的基础与架构

一、物联网管理模式的运行条件——三创齐下

20 世纪 80 年代中期,巴黎学派提出了行动者网络理论。法国 EDF 公司开发新型的电动车计划的案例表明,技术的变革,并非只关乎技术本身,还需考虑消费者、政府部门、竞争对手等多重因素,这些因素都作为"行动者"共同构成了相互依存的网络世界。[①] 同样地,物联网管理模式的运行和推广,也需要考虑技术条件和技术以外的管理思维和制度条件,这些条件相辅相成,缺一不可。有限技术理论认为,在技术实体作用于社会系统时,社会系统(如管理系统、制度系统)并不是被动地完全吸纳技术实体,而是产生对技术实体的反作用力,有选择性地吸纳技术实体,反过来影响技术的发展。[②] 因此,技术、管理思维、制度三重网络交叉相叠,组成了一个多重技术结合、多样管理方式交织以及制度上保障的行动者网络集合,即物联网管理模式的成功运行需要妥善考虑集技术条件、思维条件、制度条件于一体的"三位一体"行动者网络集合。任何一层不能及时顺应环境和情境的变化做出创造性的改变,都会互相牵制和互为桎梏,导致组织管理的混乱和崩溃。

(一)技术条件——基础

技术网络层由手机、平板电脑、有线网络、无线网络等网络和通信技术,云计算、大数据、数据挖掘、模糊识别等智能处理技术和 RFID、传感设备、智能嵌入技术、电子标签等传感标识技术构成,贯穿感知端、传输端、云端和应用端"四端联动"运行的始终,负责物联网管理模式的技术整体设计和软硬件的制作与开发。技术条件的满足是物联网管理模式运转的基本,是管理和制度创新的根源,先进技术的运用可以促使组织发现并利用技术破除管理模式、体制机制上的障碍,为组织带来一场不止于技术的深刻的全方位变革。

(二)创新思维——前提

物联网管理模式可以变被动的、滞后的结果管理为主动的、实时的过程

[①] 盛晓明.巴黎学派与实验室研究[J].自然辩证法通信,2005,27(3):64—70.

[②] 宋朝龙.社会生产方式的二重结构——技术决定论批判[M].北京:经济管理出版社,2012.

管理，防患于未然。物联网管理模式作为一种创新型的组织管理模式，颠覆性的思维重构是其发挥功效的前提。

1. 决策思维的重塑——分离"what to do"和"how to do"

技术的进步可以推动组织决策方式的创新。以往组织的决策者不仅需要思考"what to do"（即要做什么决策去实现怎样的目标），还要讨论"how to do"（即采取什么样的手段才能实现决策目标），政务性工作与事务性工作糅合在一起，使得决策者无法从众多事务性工作中抽离出来（how to do），去集中精力思考重大的战略决策方针等政务性工作（what to do），从而影响决策的有效性和科学性。此外，西蒙提出的有限理性决策理论认为，决策者由于自身能力、获取信息不足等原因往往并不能做出完全理性的决策。而物联网管理模式的诞生，为决策的科学化和理性化提供了有力的支持。物联网管理模式依靠强大的全面感知、实时传递的网络系统和专业智能的云计算处理平台、资源整合平台，一方面能够为组织决策提供及时、精确、全面的信息，这些信息是多方位的，来自公众需求、现有法律法规、专家意见，也来自利益集团；另一方面还能帮助组织分离政务性和事务性工作，使决策更加科学、有效。

然而，要使强大的物联网管理模式为组织决策所用，需要管理者首先强烈具备主动分离"what to do"和"how to do"的意识。利用全面感知、实时传输的技术条件去获取真实而全面的一手信息，专心致志做好"what to do"的工作。而与"how to do"相对应的事务性工作，管理者应该学会让管理专业的云团队来帮助自己解决"how to do"的难题（这样的云团队可以视组织的具体条件内部发展，也可以从组织外部外包引进），从而让物联网管理模式真正地发挥提高决策质量和效率的功效。

2. 流程再造思维的构建——变结果管理为过程管理

20世纪70年代末，以美国为首的资本主义发达国家经济萧条，客户需求朝多样化和个性化发展，促使企业不得不变革内部管理来适应市场的变化。在此背景下，美国麻省理工学院的哈默和CSC管理顾问公司董事长钱皮在1993年提出了管理学史上的一个重要理论：流程再造理论。[①] 该理论认为，为了改善成本、质量、服务和速度等现代企业的主要运营基础，必须对公司流程进行根本性的重新思考并彻底改革。根本性、彻底性、戏剧性和业务流程成为备受关注的四个核心内容。不仅企业在特定的内外环境的变化下需要流程改造，当公众需求和政府角色定位发生变化时，也需要政府重新

---

① 罗哲. 管理学 [M]. 成都：四川大学出版社，2010.

思考旧有流程，进行根本性的变革。

物联网管理模式是一种过程管理的模式，可以为组织的执行过程提供实时监控和反馈。物联网管理模式的有效运行需要组织管理者构建彻底的流程再造的思维，变结果管理思维为过程管理思维。例如，在交通系统中，管理者要构建过程管理思维，下意识地利用物联网管理模式全面感知、实时传输、智能处理和及时共享的特点，对汽车的超速、超载、酒驾、车祸等相关行驶状态进行实时监控和跟踪，使得相关工作人员在行政执行过程中能够及时获得全面而准确的证据，防患于未然，在事故发生前对可能导致事故发生的高危行为进行警告和制止，在事故发生中能立即获取事故信息，进行主动及时处理，变被动滞后的结果管理为主动积极的过程管理。

3. 技术新思维塑造——利用技术变革管理和制度

物联网管理模式的实现需要引进传感设备、RFID、电子标签、可穿戴设备、云计算、大数据、数据挖掘等众多高新技术作基础支撑，从而会产生相应的技术成本。然而，相较于运用物联网管理模式所带来的效益——促进政务与事务的分离、提高决策的有效性和科学性、组织瘦身的法宝、执行过程的实时动态管理，从长远的视角看，技术投入不单单是暂时的成本，更是理性的投资。

此外，管理者应树立崭新的看待技术实体的思维，在物联网管理模式中，技术所引发的不只是技术本身的创新。有限技术理论认为，技术系统与社会系统中的管理、体制机制子系统相互作用、相互影响。技术的变革是表面的，是改革组织的初级目标。改革组织的终极目标是运用技术的变革，来引发深层次的管理和体制机制的变革，并利用管理和体制机制的变革反作用于技术，促进社会系统对技术的接纳和吸收，使得技术投资的功效最大化。

（三）制度条件——保障

技术和管理上的创新必将作用于制度，带动制度上的创新；而不适应发展的制度又会阻碍技术和管理上的创新。物联网管理模式的运行不仅依赖于技术和管理思维的革新，还需要制度条件保驾护航。

1. 权变的组织结构

权变组织理论认为，单一的组织模式无法解决所有组织设计的问题，组织模式需要从实际出发，根据组织所处内外环境的变化做出相应的调整和灵活的适应。① 耗散结构理论认为，任何一个组织都应是一个动态的具备耗散结构的开放系统。一个远离平衡（稳定）状态的开放系统，通过不断地与外

---

① 丁煌.西方行政学说史［M］.武汉：武汉大学出版社，2004.

界环境进行物质和能量的吸收、交换,从原本无序、非平衡的状态逐渐转变为动态的平衡、有序的状态。这种动态的平衡状态不同于封闭组织静态而不能持久的平衡状态,耗散结构可以使组织获得长期生存。因此,当内外环境发生变化时,组织模式就需要通过创新来及时地响应外部环境的变化以获得长久的生存。

从管理的角度看,物联网管理模式本身就是一种新型的组织管理创新模式,而且它必将引起政府、企业或其他组织的机构大变革,它是精简机构、组织瘦身的法宝,是服务外包的必然选择,是政务与事务分离的最佳选择,也是通过云平台的资源整合和分类解决资源非均衡问题的最佳模式,扁平化是组织结构发展的趋势。然而,物联网管理模式要在一个组织中有充分的用武之地,其组织结构就不能过于僵化。一个具有权变思维的组织,一个主动与外界进行充分的信息和物质交换的组织,会拥有更适合物联网管理模式大展身手的土壤。

2. 精简的职能,共享的部门

我国正处在经济发展转型的关键时期,政府面临的公共事务日益复杂,现存传统的跨系统协调机制已不能满足政府管理的需求。物联网管理模式强大的云平台可以增进政府各系统间的协调和共享程度。在物联网管理模式的云平台中,信息不是条块分割或者重复放置的,云计算、数据挖掘和大数据等关键技术可以有效梳理和整合资源,并将整合而来的资源在专业子云里分类储存,各部门既可以在公共云里获取可以共享的信息,也可以在专业子云里各取所需,获得可支持管理的各类有用信息。

因此,物联网管理模式的运用和推广,并不需要冗杂的管理职能,也不适用条块分割的部门现状。物联网管理模式的云计算平台中有专业的云团队可以解决各类"how to do"的难题,这类管理职能可以去除。此外,物联网管理模式中的资源整合平台可以对各部门同类型的数据进行系统梳理和整合,创造出所有部门都可以借鉴的各类基础数据,存储在专业子云中。那么,过多的管理职能和过于条块分割的部门反而会成为物联网管理模式推广的阻碍。

3. 发展专家咨询制度和专业的云团队

完备的专家咨询制度是科学决策的一个重要组成部分,能够有效帮助决策者获得多方面且专业的信息,防止因决策者自身能力有限、信息不全面而导致决策的有限理性。目前,我国专家咨询制度有所发展,但是仍不能满足科学决策的要求。首先,我国面临专家咨询机构分散的问题,通过专业分类、集中整合的云资源储存平台,可以整合各类专家资源,将碎片化、分散化的资源进行统一分类储存，便于决策者各取所需，获取有助于科学、合理决策的有用专家信息。其次，云端中的各类云团队是物联网管理模式的大脑，云团队的专业程度决定了物联网管理模式的智慧化程度。因此，专家咨询制度和专业云团队的完善和建立，有助于物联网管理模式的有效运行和推广。

二、物联网管理模式的基本架构——四端联动

（一）感知端

感知端好比人类的皮肤，拥有敏锐的触觉，身处物联网管理模式的最底层，它的功能是通过多种多样的传感设备，对现实世界中实物和虚物（事物、软件、信息等）的特征进行智能化的感应和识别，以将物品信息转化成可供传输的原始数据和信息。感知端具有全面、实时、真实等特性。常见的传感设备有 RFID、电子标签、条码、传感器、定位系统、可穿戴设备、摄像头、GPS、WSN、雷达等。此外，人也是最重要的感知设备。为了实现对物体信息实时有效的感知和识别，我们需要考虑众多传感设备的兼容、融合以及编码问题[1]，构建全球统一的物体感知端体系，支持各类传感设备的互操作性，创造数据传输的可行性基础。

（二）传输端

传输端处于物联网管理模式的第二层，主要负责信息和数据的接入和传输，类似人类的神经系统。传输端作为感知端和云端的桥梁和中介，需要利用现有各类网络，按照规定的协议，将感知端所获得的第一手数据和信息进行实时、准确的传递、融合、交换等传输处理，保障数据和信息安全地输送到云端。常见的传输端设备有局域网、广电网、通信网、互联网等有线、无线网络，以及基站节点等。它的构建需要利用现有的通信网络作基石，重点破解基站节点等接口标准化建设的技术瓶颈，进行异构网络融合，贯彻多方参与共同搭建的理念。[2] 传输端需要具有实时、准确、高效、安全等特性。

（三）云端

云端身处物联网管理模式的第三层，类似人的神经中枢，是智能处理和智慧决策的科学支撑。从感知端获取的大量原始数据，经过传输端实时、准

---

[1] 宁焕生，徐群玉. 全球物联网发展及中国物联网建设若干思考[J]. 电子学报，2010，38（11）：2590—2599.

[2] 王谦. 物联网管理模式——基于以物联网为代表的新一轮信息革命浪潮的管理思辨[J]. 四川大学学报（哲学社会科学版），2014（05）：119—126.

确地到达云端,在云端利用云计算、数据挖掘、大数据和模糊识别等新兴信息技术和智能管理技术,对原始数据进行资源整合、专业分类、智能化处理,得到专业、科学的信息,为应用端各取所需的使用者提供高智商的数据资源平台。在这个数据资源平台中,对组织决策者而言,可以帮助其从日常行政事务中剥离,实现非常规决策类事物和常规行政事务的有效分离,通过建立各种类型的专业机构子云、职业精英团队子云、事务处理子云、业务处理子云等,来帮助决策者获得支持决策的科学、专业的信息,做出更合理的决策。

(四)应用端

应用端身处物联网管理模式的顶层,是将科学、智能处理的信息付诸实践的服务平台。它像神经突触一般无处不在的传感设备感应海量的原始数据,这些海量数据经过实时的传输和云端"云计算"等高新技术的智能处理,形成了分类、精准的高质量信息。应用端为这些信息提供了一个实现其价值的平台——信息服务平台。这类服务平台不仅可以为决策者提供精准可靠的决策依据,而且可以根据用户的需求提供个性化的信息服务;不仅可以为政府所用,而且为企业管理所需,是任何组织都可以搭建的平台。这类个性化的信息服务平台可以提高组织运行的效率和决策的有效性,有助于打破组织和个人信息不对称的局面,提高有关机构和个人信息的共享程度和对资源的充分利用程度。

同时,应用端可以重构为新的感知端,为组织提供源源不断的感知信息,带动物联网管理模式的解构和重构,促使四端联动,保障该模式的灵活性、适应性和可持续发展性。

第五节 物联网管理模式的应用

目前为止,社会发展经历了三次重大变革:农业革命、工业革命和信息革命。它们的共同特点是由技术的变革和创新所引发的一场社会各领域、各方面的重大变革。农业革命是由农耕技术的变革所引发的一场社会革命,工业革命是由发电机和蒸汽机等科技变革所引发的一场社会变革[1],而现代信息革命是由信息技术的突飞猛进而引发的一场社会变革。信息革命不仅带来了众多如雨后春笋般蓬勃发展的高新技术,而且带来了信息资源的整合和智

---

[1] 浦漫汀. 世界五千年 [M]. 北京:北京燕山出版社,2010.

能分类处理,更带来了一场深刻的管理思辨和管理创新。物联网管理模式就诞生在这场现代信息革命的浪潮中,从一产生就集技术创新、管理创新和制度创新于一体,掀起了社会管理变革的巨浪。

以 RFID、电子标签、雷达等为例的传感设备正逐渐广泛应用于城市交通管理、人员管理、应急安全管理、食品安全管理和物流管理中,并取得了较大的成功,大大提升了管理效率和管理效益。在城市交通管理方面,以江苏盐城的 BRT(快速公交优先系统)为例,在离路口 100~200 米处安装 RFID 基站式定向读写器,当 BRT 车辆接近路口时,车头的 2.4G 有源电子标签和装在路边的 RFID 基站式定向读写器相呼应,读写器信号与交通指挥中心的交通信号控制系统联结,路口的交通信号灯就会变化:当 BRT 车辆接近路口遇绿灯时,则适当延长当前的绿灯相位时间 8 秒,保证 BRT 车辆顺利通过路口;当 BRT 车辆接近路口遇红灯时,则缩短红灯信号周期,提前 8 秒转入 BRT 车辆行驶的绿灯相位,从而减小 BRT 车辆在交叉路口的延误时间。[①] BRT 首先可以降低公共线路行程时间,减少公共车辆交叉路口延误;其次可以减少公共车辆停车次数,提高公共车辆行车稳定性及准确率,提高公交服务水平;最后还能减少车辆能源消耗、人力和运载设备。此外,西门子开发了一个雷达系统,车主能通过智能手机 App,获取免费停车位的情况。在人员管理方面,RFID 被应用于监狱人员定位管理系统和隧道人员定位管理系统中,通过在监管场所运用一种安全、可靠的无线人员定位系统来区分、识别、跟踪和定位在押人员,保护内部工作人员和管理来访人员,将信息系统中每个人的信息和现实中的每个人动态地联系起来,主动识别并按照预先设定的程序报警。[②] 在应急管理方面,仁微股份开发了贵重物品防盗管理系统,基于 RFID 的柜台贵重物品监控管理系统主要由 T737 型双频防盗标签、射频监控设备(双频报警主机)、计算机通信网络以及系统管理软件组成。该系统因具有防盗标签而增加了市场竞争优势,给予消费者高级消费体验,最重要的是可以有效防止偷盗现象,为商家减少不必要的损失和纠纷。[③] 在食品安全管理方面,RFID 被应用于监控和追踪猪肉的动态,一旦发现问题猪肉,可以及时地进行追溯和问责。在物流管理方面,RFID

---

① BRT 快速公交优先系统 [EB/OL]. http://www.iotworld.com.cn/html/IOTLib/201507/45ab9b355b244c2a5055cfd78af6843.shtml.

② 仁微股份智能安防基于物联网的监狱人员定位管理系统 [EB/OL]. http://www.iotworld.com.cn/html/IOTLib/201507/4024245b78124f6a91dd2325cf24531c.shtml.

③ 仁微股份柜台贵重物品防盗安全系统 [EB/OL]. http://www.iotworld.com.cn/html/IOTLib/201508/95f2633d3baa4ac98cbebf6bbc2a2082.shtm

现代信息革命再认识
——信息社会变革与治理体系创新

被广泛应用于生产、仓储、销售和消费的各个环节,实现了物流领域单个商品的识别与跟踪,极大地提升物流领域尤其是国际贸易的流通效率,而且可以减少人力、货物装卸、仓储等物流成本。①

以云计算为典型的云端技术也正逐步应用在政府信息化建设、社会管理和企业信息化建设中。在政府信息化建设方面,以连云港徐圩新区为例,徐圩新区是拓展港口综合服务功能、开发新的战略增长点的重要载体。该区建设了一个服务于全区乃至连云港市的云计算中心,涉及区政府的政务办公、整个区的智慧工程等。其中建设一个高效的计算及存储资源池是重点。② 在社会管理方面,以河南省清丰县为例,震惊全国的"1·17金店抢劫案"在省市县多方警力和多警种的协同作战下,历时3天,成功抓获全部犯罪嫌疑人(2名)。作为清丰县平安城市整体解决方案提供商,大华公安云计算平台在案件侦破中发挥了重大关键性作用,这也意味着云技术正在成为公安科技强警的重要建设内容。③ 此外,在工业能源能耗智能监控方面,云服务层也被运用在其中,该系统分为数据采集层、数据传输层、数据管理层、云服务层四个部分。在企业信息化建设方面,以中冶新加坡分公司为例,华为为中冶新加坡分公司提供了Micro DC(微数据中心)解决方案,帮助其打造了业界运维最简单、上线最快的数据中心,方便其更好地聚焦业务,提高核心竞争力。同时,华为还为其BIM三维模型提供了GPU直通桌面云解决方案。通过部署华为Micro DC和高清桌面云解决方案,中国京冶集团新加坡分公司获得了以下收益:极大地缩短了业务上线时间,实现资源共享和多用户协助办公,移动办公安全高效,实现了邮件系统、ERP系统、工程管理系统等的高效、统一管理,提升了工作效率。

通过RFID和云计算在政府、企业中的应用可以看出,RFID等传感技术可以实现对物品的全面感知和实时追踪,减少组织管理成本,提高管理效果,帮助解决停车难、问题食品追溯难等问题;云计算等云端技术可以帮助组织整合有效资源、分类储存资源,并在需要时提供解决专业问题的方案。但是在组织具体运用中,很少有组织将传感技术和云技术放在一个具有统一规范的管理模式中运用,以产生整体大于部分之和的效果,以先进技术的使

---

① 细数物联网在国内外物流领域应用的案例[EB/OL]. http://www.iotworld.com.cn/html/Library/201506/a38c2caaca735886.shtml.

② 浪潮云计算中心项目在连云港徐圩新区的应用[EB/OL]. http://www.iotworld.com.cn/html/Library/201406/df178dd7535834d1.shtml.

③ 云计算助力警方刑侦案例[EB/OL]. http://www.iotworld.com.cn/html/Library/201603/8e6af5899a590d10.shtml.

用去带动管理模式甚至是体制机制的创新,此时技术不再仅仅是技术,而是导致组织革新的重要组成部分。作为一种普适的组织管理模式,物联网管理模式依据"四端联动,三位一体"的骨架,促使政府、企业或其他组织更多地从组织耗散结构理论(权变)和技术、管理和制度多层融合的行为者网络理论等角度出发,对现行管理面临的挑战和机遇做出深刻的反思和及时回应。它不仅适用于政府机构对社会公共事务的管理,也适用于企业对企业事务的管理;它不仅在物联网等高新技术的背景下会发生巨大的管理变革作用,而且在缺乏信息技术的条件下,也是一个科学的管理模式。它可以帮助组织瘦身,去除已失去作用的职能,进行流程再造,节约人力、物力和财力的投入,取得更好的管理效果;它可以促进政务和事务的分离,感知端为决策者收集全面实时的信息,云端为决策者提供整合的资源,并为决策者提供专业的决策模型和建议;它可以变事后管理为事中控制,提高政府提供公共服务的水平,提升企业的核心竞争力。

大唐电信股份有限公司设计、实现的县级山洪灾害监测预警系统就是一个类似物联网管理模式的实践案例。我国区域灾害防御和治理存在覆盖面广、地形复杂、监测困难、决策缺乏数据支持与科学评估,以及缺乏先进有效的管理手段等问题。将物联网应用到山洪灾害防治领域,能有效地解决上述各类难题。该系统以数据采集监测为基础(应用物联网感知层的 RFID、传感器、摄像控制、定位授时等技术,将信息定时采集上来,从而解决了覆盖面广、地形复杂的问题),借助通信网络设施(降低了人工监测带来的错误和误差),建立监测预警平台,以山洪灾害监测预警系统软件为核心,多种信息发布方式为窗口,集雨水情、国土、气象监测系统和预警系统于一体,通过对各类数据的整合、分类、查询、分析,大大提高灾害监测预警的效率,保障国家及群众的生命财产安全。[①]

小　结

物联网管理模式是本书借助物联网技术创新,进行管理和制度创新思辨,提出的一种普适性的新型组织管理模式。物联网管理模式为实践服务,必然需要在实践中不断受到锻炼和考验,以检测其在实际应用中是否具有可

---

① 山洪灾害监测预警系统在"智慧水利"中的物联网应用[EB/OL]. http://www.iotworld.com.cn/html/Library/201212/a3f48ee8a7c1a943.shtml.

行性和可操作性，同时也为锻造一个更加坚实可靠并兼具理论意义和应用价值的物联网管理模式提供契机。在发展和试行物联网管理模式的同时，需要警惕模式发展过程中可能遭遇的冰点：初期技术成本大、数据隐私和安全问题、产业信息化不足、立法体制的滞后性等，在不断破冰的过程中，使物联网管理模式茁壮成长。

思考题：
1. 物联网管理模式的概念是什么？
2. 物联网管理模式的核心构成有哪些？
3. 物联网管理模式还被应用在哪些方面？

第二十五章　智慧模式

案例

欧洲主要停车场管理公司 APCOA 停车控股于 2013 年发布的一项研究指出，在德国中心城市，司机平均每十分钟就需要找停车位，有的司机甚至会开 4.5 公里路程去找停车位。欧洲老牌工程巨头西门子公司为了改善长久以来停车难而造成区域拥堵的问题，开发了一个雷达系统，车主可通过智能手机 App 获取免费停车位的情况。

广州白云山风景区为国家 5A 级景区，日游客容量为 5.3 万人，大量游客的来访加剧了本就严峻的停车难题。白云山西门停车场现有车位 600 余个，每天容纳临停车辆 800 余辆，周末时甚至会突破 1800 辆。为了改善景区的车辆停放问题，引进了 ETCP 智慧停车系统。该系统的车牌识别技术和不停车电子支付功能让车主无须停车缴费，直接电子支付，通行效率提高了 10 倍以上，一辆车只需 5 秒就可通过。对停车场而言，节省了人工成本，采用电子支付后，账目清晰明了，避免现金对账可能出现的纰漏。

第一节　智慧模式的概念与特征

一、智慧模式的界定

2004 年，商务印书馆出版的《新华字典》将"智慧"定义为能正确地理解事物，并且灵活地和快速地处理能力。在中华文化释义中，智者为聪明者，反应快、智商高且敏捷。慧者即灵者也，主要表现为有灵性、悟性好、情商高。同时作为一种资源和认识能力，智慧也被投资与开发。各种各样有

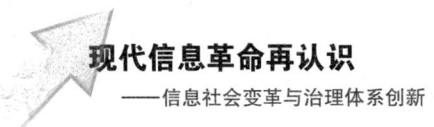

价值的信息资源事实上是一种物化的智慧。智慧模式正是从我们目前所见的智慧城市、智慧旅游等事务中抽象出来的能够模拟人的行为和思维并且与某种特定目标连在一起的、具有分工和合作关系的一种组织模式。

二、智慧模式的特征

（一）智能化和人文化

在智慧模式理念出现前，曾经历了数字模式和智能模式的阶段。数字模式强调的是运行与管理的数字化、可视化和网络化。在数字模式的基础上，智能模式更看重智能生产管理、智能支持与决策、自动化控制等。而智慧模式是在数字模式、智能模式的基础上，强调通过动态数据感知、整合资源、专业智能处理实现对各个构成要素的动态性、发展性管理，以此解决主体管理难题，尤其对发展城市的经济，为居民带去更有个性化的便民体验，以实现以人为本和可持续发展的核心价值。

（二）知识性和创新性

戴维·温伯格在《知识的边界》一书中指出，知识已呈现网络化状态，无处不在，我们既面临着知识的危机，也面临一场划时代的知识的提升。[①]智慧模式是信息技术创新和知识经济不断发展的产物，顺应了第三次信息技术革命和知识型社会的浪潮，因此，智慧模式诞生的先天因素是知识性和创造性。在新一代信息技术中，如移动互联网、物联网、云计算，改变了创新的形态，使得智慧模式具有原生的创新特质。智慧模式的创新不仅在于技术的创新，而且在于基于物联网管理模式的技术、管理和体制机制的三位一体的协同创新，智慧模式的创新与以往的创新相比，具有质的飞跃。

（三）系统性和整体性

系统论认为任何事物都是一个系统，而系统的功能不能简单地被认为是各个子系统中各个要素的机械相加，而是各个子系统相互作用、相互协同，促使系统的整体功能大于各要素功能之和。例如IBM公司发布的《智慧城市白皮书》中认为，智慧城市由六大核心子系统组成：商业、组织（人）、交通、政务、通信、水和能源。各个子系统不仅自成系统，而且彼此作用，互相影响，从而共同构成智慧城市的基本要素。以物联网技术、云计算技术为典型的新一代信息技术可以通过物联网模式，全面感知城市的各个要素，整合和分类智能处理资源，将城市的各个部分有机地连接起来，实现城市的

---

① 戴维·温伯格.知识的边界[M].胡泳，高美，译.太原：山西人民出版社，2014.

系统性和整体性。

（四）共享性和拟人性

在传统的单位组织中，资源是分散的，被条块分割于各个行业、部门和组织，造成一个个信息孤岛的产生，妨碍整个社会资源的有效利用，造成资源的重复开发和浪费。智慧模式中的云计算平台，可以有效整合来自城市各个角落感知到的数据和信息，储存在云资源池中，并对数据和信息进行拟人化的智能处理，按需为政府、企业或者其他组织提供决策咨询和信息服务，大大提高了社会信息共享的程度。

此外，智慧模式通过植入物体的传感设备和云端处理技术，实现了物的拟人的智慧化。智慧模式的"神经末梢"由全面实时感知的传感网构成；智慧模式的"神经网络"由互联互通的互联网构成；智慧模式的"中枢系统"是基于云计算的各类城市应用云平台；智慧模式的"血液"是聚集和储存的海量数据；城市的"细胞"由具有创新精神的知识型劳动者构成。基于物联网管理模式的智慧模式终将名副其实地实现政府决策和提供公共服务的智慧化，企业生产和运营的智慧化，居民生活和工作方式的智慧化，城市交通、水、能源、医疗、教育、旅游、环保等方方面面的智慧化。

三、智慧模式与传统模式的区别

（一）精细化治理与粗放式管理

无论是以作坊经验式管理的农业社会，还是以集中化、规模化为中心的工业社会，其社会管理范式可概括为粗放式管理，即管理的理性化程度低，可预测和可控性程度低，随意性、弹性化和形式化程度高，高投入，低产出，管理的成本和效率不成正比，管理的效益不高。[①] 而现代信息社会，基于科学的手段和方法的应用，以建立全面而准确的信息系统为基础，形成以一套精心设计的组织结构和管理流程，综合运用各种制度工具推动既关心结果的量化，又要求运行过程的规范性和预见性的精细化治理。同时，智慧模式通过动态感知网、实时传输端、资源整合云端以及由各类资源、服务需求者组成的服务端，提供便捷化、精细化、智能化、个性化的服务。

（二）整体性治理与割裂化管理

传统管理模式中科层制组织体系强调明确的分工和严密的层级，不同业务往往由不同部门管理，以实现业务专职化和部门化，然而组织部门间的功

---

① 韩志明. 从粗放式管理到精细化治理——迈向复杂社会的治理转型 [J]. 云南大学学报（社会科学版），2019（01）：107-114.

能严重割裂，造成各个部门各自为营，追求局部利益，忽视整体利益，从而引起整体合力的耗散和部门之间的矛盾。在现代信息社会中，借助现代信息技术实现去中心化、扁平化的整体性治理。整体性治理最关键的逻辑框架是各个层级（包括纵横和公私）部门间的协议和整合，构建共同的目标和互相信任，通过信息共享互相协调，达到整体性、无缝隙治理的最高水平。智慧模式实现了信息资源在组织部门之间、上下级之间、组织部门与外部环境之间及时流转、实时沟通、开放共享，打破信息孤岛，弱化部门界限，克服部门中心主义，推动无缝隙合作，促进整体优化功能。

（三）双向互动模式与单向垄断模式

"以我为主"的单向信息流转形成了信息资源集中于单一中心、引起信息管理的集中性和封闭性、信息传递滞后性以及信息开放性程度低等一系列问题。智慧模式改变了传统模式中一元主体在信息资源掌握中的优势和垄断地位，以传感网、云平台、各个服务系统组成的智慧模式，通过数据流、信息流形成一个闭环回流结构，实现信息资源双向互动。智慧模式加深了大众参与的广度和深度，听取民众的诉求与意愿，汲取群体的智慧，实现"以人为本"的管理价值理念，即自动感知与公众密切相关的信息，服务供给以公众需求为导向，实时传送发布信息，并进行资源的整合和共享，为居民主动提供更加个性化的便民体验。

第二节　智慧模式的基本框架与运行条件

智慧模式结构主要由三个部分构成，分别是传感网、云平台、各个服务系统，三者缺一不可，如图25-1所示。三者之间通过数据流、信息流链接成一个整体，形成一个闭环回流结构。只有在各端协调一致，服务端有求必应才能称得上是智慧模式。

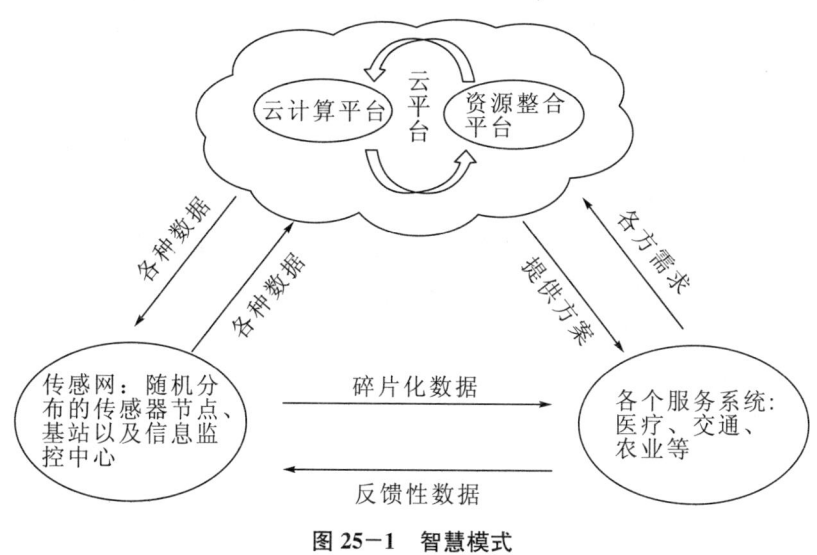

图 25-1 智慧模式

一、智慧模式的基本框架

（一）传感网端

传感网相当于人的神经末梢，时刻感受外界的信息，是智慧模式的感知触手，主要由各种传感设备组成，其中也包括人，可以通过无线或有线连接成信息网络。智慧模式的关键资源就是信息数据。在大数据时代，任何数据都有可能具有潜在的相关性，在传感网中，每个传感设备就相当于一个信息采集节点，因此，通过传感网收集大量的数据信息，将其上传到云平台，由云来处理，以此实现从数据中找方案、找价值。随着工业生产能力的日益发展，传感设备的制造能力也越来越强，制造成本会呈现规模效益而减少，无所不知、无所不在的传感网在以后完全可以覆盖人类想要涉及的地方，信息数据将会更加庞大。

（二）云端

云端是智慧模式的核心结构，传感器收集的信息数据多呈现无序、碎片化形态，只有经过云平台的处理才能形成真正意义上的资源。云端主要由云计算平台和资源整合平台构成。云计算平台主要通过云计算、大数据处理等技术，负责分析处理传感网收集的数据，并将数据进行封包储存。云资源整合平台对所有资源进行逻辑上的统一综合管理，如资源的汇聚（即注册和发布资源）、分类管理（分类方法如物理资源、网络资源、一次性资源、可多次利用资源等）、发现、修复，以及资源和过程（任务）在接口、功能、流程、语义、服务质量等方面的智能匹配、动态组合等。云端与服务端相结合，可以确保服务端随时提取，随时运用。

（三）服务端

服务端由各类资源、服务需求者组成，如旅游、交通、医疗等单位。服务端是智慧模式的服务者，正是因为大量服务需求的存在，才会催生智慧模式。服务端以各种软件程序、App 的形式存在，用户可以根据自己的需求搜索信息、服务、方案，可以方便普通民众的生活，可以为高层决策者的决策提供支持。同时，服务端还可以将数据反馈给传感网，传感网再次将用户体验和新的需求传给云端，不断地丰富资源库，及时更新服务或增加服务内容。

二、智慧模式的运行条件

智慧模式的建设，不应只停留在美好的愿景阶段。以物联网、云计算为核心的新一代信息技术构成了智慧模式的硬件条件；以人为本、系统、可持续的思想观念，基于物联网管理模式的产学研一体化的组织管理基础和法律法规体制机制的制度基础，共同构成了发展智慧模式的软件基础。

（一）硬件条件——核心技术

1. 云计算

云计算作为物联网管理模式的神经中枢、智慧城市的大脑，在由服务器与存储系统组成的物理资源池的基础上，通过虚拟化技术生成虚拟资源池并进行管理，如图 25-2 所示。一方面，云计算的基石是分布式文件系统和分布式存储系统，以提供上层系统所需的数据存储；另一方面，云计算通过互联网以服务的方式提供动态且易扩展的虚拟资源。云计算具有资源配置动态

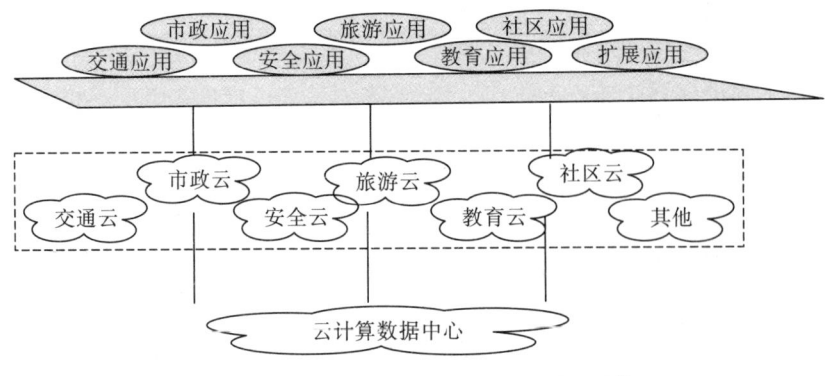

图 25-2　云计算数据中心网络总体架构[①]

---

① 吴吉朋. 浅谈云计算与智慧城市建设［J］. 电子政务，2011（07）：23-27.

化（按需提供资源）、需求服务个性化、服务终端普及化和资源虚拟化（整合共享资源）四大特征。

比如一个复杂的城市水资源管理系统，包括江河湖泊、自然降水、水库蓄水、工业用水、农业用水、居民用水、自来水系统、环保监控和污水处理等子系统，涉及水务、水利、环保、农业、城建等多个政府部门或企业。当物联网的传感系统实时采集到各类水资源数据后，云计算中的数学建模就可以将这些数据整合起来，通过强大的计算处理技术，将资源分类到各类子云中，并将信息按需提供给相关部门，各部门也可以通过云平台实现信息共享，提早发现水资源管理中可能出现的问题。

2. 大数据

大数据是超大容量且类型多样的数据，借助于相关信息技术，可以高速处理出具有相对价值的信息数据集。与传统的互联网相比，大数据具有容量大、数据类型多样、价值密度低、商业价值高、数据处理速度快等特征。城市的各个子系统中有类型多样且数目繁多的数据，大数据技术的搜索存储和分析处理功能，可以有利于集中组织决策所需各类数据，推进组织管理方式的创新。

3. 传感网

传感网被认为是物联网的前身，是物联网发展的萌芽，是一个由随机分布的传感器节点通过自组织形式形成的网络系统。传感网在物联网管理模式和智慧城市建设中相当于人类的感官和皮肤，用来全面实时地采集组织所需要的第一手数据。常见的传感技术有 RFID 技术、遥感技术、电子标签、GPS 卫星空间定位技术等。

4. 遗传算法

遗传算法是模拟自然界生物优胜劣汰、适者生存的进化过程与机制求解极值问题的一类全局性、自适应的概率搜索算法。[1] 遗传算法利用遗传生物进化的思想，从一种初始种群出发，通过随机选择、交叉和变异操作，产生了一群新的更适应环境的个体，通过代际间不断繁殖与进化，最后收敛聚焦到一群最适应环境的个体上。与传统方法不同，首先，遗传算法的处理对象是问题参数的编码集，并非参数本身，它不受限制条件（如导数存在、函数的连续性、单极值）的制约；其次，遗传算法在搜索空间中可同时在很多点求解，这样就减少了收敛于局部最小的可能性，同时也增加了处理的并行性；最后，遗传算法是利用随机规则引导搜索，而且易于结合其他技术，易介入

---

[1] 张文修，梁怡. 遗传算法的数学基础［M］. 西安：西安交通大学出版社，2000.

已有的模型中，具有可扩展性①，可以应用到数据挖掘或者模糊识别中。

5. 神经网络

在计算机科学中，神经网络是模拟人类大脑行为而设计的一种程序。它通常涉及许多神经元，这些神经元在程序中是一个个单元，每个单元有各自的数据区和一定的智能（也就是知识）。神经网络程序需要进行一定的训练，也就是输入一些数据，神经网络就会根据输入的数据对自己的数据区知识进行改变。最后，训练好以后的神经网络就可以完成一定的工作。神经网络是以人和进化的思想进行程序设计的，这和我们通常使用的将大问题变成小问题进行设计的思路不同。神经网络可应用于人工智能技术中。

6. 数据挖掘

数据挖掘也称为知识发现，是指基于现有的数据库，发现并挖掘出有价值的信息和知识。寻找数据间的关联，发现被忽略的要素，获得隐含的信息，而这些信息对于预测行为和趋势十分重要。数据挖掘常常要借助人工智能、机器学习、统计学及相关发现技术，从数据库中自动分析数据，进行归纳性推理，发掘出潜在模式，或产生联想，建立新的业务模型，并以一种对人类极易理解的方式，展现具有潜在价值的知识和规则。②

数据挖掘主要分为三个阶段：数据准备是对大量数据的选择、净化、缩减、转换；数据挖掘是首先选择相应的挖掘实施算法，然后对数据进行分析，从而得到知识的模型；结果评价和表达主要是确定知识的模型是否有效，以便发现有意义的模型。③

将数据挖掘技术和云计算技术结合起来，有助于智慧城市云平台收集到因技术限制而被忽视的对决策有用的分散的底层信息和知识，从而整合所可用资源，通过专业分类的处理，将政务和事务分开，使政府管理者（或其他组织管理者）可以集中精力基于云资源做出科学、有效的决策。

7. 模式识别

模式识别属于人工智能的一个重要领域，又是计算机科学的一个重要分支。模式识别是利用计算机对各种符号、文字、图形、语言、声音等进行分析、判断、分类等的学科总称。模式识别按其识别对象性质的不同，可分为图像识别、声音识别和语言识别等。模式识别的过程是先将图形、景物、字

---

① 《数学辞海》编辑委员会. 数学辞海·第五卷 [M]. 北京：中国科学技术出版社, 2002.

② 中国移动通信联合会. 信息网络辞典 [M]. 北京：东方出版社, 2001.

③ 王桂芹. 数据挖掘技术综述 [J]. 电脑应用技术, 2007 (02): 9—14.

符、声音等变为信号并加以数字化，提取特征，进行分类，通过大量复杂的计算和分析比较后，得出识别结果。模糊识别技术是智慧城市云平台的重要技术之一，有利于识别和收集物体的有用特征和信息。

（二）智慧模式的软件条件

智慧模式的广泛推广和建设，会受到诸多思想、理念的影响。正确积极的理念的宣传，有助于智慧模式建设踏上健康可持续发展的快车道。

1. 理念认知基础——高度智能与拟人

正确认知信息社会及其带来的社会生产生活革命，是深化智慧模式应用的前提，智慧模式高度提炼和总结了信息化、数字化、智慧化时代中的社会生产生活形态。随着时代的发展进步，人们对新技术的理念和认知水平也有所提升，一方面有助于接受新技术对组织发展创新的驱动作用；另一方面有助于新技术、新模式与组织创新的良好契合。智慧模式实现了社会生产生活的高度智能化与拟人化，能够有效地提升组织生产效能与管理效能，实现现代化生产与管理目标。因此，组织及组织领导者对现代信息技术、智慧模式的正确认知和辩证使用，能够助力组织实现发展与管理创新。

2. 组织管理基础——物联网管理模式

智慧模式的发展需要创新的管理模式做指导，构建一个科学的扁平化组织结构。物联网管理模式是组织（政府、企业或其他组织）由感知端、传输端、云端和应用端四端协同联动，各端集技术创新、管理创新和制度创新于一体，整体顶层设计的一种过程化、精确化、智慧化、个性化的创新管理模式。物联网管理模式的感知端可以实时感知散落在城市中的碎片化数据和信息，传输端将感知端收集到的海量数据准确、快速地传递到云端。云端的大数据可以将碎片化的数据整合起来，打破部门间的信息孤岛，将数据以虚拟形式储存在云端，同时，数据挖掘、云计算等信息技术可以将整合在资源池中的信息进行专业分类和处理，挖掘出有用的信息和知识，存放在各类子云中，按需提供给相关部门。基于物联网管理模式构建的组织通常不需要过多的中间组织而呈现扁平化。因为我们有先进的传输端，不需要过多层级的设置来传递信息。我们只需要在扁平化组织的最上层设置专业的"智慧建设"领导小组，就可以为智慧模式的建设提供有效的组织基础。

3. 制度基础——法律法规标准与评价体系

智慧模式的建设离不开创新的体制机制予以保障。2015年的《政府工作报告》首次将智慧模式之一智慧城市写进其中，有关智慧城市建设的中央指导性规定仅以"国务院文件"的形式发布，且屈指可数，更别谈上升到法律法规层面。首先，必须一步步建立起一套保障智慧模式发展的完备的法律法规，使其建设过程有规可守、有法可依。法律法规完善的重点在于明确智慧模式理念的法律地位，明确规定智慧模式的内涵、合法的建设路径、建设的内容、问责等相关制度，强调部门协作和信息安全，通过立法破除体制障碍和保障信息安全。其次，专家学者、政府智慧模式领导和相关企业人员应加紧研究和协商，建立全国统一的与国际接轨的智慧模式标准化体系。最后，智慧模式的建设还需要构建科学合理的评价体系，以防止部分建设误入歧途，因得不到及时纠正而造成资源浪费甚至更加严重的后果。

第三节 智慧模式对组织管理的影响

一、技术应用方面

智慧模式的实质就是利用物联网、云计算、大数据、人工智能等先进的信息技术实现管理的智慧式运行。相较于数字模式、智能模式，智慧模式更加强调通过动态数据感知、整合资源、专业智能处理来实现对各个构成要素的动态性、发展性管理。在这之中，突出对数据和信息的拟人化处理，按需为政府、企业或者其他组织提供决策咨询和信息服务，大大提高了社会信息共享的程度。可见，与传统管理模式相比，智慧模式将现代信息技术与组织管理高度融合，在技术应用上实现明显突破，使得现代管理呈现出鲜明的自动化和智慧化趋势。

二、管理模式方面

传统的政府组织按照级别（中央、各级地方）和职责范围（税收、农业、国防）等，可有不同的分类方法。原有的数字模式以机构职能为边界分散开发建设的信息系统在地方政府横向管理中形成了数据资源相互断裂的"信息烟囱"，分散的政府数据资源管理机构严重制约了政府数据的共享共用。在新一代信息技术中如移动互联网、物联网、云计算改变了创新的形态，使得智慧模式具有原生的创新的特质。智慧模式的创新不仅在于技术的创新，而且在于基于物联网管理模式的技术、管理和体制机制的三位一体的协同创新，智慧模式的创新与以往的创新相比，具有质的飞跃。在数据信息的共享与组织管理上更进一步。首先体现在组织结构方面，智慧模式强调信息共享和管理过程的互动性，要求政府体系拥有统一的信息平台，这将加强政府组织在纵向和横向的沟通与协调，并因此减少组织的中间层级；其次体现在权力体系方面，智慧模式有条件更好地处理分权与监控的关系，通过网络将分散到政府各层级和各部门的权力联系起来，做到权力分而不乱；最后体现在知识管理方面，智慧模式要求工作人员具有更高的专业技能，能够把专业知识与信息知识结合起来，与同事协同处理各种复杂问题。

三、体制机制方面

智慧模式的体制是指在公共信息应用事务中的政府机关、非政府组织与企事业单位的机构设置、管理权限划分及其相应关系的制度，包括组织、程序、管理和伦理。组织体制是处理问题的人的相互关系，即组成及结构；程序体制是解决问题的流程；管理体制是如何完成任务并形成制度，对于违法违规行为进行惩处；伦理体制是智慧模式中人行事的准则。智慧模式的机制是在体制内，以一定的运作方式把政府事务的各个部分联系起来，使之协调运行。①

智慧模式中，政府、非政府组织、企业、群众等各方共同参与和努力，对各项体制和制度进行改革与完善，在不同层次、不同方面互相呼应，互相补充。如传统依赖于人的传递实现行政流程的协同，在面对越来越复杂的行政过程时，会形成严重的效率滞后。智慧管理模式利用现代信息技术，可以有效识别行政流程中的冗余环节，并以远超人力的形式形成公文流转过程，从而提高整个政府内部的行政流程效率。

激励机制和约束机制是智慧管理模式必不可少的。通过激励机制，推进社会经济、文化等各方面与现代信息技术的深度融合和广泛应用。通过约束机制，随时对管理过程中发生的问题进行监督，制约侵犯公共利益的行为，防止出现重大风险。②

四、观念认知方面

智慧模式对管理的影响不仅体现在技术应用、管理模式及体制机制，而且对管理的观念认知也带来了变化。主要体现在两个方面：一方面是领导层面管理理念的转变。初期的数字模式仅仅强调技术在管理中的应用，将其作为纯粹的工具使用，造成信息孤岛等现象，不仅没有提升行政管理效率，反而使基层工作人员日常任务加重，所以数字模式在政府的应用中受到一定阻碍。而智慧模式在充分利用现代信息技术的同时，更加重视实现以人为本和

---

① 程大章. 关于智慧城市体制与机制的探讨 [N]. 建筑时报, 2013—05—09 (007).

② 程大章. 论智慧城市的体制与机制 [J]. 智能建筑与城市信息, 2013 (04): 26—30.

可持续发展的核心价值。所谓智慧,即利用知识认识问题并解决问题的过程。作为领导层面的管理者,在智慧模式中需要拥有两大思维——创新思维+系统思维。所谓创新思维,就是要有创新性,能够看到未来趋势,并且能够沿着趋势"提前迈出半步";所谓系统思维,就是在做出每一个决定之前,能够全盘考虑问题,尤其是能够预估事物发展的每一个关键节点,并做出应对预案。因此,随着管理者观念认知的转变,智慧模式在政府的应用越来越多。另一方面,许多地方政府在信息化建设初期推出电子政务建设,在硬件配置上均达到了相当水准,但在内容、功能服务方面却是"花架子"。由于技术手段和管理方式的欠缺,导致功能不够友好、问题不断甚至不如传统服务方式,对公众造成困扰,公众使用率较低。而智慧城市、智慧旅游、智慧家居等智慧模式的现实应用,加之智慧模式以人为本、尊重自然、传承历史、绿色低碳的科学发展理念,使公众的固有观念开始发生转变。在政府推行智慧模式的过程中,公众的参与也逐渐增多。

第四节 智慧模式的应用案例集锦

一、智慧城市建设典型代表

(一)美国首个智慧城市:迪比克市

美国的迪比克市以智慧城市建设为目标,利用物联网等现代信息技术,将整个城市的资源,无论是实物还是虚物,都转变为数字信号,通过互联网技术实时传输至云端后,利用云平台对各种资源进行监测、分类和整合,进而实现智能化地响应组织和居民的需求,同时降低城市的能源消耗和运行成本。美国迪比克智慧城市的建设,及时转变了公共治理理念,通过搭建物联网管理模式对民意进行按需的智能化响应,做到了公共云信息的共享和公开,让每个市民都了解水资源的消耗情况。

(二)新加坡智慧城市:智慧市政

完备的通信基础设施是智慧城市发展的基石。自2006年6月新加坡推出"智慧国2015"以来,一直致力于智慧化国家建设,并成功成为全球资讯通信业中最为发达的国家之一,大大提升了公共领域的治理效率和效果。以公众需求为导向,新加坡还建立了市民、企业、政府三方协同合作的"电子政府"创新体系,该体系向公众公开信息和共享事务,使得各类组织和市民可以随时随地参与到政府公共事务治理的过程中。

新加坡智慧城市的亮点在于高速的传输端建设和多元主体共同参与的电

子政务模式。符合人本理念和智慧治理的观念,通过按需提供公众所需的服务和鼓励公众参与政府决策,大大提高了政府科学决策和市政管理的水平。

二、智慧旅游

随着我国国民经济和居民收入水平的提高,人们的旅游意识不断增强,伴随着旅游需求的日益旺盛,旅游类的公共服务也在不断完善和创新中。旅游产业将对我国经济社会发展起到更为重要的作用。然而传统旅游业服务平台存在的公共服务功能缺位、宏观管理体制混乱、信息建设智能化不足等缺陷,将阻碍旅游业的纵深发展。为了打造真正的智慧旅游,我们需要基于物联网管理模式搭建智慧旅游创新的公共服务平台——资源整合平台、云平台和应用平台,如图 25-3 所示。

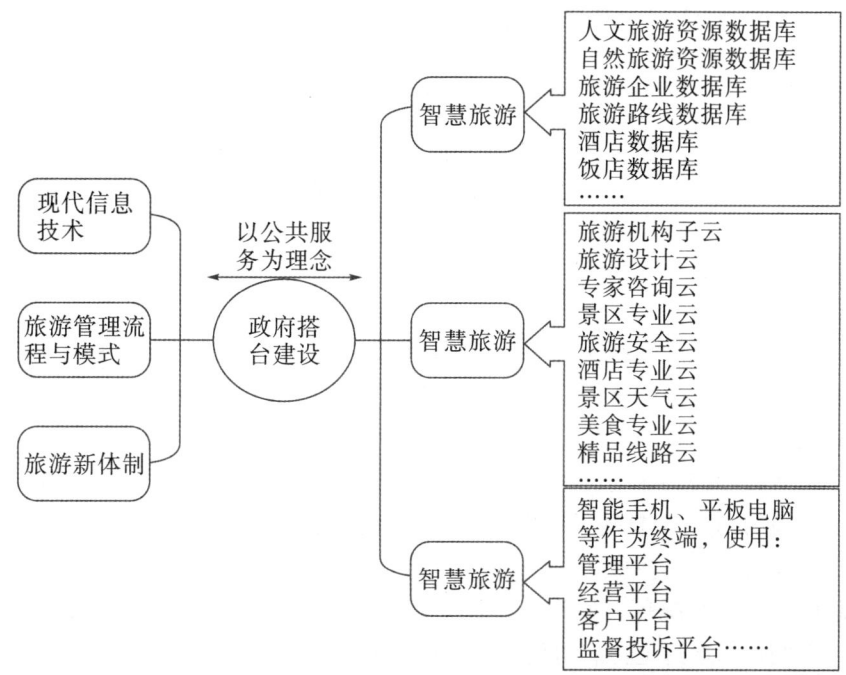

图 25-3 智慧旅游公共服务平台

资源平台以准确、动态和共享的数据库为基础,通过全面感知和快速传递感知端数据,收集、整合公共信息和旅游者的个性化需求,并对信息进行有效的处理,储存在资源平台中供受众检索。云平台也就是云计算平台,是云端的重要组成部分,用来构造应用程序的系统平台,类似于计算机的操作系统,平台内的各个旅游专业云可以实现对数据和信息的分类智能处理。智慧旅游的云平台中包括各类旅游机构子云、旅游设计云、旅游精英团队子云、旅游安全处理子云、旅游交通子云，还包括酒店专业云、美食专业云、景区专业云、精品线路云、景区天气云、旅游安全云等。[①] 智慧旅游的应用平台包括各类旅游组织的管理平台和游客使用的客户平台，各种智能手机、平板电脑都可以作为智慧旅游的智能终端。

三、智慧交通

作为城市基本的公共配套设施，智慧交通是一项基本的民生改善工程，是智慧城镇建设中最重要的子系统之一。智能交通系统（ITS）是指基于数据传输技术、电子传感技术、卫星导航与定位技术等多种技术，而建立起的一种在大范围内、全方位发挥作用的，实时、准确、高效的综合运输和管理系统。[②] 智慧交通使人、车、路密切配合达到和谐统一，发挥协同效应，极大地提高交通运输效率、保障交通安全、改善交通运输环境和提高能源利用效率。在新加坡，早在 2008 年，运输部门便在城市中心区域道路两旁设置了大型电子显示屏，列出附近的停车场位置及实时可供车位数目，以方便车主预先安排行程，决定停车地点。此外，新加坡的巴士公司推出了名为智能路径信息系统的巴士实时咨询资料库，市民可以通过网页、手机 App、主要地标巴士站的电子屏幕进行公共巴士咨询，了解身处巴士站的巴士等待情况。

四、智慧医疗

在基于物联网管理模式的智慧医疗框架内，智慧医疗可以实现医疗资源的整合、人们的健康管理以及远程医疗等。首先，借助智慧的电子病历可以有效地缓解医疗资源不均衡、大医院看病难而社区医院资源闲置的现状。其次，智慧医疗的终端 App 可以方便人们进行健康管理。目前，关注度和使用度最高的 App 主要基于人们对一般健康管理的需求。譬如，一些关注睡眠、运动、养生、按摩等的 App，为用户提供相关的信息和数据，或者监测睡眠、运动情况等。另外，如好大夫在线、春雨医生等主要提供咨询服务，人们可以通过上传病历信息，进行比较专业、个性化的个人健康管理。最后，智慧医疗可让远程诊疗成为现实。远程医疗利用现代化通信技术、可穿戴设备技术以及多媒体技术，与医疗技术相结合，实现医疗信息的远程采集、传输、处理、存储和查询，对异地患者实施咨询、分诊、监护、查房、

[①] 王谦，蒋林艺. 建设智慧旅游城市的顶层设计与关键因素分析 [J]. 旅游纵览，2014（12）：35—36.

[②] 多地发展智慧交通 [EB/OL]. http：//mp.weixin.qq.com/sbiz=MjM5NjE2NTY0Mg==&mid=211874641&idx=2&sn=9cb6bb9f4a225ea22bb4.

协助诊断、指导检查、治疗和手术及其他特殊医疗活动。

五、智慧政务

智慧政务的建设是提高城市管理水平、促进公共服务均等化的关键所在。三大基于"四端联动、三位一体"的物联网管理模式的政务平台的搭建，将强有力地助推智慧政务的发展。感知端将全面实时地收集碎片化的民意，传输端将民意及时地传递到政务平台中，资源平台将分散化的数据和信息整合在一起，并储存下来，实现信息的共享；云计算平台对各类政务进行分类和智能化处理，将各类政务分布在各类政务子云中，实现政务和事务的分离，为决策者提供决策模型和建议；应用平台运用手机 App 等智能终端，将经过智能处理的信息转化为管理决策和优质服务。决策者可以从中获得有利于决策的信息和知识，公民可以从智慧政务 App 中获得"电子政务"咨询、申请、办理、撤销等一条龙服务，随时随地与政府部门沟通交流。

小 结

智慧模式的运用已经逐渐普及，自从 IBM 在 2009 年提出智慧地球理念之后，世界各国智慧城市的建设声势如虹。中国也首次将智慧城市写进 2015 政府工作报告中，并纳入国家的发展战略中，同时在全国 500 多个城市开展了智慧城市建设的试点工作。此外，在智慧旅游、智慧交通、智慧政务等领域也取得了较好的成绩。当然，因为智慧模式仍属于新的模式，在实际运用中也出现了诸多问题，以我国智慧城市建设为例，该领域尚未得到解决的问题诸如对智慧城市的内涵、发展路径等认识不统一；信息孤岛广泛存在，互联互通面临巨大的体制机制障碍；信息安全存在隐患；标准体系和评价体系亟须统一建立；建设资金不足；基于物联网管理模式的三大公共服务平台搭建得还不够，不能对城市数据和信息进行真正彻底的整合和处理，智能终端的公共服务能力仍需提高；法律法规尚未跟上实践进度等。解决这些问题非一日之功，需要我们借鉴国内外的经验，少走弯路，一步一步做好顶层设计，并踏实推进。

思考题：
1. 智慧模式的概念是什么？
2. 智慧模式的运行框架是什么？
3. 智慧模式还有哪些应用？

第二十六章 管理学云计算模式

信息社会背景下,可实现多途径、多工具提升治理能力现代化。借助大数据、云计算、物联网等现代信息技术提升治理能力。长期以来,理论界和实物界在数据治理理论研究和"政务云""生态云""云长制"等方面均进行了探索创新,这种探索也奠定了管理学云计算模式的现实必要性。在多元治理理论倡导下,专业技术团队和个人利用专业化的信息技术参与政府部门外包业务和服务的实践,互联网打造虚拟空间为创新技术参与政府治理实践搭台的探索,从"硬设施"到位、"强智慧"配套、"软环境"成熟三个角度为管理学云计算模式提供了现实可行性。建立在环境契合、技术成熟和治理能力尚需提升的背景下,管理学云计算一方面找寻与其逻辑自洽的现实实践模式,另一方面在思维、方法和路径方面赋予政府治理和组织管理以创新启示。

第一节 管理学云计算模式的基本概述

一、管理学云计算模式的定义

随着信息化的发展,在经历个人计算机以及互联网变革之后,云计算作为信息革命的代表逐步引起社会各界的关注,为组织管理创新带来了机遇。管理学云计算模式以云计算为基础,主要集中偏重两方面对云计算进行了认识,因此,在论及管理学云计算模式的定义之前梳理何为云计算是必要的。

(一) 对云计算的虚拟化等技术层次的认识

吴吉义等学者认为云计算是"以虚拟化技术为基础,以网络为载体提供基础架构、平台、软件等服务为形式,整合大规模可扩展的计算、存储、数据、应用等分布式计算资源进行协同工作的超级计算模式"。① 陈全等学者提出"云计算是由网格计算发展而来的,前台采用计时付费的方式通过Internet向用户提供服务,云系统后台由大量的集群使用虚拟机的方式,通过高速互联网络互联,组成大型的虚拟资源池,这些虚拟资源可自主管理和配置,用数据冗余的方式保证虚拟资源的高可用性,并具有分布式存储和计算、高扩展性、高可用性、用户友好性等特征"。②

（二）对云计算的服务型等功能层次的认识

2009年美国国家标准与技术研究所（NIST）关于云计算的定义比较权威,其认为云计算是一种能够通过网络以便利、按需付费的方式获取计算资源并提高可用性的模式,这些资源来自一个共享、可配置的资源池,并能够以最省力和无人干预的方式获取和释放。其中定义了三大支付模式,称为S-P-I模式：软件即服务SaaS、平台即服务PaaS、基础设施即服务IaaS。即将简单操作系统OS和存储功能作为一项服务来提供。③

云计算是计算机技术发展与组织管理服务理念进步的产物,它的核心思想是服务,核心技术是"虚拟化",主要功能是资源虚拟化和服务虚拟化,它的产生改变了数据与信息等资源的储存与使用方式,提高了资源处理水平,扩大了服务对象范围,而云计算除拥有强大的技术与设备支持以外,还有专业人士对资源进行分析与利用,从而实现它的价值。而管理学云计算模式是以云计算为基础、以虚拟化技术为核心、以服务为理念的由专业的机构、设备、技术以及人员组成的人机智囊团。

二、管理学云计算模式的特点

（一）资源管理性

管理学云计算服务模式能够将采集到的多样的数据与信息进行收集和整合,然后将各种资源汇聚到平台上,对关键信息与共性问题等进行管理,最终实现资源的高效利用。

（二）服务性

管理学云计算是为了服务而存在的,所以基于云计算的管理学云计算模

---

① 吴吉义,平玲娣,潘雪增,等. 云计算：从概念到平台 [J]. 电信科学,2009,25 (12)：23—30.

② 黄镇圣. 云计算技术与应用分析 [J]. 网络财富,2010 (10)：256—257.

③ 朱近之. 智慧的云计算——物联网的平台 [M]. 2版. 北京：电子工业出版社,2011.

式也具有服务性。管理学云计算模式是一个综合管理与服务平台，通过对管理学云计算模式的应用，云计算团队给出的方案能够得到汇集，而用户通过这个平台也可以得到所需的信息。

（三）互动性

管理学云计算模式不是一个独立的存在，它必须与基层的数据采集和顶层的数据应用进行良好的沟通，使基层采集到的数据能够最简化且有效，也使顶层数据应用更具实用性和操作性。

（四）主动性

管理学云计算模式不同于其他云服务平台的就是它的主动性，它除完成用户提出的需求以外，平台管理者会根据云计算得到的分析结果，发现潜在问题，并对具体领域提出相应的举措建议。

（五）专业性

基于管理视角的云计算平台不是传统的大数据平台，而是一个专业云计算管理平台，这个平台汇聚了各类专家，解决拥有数据而不会用数据以及会用数据但是用不好数据的问题，真正实现智慧化。

三、管理学云计算模式的核心技术

（一）编程模型

管理学云计算模式是集多用户、多任务，具有并发处理的系统。它旨在通过网络把服务器计算资源分发到终端用户手中，实现了低成本并提高了用户体验感。在此过程中，编程模式的选择至关重要。管理学云计算模式项目中分布式并行编程模式将被广泛采用。

（二）分布式存储技术

管理学云计算模式能够在各行业管理活动中，迅速、高效率地处理大量数据。管理学云计算采用的是分布式存储技术，将数据保存在不同的物理设备中，提高了数据的可靠性和稳定性。

分布式存储与传统的网络存储不同之处在于，传统的网络存储系统采用集中的存储服务器存放所有数据，存储服务器不能满足大规模存储应用的需要。分布式网络存储系统采用可扩展的系统结构，利用多台存储服务器分担存储负荷，利用位置服务器定位存储信息，它不但提高了系统的可靠性、可用性和存取效率，还易于扩展。

（三）海量数据管理技术

对于云计算，数据的管理是其面临的最大挑战。云计算不仅要保证数据的存储和访问，而且要能够对海量数据进行特定的检索和分析。由于管理学云计算模式需要对海量的分布式数据进行处理、分析，因此，数据管理技术必须能够高效地管理大量的数据。Google 的 BT（Big Table）数据管理技术和 Hadoop 团队开发的开源数据管理模块 HBase 是业界比较典型的大规模数据管理技术。Big Table 的设计目的是可靠地处理 PB 级别的数据，并且能够部署到上千台机器上。

（四）虚拟化技术

虚拟化技术是管理学云计算服务支撑的基础架构层面，虚拟化技术造就了管理学云计算模式的实施与成功。随着云计算应用范围的扩大，业内逐渐对虚拟化技术越来越重视。同时，有学者调查发现，许多人认为云计算就是虚拟化，事实并非如此，虚拟化是云计算的重要组成部分，但并不等同于云计算。

虚拟化技术能够打破应用系统各硬件间的物理划分，从而实现结构的动态化，实现物理资源的集中管理和使用。虚拟化可以增强系统的弹性和灵活性，并且能够降低成本、改善服务、提高资源利用效率。

第二节 管理学云计算模式为传统管理带来的变革

管理学云计算模式是一种基于云计算的，可以优化政府、企业及其他组织的管理和服务职能，从而提高政府、企业及其他组织的工作效率和服务水平的平台技术框架，本质上是在技术层面"构建了统一的政府底层 IT 基础结构"。具体而言，管理学云计算模式的应用可以把政府的 IT 资源整合为服务，以供居民、企业和所属机关部门共享使用，从而提高了政务 IT 资源的利用率。另外，管理学云计算模式可以满足 IT 资源对安全性、可靠性、可管理性方面的要求，顺应了信息化时代政府和企业发展的新要求。

一、提高设备资源利用率，节省组织成本

近年来，无论是电子政务系统的建设还是企业各级组织的建设，各级机构、机关投入巨资采购了大量硬件设备，建设了多个应用系统，但是普遍出现了组织机构涣散、机构人员各自为政、设备资源利用率低、重复建设严重、信息系统运维难、人工成本和能源消耗巨大等问题。如何有效提高设备资源利用率、避免重复建设、降低维护成本成为各级政府机关和企事业单位

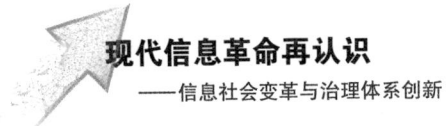

等组织机构迫在眉睫的需求。①

二、推动信息资源整合，促进组织资源共享

由于政府信息化和企业信息化发展的阶段不同，在电子政务应用、电子商务应用的初级阶段，是围绕一项项业务开发或引进一个个应用系统。这些分散开发或引进的应用系统，是单个、独立的系统，没有统一考虑数据标准和信息共享问题，导致在组织内部形成"信息孤岛"。所以，通过信息资源整合来促进政务和商务资源共享就成为电子政务建设以及电子商务建设下一阶段的主要任务。

三、提高服务灵活性，创新提升服务效率

管理学云计算模式是基于云计算的由专业的机构，用专业的人员来从事专业服务的新型服务模式。有利于针对不同的需求提供更有效的服务，深化行政体制改革，推进服务型政府建设。回应政务服务提升需求，按照政府的职能转变和政务公开，以及公众、企业和社会对政府的诉求，提供多样化的政务服务，推动政务服务创新，提升服务效率、水平和质量。

四、整合专业技术，提高组织安全性

信息安全对国家的安全性、社会的稳定性以及民族文化发扬是极其重要的，为了保障各国政治、经济地位的稳定和安全，必须有效地解决信息化所面临的问题，建立完善的国家信息安全战略。目前，无论是电子政务领域还是电子商务领域，我国所面临的主要风险都是信息的安全性得不到保障，这主要是因为各级政府机关和各个企业事业单位中人员的安全意识、人才配置以及信息化建设的不完善、不匹配。而通过云计算技术，可以将组织机构中的各项资源进行整合，提高网络平台的安全性和稳定性。

第三节 管理学云计算模式的构建框架和实现路径

一、管理学云计算模式的构建框架

管理学云计算模式是基于云计算的、虚拟化的、可提高组织工作效率和

---

① 电子政务云建设迈进智慧政府 [J]. 信息系统工程，2012（08）：6.

服务水平的平台技术框架，管理学云计算模式在企业和政府部门已获得较为广泛的应用，特别是各类"云"在政府部门的应用有效提高了数据存储容量、政务服务效率，优化了组织部门间的工作流程。

管理学云计算模式框架依云计算的服务框架而成，经典的云计算服务框架是由基础设施即服务（IaaS）、平台即服务（PaaS）、软件即服务（SaaS）三种服务模式构成，不同组织基于业务与服务需求采用不同的模式，如图26-1所示。

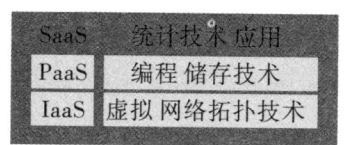

图 26-1 云计算服务框架

目前，云计算在各行各业获得广泛应用，云计算技术从来不是在某一领域里"单打独斗"，而是与大数据、互联网等现代信息技术互为基础，共同实现服务目标。以政府部门的"政务云"来说，在云计算、大数据等技术的基础上，政务云扮演的"城市大脑"角色为政府部门动态获取民生数据、及时感知社会情绪提供了重要工具。交通管理方面的云计算、大数据、互联网等技术为解决城市病提供了有力的武器。

管理学云计算模式是云计算服务框架在实际应用中所形成的程式化、模式化的可被借鉴、重复应用的框架。笔者认为从云计算本身的技术层面和功能层面出发，管理学云计算模式即以云计算为基础、以虚拟化技术为核心、以服务为理念的由专业的机构、设备、技术以及人员组成的人机智囊团。因此，构建管理学云计算模式框架事实上是在云计算服务框架的基础上，根据服务诉求将云计算服务模式落地化，使其符合应用场域与实际需求，立足于公共管理学科，云计算、大数据等信息技术的深化应用在一定程度上为创新政府治理、深化行政审批改革、优化组织结构、提升服务效率奠定了基础，如图26-2所示。

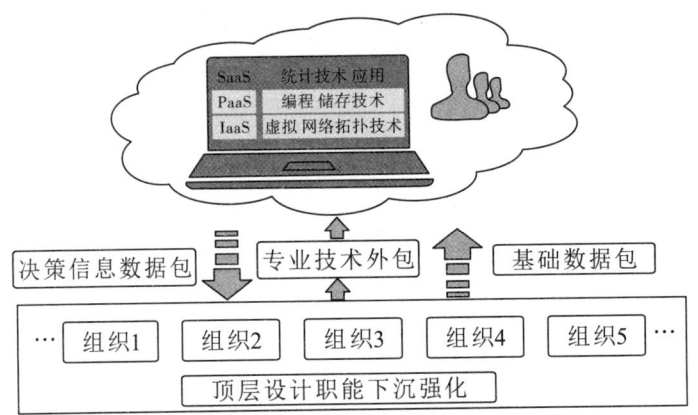

图 26-2　管理学云计算模式的概念框架图

不论是地方政府创新实践的政务云，还是理论探索的管理学云计算模式，都是基于对云计算服务框架的拓展与深化。管理学云计算模式的核心架构遵循基础设施即服务（IaaS）、平台即服务（PaaS）、软件即服务（SaaS）三种服务模式，基于组织核心职能建构私有云、社区云、公共云和混合云四种部署模式。管理学云计算模式建立在区分组织核心业务、元业务基础上，将专业化的技术应用职能从组织业务范围中划分出来，将有助于组织决策的、可对外共享的大数据资料交予专业的技术团队，专业团队利用专业化的处理手段对数据信息进行分类、储存与基础运算，并将这部分数据资料以决策数据包的形式反馈至组织机构，辅助其进行决策，遵循两条互相依存、但互不影响的运作路径和激励机制。这种模式使组织从冗杂技术系统、技术运行的事务中解脱出来，有助于组织划分核心业务与专业技术系统应用之间的界限，有助于推动组织机构改革走向一种有效、可行且高效的维度。

以成都市政务云为例，政务云建设遵循《成都市政务云建设规划（2017—2020年）》，目标构建"云、网、端、数"四位一体的政务云平台以打造"城市大脑"，如图26-3所示。政务云基于云计算、大数据、互联网等相关技术，构建起政务云框架。

一是在基础层方面，以政务云建设为抓手，扎实开展信息化基础设施建设，统筹推进政务信息系统有效整合和互联互通，规划建设了"云、网、端、数"四位一体的政务云平台，实现了各级政务部门基础设施统建共用、信息系统上云互通、数据资源汇聚共享、业务应用高效协同。目前，集约节约、统一监管、统一调度、弹性供给的全市政务云运行生态已初步形成，为提升政府智慧治理能力夯实了基础。

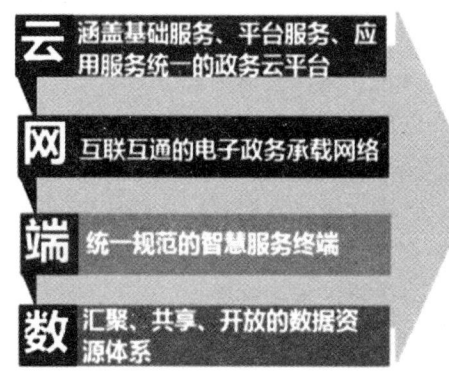

图 26-3　成都市政务云建设规划

二是在中间层方面，基于政务云平台打造"城市大脑"中枢，部署开展了市网络理政中心"数据大会战"，按照"应接尽接"的原则，汇聚接入了220个业务系统和近600类数据资源，实现共享应用和叠加展示，提升了城市治理科学化、精细化、智能化水平，为建设全面体现新发展理念的城市、奋力实现新时代成都"三步走"战略目标提供有力支撑。

三是在应用层方面，打通部门数据管道并开展综合应用，全面反映城市经济活动、市场监管、社会治理、公共服务、环境保护和社会诉求等各方面情况，初步实现城市运行风险监测、综合分析研判和重大活动（事件）指挥调度，推进了政府管理和社会治理模式创新。

二、管理学云计算模式的实现路径

管理学云计算模式作为信息社会的新事物云计算衍生出的新模式，其实现路径是探索并构建框架内容落地的可行条件与环境，包括思维转变、技术协同、制度保障在内的综合配套。当前管理学云计算模式在企业和政府部门的深化应用遵循"创新技术渗透组织，并推动组织管理变革"的路径，社会技术创新成果在实践领域获得一定程度的成功。从宏观配套上讲，将管理学云计算模式现实化，需要从思维观念接受、正确认知信息技术、完善制度协同保障的角度出发。

近年来，互联网行业快速发展，信息技术获得较为广阔的发展空间，创新性技术不断涌现，组织及时认知到在信息社会以信息技术为工具回应社会需求显得极为重要，组织思维观念的创新性和前瞻性能够保证组织在确定领域获得长足发展。就国内企业来说，阿里巴巴布局的云计算架构不仅为天猫、淘宝的双十一购物狂欢节保驾护航，展现出云计算的强大能力；同时也为其他小企业解决了管理、运维和效率问题。作为国内云计算架构的引领企业，阿里巴巴的前瞻性计划不仅为自身企业交易再创新高打下基础，这种前瞻认知也激发了管理学云计算模式再创新的活力。在公共领域，对云计算的灵敏感知和大胆尝试使得地方政府政务云发挥显著的治理成果。目前来看，管理学云计算模式的应用存在差异，管理学云计算模式应用的成果间存在差异，这既需要新技术、新模式再提升自身安全性能，也需要应用主体转变思维观念及时回应创新技术与模式对自身管理的冲击和要求。

管理学云计算模式本身是多个信息技术综合作用形成的结果，是多个技术优势能力的融合，能够为组织解决管理、运维和效率的问题，业务上云和组织上云已成常态，但是技术超理性的负面作用依然值得关注。政府公共部门应用现代信息技术是基于更好地实现公共价值和社会价值，技术是工具，旨在提升效率，其终极目标是实现以人为中心的公共诉求，因此，过于追求工具技术在政府治理创新的体现与应用，在一定程度上会扰乱公共管理中工具理性与价值理性的秩序，违背技术驱动管理创新的初衷。正确认知信息技术的优势，辩证看待创新技术在应用领域的局限，是任何创新型模式获得成功的基础，管理学云计算模式同样面临这种问题，特别是大数据、云计算这类信息技术作为一种辅助手段进入政府管理领域时，需要注重区分技术应用与政府管理二者之间的行为边界，保障工具理性与价值理性二者力量的均衡。

新事物的应用需要响应制度的保障运营与规制。及时且适用的制度建设能够保障管理学云计算模式在应用过程中获得合法性支撑，这是管理学云计算模式在确定领域中实现落地的重要策略之一，也是制度经济学、技术哲学领域探讨的"技术与制度"的经典话题。信息社会的快速发展，信息技术以其强大的渗透能力和效能在不同领域获得广泛的应用，在这一现实背景下，迫切需要构建围绕管理学云计算模式健康运行和合法应用的制度基础，充分营造创新模式落地的制度环境，保障创新模式良好运营的合法性基础。同时，新技术、新模式具有与生俱来的缺陷，制度建设的另一意图在于规制新技术、新模式的过度使用和扩散，特别是在公共领域，规定并规制创新模式的应用边界显得极为必要。

从思维观念认知、辩证看待新模式、及时构建新制度三个方面出发，构建管理学云计算模式在新领域及时落地、良好运行的基本策略，具有一定的可行性与必要性，既确保创新成果及时转化为生产力，又保证创新行为在确定性范围内规范作用。

第四节　管理学云计算模式的应用案例集锦

一、管理学云计算模式在企业中的应用案例

（一）亚马逊提供 IAAS 服务

亚马逊云计算的 IAAS 服务是 EC2 和 S3，为企业提供计算和存储服务。收费的服务项目包括存储服务器、带宽、CPU 资源以及月租费。月租费与电话月租费类似，存储服务器、带宽按容量收费，CPU 根据时长（小时）运算收费。[1] 以 EC2 为例，亚马逊为用户提供了非常简便的使用方式：基于 Web 页面，登录即可使用；按使用量及时间付费。在这种模式下，用户可以用非常低廉的价格获得计算及存储资源，并且可以方便地扩充或缩减相关资源，有效地应对诸如流量突然暴涨的问题。[2]

（二）IBM 的"蓝云"运营模式

IBM 的"蓝云"计算平台是一套软、硬件平台，将互联网上使用的技术扩展到企业平台上，使得数据中心使用类似于互联网的计算环境。"蓝云"大量使用了 IBM 先进的大规模计算技术，结合了 IBM 自身的软、硬件系统以及服务技术，支持开放标准与开放源代码软件。"蓝云"基于 IBM Almaden 研究中心的云基础架构，采用了 Xen 和 PowerVM 虚拟化软件、Linux 操作系统映像以及 Hadoop 软件（Google File System 以及 Map Reduce 的开源实现）。IBM 已经正式推出了基于 X86 芯片服务器系统的"蓝云"产品。

"蓝云"计算平台中的虚拟化技术："蓝云"软件的一个重要特点是虚拟化技术的使用。虚拟化的方式在"蓝云"中有两个级别：一个是在硬件级别实现虚拟化；另一个是通过开源软件实现虚拟化。硬件级别的虚拟化可以使用 IBMP 系列的服务器，获得硬件的逻辑分区 LPAR（Logic PARtition）。逻辑分区的 CPU 资源能够通过 IBM Enterprise Workload Manager 来管理。

（三）盛大集团的云平台

盛大集团的公有云计算平台自开创以来得到越来越多企业用户的支持和

---

[1] 曹健. 云计算及其发展战略 [J]. 软件产业与工程, 2010（02）: 19—24.

[2] 陈全, 邓倩妮. 云计算及其关键技术 [J]. 计算机应用, 2009, 29（9）: 2562—2567.

使用。为提供更好的全线云服务，盛大集团计划建立一个基于虚拟化技术的云计算平台。针对盛大集团公有云计算平台建设需求，思科提出了全新的组网解决方案，设计出独特的数据中心网络。因此，"盛大云"未来将有条件实现跨地域数据中心的两层互通，真正实现多个数据中心全网内虚拟机的自由迁移，塑造了高性能的双活数据中心。

二、管理学云计算模式在政府管理中的应用案例

（一）杭州：西湖云计算公共服务平台

杭州云计算产业园是杭州市承接国家级云计算试点示范城市的主平台，是市委、市政府打造全国云计算产业中心的重大决策。杭州云计算产业园由杭州市经信委和西湖区（之江度假区）政府共同管理，杭州湾云计算技术有限公司与杭州美吉科技有限公司共同设立杭州云计算产业发展有限公司进行运营管理。IBM中国开发中心共同启动建设西湖云计算公共服务平台。

杭州云计算产业园通过引进云计算产业的核心服务元素，聚集云计算产业链上中下游各个环节的重要企业，形成从云基础设施到云产品到云应用服务的产业链的完整集聚。该产业园将为以杭州市为核心的中国中东部发达地区的电子政务、电子商务、物联网、数字娱乐、媒体及传播业、软件与通信业和大量中小互联网应用企业提供云计算技术的支持与服务。

杭州云计算产业园总建筑规模约30万平方米，主要利用转塘科技园区的现存楼宇资源进行整合提升，计划分三期进行，通过五年时间的建设和招商，吸引几百家云计算产业链企业入驻办公。涉及楼宇近四十幢。[①]

整个产业园的规划是建立在云计算生态体系下的框架构造，围绕云服务的类型和层次，基础设施即服务（IaaS）、平台即服务（PaaS）、软件即服务（SaaS）在云计算产业园的服务构成要素中，作为云计算基础设施提供商，引进华数集团建设超级云计算数据中心（在云计算产业园的一期附近选点设置）。在平台服务层面，引进西湖云计算公共服务平台和IBM的云计算技术解决机构。而大量的中间企业即作为云计算产业的服务商，同时受益于云计算的产业链而被服务。作为云计算产业链下游是大量的应用型企业，从五年规划的角度，这些都是产业园招商和服务的主要对象。

云计算产业园一期2万平方米均已投入运营，云计算服务核心元素均将在2012年年初前设置到位。2011—2015年，平均每年完成产业楼宇不少于8万平方米。并且通过招商方式不断调整楼宇设施，满足园区客户的成长

[①] 徐晋．平台经济学［M］．上海：上海交通大学出版社，2007．

需求。

这些工业和商业楼宇主要通过园区的管理服务主体兼并、收购、联营进行整合,并通过建设改造,使之符合云计算企业对办公设施、环境、电力、网络等各项需求。

到2015年年末,达到30万平方米的产业集聚规模,并通过对江浙地域特色产业的研究和企业的共性需求,开发、提升出产业增值服务的空间,最终打造出具有杭州特质的云服务模式。

(二)深圳:面向社会服务的云平台

由深圳大学城管理办主办的"深圳大学城云计算公共服务平台",是中国第一个依照"社区云"模式建立的云计算服务平台,于2011年9月投入运行,其服务对象的范围为深圳大学城园区内的各高校、研究单位、服务机构等单位,以及教师、学生、各单位职工等个人。"深圳大学城云计算公共服务平台"提供的服务主要是计算资源云服务、特色应用云服务两大类共计十大特色服务。[1]

(三)成都:国家超级计算中心

成都云计算中心(以下简称"中心")于2009年12月正式运营,是国内首个由企业投资建设并商业运营的云计算中心。作为区域标志性的IT基础设施,成都云计算中心是集电子政务云服务平台和公共计算云服务平台功能于一体的复合型计算中心。

中心定位于国内领先的超级计算服务中心和云计算服务中心,是成都地区综合性的高端计算服务平台,是成都市数字城市的基础设施,是成都市科技能力的重要体现。[2] 成都云计算中心承担成都地区政务信息化和业务协同的平台;承担包括研究开发、科学计算、科普教育等功能的计算中心;融合城市应急指挥、平安社区以及信息发布的市政信息化统一办公体系平台的数据存储和处理中心;为各行业用户提供计算资源和存储资源服务的服务中心,并以成都市为中心,其辐射范围将涵盖整个四川省、西南周边省份和地区乃至全国。中心依托中科院计算机技术研究所,再加上曙光集团所提供的优势资源,在国内率先将超级计算技术用于支撑云计算服务,开创性地采用"政府指导、企业投资建设和运营"的全新模式,标志着在全国的信息技术

---

[1] 赵杨,宋倩,叶少霞,等. 云计算环境下的电子商务服务平台构建与运行机制研究[J]. 情报科学, 2014 (02): 7—10.

[2] 李和中,陈芳. 基于云计算信息架构的云政府服务[J]. 中国行政管理, 2012 (03): 22—25.

发展进程中,超级计算进入了一个新的阶段。

小 结

管理学云计算模式作为信息社会新模式的重要组成,秉承专业团队、专业人员从事专业性事务的原则,以实现节省组织成本、推动资源整合共享、提高组织服务效率和组织安全性的目的。建立在云计算、大数据、物联网等多个现代信息技术基础之上的管理学云计算模式,构建起数字化时代组织管理、运行与服务的创新架构与实现路径。这一模式不仅适用于企业组织实现管理数字化转型,同样适用于政府公共部门创新组织管理架构、构建数据资源储备中心抑或搭建各类服务云平台,以加快组织适应数字化、实现数字化转型的进程。

思考题:
1. 管理学云计算模式的基本架构以及与云计算的区别是什么?
2. 管理学云计算模式给管理领域带来的改变有哪些?

第二十七章　网络平台模式

第一节　网络平台的基本概述

一、网络平台概念起源

网络平台最初是在电子商务领域得到运用和发展的，目前国内学者从不同角度对网络平台进行了阐释，其中具有代表性的是段文奇等的观点，"网络平台是类似阿里巴巴电子商务平台这样的网络系统，平台为买家和卖家两类使用者同时提供发布和搜索供求信息、撮合交易和信用管理等服务。使用平台的卖家数目和质量依赖于使用该平台的买家数目和质量，反过来也是如此。"[①] 网络平台作为一种管理理念和管理形态，如果单纯地用于电子商务领域，将会大大限制其应用范围。在信息化技术如大数据、云计算运用越来越成熟的背景下，在物联网应用的大力推广下，我们可以试图构建一种普遍适用的管理平台，以此来解决现代管理中遇到的一些问题，这也许是一个不错的探讨方向。网络平台起始于电子商务平台，因此，需要先了解目前存在的电子商务平台及其共性特征，以此为基础，总结得出我们扩展的网络平台概念。根据买卖双方的不同类型及其关系，可以将电子商务分为B2B、B2C、C2B、C2C、B2B2C。

B2B（Business to Business）电子商务即企业对企业的电子商务，由"基础设施层""企业应用系统层"以及基于互联网的"电子交易市场层"构建而成，它是电子商务应用中最重要和最受企业重视的形式，如阿里巴巴、慧聪等，如图27-1所示。

---

① 段文奇，赵良杰，陈忠. 网络平台管理研究进展 [J]. 预测，2009，28（6）：1-6，17.

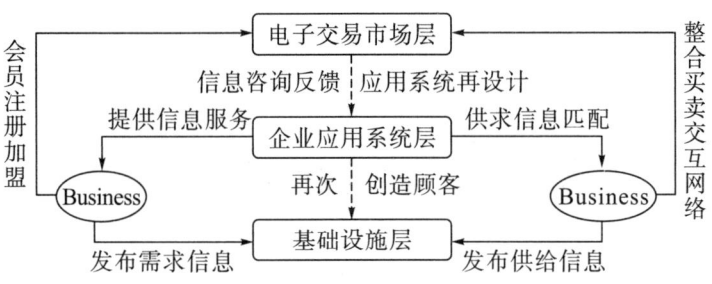

图 27-1　B2B 商务网络平台的主要架构与运作流程

B2C（Business to Customer）电子商务是以互联网为主要手段，由商家或企业通过网站或者专属 App 向消费者提供商品和服务的一种商务模式。其主要运营环节包括卖家供给商品或服务、买家上传需求信息、数据处理平台匹配信息、支付系统、物流系统等，如图 27-2 所示。

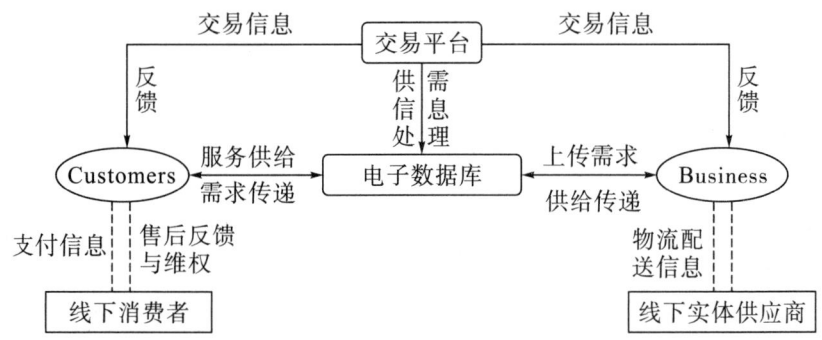

图 27-2　B2C 商务网络平台的主要架构与运作流程

C2B（Customer to Business）电子商务是顾客对企业的商务模式，其基本构架与 B2C 没有很大的区别，是以消费者为核心，由消费者集聚形成一个庞大的消费群体，进行集中竞价，从而有效压低商品的价格。同时消费者可以和卖家直接沟通，进行合作生产，满足个性化消费目的。在这一阶段，消费者可以参与产品的设计、制作、定价，如聚划算等，如图 27-3 所示。

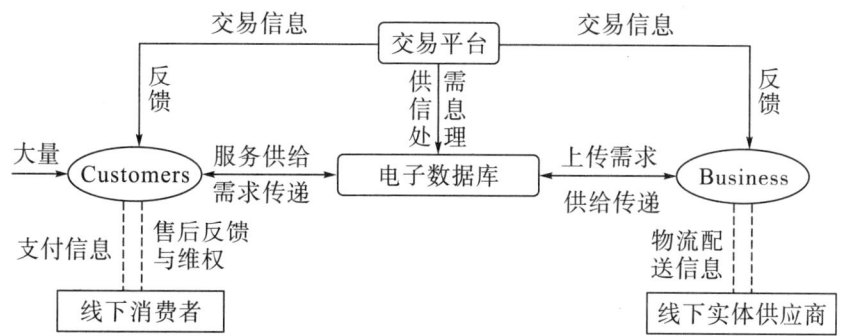

图 27-3　C2B 商务网络平台的主要架构与运作流程

C2C（Customer to Customer）电子商务是消费者对消费者的电子商务模式。卖家发布需求信息，买方发布供给信息，买卖双方信息通过后台信息处理在 C2C 平台中进行议价交易，如闲鱼、易趣等，如图 27-4 所示。

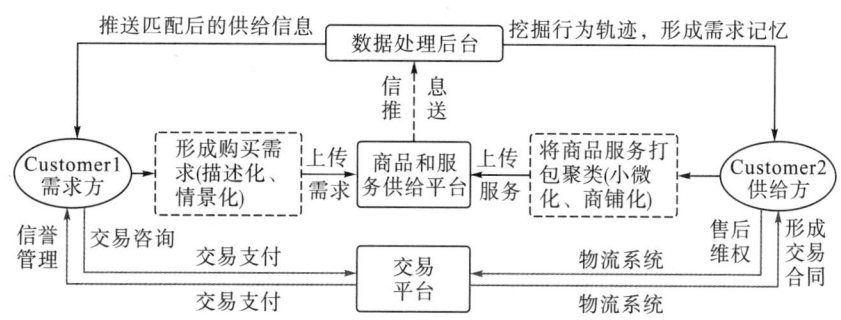

图 27-4　C2C 商务网络平台的主要架构与运作流程

B2B2C（Business to Business to Customer）电子商务是指生产商—供应商—消费者同在网络平台进行竞价交易的电子商务模式，如天猫商城。其实质是 B2C 模式的拓展，将代理商、进口商、零售商、制造商、批发商等供应商纳入网络交易平台，充当供给中介的角色，从而实现"供应链"与"配销链"的管理自动化。

二、管理角度网络平台的定义

由以上四种典型的电子商务平台的概念、结构模式，可以总结出网络平台的共性特征有以下几点：第一，网络平台的结构基本包括买卖双方主体参与人员，且体现了双边市场理论，即有两类或更多类的平台参与者利用网络平台提供的服务发生交易或进行交互，使用该平台的一类用户所获得的效用取决于使用该平台的另外一类用户的规模和质量,反过来也是如此。[①] 所以平台是否能够持续运转并使其作用得到越来越大的发挥,这就需要对平台参与者的数量、互动频度产生要求。第二,网络平台的基础及配套设施的构建。包括基础交易平台、信息传输平台、信息处理平台、支付平台、物流平台等的构建。基础设施建造完备是网络平台得以运行的基本条件。第三,网络平台既可以满足大众化需求,又可以满足个性化的定制需求。前者是为了提升网络平台的办事效率,后者更倾向于用户的消费体验。第四,平台具有开放性、透明性、智能性。平台的参与主体处于平等地位,双方的交易过程是在自觉自愿的情况下进行的;同时平台需要处理大量的用户数据,这就需要有相应的智能处理机构,能够更好地匹配买卖双方的要求,并借此保存用户的消费习惯数据等。因此,网络平台的管理内涵具有更广泛的用途,本书从管理角度给出的网络平台的定义是:为提升组织管理效率和服务质量,在融合多种信息通信技术背景下,运用大数据、云计算等新型互联网技术所构造的多主体参与、实时互动的,提供人性化服务和进行专业化后台管理的工具。

三、网络平台的特征

(一) 资源整合化

运用大数据、云计算等现代信息技术搭建起的智慧化网络平台,实现数据收集、数据分析、数据储存与管理,以实现资源整合。

信息资源整合是指将某一范围内原本离散、多元、异构、分布的信息资源通过逻辑或物理的方式组织为一个整体,使之有利于管理、利用和服务。网络平台凭借大小超出了传统数据库软件工具抓取海量数据的大数据技术对不同来源、内容、领域、结构的碎片化数据资源进行收集、识别、分析与管理,使得凌乱无序的资源向有序转变,并基于云计算建立以资源平台、云平台、应用平台为核心架构的服务平台,以资源服务于大众,推动资源的优化配置。

(二) 实时互动化

基于网络平台,人们跨越时间、空间的障碍进行平等协商、互动沟通、互惠交易,促进人与人之间的实时互动。

首先,网络平台通过集成文字、语音、文件传输、视频、在线留言等多

---

① Rochet J C, Tirole J. Platform competition in two-sided markets [J]. Journal of the European Economic Association,2003,1 (4):990—1029.

种交流方式实现了线上交易、线上交流，大大节省了交易、交流的成本。其次，网络平台的实时互动化增强了用户与服务供给方的理念、信息的沟通机会，增加了用户的参与，提高了用户的满意度。最后，用户通过实时互动化增强环境的敏感度，及时从广大用户获取信息，灵活采取应对措施，推动了网络平台的自我进化。

（三）参与主体多元化

由于网络平台实现参与方式便捷、参与成本低廉、参与门槛不高，故吸引人们广泛参与，从而形成主体多元化的多中心治理。

有别于传统的单一主体的控制地位，网络平台打破了资源信息的垄断，以多元主体在自觉自愿的情况下推进平等协商、互动交流、互惠共享。政府建立健全法规制度以规范网络平台的建设者和公众的行为；网络平台以开放性、包容性的姿态通过智慧化的数据处理与预测，有效地向用户提供其所需求的服务；平台用户在享受服务的同时，参与网络环境的优化，打造健康、有活力的网络环境。

（四）服务供给个性化

网络平台在现代信息技术的强力支持下，挖掘深层次的信息，增加预测的准确度，推动服务供给向个性化、定制化演变。

网络平台借助智能化的处理机构、专业化的技术手段处理大量的用户数据，高效地进行数据的汲取、处理、传递，增强用户行为、偏好的预测，精准识别需求方的需求，实现供给方与需求方的精准匹配，优化服务资源的配置，提升服务供给的效果和质量。

第二节　网络平台模式带来的管理变革

以网络为核心的信息技术为政府管理开辟了一方新天地，网络平台模式作为新兴的治理模式之一，给政府管理带来的变革是全方位、多层次的，对提高政府办事效率和服务质量，促进资源整合，规范管理流程具有重要意义。

一、管理理念的转变

传统的管理理念是通过层级控制、分配任务的形式进行管理，管理者和下属更多的是一种命令与服从的关系。网络平台改变了传统的科层制管理模式，上级对下级更多的是一种协商沟通，更加在乎下属的感受，愿意听取下属的意见。

二、数据集中化的管理

大数据是一个数据集，最早提出大数据时代是全球知名咨询公司麦肯锡："数据已经渗透到当今每一个行业和业务职能领域，成为重要的生产因素。人们对于海量数据的挖掘和运用，预示着新一波生产增长和消费者盈余浪潮的到来。"① 在信息化时代，谁掌握了数据，谁就掌握了主动权，通过对不同类型的巨大数据的处理、整合，则会形成一种资源，这种资源将会使管理始终处于动态主动的姿势。网络管理平台通过对用户数据的收集，分析其使用习惯和关注焦点，可以及时推送信息和服务。

三、以人为本的管理

传统科层制的管理体系，上下等级分明，信息传递自上而下，忽略了人的感受，管理效率低下。网络管理平台重在以人为本，淡化等级制，管理者和被管理者在平台里更像是一种工作外的社交关系，在这里谈论组织议题也会显得格外轻松；注重扁平化，信息呈现网状传输，在平台里有固定的发布信息的场所，也有互动交流的社区，正式和非正式交流都可以在这里实现，既能及时回应要求和提供服务，又能促进同事之间的关系。

四、智能化的管理

后台信息处理在网络平台中扮演着重要角色，云计算的功能在这里得到发挥。云计算起到大脑的作用，一方面，必须对收集的数据进行分析挖掘，才能得出想要的结果，进行记忆储存；另一方面，用户提出请求，云计算及时提取资源进行匹配。智能化的管理为用户带来了准确、及时的回应，也使管理的过程更加简单，减轻了管理者的负担。

五、动态更新的管理

应用端是直接面向平台使用者的，需要根据使用者的需求进行升级更新。网络管理平台的应用端基于问题导向，利用大数据和云计算平台的处理结果，分析出用户的需求或者同时根据组织现状，及时更新应用服务，这在某种程度上也体现了网络管理平台的动态性，打破了传统管理模式僵化、反

---

① 舒怀. 大数据时代：政府治理的问题与挑战 [J]. 内蒙古民族大学学报，2015，41（3）：64—67.

应落后的弊端。

六、标准化的管理

网络管理平台是由多个模块组成的，模块内部、模块之间都涉及标准体系的统一问题，如基础信息设施通过众多的传感器和自组网来实现物体的标识、数据的收集，具有很强的异构性，这就需要统一传感器感知技术标准；传输网络在利用已有的各种传输网络的基础上，促成实现标准统一，实现"多网融合"；后台处理中心连接众多的终端，这些终端设备需要与云平台交换和共享数据，客观上要求云平台有统一的接口实现数据的共享，同时云平台里不只有"一朵云"，而是多种类型和多个云共存的状态，这些云之间需要互相连接才能够实现数据、应用的互联互通，从而满足用户的需求；[1] 应用端提供人机交互接口，包含与应用程序相连的各种设备与人的交互，交互接口标准的统一可以使应用方便快捷、成本低。同时模块之间数据的交换也需要统一标准，使信息畅通无阻，起到有效链接的作用。

第三节　网络平台的构建框架和保障体系

一、网络管理平台的构建框架

科层制框架下组织管理手段的调整，往往都是"自顶向下"的思维导向，而基于平台的组织管理结构却是"自底向上"的。总体而言，平台管理的基本架构是：基础设备做底层，应用平台做顶层，服务窗口前置，后台管理做支撑，信息采集网络、传输网络、交互规则做连接的前后衔接、上下匹配、中心传输的"立体式"网状结构，如图27-5所示。

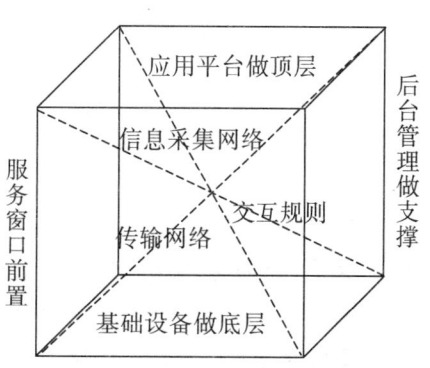

图 27-5　平台管理的基本架构示意图

---

[1] 朱近之. 智慧的云计算 [M]. 北京：电子工业出版社，2010.

现代信息革命再认识
——信息社会变革与治理体系创新

（一）基础设备与信息采集网络

基础设备的建设与完善是采集海量真实信息、形成信息采集网络的前提。平台管理是基于融合性信息通信技术的，基础设备则应该包括 TE（终端设备）、EPT（感知设备）以及具备感知能力的人；信息采集网络则由互联网、外网、物联网及作为感知单位的人的信息流构成，其搭建范围要根据组织管理的区域、对象及事项范围来进行界定，但在连接端口的设计上要注意兼容性，如图 27-6 所示。

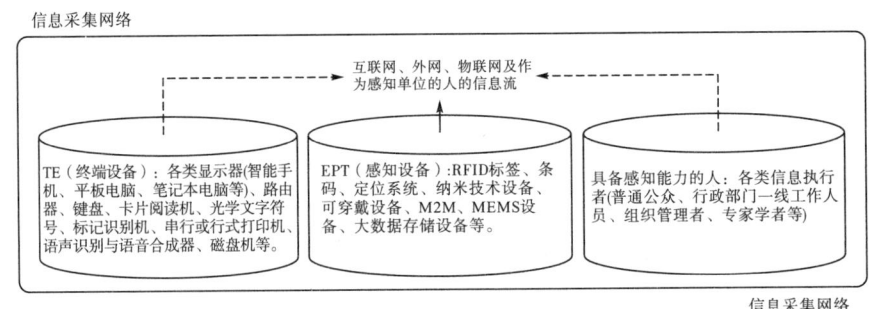

图 27-6　平台管理的基础设备与信息采集网络示意图

（二）传输网络

传输网络作为基础设备与后台管理的中介，起到信息准确实时传递的重要作用。传输网的一般性归类分为 Communication Network（通信网络）、Internet（互联网）和 BTN（广电网络），而应用于平台管理的传输网络还要将 Extranet（组织外网）、The Internet of Things（物联网）、BS（网络基站建设）囊括在内，才能够实现人与人、人与物、物与物之间的信息流传送。

（三）数据挖掘与信息分析

建立大数据中心是实现海量信息存储、数据挖掘和行为预测的基础；而云计算平台（IaaS、PaaS、SaaS 及各类专家智库与专业团队）的构建是基于大数据中心的信息资源存储、信息资源分类处理及信息匹配功能，从而支撑数据挖掘，并为应用平台提供专业化、科学的决策信息，同时，将情景化或描述性的用户需求转化为具备高适配性的服务供给，如图 27-7 所示。

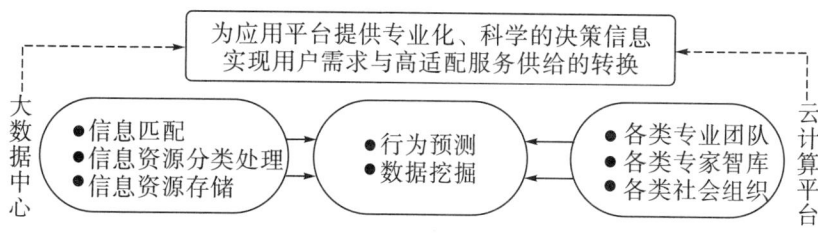

图27-7 平台管理的大数据中心与云技术平台功能图

（四）交互规则设计

平台的有序运行离不开完备的交互规则，平台管理是一个典型的多主体参与的多中心管理，需要面对各类群体，交互规则的设定将有助于群体在平台上信息交流的畅行无阻，同时也是维护平台秩序的一个关键做法。交互规则的制定需要根据不同群体来确定，但是通用性的交互规则包含对管理对象信息采集的权限，对个人合法隐私权的保护，信息存储、上传、提用的授权和责任，平台与参与方的协议，用户注册制度，用户准入标准，用户网络言论与网络行为的责任制度、诚信积分系统等。

（五）应用平台与服务推送

应用平台与服务推送是平台管理最终产出的载体，同时通过信息采集网络、传输网络和终端设备直接与服务受众相联结。应用功能和应用系统包括原生功能与应用功能再设计库两部分。所谓原生功能，是指组织管理职能范围内，由制度、政策、组织规章所设定好的功能；而应用功能再设计库是指在既有的应用功能体系下，基于问题导向（Based Scenic Public Issues），并根据大数据中心和云计算平台的数据挖掘和智库分析结果，对平台功能进行再设计、添加或删减。服务推送的形式可分为两类：一是依托终端设备实现直接的决策建议、服务推送、信息服务等；二是"代理型"的间接推送。比如，政府相关部门推送给残疾人的公共服务一般不由本人直接接收和行使，那么，便需要残疾人联合会、社会组织（公益组织、志愿者协会等）或个体充当代理人。此外，远程教育平台的服务推送，也需要公办学校、私营教育机构、教师或大学生个体，通过辅导和教学的形式间接推送给被服务对象。

二、网络平台的保障体系

网络的渗透在给人们带来极大便利的同时也给人们带来一些新的威胁。在网站的建设以及维护过程中，必须要掌握并采取完善的安全策略，提高网站的抗攻击能力，从而保证网站的安全运行。① 对网络平台的保障不但要从最深层次的科学技术出发，也要关注平台内部技术人员和管理人员，更要重视规范使用平台的网民们的行为举止，法律法规不仅要在现实世界中规范社会秩序，也要延伸到虚拟世界规范网络社会。保障网络平台的顺利、安全运行，离不开人为的具体操作，以及科学、先进的技术支撑和有序、完备的制度规范。因此，本书认为网络平台的保障体系应包括技术支撑体系、人员规范体系和制度规范体系三个方面。

（一）技术支撑体系

一个网络平台运行的好坏主要取决于背后技术是否先进、完善，随着网络平台越来越多地被人们广泛应用，网民们对其要求也逐渐变高，其中存在的问题日益显露，私人信息暴露、后台运行不稳定等问题困扰着使用平台的每一个人。其中一个重要的问题就是技术方面出现了缺漏。

网络平台的构建离不开各项信息技术的交互融合，可以说技术是支撑网络平台顺利安全运行的第一步。网站信息安全保障的工作人员要构建完善的互联网病毒防御体系，安装防病毒软件，并且自动对病毒库进行及时更新，对软件进行升级和维护，切实做到有效抵御互联网的恶意攻击。②

在技术保障的设计上依据网站系统相关服务器的功能划分不同的安全区域，通过在交换机上划分虚拟局域网（VLAN）并设置访问控制列表（ACL）进行安全区域间的控制与隔离。对网站服务器的操作系统和网站系统平台部署，遵循最小安装原则，禁用不必要的服务组件、应用插件、注册表项等，并保证网站相关系统补丁的及时更新。在门户网站应用服务器上部署防篡改系统，对网站页面文件进行监控，并在网站遭到恶意篡改时能够及时恢复，最大限度地保障网站页面文件的完整性，确保网站的可靠性。③

（二）人员规范体系

安全管理最薄弱的环节就是人，加强相关人员的责任观念、安全意识和技术技能，能够使各种管理制度得到最佳的落实。④ 人员的管理是保障网络

---

① 吴振鹏. 网站安全问题及防护策略研究［J］. 黑龙江教育（理论与实践），2018（Z2）：110—111.

② 马自龙. 政府门户网站信息安全保障体系的构建探究［J］. 信息通信，2015（11）：174—175.

③ 倪雄，宗志锋，徐文君. 政府门户网站安全保障体系设计研究［J］. 网络安全技术与应用，2018（03）：85—86.

④ 赖建华. 高校网站安全纵深防御体系研究［J］. 情报探索，2013（12）：109—111，114.

与信息安全的关键环节，网络平台的安全需要建立完整的人员规范体系。

界定网络平台相关人员的责任，不仅是平台背后的技术人员，更是使用平台的网民的责任，加强相关人员的责任观念，提升网络安全意识。对平台内部相关人员进行正式的安全培训，明确职责所在，建立相应的问责制度。

另外，从监管方来看，各地网站安全监管部门将主要精力放在政府类网站的管理上，有针对性地开展专项行动，如《杭州市党政机关、事业单位和国有企业互联网网站安全专项整治行动实施方案》。所以监管部门对社会网站管理重视度相对较低，投入的精力相对较少。① 其次，监管人员紧缺也对维持网络平台的安全造成了很大影响。因此，对于监管方，应当更加关注具有广泛性的社会网络平台，根据实际情况适当地增加人员的配备。

（三）制度规范体系

网络平台治理既是推进国家治理体系和治理能力现代化不可缺少的一部分，也是最容易被忽视的一部分。相比于现阶段线下治理所拥有的法律法规体系，线上治理的相关法律法规是不完善的。目前关于网络空间治理的政策法规较为滞后和分散，缺乏有效统筹，主要表现为立法较为分散、法规相对滞后和政企权责不明不细。② 现有的网络空间治理机制并不能有效解决日益凸显的政治关切及公共秩序问题，网络空间的总体制度化水平亟待提高。③ 而网站只有在国家法律标准框架内设计功能，才能保证功能的合理和合法。④ 因此，应当建立健全网络平台治理的法律、法规、标准和政策。

习近平强调，要"加快网络立法进程，完善依法监管措施，化解各种网络风险"。⑤ 目前，我国网络立法主要存在以下问题，网络立法层次普遍偏低，缺乏基本立法；立法机关过多，法律法规内容存在冲突；存在不少立法空白；有些法规缺乏可操作性。⑥ 因此，应根据我国网络经济发展现状，借

---

① 王勋. 系统论视角下的社会网站安全管理 [J]. 计算机时代, 2018 (02)：48—51.
② 张鑫. 网络空间治理的发展实践与优化路径 [J]. 新视野, 2019 (06)：63—69.
③ 王明国. 网络空间治理的制度困境与新兴国家的突破路径 [J]. 国际展望, 2015, 7 (6)：98—116, 156—157.
④ 张锐昕, 姜春超. 政府门户网站的功能及其保障机制 [J]. 理论探讨, 2007 (04)：30—33.
⑤ 习近平. 在网络安全和信息化工作座谈会上的讲话 [M]. 北京：人民出版社, 2016.
⑥ 陈纯柱, 王露. 我国网络立法的发展、特点与政策建议 [J]. 重庆邮电大学学报（社会科学版）, 2014, 26 (1)：31—37.

鉴国外经验,应当从立新法、修旧法两头并进。① 同时,丰富我国网络相关法律的层次,补足立法空白,形成操作性强的法律规范体系。

第四节 网络平台的应用案例集锦

网络管理平台延伸于电子商务平台,属于较为新型的管理工具,目前在相关领域已经有类似于网络管理平台的应用工具。

一、融合市民服务的平台——"在成都"

（一）"在成都"的发布及其功能

2015年4月23日,第十三届中国国际软件合作洽谈会（以下简称"软洽会"）在成都举行。软洽会以"软件提升价值、信息服务民生"为主题,围绕技术和产业发展趋势以及智慧城市、移动互联、两化融合、信息安全等话题,开展专题研讨、产品展示与互动体验、招商引资考察等活动。软洽会上,中国智慧城市（成都）专题论坛举行了"在成都"市民融合服务平台首发仪式。"在成都"是神州数码与成都市相关部门合作开发的西南地区第一个市民融合服务平台,如图27-8所示。

图27-8 "在成都"界面

"在成都"旨在实现一站式市民办事服务。市民可通过网站、手机

---

① 胡荣. 完善我国网络立法的必要性及思路[J]. 晋中学院学报,2008（01）: 77-79.

App、热线电话、自助终端、数字电视、服务网点等多种渠道，高效、自主地完成政务项目。让市民体验更好的社会信息资源，努力将成都打造成具有较强辐射力的智慧民生服务创新先导城市。市民服务的内容根据市民的生命周期，整合教育、医疗、就业、住房、婚育收养、证件办理、公共事业、企业开办等方面的服务主题，为市民提供个性化、有针对性的一站式服务。

平台目前可实现数字化服务达88项，主要包括以下功能。政务服务：融合成都市政府部门办事业务，尽可能多提供服务。一键提交申请，便捷查看办事指南，并可以实现社保查询、交通出行查看、旅游签证申请、医院预约挂号等方方面面的服务。生活服务：超过百项服务，生活账单、证照办理、婚育申请、旅游出境、就业培训、医疗报销、社区服务、房产资讯等，完成成都市民从出生到上学、工作乃至养老整个生命周期的所有手续。生活账单：实现公积金支取、交通罚单办理、水电燃气费缴纳等服务，账单开支一目了然，方便省事。特色服务：每日采血点实时更新；全天候不间断提供最新最全的电视节目导视单；驾驶人和机动车违法查询、自助处罚、缴纳罚款一条龙处理；公交车实时位置，一键查询公交IC卡；本地便民办事机构搜索、查询；网上购票、自助终端购票、移动终端（手机）购票，与售票车站实现联网售票等。此外，"在成都"作为一个开放平台已与巴士公交、透明房产网、索贝数码、熊猫驾校、汽车票务网、成医网、易泊车、四川省有线广播电视网络股份有限公司成都分公司、成都勤智数码科技有限公司达成联盟。

（二）"在成都"的优势及前景

"在成都"是政府面向广大群众推出的一款非常适宜的管理平台，平台的参与者包括所有安装了App的用户，平台的管理者包括软件的开发商以及成都相关的服务部门。这个管理平台所产生的效益体现在两个方面。一是政府管理受益。运用管理平台，政府可以减少人员机构的设置，多项业务可以通过平台办理，同时通过成都各个地方基础数据的支撑以及云平台的处理，政府可以及时回应民众需求，提高了民众办事满意度。二是民众受益。回应性加强，办事效率提高，最重要的是公共服务供给的精准化。同时，"在成都"兼有社区论坛的性质，民众可通过公共论坛交换数据信息或者提出自己对城市管理的意见。"在成都"不能仅仅被当作一个应用软件，更应该让其成为成都本地居民的生活指南、公共社区，也要让其成为外地游客来到成都的第一导游，这就要求"在成都"服务的种类、覆盖的范围进一步扩大。

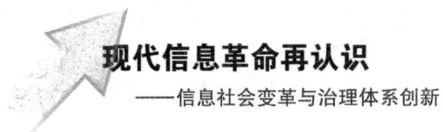

二、广东省立中山图书馆微信公众服务平台

（一）微信公众服务平台的规划实施

广东省立中山图书馆在微信公众服务平台功能规划上主要有以下几点考虑：第一，应充分利用微信公众平台提供的高级开放接口，启用功能菜单项作为读者服务各项功能的主要入口。第二，微信本身所提供的菜单项数量限制（最多只能有3个菜单，共15个菜单项），梳理图书馆提供的服务内容，整理重点内容，利用菜单资源，集中将与读者直接相关功能服务体现出来；菜单功能项里，将"查""办""阅"三类服务集中体现出来；相互关联的功能服务合并为一个入口或整合进其他功能，如将所有有关读者个人借阅的功能，包括读者身份认证、读者卡绑定、个人借阅情况查询、书刊一键续借、书刊预约合并为"书刊续借"；书刊预约同时嵌入 OPAC 查询及实时借阅情况功能中，读者查询任何一条书目都可以看到是否可以预约情况。第三，增加读者交流互动功能，充分利用微信实时交互的特性，提高用户体验。如开设"省图微社区"交流，为读者与读者、读者与馆员之间建立良好的交流互动渠道；针对部分图书馆单向推送公告信息的不足，增加在线预定功能，如"随便看看"展示性地提供实时读者借阅信息，读者可以实时浏览当前借阅的书刊信息，并可在线预约。第四，引入数字化阅读应用，设立"省图宝典"。充分利用微信的信息分享功能，增加用户黏度。对于图书馆而言，如果只是纯粹地向读者推送馆内信息、相关活动，信息内容单一，被转发、分享的可能性低，为此，通过内容抓取等方式，设立"微生态""微数据""微知乎""微讲座"等专题，整合一些具有较强阅读性的数字化资源，供读者阅读分享。① 图 27-9 为广东省立中山图书馆微信公众服务平台技术架构图。

---

① 吴昊. 图书馆微信公众服务平台探索与创新——以广东省立中山图书馆为例[J]. 数字技术，2015（01）：100-104.

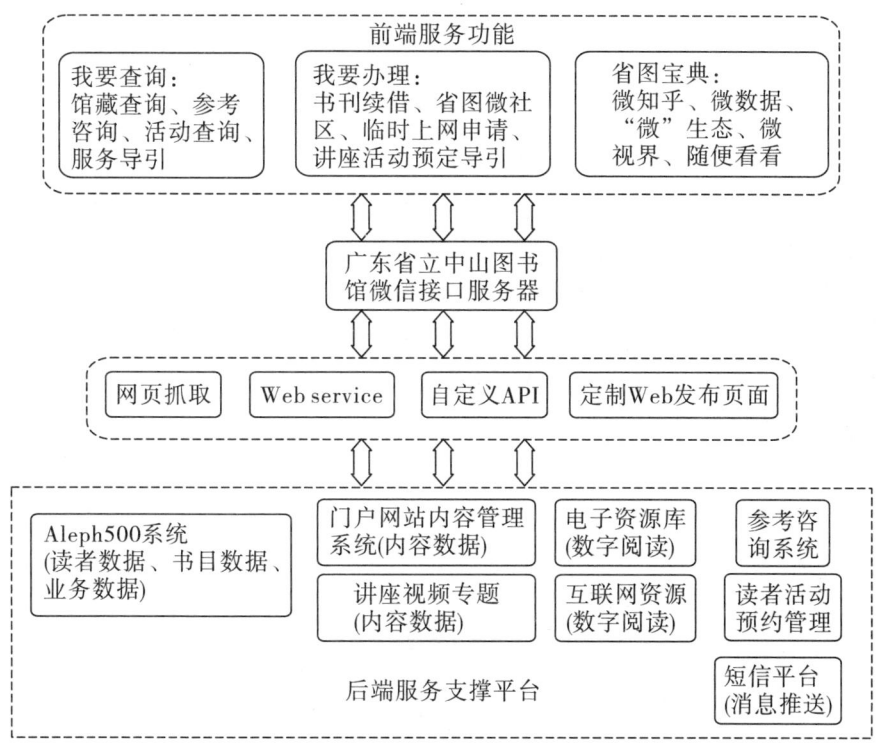

图 27-9　广东省立中山图书馆微信公众服务平台技术架构图

(二) 微信公众服务平台的特点及创新

1. 利用平台已有的优势

微信公众服务平台是图书馆在微信平台上应用的另一个新的服务平台，因为微信是移动互联网的 App，这极大地方便了读者利用业余时间查找文献、办理相关业务，拓展了服务手段和服务空间。同时，由于移动设备的限制，功能规划上集中呈现"查""办""阅"等读者最常用的功能，做到公众服务平台精简实用，重点功能突出；在操作上提供读者卡绑定、一键续借、数字化阅读与分享、读者交流等简化操作，充分考虑读者对移动端浏览访问的适应性体验。

2. 形成互动社区

图书馆公众服务平台通过发布活动或者自创活动，一方面吸引场外活动的参与者；另一方面使读者与读者、读者与图书馆之间在线上进行互动。同时，社区内话题的制造者不局限于服务平台的管理员，任何关注平台的人都可以发起话题，管理员只起到引导监管的作用。

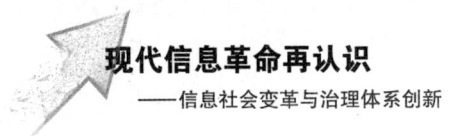

小　结

　　网络管理平台充分利用信息技术，通过运用大数据、云计算等信息技术收集、处理、分析数据和信息能力的基础上，形成的前后衔接、上下匹配、中心传输的"立体式"网状结构，在面对着纷繁复杂的管理事务时，具有提高效率、提升满意度的巨大作用。但是由于搭建、维持其有活力的运营所需成本巨大，目前其应用范围仍然有限，但是其局部的运用效益已然显现，相信在不久的将来就会得到更大规模的运用。

　　思考题：
　　1. 网络平台给管理带来的意义包括哪些方面？
　　2. 网络平台未来发展方向是什么？
　　3. 政府管理平台结合应用了哪些平台与技术？

第二十八章　网络众包

案例

以"移动无极限"为主题的 2015 世界移动大会在上海新国际博览中心举行，由 GSMA 主办的世界移动大会是亚洲规模最大、最具影响力的科技盛会。国内最大的移动众包平台"微差事"首次以参展商的身份参与本次世界移动大会，微差事创始人兼 CEO 裴峤在这次世界移动大会接受采访时介绍了微差事的众包模式在 B2C 落地方面的做法，"我们把微差事 App 做成了一款基于众包模式的 B2C 任务对接平台，对于 B 端客户来说，企业可以通过微差事众包平台发布零售检查等任务；而 C 端用户能及时收集到其产品相关信息，反馈给 B 端客户，进而领取报酬。"

据了解，从 2013 年上线至今，微差事拥有上千万的下载用户，覆盖全国 500 多个城市，已与众多的 500 强快消品公司开展合作。2016 年，作为宝洁公司延伸至全国范围内的兼职执行团队，微差事为其提供了全国范围内的商超线下产品检查服务。[①] 图 28-1 为微差事任务众包流程。

---

① 众包模式亮相世界移动大会 [EB/OL]. [2016-08-17]. https://www.sohu.com/a/110229228-457045.

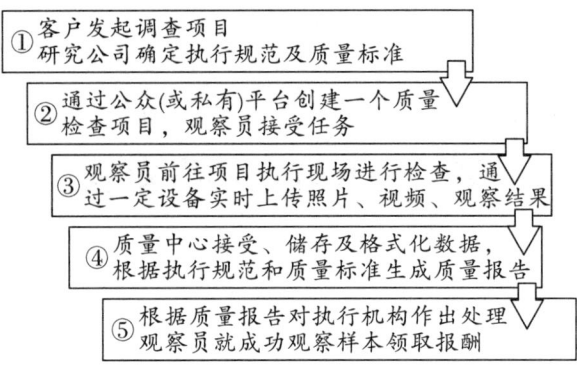

图 28-1 微差事任务众包流程

第一节 网络众包的基本概述

一、网络众包的起源

古代官府通缉要犯，会在城门张贴布告，用悬赏发动更多的人参与到追逃犯人中来，这就等于官府把抓人的事包给了所有得知布告的人。19 世纪英国悬赏求解经度的活动以及经常在美国电影中出现的赏金猎人之说，都是众包模式的雏形。真正使众包的力量得以凸显的是源代码开放的软件开发模式，Linux 系统是典型代表。2001 年出现了专门实施众包的"创新中心"Inocentive 网站，其聚集了 9 万多名科研人才，合作对象包括波音、宝洁等世界著名的跨国公司。宝洁公司引入创新中心模式后，其公司外部的创新比例从 15% 上升到了 50%，研发能力提高了 60%。

众包模式虽然在商业领域得到众多运用，但是直到 2006 年美国《连线》杂志记者杰夫·豪通过《众包：群体力量驱动商业未来》一书大量描述了众包在美国的发展状况，给众包下了一个明确的定义，众包的内涵才得到学术界的关注。2009 年 6 月，众包概念在中国推广开来，出现了如猪八戒网、微差事等众包网站，国内的众多知名网站也都积极尝试运用互联网众包的运作模式来使自己网站的内容得到丰富和发展，比如，优酷土豆网、百度、搜狗等。在互联网 2.0 时代，众包模式得到大量运用，不管是商界还是学术界都在积极探讨众包，在 Google 上搜索"crowdsourcing"（众包），可以得到 200 多万个页面，而这个数字曾经不到 100。

二、网络众包的定义

众包一词的提出者杰夫·豪给出的定义：众包指的是企事业单位、机构甚至是个人，把过去由员工完成的任务外包给不一定是专业的甚至很有可能就是业余的社会大众解决或承担的做法。实际上就是原本需要雇人来解决公司的问题，现在利用大众的智慧和创意来解决公司面临的问题。[①]

众包离不开计算机互联网技术的发展。部分学者认识到众包对互联网的依赖，从而从信息技术角度给众包下定义。林锋认为众包模式指的是人的知识、智慧、经验、技能通过互联网转换成实际收益，从而实现各取所需的互联网的新模式。[②] 还有诸多学者认为众包是以网络技术为基础的，进一步阐释众包与依赖于计算机网络的开放源模式有关。

本书给网络众包的定义：网络众包是一个组织（既可以是公共的也可以是私人的），将自己承担的某项任务，以网络平台为中介，发包给对任务感兴趣的社会大众，是常态的、参与者平等的组织模式，是一种让消费者参与到生产活动中的生产方式，是政策受益者同时作为政策制定者的决策模式。

三、网络众包的特征

（一）业余爱好者是网络众包参与主体

人们常常认为业余爱好者热情有余，才能不足，但在互联网时代，这就成为一种"伪说法"。因为有了互联网，众包造就了大众参与的时代。比如2008年YouTube上有大约8000万条视频，其中有超过一半以上是用户制作分享的。众包的参与者之间没有等级制，"在遵守互联网规则和各项法律、法规的条件下，各参与主体在互联网虚拟空间中享有平等权利"。[③]

（二）资源配置的开放性、民主性、跨时空性

价值中国网CEO林永青提出"众包就是社会生产"即是运用社会的资源解决问题、完成特定工作任务的一种生产模式[④]，同时资源之间也可以联合，帮助其他资源实现价值或者扩大自身价值，这个过程本身就是开放的。

---

① 杰夫·豪. 众包——大众力量缘何推动商业未来 [M]. 牛文静，译. 北京：中信出版社，2009.

② 林素芬，林峰. 众包定义、模式研究发展及展望 [J]. 科技管理研究，2015，35 (4)：212—217.

③ 陈小勇. 新型商业模式——众包研究 [J]. 西北人文科学评论，2013：104—112.

④ 林永青. 众包：网络社会的社会生产 [J]. IT经理世界，2009 (10)：82—83.

资源配置的范围无边界。网络众包是在虚拟的互联网空间中运营，所以资源可以跨时空配置，分布在世界各地的资源可以很方便地通过众包进行整合。例如 iStockphoto 网站采用众包模式，有 23000 多名摄影爱好者上传他们的作品，颠覆了库存图片的传统。

（三）网络众包的开放式、协同式创新理念

与企业之前的封闭式创新相比，网络众包具有开放式创新的特征，大众借助网络平台，贡献自己的知识与智慧，企业可以整合内部与外部创新，创造企业价值。Threadless.com 也是利用群众创意的典型案例。大众开展创新也并非"独狼式"，而是在众包平台上公开分享自己的创意，并可以借鉴他人创新来改进自己的设计。

第二节　网络众包的运行机制与组织模式

一、网络众包的理论基础

（一）开放式创新理论

随着全球经济衰退，知识经济和信息时代的到来使得社会经济朝着全球化方向发展，企业亟须更具创新性的竞争环境。随着商业环境日益充满竞争力和活力，单一企业很难具有实现持续创新所需的技术知识和资源。一家企业无论具有多么雄厚的技术力量，也不可能拥有创新所需的全部资源和技术，"闭门造车"的保守封闭型创新已不可能使企业获得更多竞争优势，企业亟须进行内外部资源的有效整合，进而形成完整的开放式创新体系。Henry Chesbrough 于 2003 年提出开放式创新理论，他认为开放式创新是一种全新的企业创新模式，与封闭式创新相比能够更大程度地提高创新速度和创新效率，降低创新成本和风险，更快提升企业核心竞争力。[①] 网络众包正是一种以网络作为共享平台，利用 Web2.0 技术广泛吸取创新资源的开放式创新模式，这种创新模式让商业的发展呈现一种新型的社会行为：大家集合在一起，即使没有物质奖励也可以凭借兴趣爱好将任务完成，而这些任务曾经应该是由某个专业领域的企业雇员完成。

---

① 夏恩君，赵轩维，李森．国外众包研究现状和趋势 [J]．技术经济，2015，34（1）：28—36．

(二) 群众比少数人更聪明

2004 年 James Surowiecki 在《群众的智慧》一书中阐述了"群众比少数人更聪明"的观点,认为团体中信息的集合往往有利于做出比每个成员单独做出的决定好得多的决策。他还提出了形成智慧群体所需的四个必要条件,即多样性、独立性、分散性和有效的加总机制。网络众包的参与者多为业余爱好者,运用集体智能,形成杰夫·豪所说的多样化打败超人能力效应。

(三) 集市治理理念

随着知识经济和 Web2.0 时代的到来,互联网为大众参与到生产中提供了一个技术平台,在这个平台中存在的是弱链接,每个人都可以自由进出,形成了一种类似虚拟网络的组织。Demil 和 Lecocq(2006)提出了"集市治理"的创新理念,着重分析互联网众包网络化的管理方式。其实质就是使发包方、平台方、接包方和相关利益方能够相互沟通、相互协作,形成一个多维一体的生产组织结构。① 集市治理的理念正适用于网络众包的生产模式。

二、网络众包的运行机制

在网络众包模式的运行机制里,主要包含四个主体:发包方、接包方、平台方和其他利益相关方,如图 28-2 所示。从事直接业务往来的是发包方和接包方,而平台方和其他利益相关方则是帮助发包方和接包方更快、更好地完成业务。②

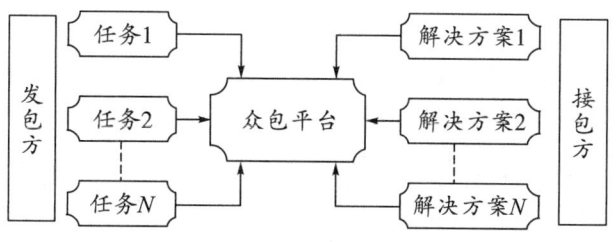

图 28-2 网络众包的架构图

---

① 孙兆扬. 基于众包的高校社团管理模式探析 [J]. 吉林工商学院学报,2010,26 (3):90—93.

② Malone, Thomas W M. The future of work: How the new order of business will shape your organization [J]. Harvard Business Journal, 2004 (12).

现代信息革命再认识
——信息社会变革与治理体系创新

（一）发包方

发包方通常是企业或者工作任务需要解决的个人。一种是在本组织网站上直接发布，以悬赏的方式吸引众多的网民来参与问题解决。① 另一种就是通过中介机构，通常是网站社区协会等，发包方与新型网络机构签订合约，合约中包括了需要解决的问题、价格和售后服务条款等。

（二）接包方

在网络众包模式中，发包方通过互联网平台发布需求信息，任何在平台里看到发包方需求的网民都可能成为接包方。根据最新数据，全球网民数量已超过 45 亿，近 60% 的世界人口已经上网。2020 年网民增长量最多的国家是印度。eMarketer 高级预测分析师 MonicaPear 认为，廉价的手机和移动宽带费用的降低将推动某些新兴市场互联网使用率的持续增高，eMarketer 最新网民预测增加了 19 个新国家，总量达到 41 个国家，网民的覆盖范围扩大至中东、非洲、东南亚、中欧、西欧以及拉丁美洲。

（三）众包平台

众包平台是连接发包方与接包方的桥梁，扮演着中介的角色。众包的参与者可以在平台上自由、平等地讨论问题。众包平台通常分为解决问题的平台和创意产生的平台。② 解决问题平台具有开放性，汇集了问题的提出者和问题的可能解决者，只是在解决问题的群体中受过高等教育的科学家和学术研究人员可能居多。亚马逊的土耳其机器人就是一个典型的众包案例，其本质就是一个 Web 服务应用程序接口，主要利用人的网络来完成不适合计算机执行的任务，因此被认为是一种解决特定问题的中介平台。创意平台更倾向于业余的大众，在这里主要是发挥大众的多样化力量，类似于头脑风暴创意比赛，以此达到集智的效果。比如 Threadless 公司发现其主要经营模式是利用众包来设计 T 恤，完全让顾客承担设计、确定产量和销售等任务，而 Threadless 需要做的仅是维护网站而已。因此，Threadless 的平台可被理解为是以用户设计为基础的进行大量生产的共同创造平台。

三、网络众包的组织模式特征

（一）网络众包是信息社会的一种新型常态组织模式

网络众包不仅仅是一种流程模式，更是一种能够聚集、整合、分享资源

---

① 刘文华. 众包的经济学解析 [J]. 新经济学研究，2009 (06)：91—95.
② 杰夫·豪. 众包——大众力量缘何推动商业未来 [M]. 牛文静，译. 北京：中信出版社，2009.

的组织形态，经济学家马歇尔曾在其巨著《经济学原理》中提出把"组织"作为除土地、劳动和资本外的第四生产要素①。随着众包模式的成熟，本书认为网络众包组织是一个拥有三层结构的圆柱形组织，如图28-3所示。

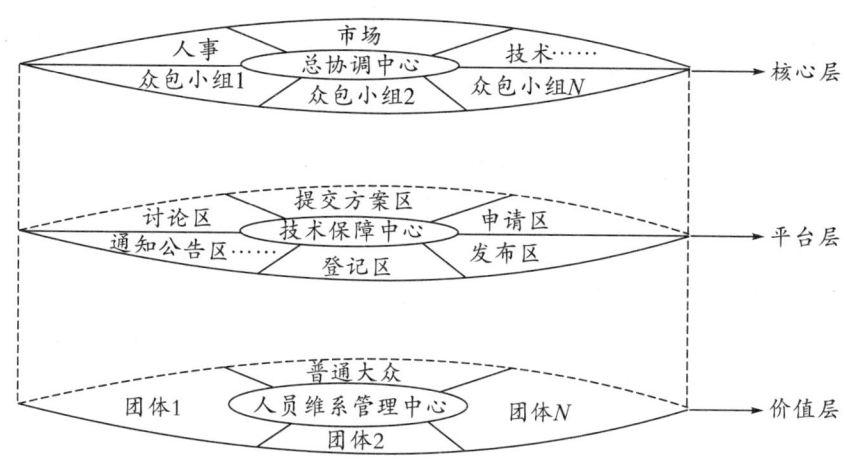

图28-3 网络众包组织的三层圆柱形组织

明茨伯格组织架构理论指出，一个完整的组织构成必须包括以下几个部分，即高层管理部门、中层管理部门、技术支持部门、管理支持部门、运营核心部门。② 高层管理部门为整个组织提供方向、战略；中层管理部门负责执行和协调；技术支持部门帮助组织适应环境；管理支持部门负责组织运行的维护；运营核心部门包括从事组织基本活动的人。同时，斯科特等认为，作为一个健全的组织，至少应该包括以下几个要素：环境、战略与目标、工作与技术、正式组织与非正式组织人员。网络众包组织必然会涉及以上部分要素，但也有自身鲜明的特点。网络众包组织目标主要是为了集众人之力解决组织难题，完成组织任务，其本身是由核心层、平台层、价值层三层结构构成的，通过信息流，核心层与价值层汇集于平台层，形成以平台层为办公中心、交流中心，形成了点对点、无间距的圆柱形工作管理生态。

---

① 阿尔弗雷德·马歇尔. 财富、信用与商贸 [M]. 王小亮，高兮龙，译. 北京：人民日报出版社，2009.

② 亨利·明茨伯格. 卓有成效的组织 [M]. 魏青江，译. 北京：中国人民大学出版社，2007.

(二) 网络众包的组织架构

1. 核心层——管理协调中心

核心层包括两大部分,类似于两个同心圆,内圆是总协调中心,主要负责网络众包组织的战略、目标的制定,同时将组织众包业务交由外圈职能部门负责,自身做好监督、审核的工作。外圆是核心层的职能部门,包括负责具体实施众包的部门和维护组织日常运行的管理支持部门。管理支持部门主要由人事、技术、市场等子部门构成,各部门主要任务就是给众包部门提供支持和完成组织日常工作。众包部门根据众包任务的性质、要求不同构成各个众包小组,以项目组的形式开展工作。① 众包部门与管理支持部门是合作关系,管理支持各个部门的工作人员与众包小组形成矩阵架构,即每个或几个众包小组都有相对应的管理支持人员,这些管理支持人员责权关系不变,以此来保障众包小组任务顺利开展,打破了部门间的隔阂,增强了流动性,如图28-4所示。由此可以看出,核心层之间联系紧密,具有扁平化、无边界特征,管理支持部门和众包部门直接与协调中心沟通,组织能够及时适应外界变化和做出决策。

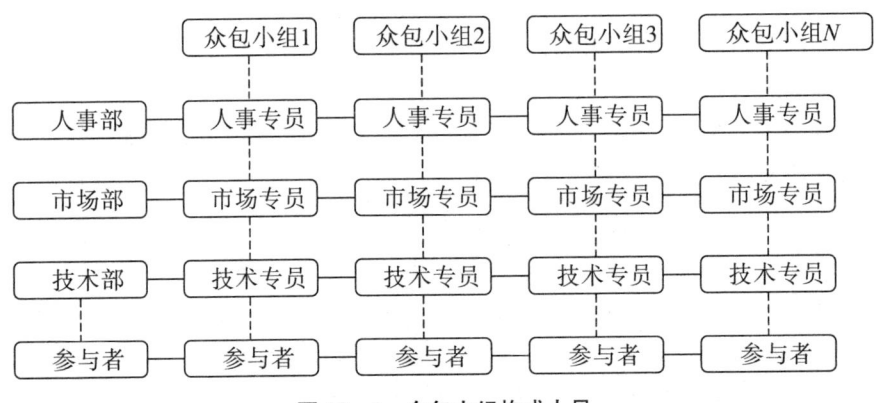

图28-4 众包小组构成人员

2. 平台层——虚拟办公中心

网络众包平台是连接核心层与价值层的桥梁,是网络众包组织的办公中心、信息汇集中心、价值创造场所。平台层与核心层一样,由两部分组成,也类似于同心圆,内圆是技术保障中心,主要负责解决平台在运转过程中产

---

① 王谦,代佳欣.政府治理中网络众包模式的生成、构建及效用[J].公共管理学报,2014,11(4):61—70,141—142.

生的问题，保障平台的安全与稳定。外圆可以分为多个办公、生产区域：登记区、众包任务发布区、讨论区、提交方案区、通知公告区等，随着众包业务的发展可以增加必要的新设区域。当众包项目组启动时，需要根据任务要求制定一系列标准，如时间、任务的切分、申请要求等，将任务及时上传至发布区；一般来说，针对众包任务，任何人都可以参与，但是为了保障平台秩序，登记区实行后台实名登记，前台可以随参与者意愿自由取名；讨论区将根据众包任务不同来开辟，可以允许多个任务讨论区同时开展；公众可以根据自己的能力，在规定时间内，完成任务，提交任务，这主要在提交方案区进行。通知公告区主要是及时发布众包任务完成情况、奖励情况以及相关的行政性通知。图 28-5 为平台层的一般工作流程。

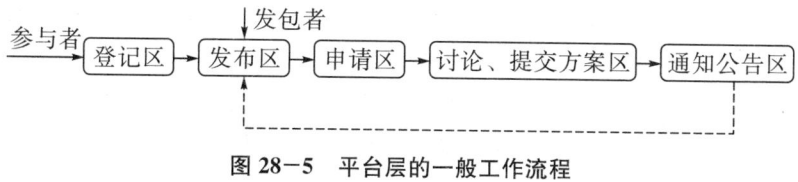

图 28-5　平台层的一般工作流程

3. 价值层——生产力中心

三层结构中的最底层结构是价值层，是生产力的储备中心，起到发动机、蓄电池的作用。如前文所述，网络众包组织是一种大众化生产的新型组织模式，正是价值层源源不断的创造，才使得众包组织持续发展，正是如此，价值层成为网络众包组织的基础。同样，价值层也分为内、外圆，内圆是人员维系管理中心，主要负责保持价值创造层的活力，并不具有对人员的刚性管理权力；外圆即是参与众包任务的普通大众，当然根据其申请的任务性质，外圆也可以自由组合形成一个个团体。除此之外，网络众包组织与其他组织的最大不同也在于此处。首先，纵观组织诞生以来，其利润创造多依靠有熟练技术的基层一线员工或其他专业化的人才，而网络众包组织依靠的是普通大众，没有明确的专业分工，强调多样性、集智的作用；其次，大众可以通过众包网络平台登记，成为价值层的一员，同时，价值层有充分的流动性，登记人员与组织将会呈现出一种弱链接关系，弱链接关系如何维系和变强由核心层与登记人员协商决定；最后，由于弱链接性的存在，网络众包组织对价值层的管理没有太多刚性要求和规则，管理方法基本采取柔性、协商的方式。以上三点不同使网络众包组织庞大与精简并存、规则与开放并存、有界与无界并存。

(三) 网络众包的组织特征

从网络众包组织的架构可以看出网络众包组织的特征，正是这些特征赋予了其"与众不同"之处。总结来看，有双边市场性、虚拟性、集智性三个特征。

1. 双边市场性

网络众包组织中间层是网络平台，核心管理层与价值创造层均在该平台上进行交互沟通，网络平台本身拥有一个由双边或多边用户构成的市场结构，两种或多种角色利用平台提供的服务进行交易或交互，且平台一方的用户效用取决于使用该平台另一群用户的数量和质量，反过来也是如此。[①] 据此，网络众包组织具有鲜明的双边市场性。众包项目越多，就越需要更多的大众参与解决问题，大众参与的数量、活力和提供方案的质量又会反作用于核心层，使其更有资本招揽众包业务。正是具有双边市场性，网络众包组织在成立之初，为保障本企业的产品或服务产生真正的价值，就需要同时满足平台参与各方需求，这就要从这两个市场着手，解决"鸡蛋相生"问题。解决"鸡蛋相生"问题，目前相关研究集中于三个方面：定价原则、价格结构、关键用户的价格合约。[②] 概括来说，根据众包服务的需求方和解决方的需求系数来确定收费和奖励，对一些关键的用户，如大型众包任务客户、科研单位等，众包组织需要进行特别谈判。可见，双边市场性既是网络众包组织的特征，又是其能否发展起来的一大挑战。

2. 虚拟性

虚拟一词最初来源于计算机科学，主要是指通过外围设备等资源的灵活调用，来弥补主设备功能的不足，同时在对计算机科学的"虚拟"内涵做出组织学的解释时，出现了虚拟组织这一新的组织概念和形式。虚拟性和虚拟组织中的"虚拟"有相似之处，二者都强调在信息技术高速发展的背景下，利用外部的资源来为主体服务，且各部分之间都具有相当的独立性。但是二者的虚拟性程度不同，虚拟组织中的合作可以是组织之间或组织与个人之间的合作，在法律意义上各主体间是独立的，即没有从属关系，但是一旦合作即有契约性关系，负有彼此对对方的义务；而网络众包组织中处于基础价值创造层的部分大众与组织主体没有丝毫的契约性关系或者只是弱链接关系，

---

① Rochet J C, Tirole J. Platform competition in two-sided markets [J]. Journal of the European Economic Association, 2003, 1 (4): 990—1029.

② 段文奇，赵良杰，陈忠. 网络管理平台研究进展 [J]. 预测, 2009, 28 (6): 1—6, 17.

他们参与进来只是为了满足自我实现需要，与众包组织间互为义务的关系较弱，参与主体的自由度更大。正是因为网络众包组织的虚拟性程度更深，众包组织的活力和价值创造层的流动性才会更大。

3. 集智性

自 20 世纪 60 年代人力资本概念之父舒尔茨提出"人力资本理论"以来，作为生产力中重要因素的"人"便获得了极大的关注，上至国家，下至企业，都在探求扩大人力资源规模、提高人力资源质量、增加人力资本的方法。在传统的生产模式下，由于技术发展和组织构造的不足，组织的价值创造局限于组织中的固定人员，即便大众拥有解决问题的能力和资源，也难以被充分挖掘，从而成为全球的闲置资源。[①] 在信息技术足够支撑的背景下，网络众包组织正在发现个体的价值，聚集大众智慧，整合零散的个体资源，发挥多样化的作用，创造整体的价值。网络众包组织一直强调大众及"业余"的多样化作用，但是多样化基础仍是专业性，大众其实是"业余的专业者"，他们总会在某个行业或领域有过人之处。网络众包组织正是看到了大众"业余的专业性"，通过物质和精神激励，让大众成为其人力资源，推动了个体资源的全球化聚集整合，提升了社会资源的整体利用效率，发挥出隐藏在个体背后的巨大资源和商业潜力[②]，创造组织价值。

第三节　网络众包引发的管理变革

一、大众生产的组织模式

网络平台为来自四面八方的拥有共同兴趣爱好的人提供了交流分享、创造产出的机会，在这种环境下，网络众包的发展促进了大众生产模式的产生。"大众生产"（Peer Production）的概念首先由 Benkler 提出，是指分散在各地的众多参与者通过互联网，共同提供或分享知识产品。大众生产的组织模式是依靠网络平台为参与场所，参与者根据自身的兴趣爱好，进行自主选择、优化人员结构和资源的匹配，这不同于一般的公司组织、市场，与一

---

① 杰夫·豪. 众包——大众力量缘何推动商业未来 [M]. 牛文静，译. 北京：中信出版社，2009.
② 李晓华，张亚豪. 个体如何参与企业的价值创造？——众包理论与实践研究评述 [J]. 经济管理，2013（11）：48—58.

般的网络组织也有所差别。大众生产最重要的是能够识别和运用大众的创造力,这也是有别于企业、市场的地方。

(一)大众生产组织模式的条件

1. 满足成员高层次需要

大众生产组织具有弱链接性,很大程度上依赖于成员的自觉行为,而行为者内在的更高层次需要产生了自觉行为的动力。内在激励是产生于生产者内心的,是更高层次的激励,具有更强的持久性。内在激励被视为参与者参与大众生产项目的根本性动机,不需要或者只是通过象征性的货币补偿等方式间接满足,产生激励的主要还是来自个人或者活动本身,内在激励强调大众生产项目本身的吸引力。当然,大众在满足了更高层次的需要之后,通过建立起来的名誉、声望也会为其带来潜在的经济效益。

2. 任务模块化、简单化

大众生产组织模式最关键的在于大众的参与及其积极性,由于参与者多是利用空闲时间来完成任务,任务分解成独立的模块,参与者可以根据自身所拥有的知识技能有选择地参与,这就增加了行动的自由与灵活程度。同时考虑到参与者的时间、精力、业余性等问题,任务必须尽量简单化,这些都刺激了参与者的积极性。

3. 必须共享知识

大众生产没有所谓的知识产权界定,成员间的互动共享程度也是大众生产项目成果取得高质量的关键因素。而且大众生产组织的价值实现,既在组织内部,也在组织外部,都遵循知识共享这一原则。在大众生产项目中,个体与群体、个体与个体之间知识互动共享、借鉴进步,最终实现知识创新,尤其是在开放的网络平台中,每个人共享互动,将会使整体的资源量得到显著增加,使得知识创新的效率也得到提升。

(二)大众生产组织模式的特征

1. 多元决策中心

大众生产组织模式具有多元决策中心,主要是因为其没有科层制的等级结构,参与主体多元且平等,信息的传递呈现网络化,组织内监控较弱,决策呈现众议众决现象。多元的决策模式并不代表没有决策者,其中必然也有"社区领袖",但是他们的作用多是引导和解答疑惑。

2. 用户参与价值创造

有别于传统的封闭式组织,大众组织模式是开放、包容的。传统的组织模式限于组织内,将用户单纯视为消费者,企业也会主动了解用户需求,但是用户参与程度和效益都难以有突出表现。大众组织模式重在用户体验,这使得产品价值得到宣传认可，同时用户意见的不断收集，使产品的研发与生产可以同步进行。

3. 用户自主选择任务

拒绝传统的下派任务模式，充分考虑参与者的自主选择。这一方面是考虑到网络平台的弱控制和开放性，以用户自主选择吸引和留住参与者；另一方面体现了大众生产组织模式的初衷，即更好地运用大众创意。

二、产消者的出现

美国学者阿尔文·托夫勒在 2006 年的新著《财富的革命》中着力强调 Prosumer（产消者）。它是由 Producer（生产者）和 Consumer（消费者）两个词汇组成，意指一种生产者即消费者或消费者即生产者的现象。同时也意指在我们的现实生活中广泛存在但被严重忽视的非正式生产部门中存在的生产消费同期行为。[①] 产消者与以客户为中心有很大不同，以客户为中心是指企业确定产品的基本设计理念，消费者来进行一些改进。这种策略与常见的经营模式是一样的，只不过显得更亲民，仍然停留在以企业为核心的协同生产理念上。

（一）产消者兴起的原因

1. 从消费者角度

产消者的本质还是消费者，促使其兼有生产者角色有以下几个方面的原因：第一，消费的心理需求升级。产消者往往是出于自己的兴趣爱好投入生产中，获得某种程度上的自我成就感。詹金斯（2009）将此概括为消费者的参与式文化（Participatory Culture）。因此，驱动消费者转化为"产消者"的是追求参与与乐趣、学习与交流、社区认同、互惠利他等社会性动机（帕森斯，2008），而非经济性动机。第二，消费者的主人翁意识和个性化要求。消费者不再满足于自己被动接受产品信息，而是要求对产品的生产更加具有主动权。第三，消费者的知识和能力得到提升。随着教育水平越来越高，互联网技术的发展，个人的才智能力和获得知识的途径越来越广泛，杰夫·豪称之为业余爱好者的兴起。

2. 从企业角度

企业为何愿意让消费者参与生产过程呢？第一，企业营销的需要。企业通过让消费者参与进来，利用其人际关系来宣传产品，降低营销成本。第

---

① 尹莉，臧旭恒. 消费需求升级、产消者与市场边界 [J]. 山东大学学报，2009 (05)：17—27.

二，利用外部资源。企业内部资源是有限的，产消者可以为企业提供智力资源，尤其在大众能力日益增强的今天，其产生的效益是非常可观的。第三，掌握研发主动权。企业提供的产品和服务最终需要面对消费者，让消费者参与可以了解消费者的体验需求，使生产和改进同步进行，降低研发风险，缩短研发时间。

3. 从技术角度

阿尔文·托夫勒在20世纪80年代就已经提出了"产消合一者"概念，但是直到21世纪，才慢慢出现了产消者现象，正是因为现代技术的发展为产消者的出现打下了基础。第一，网络信息技术促进了个体化劳动和弹性工作。网络信息技术使工作任务在空间上分散，可即时地通过互联网实现协调整合。伴随着外包、虚拟经营等形式，劳动的个体化和弹性工作成为趋势。因而，许多消费者有时间和精力从事产消者的活动。第二，新兴网络通信技术极大地降低了企业与消费者之间的沟通成本。随着微博、微信等即时通信软件的迅猛发展，企业有了更多、更方便、更直接的渠道和消费者进行沟通，虚拟社区中消费者之间的联系更为紧密，消费者网络也得以形成。第三，创新工具的日益普及使消费者参与企业价值创造成为可能。消费者拥有更廉价和易操作的参与企业产品创新的工具，拥有将自己的创意转化成产品的媒介。点对点网站、开放源代码软件、用户易于掌握的应用程序和编辑工具、廉价的存储器与数码产品都为产消者的出现提供可能，推动了集体创造力的爆发。[①]

（二）产消者的应用类型

1. 用户生成内容

目前互联网技术已经进入了Web2.0时代，更注重人机交互、用户之间的交互作用，即为用户构建一个参与表达、创造、沟通和分享的环境。用户既是网站内容的消费者（浏览者），也是网站内容的生产者，这便是"用户生成内容"（User Generated Content，UGC）。UGC首先应用于内容型网站，比如YouTube、Facebook等影像和文件共享网站。UGC也被用在博客或微博、社交网站和论坛中。这类用户旨在通过创造内容，宣泄情感，对主流媒体构成挑战，这也就是我们常说的新媒体，凭借互联网传播的及时性、互动性、便捷性，发展相当迅猛。

---

① 孟韬. 网络社会中"产消者"的兴起与管理创新[J]. 经济社会体制比较，2012（03）：205—212.

2. 消费者承担某一个价值链环节

企业将价值链中的某个环节分包给一些消费者，由他们来承担相应的价值创造活动。消费者承担的价值链环节可以是研发、制造、营销和服务等多方面或其中一个环节。Threadless 网站接受用户对 T 恤的设计理念、造型及其赋予的价值，消费者在网站上提交 T 恤设计，接受大众投票。高支持率的设计将获得生产的机会，用户可以在线购买这些 T 恤，消费者无形中成为一件 T 恤生产中的设计者、营销者。

（三）产消者成为新一轮趋势

由于网络及其他新科技的出现，在媒体及娱乐消费领域，产消者将越来越多。随着服务业的发达，个人服务的完善让消费者有越来越多的计划参与企业的生产及其他环节。比如，消费者参与设计符合其需要的金融理财产品、旅游度假产品。企业在这里要做的是引导而不是强制，是利用大众的好奇心而不是否定大众的创意，让消费者在满足自己心理需求的情况下完成自己的任务。同时，面对消费者越来越高的积极性，企业也要乐于接受和面对，努力营造氛围，让消费者真正融入进来。

第四节 网络众包的应用

网络众包最早在商业领域上得到应用，不仅涌现出了许多基于网络众包模式的互联网企业，其他企业也开始尝试运用网络众包模式开展活动，从而极大地降低了成本，提升了效率。网络众包并非高深莫测，其合理运用的重点在于找到正确的方式方法，找到正确的实施领域，以此推动众包发展，创造企业价值。

一、众包物流

在"颠覆传统，重构业务"的互联网思维影响下，一种区别于传统快递业务的同城快递形态进入人们的视野。"众包＋O2O"的模式，在劳动力流动大的快递服务行业中得到应用并迅速发展。众包刚开始切入快递领域，就表现出了与传统快递模式的巨大差别和突出优势：一是轻装上阵，无须自建快递员队伍和中转站等；二是对用户而言，省去了传统快递的诸多中转环节，实现了高效率的直提直送；三是由于其具备同城效应和强烈的个人特色，使得具有碎片化时间和过剩精力的人们，能够以低廉的生产成本体现自身价值，获得精神上的满足，因而具有强大的吸引力。特别是随着移动互联网发展的不断成熟安全，众包物流的任务越来越丰富，人们承担、完成任务的便利性也大大提高，这也为这一模式注入了强大的生命力。

众包物流固然优势很大，可是其弊端也不少。第一，有违反政策嫌疑。《中华人民共和国邮政法》中，明确规定从事快递业务必须取得经营许可证；《快递业务经营许可管理办法》要求经营快递业务应有符合职业技能标准并通过资格认定的快递业务员，并且比例不少于30%。究竟如何界定众包物流的从业资质及其接包群体的性质，目前国内并没有明确的法规政策可以参照。① 第二，安全性不足。自由快递人的入职门槛非常低，从京东等快递企业的规定来看，年满18周岁、身体健康、拥有一部带GPS的智能手机即可成为兼职配送员。他们与雇佣公司关系松散，而相关服务标准、诚信体系等都不完善。虽然许多企业通过信用卡担保、线下登记授信、拍照存档、从业培训、服务评分、违约赔偿等多种方式来防范风险，但从目前的情况来看，"自由快递人"的信用和监管问题仍然没有有效的解决途径。第三，监管难以到位。由于大量闲散劳动力迅速加入众包物流，相关法规与行业标准尚未建立健全，安检和相应监管措施和协调机制不足，难以从根源上有效地监管与防范危险品、易燃易爆物品、恶意伤害等不稳定因素的发生。

因此，在面对网络众包对物流配送的积极影响时，也必须考虑其存在的不足，为了解决快递配送"最后一公里"问题，不仅要创新组织管理模式，更要建立和完善相关的配套机制。

二、众包新闻

互联网技术的发展对传统媒体产生了深刻的影响，发布信息的渠道得到更新，用户生成内容大量涌现，自下而上建构议题，对主流传统媒体带来冲击。在这种情形下，无论是自愿还是大势所趋，专业新闻媒体开始吸纳用户生成内容，在实践中与之渐趋"合流"。随着技术条件的成熟和公众参与意识的提高，"参与"的范围和水平都在不同程度地拓展，也就不断催生着新的内容生产模式。在此环境中，众包模式与参与式新闻历史性相遇，共同指向协作化的新闻实践。②

《新民晚报》国际新闻专刊，策划者们通过与海外版合作的华文媒体，来推行国际新闻"众包"模式。先由国内编辑部策划选题，并在网上发布，

---

① 朱云桦，栾迎霞，孙晓君. 众包物流开拓城市配送蓝海的可行性研究 [J]. 中国市场，2016（06）：23—24.

② 刘居星. "众包"模式下的参与式新闻 [J]. 传播与版权，2015（06）：96—98.

请媒体记者实地采访报道，提供新闻素材，然后将材料反馈给编辑部，由编辑加以筛选、梳理和组合。而海外记者也能通过编辑的指导以及最后见报稿件的内容，不断明确报社的编辑意图，总结提高自身采访与写作功力，在专业化的道路上取得进步。地方媒体与主流权威媒体相比较而言，在获取信息渠道、专业机构设置、团队人员配置等方面，无论是数量还是质量上的竞争力都相对弱一些。但是，在激烈的媒介竞争环境下，受众并不会因为这些原因就对某一家媒体的要求降低。受众如果从这家媒体无法满足自己的需要，就会转为另一家。因此，在这种激烈的竞争环境中，创新的思维方法对新闻信息进行获取和加工就显得日益重要。①

总的来说，众包新闻既延续了之前的新闻形式，也在互联网背景下进行创新，它的存在既适应了当前新媒介环境下的传播特征，也满足了受众对于某些信息的基本需求，符合以受众为中心的主流报道思维逻辑。

众包新闻也有缺点，比如是否会使新闻专有名词受到一定的消解以及记者的作用是否会遭到削弱等都是目前业界争论的话题。这里涵盖了传播者的专业素养的缺失或不足、传播内容客观性不足、新闻真实性受到怀疑等问题。不过，随着众包新闻的运作机制进一步发展完善，其将会成为未来新闻收集、播报的主要形式之一。

三、众包营销

推销员向用户推荐商品是一种被动的接受，众包营销则是让受众主动加入，无形中既助推了商品的销售，又让参与者认同商品价值，解决了价值传播的"最后一公里"障碍。

小米公司曾在研发 MIUI 操作系统的时候采用了众包模式，即通过与小米论坛上的粉丝互动征集意见，每周快速更新版本，做出产品改进。小米手机的研发也延续了这一模式：在手机新功能开发之前会通过论坛提前向用户透露一些想法，或者在正式版本发布前一两周，让用户投票选择需要什么样的产品。这种众包的模式让小米手机出人意料地大获成功，尽管不断遭人诟病，但反而使其功能越来越成熟。

在众包模式中，用户推销产品的热情高，可信度也高，用户成了产品价值的创造者，其积极性得到了认可与调动，主人翁的意识也得到了提高。正因如此，那些力求创意的品牌公司，已经开展以品牌来传播产品的众包行

---

① 滕瀚. 众包新闻：未来新闻报道模式中的一匹黑马 [J]. 传媒观察，2014（08）：8—10.

为，成为深层的目的。① 但是这远远不够，许多运用众包的企业更多地将众包当作一个概念性宣传噱头，如征集最新产品名称大奖赛，只是用来造势，而没有真正用在产品的生产和经营上。众包营销曾经非常流行，然而没有收到预期的好效果，就如一直将众包作为招牌的智能手机行业中，也只是在一个简单易行的用户体验测试中运用到众包。② 因此，众包营销如何扬长避短，是目前营销人员需要考虑的问题。

网络众包模式在我国的应用还有许多，比如众包翻译、众包研发等，这都说明了网络众包在我国受到了重视，虽然具体运用中仍存不足，但随着经验的增长，也会逐步得到完善的。

小　结

本章系统阐述了网络众包的概念、特征以及概念比较，也说明了网络众包所带来的在生产、组织方面的变化以及在我国的应用。网络众包是信息化时代的产物之一，既可以作为一种生产方式，又可以成为一种组织模式，包括企业、政府等各类组织都可以借鉴学习网络众包，以此提高办事效率，供升服务质量。

思考题：
1. 在信息社会，网络众包模式突出的优势是什么？
2. 网络众包与外包相比，其差异性在哪里？
3. 网络众包模式的生成机制是什么？

---

① 张武. 对众包式品牌营销的思考 [J]. 长江大学学报，2013，36（3）：65—66.
② 张书乐. 众包营销：自造影响力＋自造生产力 [J]. 销售与市场，2012（22）：85—87.

第二十九章 O2O 模式

中国电子商务经过十几年的发展，早已进入快速增长期，市场的交易规模也越来越大，更是有许多的传统企业慢慢跨入这个行业，随着网络品牌的诞生，商城平台的崛起，第三方服务商的逐步健全完善，使得电商行业的构成主体走向多元化并不断创新融合。诸如中国的打车软件、短租平台、餐饮外卖平台、票务网站等都是在运用了O2O模式的基础上运营和发展的。在目前的综合电商格局已定的情况下，一些企业瞄准母婴、医疗、家装等垂直电商领域深耕，这些领域将成为网络购物市场发展新的促进点，虽然阿里巴巴及京东仍然在网络购物行业保持绝对的优势，也在通过入股、收购等方式进一步拓展垂直品类和线下业务的发展。

第一节 O2O 的基本概述

一、O2O 诞生的背景

早在 2006 年，沃尔玛公司就提出了 site to store 的 B2C 战略，它就是通过 B2C 汇总订单和在线支付，顾客再到线下的 4000 多家连锁店取货，这种商业模式算是 O2O 的雏形。实际上中国在很早以前也出现了 O2O 的雏形模式，如 OTA 的携程，它在线上发布广告以及预定信息，引导顾客到线下酒店消费。[①] 一直到 2011 年，O2O 的真正定义才由美国的 Alex Rampell 正式提出，他是在分析一些公司如 Groupon、OpenTable、Restaurant.com 和 Spa Finder 时，发现了这些公司的共同之处：它们促进了线上—线下商务的发展，于是他将该模式定义为"线上—线下"商务（Online to Offline），简

---

① 叶开. O2O 实践：互联网＋战略落地的O2O方法［M］. 北京：机械工业出版社，2015.

称为 On to Off（O2O）。Alex Rampell 的定义核心是在网上寻找客流量，然后将他们带到现实的商店中，即 Online to Offline，然而今天的 O2O 已经不是单纯的线上—线下，而是包括线下—线上、线上—线下—线上、线下—线上—线下三种新的模式方向。今天的 O2O 不管是内涵、运用、技术、模式还是思维都在不断地趋于完善。

二、O2O 的定义

O2O 作为一个舶来品，目前对它还没有一个完整的定义，在网上主要出现了以下几种解释：一是将 O2O 定义为将线下的商务机会与互联网结合，让互联网成为线下交易的前台；二是认为一个企业能兼备网上商城及线下实体店两者，并且网上商城与线下实体店全品类价格相同，就可以称作 O2O；三是认为 O2O 是 B2C 的一种特殊形式。本书中，我们对 O2O 的定义将从广义和狭义两方面切入：从广义上讲，O2O 是指通过线上营销推广的方式，将消费者从线上平台引入线下实体店，即所谓的 Online to Offline，在整个过程中并不完全强调要通过线上支付环节完成交易。从狭义上讲，O2O 是指消费者通过线上平台在线购买并支付、预定某类商品、服务，并到线下实体店体验、消费后完成交易过程；或消费者在线下体验后通过扫描二维码、移动终端等方式在线上平台购买并支付、预订某类商品、服务，进而完成交易。狭义 O2O 更强调交易必须是在线支付或预订的，同时商家的营销效果是可以预测的。[①]

三、O2O 的本质

（一）O2O 的本质是一种连接

O2O 实际上是一种连接，连接的主体是消费者和服务者，在 O2O 出现之前，他们的连接也许还是通过中介公司来完成的，而现在 O2O 平台是借助互联网、移动互联网直接将消费者和服务者连接起来，实现去中介化。消费者和服务者的连接主要有 3 种形式。

1. 消费者与直接服务者

如目前国内的美业 O2O 平台—河狸家。河狸家通过互联网、移动互联网将真正具备专业技能的手艺人与消费者实现无缝连接，一个手艺人不需要一个团队的合作，也不需要提供固定的服务场所、大型设施。哪里有需求，手艺人就到哪里去，这是一种灵活的盈利模式。类似的还有阿姨帮（家政服

---

① 严浩菱. 外卖 O2O 行业的问题及对策分析［J］. 财讯，2017（30）：121—122.

务)、e代驾(代驾服务)等都是消费者与服务者的直接对接。

2. 消费者与服务者团队

有时消费者所需要的服务,很难由一个服务者单独提供,往往需要一个团队协作完成,但不需要固定的服务场所。比如提供婚庆服务的找我网,一场婚礼至少需要策划师、主持人、化妆师、摄影师等专业服务者,他们构成一个服务团队,相互协作,满足消费者需求。

3. 消费者与服务公司

在这种场景下,消费者的需求更加多元化、复杂化。不仅需要一个团队,还需要固定的服务场所、大型设备,如酒店行业、餐饮行业。

(二) O2O的本质离不开商业的本质

1. 引流

所谓引流,就是商家通过一些渠道,采取一些手段吸引线上、线下消费者,增加流量,为下一步转化做好准备。如传统的线下商家在开店的时候,往往会选择一个好的口岸,位置要突出,周边配置要好,开店初期还会发放传单、优惠券、打广告等。这些都是为了提高客流量、增加引流效率而做出的选择。这是第一步,这步成功了,意味着将有更大的机会将到店客户转化为真正的客户,搭建高黏度的客商关系。

2. 转化

引流的客流量最终有多少转化为真正的客户,这不仅关系到商家前期付出成本的回报率,也关系到引流活动结束后商家能否依靠产品与服务实现持续盈利。

3. 支付

伴随互联网技术的发展,移动互联网的兴起,支付方式由之前的现金结算向多元化发展,微信支付、支付宝支付、银行卡支付日渐取代了现金支付。

4. CRM客户关系管理

随着经济的发展,国民收入的提高,人们越来越重视精神享受。这种消费形式与消费习惯的改变促进了第三产业——服务业的蓬勃发展。可以说,用户体验的口碑成为商家提供服务与产品最看重的地方。

O2O是一种商业模式,其本质是为商家带来利益,不管O2O模式怎样演变、改进、创新,其始终脱离不了商业的引流、转化、支付、客户关系管理这四大根本的特性。

(三) O2O的本质是一种基于信任的关系模式

说到O2O,提及信任,我们本能的反应就是微信。微信之所以成功,

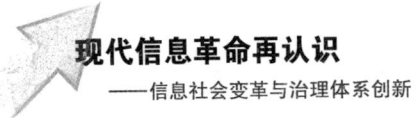

现代信息革命再认识
—— 信息社会变革与治理体系创新

不仅因为其技术不断更新,更重要的是它依赖于亲朋好友间的信任感。尽管有人称互联网、智能手机在人与人之间面对面交流时形成了屏障,阻断了即时交流,疏离了人与人之间的情感,但人毕竟是一种群居生物,我们都渴望融入,渴望信任。微信在本质上就是一种建立在人与人关系上的交互模式。它是一种熟人社交,与陌生人相比,与商家大力销售相比,亲朋好友切身体验将会增加用户购买的欲望。

四、O2O 经历的阶段

(一)团购的春天——1.0 时代

团购作为最早的 O2O 模式,通过低价吸引消费者,实现引流。但这种打价格战的营销模式并不长久。从最初的"千团大战"到后来的"百团大战",只是依靠低价而不是用户体验吸引的消费者,黏性不强,最终导致了难以持续创新。

(二)外卖的春天——2.0 时代

到 2014 年,外卖 O2O 发展到 2.0 时代。各大线下传统餐馆纷纷上网,早餐店、面馆、快餐店等小商户也利用互联网实现外送服务。但这只是一种线上、线下的简单叠加,配送问题、送餐质量问题、"最后一公里"问题等日益凸显。消费者通过下载使用 App 就能获得补贴或返现,显然不可能成为一个可持续性发展的 O2O 模式。

(三)社区的春天——3.0 时代

到了 O2O 的 3.0 时代,社区 O2O 大放异彩。在 O2O 经历了 1.0 时代的粗放式发展以及 2.0 时代模式时的爆发式增长,O2O 迈进了以用户体验为主的 3.0 时代。社区 O2O 融入社区居民生活,给消费者带来便捷的极致体验,O2O 的 2.0 时代所产生的"最后一公里"问题得到解决。

(四)不断迭代——4.0 时代

任何一种模式,从诞生到完善,都需要不断迭代、不断试错,O2O 也不例外,在未来将有更多的行业加入 O2O,O2O 商业模式才能不断壮大、发展、成熟、完善。

五、O2O 的特点

(一)线上、线下融合

真正的 O2O 绝不是纯粹地在线上(online)去讨论线下(offline),也不是单纯地在线下(offline)去探讨线上(online),它一定是线上与线下的高度融合,无缝对接。线上与线下的高度融合体现在线上、线下形成一个闭环,如图29-1所示。

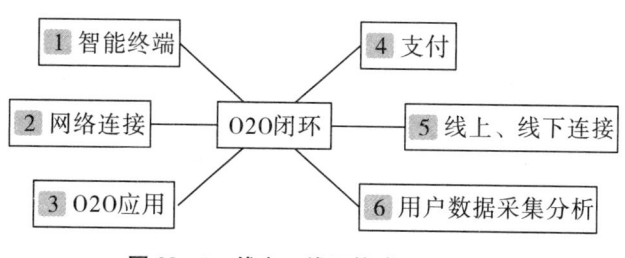

图 29-1　线上、线下构成 O2O 闭环

（二）消费者与服务者面对面交流

O2O模式区别于传统的电子商务模式,关键在于它的体验性。用户体验在O2O模式中显得尤为突出。当前的O2O行业主要是服务产业。而服务类商品不能通过打包快递到消费者手中,它需要消费者亲身体验,这就导致它本能地排斥线上商品,体现出独有的特征,正是由于差异性,才具有不可替代性。在客户与服务者的面对面交流中,服务的场景、服务者的态度、产品的质量,都决定着消费者的体验感受和对商户的评价,这些口碑又为后来的潜在消费者消费提供借鉴。因此,在传统电商中出现的实际商品与展示的商品不符、物流慢、用户体验性差等问题可以在O2O模式中得到很大程度的解决。

（三）大数据的运用

我们在生活中可能都有这样的体验,走完一条步行街,手中不知不觉拿了好多张传单。这些传单是一种宣传手段,吸引消费者进店消费。但是这种引流的方式是不可计量的,即商家不能判断客流量的增加到底是由于传单的发放,还是其他原因。但O2O不一样,它强调在线支付,消费者消费数据、消费偏好都是可以通过数据分析总结得出,从而发现规律,实现精准推送、精准营销,为消费者提供更好的用户体验。

（四）在线支付

无论是线上到线下还是线下到线上,O2O模式都强调在线支付,只有实现在线支付,才可以实现数据分析。为了培养消费者的支付习惯,改变现金支付的方式,会有许多多元化的支付方式供消费者选择,如微信支付、支付宝支付、银行卡支付等。[①] 消费者可以根据自己的偏好选择支付形式，充分调动了消费者的选择性、能动性和参与性。

（五）去中介化

O2O 模式最大的特征在于能有效地去除中间环节，减少利益分配对象和信息流通渠道，有效缓解服务者与消费者之间信息不对称的矛盾，搭建消费者与服务者直接沟通的平台，真正实现服务者与消费者的双赢。

六、O2O 适合的行业

并不是每个行业都适合 O2O，O2O 行业也有其独有的特性与天然的排他性。例如服务业，由于服务行业所提供的产品和服务很难标准化，不像虚拟线上的商品世界，产品都是统一和标准化的。因此，对服务业来讲，构建 O2O 场景与用户体验显得尤为重要，采用 O2O 模式再适合不过。在众多的行业中，满足以下三个条件的行业更适合 O2O。

（一）用户比较成熟

用户的成熟体现在：消费用户能够熟练地运用互联网和智能手机，能下载 App，在网页上浏览并筛选信息；能综合信息做出决策；能使用在线支付功能。

（二）服务者比较成熟

服务者所在团队不仅要具有互联网思维，还需要具有传统线下经营的经验，更应该懂得数据的重要性，掌握第一手数据分析客户的价值诉求，不断吸引新客户，维护老客户，增强用户黏性，重视用户体验，不断创新。

（三）行业规模大

行业规模＝目标受众人数×消费频次×消费价格，有人说 O2O 适合暴利行业，因为 O2O 模式所带的利益价值是在于它去除中间商，在蛋糕大小一定的情况下，分蛋糕的人越少，分到的蛋糕就越多。如果一个行业本身的利润空间就小，即蛋糕本身就不大，则去除中间商所带来的效用就不明显，O2O 平台发挥作用的意义也就不大。因此一般来讲，具有一定规模的行业更适合 O2O。

---

① 王文龙，王海龙. 互联网＋医疗信息技术在医院精细化管理中的作用 [J]. 数字通信世界，2019（05）：180.

第二节　O2O 的基本理论

一、六度分隔理论

本章第一节我们讲到过 O2O 的本质是一种基于信任的关系模式，它是一张社会网，人与人之间由各种关系（包括强关系和弱关系）联系起来。六度分隔理论是由哈佛大学心理学教授米尔格拉姆在 1967 年提出的，它奠定了社交网络的理论基础。米尔格拉姆的连锁实验说明了现代人类社会成员之间都可能通过"六度空间"而联系起来。

在 O2O 模式中，越来越形成了口碑导向，我们往往会根据消费评价、他人的体验感受来决定是否进行某次消费。外卖行业更是如此，若干差评完全可以导致商家失去信用以及广大的消费群。这又不得不提出另一个理论——关系强度理论。

二、关系强度理论

强关系、弱关系是马克·格拉诺维特在 1973 年发表的论文中提出的：在传统社会中，每个人接触最频繁的是自己的亲人、同学、朋友……这是一种十分稳定然而范围有限的社会关系，这就是一种强关系；同时，还存在另外一种相对于前一类社会关系较浅，然而却是更为广泛的社会关系，格拉诺维特将其称为"弱关系"。[①]

强关系维系着群体、组织内部的关系，而弱关系在群体、组织之间建立了纽带联系。在关系强弱之分的基础上，格拉诺维特提出了"弱关系充当信息桥"的判断。研究表明：与一个人的工作和事业关系最密切的社会关系并不是强关系，而往往是弱关系。弱关系虽然不如强关系那样强烈，但其分布范围较广，比强关系更能充当跨越社会界限、获得关键信息和资源的桥梁。在强关系中，亲朋好友的生活圈都差不多，从其中一个朋友那里听到的信息，可能早已经在另一个朋友处获知，这样就导致了信息的重复，不便于获取新的信息。为了获取新的信息，我们就要充分发挥弱关系的作用，这样才

[①] 蔡旭仪. 社交软件对人际交往的影响——以微信为例 [J]. 商, 2016 (31): 210.

使信息在不同的圈子中传递。①

微信的成功就是利用了强关系—弱关系的作用，在强关系与弱关系之间找到了平衡点。起初微信用户是通过 QQ 导入好友，后来又增加了通讯录的形式，再后来可以通过摇一摇、搜索附近的人等功能添加好友。这样无异于通过弱关系扩充了朋友圈的信息覆盖面，并且这些好友是用户主动参与添加的，有一种天然的信任成分。因此，更多的商家在微信上推出公众号或者服务号，其营销效果优于微博、广告、传单。

三、长尾理论

长尾理论中是把两端称为头部和尾部。长尾理论是由美国人克里斯·安德森提出的一种网络时代的新理论，过去人们只关注正态分布曲线的"头部"，而顶点两侧长长的"尾部"往往被人忽略。换言之，过去人们只会关注重要的人或事，而忽略需要更多成本和精力才能关注到的人或事。比如在研究消费者需求时，厂商往往只研究重要客户的需求，从而生产满足其需求的产品，而无暇顾及大多数的普通消费。然而随着网络时代的到来，信息分布出现扁平化，商家开始重视正态分布曲线的尾部，殊不知尾部产生的效益甚至会超过头部。安德森认为网络时代是关注"长尾"、发挥"长尾"效益的时代。

O2O 诞生于互联网中，信息变得更容易获取，消费壁垒逐渐消失，外卖 O2O、社区 O2O、生鲜 O2O 的受众群体不再是位于正态分布曲线头部的 VIP 客户，而是位于曲线尾部的老百姓。可以说，O2O 模式是长尾理论的实践，也很好地证明了网络时代利益的获取来自"长尾"。

四、SOLOMO 理念

2011 年约翰·杜尔第一次提出 SOLOMO，但并没有给出准确的概念，他只是将 Social（社交的）、Local（本地的）、Mobile（移动的）三个词汇进行了一次创意性的整合，以描述未来信息社会的大场景。随后，SOLOMO 概念风靡全球，被一致认为是互联网未来的发展趋势。

SOLOMO 可以具有资源偏向性，大致分为三类：以 SO 为偏向类，重点在于开发以社交为主的社交软件，如微博、微信等；以 LO 为偏向类，侧重点在于定位，获取位置信息，如百度地图、高德导航等；以 MO 为偏向

---

① 刘文博. 基于社会网络理论的社会化媒体营销模式研究 [D]. 济南：山东大学，2012.

类，强调可移动、地理位置的不断变化，就需要开发操作更简单，更加智能化的移动设备。① 在 O2O 模式中，SOLOMO 理念得到了充分彰显。微信、微博打造的社交化平台与消费者进行互动和社交。② 百度地图、高德导航运用 LBS 技术打造本地化，在 O2O 模式下，A 地区的用户在线支付，然后去 B 地区体验，这种情况几乎不存在，因此它具有明显的区域性，而且定位很重要。同时也使旺铺对商家的吸引力几乎降为零，只要联网，通过导航，消费者都可以找到实体店，这样的便捷大大降低了运营成本，多出来的利益又可以补贴给消费者，减去没有必要的消耗，真正做到了"羊毛出在羊身上又反哺于羊"。移动性的体现主要是以智能手机为载体，智能手机作为移动终端，具有便于携带、操作方便、支付方便等优势。因此，只要做好 Wi-Fi 的覆盖工作，智能手机将成为最大的交易平台。

在 SOLOMO 理念下，现在的 O2O 更注重体验。用户体验如今成为各个 O2O 行业的价值核心。各大平台还在不断补贴，许多行业目前都处于不盈利的状态。既然盈利是商业的本质，为什么还有人争先恐后地选择 O2O 呢？其无非是想给用户留下好的体验，最大化地满足用户需求，培养用户习惯，抢占市场份额。在网络时代，线上向线下回归，最大的受益人是消费者。给用户带来最大的享受，以顾客思维去运营，改变经营思维、盈利模式，才是采纳 O2O 的企业最应该思考的关键点。

第三节　O2O 的适用维度

并不是每个企业都适合 O2O 模式。企业应结合自身特征，理性采纳 O2O，而不是盲目跟风。

一、低频次低消费维度

在如图 29-2 所示的四个维度中，低频次低消费行业一般不适合 O2O 模式。O2O 模式在于通过消除信息壁垒，解决信息不对称，去除中间商，使消费者与服务者直接对话，并利于两者。而低消费行业本身盈利空间很

---

① 黄佳嘉. 以用户体验为中心 SOLOMO-O2O 电子商务模式研究及应用——以初见无线消费平台为例［D］. 武汉：华中科技大学，2013.

② 叶开. O2O 实践：互联网＋战略落地的 O2O 方法［M］. 北京：机械工业出版社，2016.

小，采纳 O2O 对其意义不大。如卖香烛、冥币的商家，消费者往往只有在清明节、中元节的时候才会去消费，而且一次性消费的金额并不多。这种行业加入 O2O 的意义并不大，甚至反而会压缩商家利润。

图 29-2　生活服务产业结构图

二、高频次高消费维度

高频次高消费行业，如母婴行业的合生元，通过 POS 机模式部署 O2O。通过 POS 机，可以记录每一个消费者的购买记录和基本信息，并导入企业后台数据库，成为精准营销的源头。合生元可以做到线上做平台，线下提供服务：客户在网上下单，系统首先识别其是新客户还是老客户，若是老客户，则由之前的门店提供服务；若是新客户，则按就近原则安排门店送货。合生元的模式是 O2O+大数据，利用 O2O 平台扩充流量，用大数据追踪消费者情况，抓准时间点进行回访，不断沉淀会员。这种高频次高消费的行业就很适合 O2O 模式，使线上、线下优势互补。

三、高频次低消费维度

高频次低消费行业，如外卖行业的饿了么，通过横向+纵向多方面延伸业务，领先外卖市场，自建"有菜"原材料采购平台。饿了么是中国发展较早的在线外卖平台，实现从早餐、午餐、下午茶、夜宵等订餐服务全时段覆盖，并开启 B2B 采购平台新业务，如图 29-3 所示。

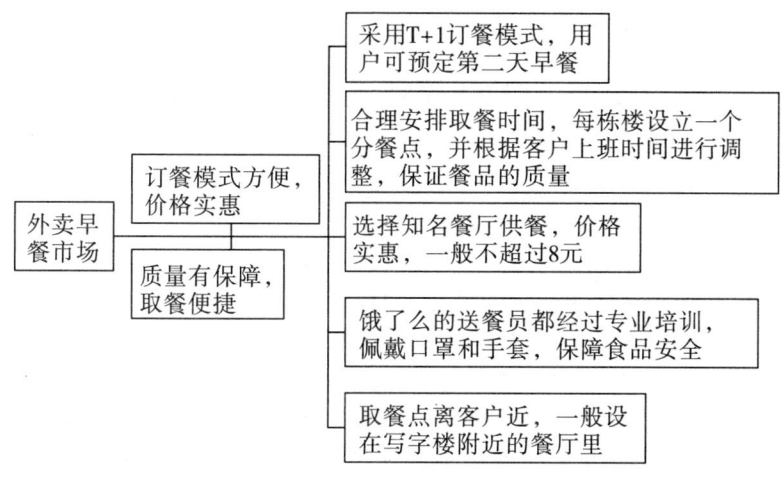

图 29-3 饿了么外卖业务模式

高频次低消费行业无论是在线上还是线下，由于它是高频刚需，虽然一笔交易的利润空间不大，但联网之后流量翻倍，薄利多销，因此也很适合 O2O 模式。

四、低频次高消费维度

低频次高消费行业，如家具电器行业，苏宁与京东是该行业两大巨头。苏宁与京东最大的不同之处在于不仅有网店，实体店更是遍布全国，在网络时代，实体店要想孤立存在并获得良好效益，几乎是不可能的。如今苏宁要想跨越实体店规模大、成本高、客流量减少等障碍，线上线下实现真正融合成为其必经之路。苏宁的 O2O 模式发展历程如图 29-4 所示。

苏宁的 O2O 模式发展历程可以概括为四位一体，四位即全域、全需、全智和组织管理，一体即互联网零售。

低频次高消费行业通过 O2O 提升用户体验，形成口碑。一个好的品牌形象就在人群中扩散开，其带来的效益比打广告、发传单更具有影响力。

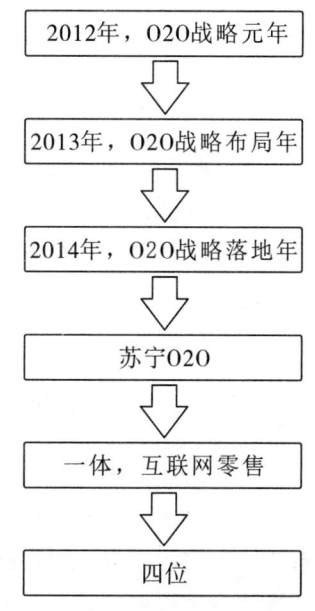

图 29-4 O2O 模式发展历程

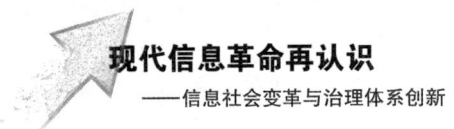

现代信息革命再认识
——信息社会变革与治理体系创新

第四节 O2O 模式的应用案例集锦

一、京东:"大数据+商品+服务"的 O2O 模式

京东与 15 余座城市的上万家便利店合作,布局京东小店 O2O,京东提供数据支持,便利店作为其末端实现落地;京东与獐子岛集团拓展生鲜 O2O,为獐子岛开放端口,獐子岛提供高效的生鲜供应链体系。另外,京东还与服装、鞋帽、箱包、家居家装等品牌专卖连锁店达成优势整合,借此扩充产品线、渠道全面下沉,各连锁门店借助京东精准营销最终实现"零库存"。

京东的优势体现在自营物流。自营物流比其他物流建设更快、效率更高、用户体验感更好。从货源品质来说,京东货品质量口碑较高。一向以打造完美的用户体验为目标,从用户下单到最后的交易完成以及售后问题,京东打造了 34 个大的节点,100 多个具体流程动作,以真正满足用户需求。为此,京东对配送人员及服务质量也严格要求,在管理上有一套完整的制度。同时对决定用户体验的核心因素(产品、价格、服务等)进行控制,为用户打造了完美的体验。

二、万达:"线下商场+百万腾电商"的 O2O 模式

万达联合百度、腾讯,共同出资成立万达电子商务公司,在 Wi-Fi 共享、产品整合、流量引入等方面进行深度合作,联手打造线上、线下一体化的账号及会员体系;探索创新性互联网金融产品;建立通用积分联盟及平台。此外,万达、百度、腾讯还将建立大数据联盟,实现优势资源大数据融合。

三、银泰:"线下商圈+阿里电商生态"的 O2O 模式

银泰商业集团最初通过银泰网、银泰天猫旗舰店和银泰京东旗舰店三个平台拓展 O2O 业务,打造"24 小时银泰"的全渠道战略,使线上的三个平台与线下门店融合。银泰网的商品采取自营、自采、自销的模式,对所有的货物统一进行管理,自建库房。自 2010 年建立网上商城系统至今,与银泰百货形成互补,并且最早在浙江杭州建立首家线下 O2O 实体店"IM 银泰名品集合店"。2013 年随着移动互联网的大爆发,银泰网也推出了"手机版银

泰网"。

银泰所有商场参加双十一购物狂欢节,并率先尝试线下选品、线上支付购买的O2O模式。银泰商业集团还得到阿里巴巴战略入股,双方优势互补,共同打造涉及食、住、购、娱、游和公共服务六大领域的商圈O2O平台。2014年双十一购物狂欢节,银泰商业协同参与了阿里巴巴设立的O2O专场"去逛街",纵深化增强O2O实力。

小 结

本章对O2O模式从其产生背景、定义、本质、发展阶段、特点等进行了基本阐述,并介绍了关于O2O的基本理论以及适用维度,整理出在各领域运用O2O模式的经典案例。O2O无论是在现在还是在未来,都是各行业、各领域发展的主要运营模式,通过线上与线下融合,使消费者更便捷地与服务者进行面对面的交流。

思考题:
1. O2O模式的概念及其本质是什么?
2. O2O模式适用哪些维度?
3. 在政府管理中,O2O模式有哪些应用场景?

Chapter6　第六篇
信息技术驱动下的社会治理创新

信息社会的新特征、新事物、新思维与新模式潜在地为社会治理创新奠定基础、提供思路。新特征引导社会治理创新方向，新事物优化治理手段加快创新进程，新思维助力转变治理理念，新模式构建社会治理创新框架，基于此，实现社会治理创新。

第三十章 信息社会新特征与社会治理创新

社会特征决定社会管理（治理）模式及体系，信息社会的八大核心特征为信息社会治理创新指明了新的方向。

现代信息革命是由现代信息技术的发展、变革而引发的又一场社会革命，它不只是一场技术革命，更是一种全新的文明降临。[1] 现代信息革命催生出以计算机、互联网、大数据、物联网等新型数字技术为支撑的信息社会。信息社会是一种新的社会模式和社会形态，具有区别于农业社会和工业社会的社会特征。

第一节 信息社会新特征的核心内容

信息社会的新特征是依据信息社会的普遍特性抽象出的概念，表明了信息社会异于其他社会形态的特点，鲜明的社会特征表征着新的社会形态。"如果我们相信信息社会不是工业社会的高级阶段，而是一个与工业社会有着本质区别的新型社会形态，那就必须在特征判断方面给出明确的答案。"[2] 目前对我们所处社会的称呼是知识型社会、信息社会、后工业社会、网络社会新经济时代，无论是哪一种称呼，其实质都是一种现代信息技术和应用走在信息社会基础理论生成和成熟之前的状态，而这些状态与信息社会表现出的明显特征分不开。以机器代替手工劳动力的工业社会具有规模化、固定化、中心化的特征。而信息社会在现代信息技术支持下，呈现出组织结构扁平化、去中心化，数据信息碎片化，产业结构精细化、智慧化等一系列社会

---

[1] 阿尔温·托夫勒. 第三次浪潮 [M]. 朱志焱，潘琪，张焱，译. 北京：新华出版社，1996.

[2] 《走进信息社会：中国信息社会发展报告 2010》课题组. 中国信息社会发展报告 [J]. 电子政务，2010（08）：31—74.

特征。信息社会的新特征是社会形态演变的外显表现,是社会形态区分的标志。总的来说,信息社会新特征具有以下核心内容。

以空间四维化为核心的社会治理。空间四维化是随着现代信息技术的发展而出现的信息社会的新特征,是线上虚拟空间与线下实体空间的互嵌融合。这表明社会空间结构发生了巨大变化,社会治理场域的逐渐拓展,意味着社会治理的场景不仅关注实体三维空间,而且尽可能地借助现代信息技术打破时空限制,进行实时即时沟通,提高社会治理效率与效能。

以去中心化、扁平化减少割裂化梗阻。在网络化、数字化、信息化的信息社会背景下,为政府与政府之间、政府与企业之间、政府与公民之间有效及时的沟通交流,打破边界和壁垒提供良好的契机。这有望突破工业社会固有的治理边界和"九龙治水"的割裂化弊病,从而形成多元共治的治理格局,克服部门中心主义,提供无缝隙公共服务。

以整合化引领社会治理变革创新。从世界上第一台电子数字式计算机埃尼阿克(ENIAC)诞生起,数字技术的不断发展使得一切事物和行为将以数字化的形式存在、记录、收集、储存和处理。数字技术及其衍生品的运用,使得碎片化数据爆发式增长。为激发碎片化数据的潜能和价值,整合利用是关键。

信息社会新特征中的空间四维化、去中心化、扁平化、整合化等核心内容,成为创新社会治理实践的新动力,指引着社会治理创新的新方向和新定位。

第二节 新特征指引治理创新方向

社会治理事物大至社会,小到家庭,目前我国社会治理还处于探索阶段,具体表现为实践范围待扩展、部门割裂待弥合、治理体系待完善等。并且,随着社会结构加速流动、社会关系更趋复杂,社会治理中的整体性与协同性诉求更加明显。信息技术的发展成为连接理论区隔与现实难题的重要手段,以此为依托包揽社会治理大小议题,在褪去传统社会治理"显病"的同时还医治了"隐疾"。信息社会特征正在以前所未有的推力推动社会治理走向整体社会治理、协同社会治理。值得称道的是,理论研究中的改革思维与实践探索中的前进路线都在预示整体与协同已经步入完善社会治理这一宏大历程之中。

一、整体性：注重虚实空间整合推动的治理转型

信息社会是现实社会与虚拟社会交互影响下的混合型治理社会，互联网信息技术为社会治理空间提供了新的维度升级，由原有有形的三维治理推动向四维治理空间转型。社会第四维空间基本活动单位是原本分散和碎片化的个体与组织，治理过程表现为多元治理主体利用虚拟空间准入门槛低和开放性的特征，依托以互联网为载体构建而成的虚拟组织统一进行治理活动。社会四维空间的存在为虚实空间整合联动提供了新的路径选择，通过线上、线下联动一体，集成实体与虚拟不同层次、不同领域的信息与数据，破除"信息孤岛"中单一信息来源困境，推动整合效应收益最大化，助力形成统一性认识与发展战略，进一步整合原有社会治理中割裂化、分散化与边缘化的组织单位，实现社会治理转型。

二、协同性：关注系统性数据对治理转型的作用

数据在社会实践中无处不在，进入信息社会之前，大量数据都处于零散的状态，具有分散化、割裂化的特点，并且体现不出明显的使用价值。而在各项信息技术已发展成熟的信息社会，海量数据依靠大数据等技术，将碎片化的数据整合成系统性、具有实际利用价值的数据。

信息社会所体现的新特征不仅能够实现组织机构内部信息资源的整合，还可以实现不同领域、不同行业之间信息的整合和利用。在传统社会，由于各组织机构信息的不对称、不完整或共享难等，导致工作效率低下、组织协调困难等问题，但若依托现代信息技术所得到的系统性数据可以促使这些问题妥善解决。比如在疫情防控过程中，我国在疫情期间治理的最大特点就是将大数据、云计算、人工智能等数字技术广泛运用于疫情监测分析、病毒溯源、患者追踪、人员流动和社区管理等联防联控的各个方面。[①] 在国家层面、政府层面、社会层面和个人层面之间形成了一个稳定的数据通道，政府各部门以及各互联网企业依靠现代信息技术实现了数据资源的开放共享，共同致力于疫情的防控工作，实现了优良的协同效果。

---

① 参见《工业和信息化部办公厅关于运用新一代信息技术支撑服务疫情防控和复工复产工作的通知》（工信厅信发〔2020〕4号）。

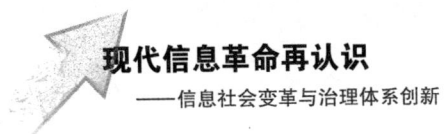

小　结

　　以空间四维化为核心的新特征体系，不仅明确了信息社会与农业社会、工业社会的显著区别，同时也提出当前社会治理的创新方向。信息社会新特征本身所具有的内涵及其对治理创新的启示体现在，通过整合虚拟与现实空间，增强治理转型的整体性、注重数据治理系统性以强化治理转型的协同性。而实现治理整体性、协同性过程则建立在综合应用信息社会八组新特征所具有的驱动管理创新效能基础上。

　　思考题：
　　1. 信息社会新特征主要表现在哪些方面？
　　2. 信息社会发展下社会治理带来了何种创新？
　　3. 信息社会治理主体的转变受何种因素的影响？

第三十一章　信息社会新事物与社会治理创新

第一节　信息社会新事物的核心作用

一、信息社会新事物的概念

马克思主义哲学认为世界是不断运动变化和发展的,发展就是新陈代谢,即新事物不断产生,旧事物不断灭亡的过程,新陈代谢是宇宙的普遍规律。区别于农业社会和工业社会,现代信息社会出现了很多无论在形式上还是在时间线上都可以算作新兴的事物,包括互联网、物联网、传感网、云计算、大数据、区块链在内的现代信息技术以及微信红包、VR 和网络直播平台等依靠现代信息技术才得以出现的新兴产业和社会现象。

新事物一般与旧事物相对,发展是旧事物的衰亡和新事物的产生,那么,什么是新事物?什么旧事物?我们需要一个明确的判断。按照马克思的观点,新事物就是正在产生、成长和发展的有前途的事物,它是发展的动力。而旧事物就是不再成为发展的动力,并且已经变成进一步向前发展的障碍的事物,也就是过时的,由发展注定要死亡的事物。新事物和旧事物,代表着现实世界中现在的和过去的、新生的和衰退的、正面的和反面的、革命的和保守的事物。只有新事物才能真实反映现实世界向前发展的趋势。因此,新事物在本质上与旧事物不同,新事物相对旧事物具有本质上的优点。由此可见,相对于传统工业社会,现代信息社会的确出现了很多以往不曾想象与无法预见的事物,有的是看得见的,有的是看不见的,那么是不是所有这些新生的事物都是新事物呢?答案是否定的,结合马克思的观点,新事物是必须对现实世界起到促进作用的事物,由此看来,信息社会出现的新事物可以分为三类:第一类是已经明显预判到这一类事物将对社会进步具有明显的促进作用,即将对社会产生正向变革;第二类是这一类事物的出现会阻碍

现代信息革命再认识
——信息社会变革与治理体系创新

社会进程，严重者会导致社会的衰退；第三类是这一类事物已经出现，而人类还没有意识到其是否会对社会产生促进作用，但只要当人类发现这一类事物可以被人类所控制，并且为整个社会带来正向效益，则将是一个新事物的崛起。

反观现代信息社会，诸多新兴信息技术早已不是萌芽之势，而是已经成长成熟为能够为社会带来效益的事物。信息化从开始到现在历经五次浪潮，一浪更比一浪高，给社会生产力带来的变革是人类在此前所不敢预设的，然而事实就是如此，现实就是这么不可思议，我们真切地体会到现代信息社会新事物带给我们的改变，我们乐于接受这种改变、习惯了这种改变并且已经逐渐开始依赖这种改变。

二、信息社会新事物的作用

信息社会的新事物主要以现代信息技术为基础建构，这些新事物通过现代信息技术起作用。信息技术的功能是指帮助人类延长感知和思考的功能总和。在信息社会中，信息社会新事物的功能或作用是多方面的，并且在不断丰富和发展，主要体现在以下方面。

1. 辅人功能

信息技术的职责就是扩展人的信息器官功能，提高或增强人获取、存储、处理、传输、控制信息的能力。从技术发展史来看，信息社会以前的技术（包括手工工具、机械工具、电力技术）的功能主要是延长人的肢体。信息技术则是扩展人的感觉器官和语言器官的功能，再至扩展人的神经系统和思维器官的功能，从而使人类提高驾驭信息的能力。[1]

2. 开发功能

人类积累起来的信息资源是一笔巨大的财富，其基本体现是数据已经成为信息社会经济活动的基本要素之一。信息技术的主要对象就是信息，而充分开发信息资源是它的基本任务之一。并且此时开发出来的一切资源又成为彼时继续开发资源的基础，社会就在这样不断吸纳与改进的基础上向前发展。

3. 协同功能

信息技术的使用使得组织机构间的协同变得易于实现，对于协同场景的构造更加简便，人类能够利用由信息技术为基础搭建起来的平台实现信息的

---

[1] 黄健，张怀涛. 支持网络环境的信息技术：特点、功能、影响[J]. 郑州纺织工学院学报，2000（01）：10—15.

交流、知识的传播以及观点的碰撞。基于此,不同属性的企业、机构、组织可以利用资源共享实现跨部门、跨行业、跨层级协同。信息社会的新事物拉近了人与人、物与物、人与物之间的距离,并且能够生成彼此都能够理解的协议来互相沟通交流。通过信息技术的释放、传播以及整合效应,人们可以在同一个时空维度下共同思考、共同探讨。

4. 增效功能

信息技术被誉为效率和效益的"倍增器",在这一背景下,应用了信息技术的各行各业将得到有效的发展。例如通过卫星照相、遥感遥测,人们在30年间获得的地理信息远超过以往积累的全部地理信息;各种社会普查和抽样调查因应用计算机处理数据,而变得更加频繁、容易和顺利;在管理中应用信息技术,将相对增加知识、信息、智力、人才、公共关系、广告等"软"方面的功能,提高产品与劳务的附加值,使过去的非资源转化为资源,不断促进效益的增长。需要注意的是,信息技术并非必然带来效益和效率的增长,需要对信息技术实现有效合理的运用,而本书也正是致力于研究如何科学对待、使用信息技术这一必要命题。

第二节 新事物优化治理手段加快创新进程

创新是管理中的重要环节,刺激组织进行创新的因素多种多样。创新本身有多重含义,具体而言为开发新事物的过程、采用新事物的过程、新事物本身。而管理创新是社会创新活动的重要内容,也是使管理更加科学、更加合理的基本环节,总的来说管理创新内涵丰富,其中最重要的是技术创新、组织创新、制度创新。[①]

一、新事物优化社会治理形式

1. 平均治理向个性治理转变

工业社会以效率为最大追求,这是城镇化过程中所必经的阶段,也正是在这段时期形成了相应的"社会治理"模式,在新公共管理和社会治理模式驱动下,全社会把提高效率作为最高目标,显然这一举动忽略了人们的个性所需。随着社会的发展,人们对公共产品和公共服务具有了更高的要求,这

[①] 车玮. 管理的实质在于创新[J]. 南京理工大学学报(社会科学版),2000(03):54—58.

一转变使得政府重新把服务提供的焦点转向人们的个性化。早期人们的个性化会被有限的科学技术能力和匮乏的公共资源阻碍，但社会进入信息社会，科学技术的高速发展和民主行政的进程都使工业社会的治理模式朝着信息社会个性治理模式转变。

不可否认，这一转变受到新公共管理理论顾客至上的推动，只不过工业社会对于个性化有较多的局限。反观信息社会，经济环境逐渐向好、政治环境民主化稳步前进、公众的公民意识已被唤醒、科学技术发展已经到达新高，可见无论是外部环境条件，还是内部文化条件，无论是科学技术"硬件"，还是制度文化"软件"，都在预示着个性治理已然成为可能并且是社会发展的大势。现如今，政府可以根据不同领域、不同层次的问题做出不同形式、更具针对性的反应，公众可以凭借自己的喜好定制自己喜欢的服务。平均治理向个性治理转变是信息社会全新治理逻辑对现实之关切、时代之所需的回应。

2. 结果管理向过程管理转变

政府流程再造是以政府为主体的行政机构基于对传统业务流程弊端的反思，"充分借鉴现代信息技术的思想，灵活运用现代信息技术成果，摒弃传统的以组织职能分工模式和以计划、控制为主要管理流程的理念，用政府组织流程再造改变政府部门传统的职责分工、部门界限及层级鸿沟，实现由计划性、串联性、分散式、部门割据的工作方式向动态化、并联化、部门集成化、网络化、电子化工作方式的转变，实现向以问题诊断为基础，以解决问题为宗旨的服务流程模式的转变"①。政府流程再造实现从结果管理到过程管理的转变已成为国际化、信息化背景下公共管理的重大课题，特别是在知识经济时代，对政府高效管理、量化管理提出了更为迫切的要求。以往政府管理活动以结果为导向，以为这样能够提升新公共管理要求下的效率，这在一定时期是具备合理性的，但是我国经济发展已经由高速发展转化为高质量发展，整体经济环境向好，人们不再满足于对效率的追求，这也和中国社会矛盾转化相契合。因此，为了使公平正义与效率实现协同发展，建立在现代信息技术背景下的以过程为导向的管理活动迫切需要实现平台。物联网技术的感知、智能、泛在等特性为真正实现管理的过程导向创造了条件，物联网相关技术特征能有效把握管理的全过程，实现精确管理、及时有效的反馈，智能化地处理管理过程中出现的问题，从管理的输入到输出都进行高效管

---

① 姜晓萍. 政府流程再造的基础理论与现实意义 [J]. 中国行政管理，2006（05）：37.

控。这种以过程为导向的管理必然会带来更有效的管理结果，避免行政行为短期化的弊端。物联网的发展推动政府管理向过程治理转变，从"重结果轻过程"到"重过程重结果"。

3. 分散治理向集中治理转变

本书所指分散治理主要参照经济合作和发展组织在研究"关于从传统行政管理模式向新型公共管理体制转化"课题中创造的一个新词——"分散化的公共治理"（Distributed Public Governance）。分散的公共治理主要关注的问题是：如何在日益多样化的政府组织形式下保护公共利益。[①]

集中治理是破除分散治理下部门分割、权责不清、信息鸿沟等诟病的利器。传统治理模式下，依靠官僚制组织所运作起来的一系列所谓理性的行动出现了条块分割、权责不清、部门之间推诿扯皮现象。以现代信息技术为基础形成的物联网管理模式是协同治理理念在治理实践中的集中表达，去中心化、扁平化的组织架构内在的与科层组织对立，管理层级的减少并不意味管理幅度的增大，技术赋能现代组织并且能够最大限度地缓解沟通障碍，实现信息实时传递。当然，或许有人会担忧去中心化的组织架构会不会仍然成为条块分割的附庸。这种可能性会存在，但也预示着需要进一步对技术手段、管理机制及制度规范施以调整。集中治理搭建一个中控平台，数据可以通过传输端输送到平台上，经过平台整合分析之后输出以信息辅助决策者决策。

在现代信息社会，网络平台是集中治理得以实现的平台基础。现代信息社会由传统实体三维空间治理样态向四维空间（实体三维空间＋网络虚拟空间）治理样态转变，由于虚拟空间的介入，使得传统三维空间的时空间隔在网络虚拟空间得到聚合，通过整合碎片化信息、破除机构壁垒实现集中治理。集中治理在现代信息社会具有现实可行性和实际可操作性，一方面，集中治理能够依靠资源流通整合实现资源的合理配备利用，避免浪费；另一方面，信息技术的发展给集中治理带来了生机和活力，使得大范围的集中治理变得切实可行。

一言以蔽之，现代信息社会中各类如雨后春笋般的信息技术给社会治理形式带来了新一轮生机。在科技日益发展、公众需求多样化、政府治理乏力的当下，以信息技术为基础的新型治理模式会极大地缓解政府治理压力。同时运用现代信息社会新事物进行治理不仅是对信息技术发展的良性促进，也极大缓解了社会转型过程中暴露出来的诸多矛盾。

[①] 经济合作与发展组织. 分散化的公共治理：代理机构、权力主体和其他政府实体[M]. 国家发展和改革委员会事业单位改革研究课题组，译. 北京：中信出版社，2004.

二、新事物促进社会治理创新

1. 新事物使社会治理创新更加智能化

信息社会信息技术的发展犹如工业社会产业技术的发展,通过解放社会生产力的具象来展现其发展给社会带来的巨大机遇。以数字化为微观基础、网络化为中观样态、智能化为终极核心的信息技术为社会治理带来了新的变革。在空间维度上,信息技术一改传统地域概念,打破了传统治理"条块分割"的局限,以社会空间四维化为现实样态;在时间维度上,资源的有效传递和交互更加便捷和智能,信息流动效率提升,信息分析更加严谨。这一切有力地推动着社会治理的提速增效和精准化改革。

2. 新事物促进社会治理体制日趋完善

信息技术的运用,使得社会治理体制能够有效地适应社会治理对象的多元化、治理需求的多样化和治理环境的多变化。正因为如此,信息技术在社会治理创新中的地位得以彰显,成为能够转换管理主体思维理念的变革利器。一方面,技术支撑能够强化社会治理主体的预判能力。通过对问题信息的检索与分析,结合历史数据与宏观趋势,深入探究问题成因,提前做出防范。完成这一系列转换就使得社会治理目标由任务导向转向更加符合问题意识的问题导向。另一方面,信息技术还能帮助治理主体形成社会治理的数据思维。由于在信息社会背景下,大多数生产活动或生产要素都能通过技术化终端实现,而这一过程涌现出来的数据信息则是联通彼此的重要基础。长此以往,数据成为政府治理甚至是人类生活必不可少的要素,而数据治理思维则成为身处信息社会的个体或组织所必须掌握的技能。再者,信息技术直接丰富了社会治理的执行手段。信息技术原本就是一系列技术(传感技术、通信技术等)的集合,这些信息技术是对人脑、肢体、感知等物理活动的延伸,一些人类无法实现的活动可能运用信息技术便能实现,而一些人类很难完成的活动或许对于技术手段来说会更有效率。可见,信息技术实现了人类生活场景和技能的转换,极大提升了城市智慧化水平,如将视频监控源与数据分析、人脸识别、车牌识别、智能预警等技术相结合,提升治安管控、交通指挥等方面的预防预控预警能力,实现社会治安防控"全覆盖、无死角、无盲区"。①

3. 新事物推动社会治理更加精细化、精准化和精致化

信息技术的使用,有助于社会治理超脱传统治理环节,通过事物发展各

---

① 程铁军. 科技赋能社会治理创新 [N]. 安徽日报, 2020-01-07 (006).

个环节的嵌入进行优化，事前预警、事中优化与事后响应，在信息技术的赋能基础上进一步提升其效能。割裂化、中心化等工业社会弊端通过网络虚拟空间的进入而逐渐去除，用数据说话、用数据决策、用数据管理以及用数据创新成为信息社会管理活动所必须掌握的能力。

4. 新事物推动社会治理创新，提升社会治理效能

在信息社会已经可以寻觅到泛在化的公共服务的影子，各种各样的网络平台在提供公共服务上发挥着强劲作用。服务方式的变化必须追溯到信息社会新事物即各类信息技术的发展，因为基于此，各类便捷的公共服务平台才有得以持续存在的基础。公共服务平台是一种集聚社会服务资源、面向公众的服务型机构，其以信息技术为依托，以资源整合为基础，以提供专业设备、技术、信息等服务为目的。产业发展要依靠基础能力支撑，技术服务能力是基础能力的重要构成部分，而公共服务平台则是提供技术服务能力的重要来源。[①] 此外，在享受这一服务平台极大便利的同时需要提高警惕。信息技术本身就是一把双刃剑，巨大经济收益、社会收益并不能掩盖其可能存在的弊端。在信息社会条件下，一切以信息技术为基础的环节理论上都可能存在风险。一个浅显的事实是公众一般都是信息社会的受众，这一现实使得人们只会停留于信息技术的功能表面。对于受众来说，作为一种外源输入性技术，信息技术的底层逻辑难以被深入了解，而作为算法物化表现的信息技术容易对人类进行侵蚀。因此，人们必须在享受信息技术所带来的红利的同时具备忧患意识，尤其社会治理是一项长期艰巨的任务，如果不能对涌现的信息技术施加足够的控制，最终可能被湮没在信息技术发展的洪流之中。

小　结

本章主要介绍了信息社会新事物的概念及作用，以及新事物对社会治理创新的意义。信息社会新事物是依靠现代信息技术而出现的新兴产业和社会现象，如互联网、物联网、云计算、人工智能等现代信息技术以及 VR/AR、网络直播等社会现象。建构在信息社会条件下的新事物对当下人们的生产生活发挥着重要的作用，如辅人功能、开发功能、协同功能、增效功能，也为社会治理创新赋予新的动力和内涵。信息社会新事物优化了社会治

[①] 贺正楚，潘红玉，吴艳. 新一代信息技术产业的公共服务平台构建及服务功能分析 [J]. 中国科技论坛，2015（05）：35—41.

理形式，使得平均治理向个性治理转变，结果管理向过程管理转变，分散治理向集中治理转变。同时，新事物也促进社会治理创新更加智能化、社会治理体制日趋完善，促进社会治理更加精细化、精准化和精致化，推动社会治理创新，以提升社会治理效能。

思考题：
1. 促进信息社会新事物出现的条件是什么？
2. 信息社会新事物是如何优化社会治理形式的？
3. 信息社会新事物对管理创新的重要意义是什么？

第三十二章　信息社会新思维与社会治理创新

第一节　信息社会新思维的核心原则

社会治理的现代化转型，积极助推思想观念的转变，从而引导方式方法的深刻变革。[①] 正视现代信息革命对我们的社会价值观和理论体系带来的冲击，厘清新思维在人类认识活动中的作用机理和过程，这成为我们适应社会变革和新潮流的风向的一大尝试。现代信息革命对社会治理的主客体、内容、手段方式、模式等的根本性变革，也使得事物之间的内在联系和作用机制呈现不同的细节和状态，当我们在进行直接或间接地分析、比较、综合、抽象和概括事物本质的认识活动时，新思维的存在和运转能较好地帮助我们理解其意义，并且弥合行为和意识的割裂，促进传统思维向新形态的过渡。本节概括了新一轮信息革命带来的思想转变在社会治理创新要素中的呈现，把新思维和社会治理创新的相互关系梳理出来，为社会治理创新的长远发展拨开迷雾，指引方向。

传统组织管理中条块分割特征客观存在，生发于工业社会的分工协作模式在管理层级分布和管理职能设定上都有体现。诚然在工业社会这一模式一定程度上可以提高效率，但造成的机构臃肿、层级链条过长却悖行于信息社会的开放式、扁平化趋向。因此，管理学云计算新思维成为信息革命带来的新风潮，利用网络数字和虚拟空间的时空穿透力，弥合组织架构和组织形式上的割裂。而以多元整合为切入点的空间四维化思维特征，对于碎片化信息的流通和整合、多维空间的拓展与衔接、专业平台的融合和互嵌都有现实意义，对解决生产关系的交错所造成的部门壁垒、机构重叠等问题大有裨益，跨界整合和一体化平台实践都体现出空间思维对固有框架的突破和超越。此

[①] 卢勇．发挥好社会治理创新的乘数效应［N］．学习时报，2019-11-06（004）．

外，数据治理新思维在如何处理和应对整个社会的生产关系、行为方式和文化价值时具有显而易见的优势：不仅关注数据资源和数据流程的治理，更能对社会治理结构和运行逻辑中出现的碎片化进行整体把控，实现智慧化的运作过程。同时还有一体化平台思维，信息社会是大数据、云计算、移动互联网等新型信息技术的井喷时期，一体化平台思维是在实际实施中通过整合以应对部门界限和割裂，其目标是建立一个透彻感知、广泛互联的有机整体。

在对信息社会的管理学云计算思维、空间四维化思维、数据治理思维和一体化平台思维的整体梳理和分析下，不难看出，整合原则是信息社会新思维的核心原则。割裂化和碎片化的本质是分散和孤立，要素与要素之间要么互不相通，要么以单向的渠道保持微弱的互联。整合原则就是要实现整体最优，属于系统论的思维方式，构建一个拥有共同使命互相配合协调但又有独立成就和目标的系统整体。管理学云计算思维、空间四维化思维、数据治理思维、一体化平台思维分别从社会实体、时空框架、治理实践和平台应用方面加强了整合原则在信息社会中的意义。除了能面对治理历史留存的碎片化和割裂化的传统路径和既有习惯，也能在应对当前信息时代层出不穷的碎片信息与数据个体时保持整体协调和互联互通。另外一个核心原则是开放原则。信息社会的数字化转型要求对各种数字转换后的数据信息保持敏感，广泛收集。而信息社会的每个人都能成为数据源和数据传递的媒介。管理学云计算思维、空间四维化思维、数据治理思维、一体化平台思维运用都必须使开放原则成为基础，数据资源开放共享是整合得以实现的前提，系统开放也是互联互通的内容之一，提倡开放原则，建立合理的开放保障措施和标准，对于改善割裂化和碎片化治理现状能够事半功倍。

第二节　新思维助力转变治理理念

党的十九届四中全会审议通过了《中共中央关于坚持和完善中国特色社会主义制度 推进国家治理体系和治理能力现代化若干重大问题的决定》（以下简称《决定》），《决定》提出了一系列创新社会治理的新理念、新思想。社会治理是国家治理的重要方面，《决定》强调，"坚持和完善共建共治共享的社会治理制度"。面对新时代我国社会治理的新形势，我们要准确理解和把握共建共治共享理念，将其落实到社会治理体系建设的各个层面，完善党委领导、政府负责、民主协商、社会协同、公众参与、法治保障、科技支撑的社会治理体系，不断开创新时代社会治理新局面。①

信息社会的管理学云计算思维倡导组织重新梳理工作流程和业务服务"元"事项，解构重复建设的工作系统，搭建集中化和系统化的工作流程，将重复性程序化的行政事务与组织核心职能分离。以大数据为支撑的云计算为组织赋能、低成本优化工作流程，组织为管理云计算模式赋权、高效化处理复杂事务，两者相互配合与成就。其中为了应对组织割裂和孤立而进行的去中心化和扁平化的组织架构与组织形式的创新和转变对于社会治理系统的整体形成有实践意义。此外，一体化平台思维为了实现数据共享和跨界治理合作，使线上、线下和各个社会治理主体配合协作，建立资源整合、互联互通的协调机制，使之成为一个具有支撑协同和决策能力的有机整体。这些都进一步促进了整体治理理念和协同治理理念在社会治理实践中的形成和发扬。社会治理涵盖的内容广泛，大到社会安全，小到居民生活，既要细致精准，又要保持整体性、系统性。目前我国社会治理创新还处于探索阶段，一些成功的基层实践仅限于在小范围应用，统一完善的现代治理体系尚未建立。空间四维化思维的重点特征之一就是整合，碎片信息的整合、虚实空间的整合、平台的整合，为一体化平台的建设提供基础的同时，也是打破数据藩篱的手段。同时数据治理思维重点关注数字化转型中的数据资源，运用整体系统的思想使一些看似不相关的数据或事件之间的关联借助数据整理和分析技术得以清晰呈现。这在一定程度上会促进社会治理过程中整体性、系统化的工作思维和工作方式的形成，社会治理的系统化和协同化将会获得前所未有的提高。②

信息社会的变革使社会治理的技术手段和实践空间有了新的拓展。面对新出现的特征属性和思维波动对社会治理转型实践提供的创新视角和重要机遇，治理理念的转变体现了社会治理实践对信息时代的回应。运用整体治理理念和协同治理理念对治理层级、治理主体和治理方式进行评估与延伸，形成多主体参与的社会治理共同体，实现多元主体相互之间的平等性、回应性、透明性，保障权责一致、追求效能，建立共建、共治、共享的局面。

---

① 祝黄河，万凯. 新知新觉：完善社会治理体系是一项系统工程［N］. 人民日报，2020—02—13（009）.

② 姜玉欣. 大数据驱动下社会治理面临的困境与策略选择［J］. 东岳论丛，2020，41（7）：156—162.

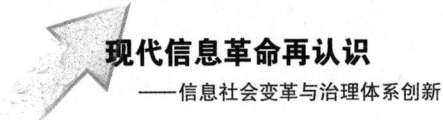

小　结

　　新一轮信息革命带来的思想转变是对于管理方法与模式进行变革的契机，信息社会新思维的核心原则在社会治理创新要素中呈现出对于传统组织架构割裂的弥合与碎片信息的跨界整合，即整合原则与开放原则。新思维对于社会治理创新的长远发展促使治理理念向整体性与协同治理理念进行转变，在社会治理实践中直接对治理层级、治理主体和治理方式进行再造和延伸，为形成多元主体协同共治的良好社会格局指引方向。

思考题：
1. 为什么说整合原则是信息社会新思维的核心原则？
2. 信息社会新思维的新体现在何处？
3. 信息社会新思维对治理理念有何影响？

第三十三章 信息社会新模式与社会治理创新

第一节 信息社会新模式的创新要义

一、以现代信息技术为基础

信息社会出现了各种新模式,包括物联网管理模式、智慧模式、云模式、网络平台模式、网络众包模式、O2O模式、人工智能模式。这些新模式给社会治理的思想、方式等带来了重大的变革,通过实践经验可以得出结论:无论是哪种信息社会新模式的创新,其都必须以先进发达的技术为基础,技术是信息社会新模式创新的基本保障,如果没有适配的技术作为支撑,那么信息社会新模式的创新将成为空谈。纵观信息社会理论的发展历史,逐渐演进出了技术主义这一流派。技术主义是在现代网络通信技术呈现爆发式增长态势,并且对人类社会的影响与冲击日益深刻的时代背景下逐渐形成的。技术主义流派认为推动信息社会形成的是以电子通信、计算机、互联网为代表的现代信息技术。从纵向上来看,人类从工业社会过渡到现代信息社会也是技术层面上的变革,在工业社会,社会治理和创新以蒸汽机技术、内燃机技术和电气技术为基础和支撑。而在信息社会,则是以智能技术为代表的现代信息技术为支撑。不论是智慧模式还是人工智能模式等,都意味着智能技术成为对社会治理具有强大影响力和渗透性的现代信息技术。当然,智能技术和现代通信技术、计算机技术是密不可分的,在信息社会新模式之中,也几乎都是同时利用多种现代信息技术。蒸汽技术和电气技术是对人类运动器官的模拟和扩展,而现代通信技术和计算机技术则是对人类感知器官和思维器官的模拟和扩展。总之,信息社会的各种模式的创新都必须以现代通信技术、计算机技术以及智能技术等各项现代信息技术作为支撑,这样才能不断推动社会治理走向数字化、信息化、网络化和智能化。

二、以满足人类社会需求为宗旨

在现代信息社会的各类新模式中，其追求和宗旨都是为了更好地满足人类社会生产生活的需求，为人类社会的生产生活提供便利。以人工智能模式为例，人工智能模式下通过智能技术实现对庞大信息数据的处理与决策。现在普遍认为人工智能技术的正面作用主要表现在更好地满足人类需求，使得人类的劳动方式趋于简单化与高效率。首先，人工智能技术运用于社会管理中，能够极大地节省人类的体力劳动，同时能降低人类脑力劳动的强度，从而满足人类对于提高生产生活效率的需求。其次，人工智能技术渗入传统的生产生活工具中，既是对劳动力的解放，也是提高人类社会生活质量的重要方式。在家具、汽车、公共服务设备、社会管理基础设施等中植入智能设备，使得人类的生活服务需求得到更加多样化的满足，极大地提高了人类生活的幸福感和满足感。当然，人工智能模式只是现代信息社会新模式的一种，其他模式的宗旨都是为了更好地服务于人类社会。比如智慧模式，以智慧社区为例，通过利用各类新媒体技术和计算机技术在社区中建立起网络服务平台和各种社区信息服务系统，能够更加广泛地为社区不同群体提供全天候的服务，为社区居民提供便利。还可以依托微信群、微信公众号建立线上治理综合平台，社区居民可以通过平台参与社区事务。又如O2O商业模式，促进了商业服务跨越时空限制，能够为人类社会提供更加灵活的服务。

三、以重塑社会治理流程为手段

社会治理创新的新模式通过对社会治理的流程进行再造来实现其创新路径和基本目标。以互联网为核心的现代信息网络技术在公共管理与服务中的应用为例，在电子政务发展的背景下，政府业务进行了流程再造，组织效率得到大大的提升。电子政务是在信息社会背景下利用计算机技术和通信技术等促进政府事务趋向数字化、信息化和智慧化，对政府的各项职能进行了重新整合与流程优化。一站式电子政务平台是在利用现代信息技术的基础之上，以业务流程为中心，面向公众的政府业务流程再造，这是对政府部门公共管理与方式的重大变革，也是实现社会治理创新的重要渠道和方式。这一过程通过对组织结构和工作人员的办公方式进行变革和创新，建设政府信息化工程，为全新的政务流程提供平台保障，从而实现政府治理创新。再以政府的网络平台模式为例，网络管理平台充分利用信息技术，运用大数据、云计算、收集、处理分析数据的能力搭建而成。所形成的前后衔接、上下匹配、中心传输的"立体式"网状结构，对传统的线下管理模式的流程进行重新设计,形成线下向线上扩展的模式,因此,其具体的操作流程和步骤自然也会发生变化。还有物联网管理模式、智慧模式、云模式、网络众包模式、O2O模式、人工智能模式等,这些信息社会的新模式要与各个领域进行结合时,都需要通过对传统模式的流程和步骤进行重塑以达到实现社会治理创新的效果。

第二节　新模式构建治理创新框架

一、社会治理中的人机合作

在物联网管理模式、智慧模式、云模式、网络平台模式、网络众包模式、O2O模式、人工智能模式等新模式下,社会治理领域创造出了新的框架体系。在信息时代,基于各项现代信息技术,社会治理逐渐走向智慧化和数字化,智慧化的社会治理不再是单纯依赖人类的体力和脑力劳动的社会治理,而是人机合作的社会治理。社会治理的各项事务包含常规性事务和非常规性事务,常规性事务是可以程序化的,可以进行代码化,利用智能机器取代人工进行处理;而一些非常规性事务,需要灵活处理,则沿用人工进行解决,实现人机合作,最大限度地节省人力资源,有利于提高组织内部效率和工作准确率。在人工智能飞速发展的时代背景下,智能机器人将在社会治理领域越来越多地得到应用,包括医疗机器人、服务机器人等,越来越多的工作将由人类和智能机器人合作完成。在信息时代,人机合作的社会治理既是必然发展趋势也是现实需要。一方面,伴随着各类人工智能技术的出现发展并不断成熟,各个国家各个行业之间的竞争不再是传统的竞争形式,还包括新兴技术和高新产业的竞争,因此将智能机器人引入社会治理之中是时代发展的必然趋势;另一方面,由于信息技术的发展,社会治理也面临着越来越复杂多样的问题,有些问题必须要用智慧化的技术或智能化的机器人来解决,因此,将智能机器人引入社会治理之中也是新时代社会治理的现实需要。

在社会治理向人机合作、人机交互发展的历程中,人们对机器的认识也发生了转变。当人工智能技术还不成熟,现代信息技术刚刚引入社会治理领域时,人们更加倾向于认为各类智能机器或者计算机只是人们进行社会治理时提高工作效率而使用的一种辅助性工具。因此,形成了"工具论"流派,认可"工具论"的学者们都赞同各类互联网以及计算机技术是人们提高工作效率的工具。韦斯特把电子政务划分为四个阶段，分别是公告板阶段、部分服务传递阶段、门户网站阶段以及互动式民主阶段。从功能的视角出发，韦斯特所提的公告板阶段就是典型的"工具论"的主张，也就是认为机器在政府治理领域中是工具属性。然而伴随着智能技术的成熟，人们对机器属性的认识也发生了改变，从认为机器完全是工具变成了机器逐渐取代人力，成为人类工作的可靠助手。机器逐渐承担了越来越多人性化的工作，甚至成为社会治理的主体之一。当然，正是因为这样的改变，人机合作中也面临着一些困境和挑战，尤其是人机交互中的伦理问题至今仍存在较大争议。

二、线上、线下贯通的社会治理

在任何一种信息社会的新模式中，都可以找到互联网的身影，在这些模式下，社会治理从单向管理向双向互动转变，从线下向线上延伸扩展，逐渐形成了线上、线下双管齐下的新治理格局和框架。以网络平台模式为例，网络平台模式催生了社会治理中的网络问政，作为信息技术变革的产物，网络问政是我国当前社会治理创新的重要表现和方式。网络问政的效果体现在政府和公民线上、线下的互动中，从线上来看，网上政务平台是政府治理的一种形式创新，是政府收集了解民意的重要渠道。网络问政可以打破时空的限制，方便公众通过网络平台参与社会治理，提高公众参与社会治理的积极性和主动性。同时，网络问政还能够增强政府回应社会问题的准确性和科学性，因为通过网络平台模式与智慧模式或者是人工智能模式相结合，对在网络问政过程中所产生的大量的数据信息进行整合处理与分析，能够更加准确或者具有针对性地回应民意，满足民生需求，及时有效地解决社会问题、化解社会矛盾。例如在智慧社区的建设中，通过利用社区新媒体中的微信群作为社区居民民意反映渠道，同时还在微信群中提供智能机器人服务，确保及时对社区居民的需求进行回应和处理，真正做到了线上和线下的双管齐下。又如上海静安区的"一网统管"指挥平台的建设工程，也是信息社会各种新模式糅合下的社会治理新框架实践。静安区以"一网通办"为关键抓手，推进政府服务改进，深化"一网通办"静安频道建设，以此为基础提升在线办理率和全程网办率，推动政务服务事项向行政服务中心集中。同时还以"一网统管"作为重要手段推进城区的精细化、智能化、科学化管理，努力实现"一屏观天下、一网管全城"的布局，做到能够线上实现的治理线上实现，必须线下处理的以线上为辅助，提高线下办公的能力和水平，最终实现治理现代化的目标。随着社会治理空间在线上的扩展，原本只能由线下进行的社会服务迅速迁移至线上，线下与线上的通道逐渐在社会的各个领域被打通。

通过以上实践成果可以看出，信息社会的新模式所构建出的社会治理新框架，与传统的社会治理仅局限于线下面对面的接触不同，新模式由技术条件和思想指导向线上、线下贯通的新框架转变。习近平总书记曾指出社会治理的三个变化，分别是由单向管理转向双向互动、由线下转向线上线下融合、由单一政府监管转向更加注重社会协同。在移动互联网时代，社会治理必须是在新模式下进行的社会治理，当然，这既是时代带来的机遇，也是一种挑战。因此，要不断强化互联网思维，利用互联网的优势，不断创新出社会治理的新架构，探索社会治理的新渠道和新方式，利用信息化的手段促进社会治理的科学化、精准化和高效化。

小 结

思维是人类认识的高级阶段，具有适应时代的思维是进行创新活动的必要前提。信息社会的新思维并不单单是信息技术的应用，更应当是在遵循整合和开放原则的基础上看待和思考各项创新活动。治理理念的转变是一个时代社会治理活动实践的突破口，而恰恰信息社会新思维提供了治理理念转变的思路，因此深入接纳信息社会新思维是进行社会治理创新的必要条件之一。

思考题：
1. 信息社会新模式的创新要义是什么？
2. 阐述信息社会新模式对治理创新框架的构建的重要意义。
3. 如何构建治理创新框架？

第三十四章 社会治理创新的认知维度

在我国,社会治理是在党的领导下,由政府组织主导,吸纳社会组织等多方面治理主体参与,对社会公共事务进行的治理活动。[①] 相较于政府治理,社会治理体现了党、政府、社会组织、公民等主体间的协调互动。社会治理创新是在提升党和政府治理能力的同时,进一步还权于社会,激发社会活力,使社会组织参与社会治理,同时通过各治理主体的合作治理来保障和改善民生、促进社会公平正义、预防和化解社会矛盾、确保公共安全。[②] 信息社会背景下,建构在计算机、互联网、云计算等基础上的虚拟信息技术拓展了传统意义上的实体三维空间,推动了社会治理创新,赋予社会治理新的内涵:网络化、数字化、智能化的叠加效应,在经验传承的现实生活之外,开辟出了无限的虚拟空间领域,社会治理场域进一步拓展;在互动空间拓展基础上,以强化虚实黏合为核心,整合共享治理资源,促进资源便捷流通、高效利用;为实现资源整合和流通共享,打造多主体参与、实时互动的网络平台,形成社会治理主体间互通互融。为充分解读新生事物带来的创新,本章从场域拓展、资源整合、平台实践三个方面构建社会治理创新的认知维度。

第一节 场域拓展

虚拟空间与实体三维空间共同构成信息社会的四维空间,第四维虚拟网络空间与实体三维空间之间互相包络、互相渗透,黏性极强。信息社会空间

---

① 王浦劬. 国家治理、政府治理和社会治理的含义及其相互关系 [J]. 国家行政学院学报, 2014 (03): 11—17.

② 江必新, 李沫. 论社会治理创新 [J]. 新疆师范大学学报 (哲学社会科学版), 2014, 35 (2): 2, 25—34.

四维化是指，现代信息社会借助互联网技术实现线下实体三维空间与线上虚拟网络空间共存的多维度社会空间状态，其结构由实体三维空间、虚拟网络空间两大主体构成。信息社会空间四维化特征有效延展虚拟与实体空间之间的互嵌渠道，而其中信息技术是二者互嵌的技术支撑。

信息技术的发展使现实中的社会空间在一种新的技术革命力量下，朝多维度的空间发展，空间四维化以现实实物为模型，借助物联网等现代信息技术，将现实中的实物带到虚拟网络空间中，形成实体空间的"镜像"世界。相较于实体三维空间，虚拟网络空间克服了现实中时空的阻隔，加强了实体三维空间与虚拟网络空间的联系，是三维空间朝四维空间发展的外在表现。以信息技术为桥梁，社会治理场域从实体空间拓展至虚拟网络空间，现实与"镜像"世界之间去边界化。这种转向意味着社会空间结构逐渐发生变化，实体三维空间与网络虚拟空间之间的界限愈加模糊。虚实空间的有效黏合对社会治理来说，一方面是治理场域的拓展，治理主体不仅需要关注虚拟空间的运行发展秩序，还需要关注公众在虚拟网络空间的身份表达、诉求表达与参与需求；另一方面是带给治理创新的启示，信息技术不仅打通了虚实空间衔接的渠道，也赋予治理工具创新的能力。

"互联网＋社会服务"模式是抽象的信息社会空间四维化在社会治理领域的现实表达。"互联网＋社会服务"以数字化转型扩大社会服务资源供给，以网络化融合实现社会服务均衡普惠，以智能化创新提高社会服务供给质量，以协同化举措优化社会服务发展环境[①]，实现线上虚拟网络空间与线下实体三维空间的相互融合、渗透和包络，拓展了社会治理场域。在线普惠教育、在线医疗平台、智慧社区等建设提供学有所教、病有所医、老有所养、住有所居、弱有所扶等服务。这种线上、线下服务融合与资源整合，实现治理场域拓展基础上，以人为中心、价值理性与工具理性的平衡，促进社会治理效能的提升。

第二节 资源整合

信息社会中个体集信息生产、消费和使用于一体，获取信息的方式愈加简单，爆炸式增长的信息价值愈加弱化，但信息集群本身的价值和信息流通

[①] 关于促进"互联网＋社会服务"发展的意见［EB/OL］. http：//www.gov.cn/xinwen/2019－12/12/content_5460638.htm.

与否的事实显得更加重要。

信息社会特征之一的碎片化,在一定程度上指涉及网络虚拟空间生产的大量数字信息,这类信息的产生速度极快且非体系化。在当前信息技术全面渗透社会治理领域时,注重对数据资源的管理成为实现治理创新的重要突破口。镜像的虚拟网络空间搭建起高效率整合资源的新平台。与线上、线下服务模式一样,资源整合共享同样依存于泛化的网络平台,这种平台一方面整合线下散落的资源并导流至数字信息池,另一方面依托成熟的信息技术将碎片化资源进行系统化的处理,加快资源整合与流动效率。对社会治理来说,网络平台既是公共信息数据资源生产、流通和使用的平台,也是治理主体实现治理手段创新的基础和与社会公众对话的窗口。基于互联网建立的网格化、可视化社会管理平台,明确责任范围,将极大地提高社会管理效率。数据资源不仅仅在于采集,更在于资源整合共享,由此社会治理数字化转型和治理现代化的举措愈加显现和成熟。

信息社会的资源整合打破了时空限制,信息社会中所有资源都会被转化成数字信息形式进行储存和管理。对于公共部门,资源整合突破了数据割裂的现实屏障,有利于政府管理效率的提高,极大地推动了政府部门利用数据进行科学决策。对于社会组织,资源的整合共享激发社会组织的活力,加强社会组织对社会的动员能力。对于公民,资源的整合共享有利于化解社会矛盾,使公民进行民主监督。资源整合不仅仅是对虚拟数据的简单整合。随着网络化的虚拟建设,底层网络基础设施通过抽象、重构、隔离机制虚拟出多个共存的虚拟网络,这种体系架构可以提供更灵活的资源配置、高效的服务质量保障和可靠的安全保证。然而这种灵活、高效、可靠体系架构的有效运行需要一套合理的虚拟资源和虚拟网络管理机制,来协调物理网络虚拟化资源的供给与虚拟网络运行时业务对资源需求之间的平衡。

在虚拟的网络化资源管理模式下,组织机构在资源整合的过程中,面临着组织结构的重组和裁减的发展需要。在跨界整合过程中,组织机构整合不仅仅是简单的机构增删,而是要从根本上破除机构之间的利益壁垒,消除机构之间的信息交流障碍。资源整合是集技术整合、经济管理、人文管理于一体的高层次、战略型的综合整合模式,能真正实现组织结构优化、管理效能提升和组织健康发展目标。基于互联网、云计算等技术的社会治理一体化平台,保障线上、线下相结合的政务服务模式的有效展开,提高公共服务水平,降低行政成本,推动信息社会背景下社会治理主体组织结构的优化、管理效率的提升。

第三节 平台实践

社会治理的现代化转型，既是治理理念的变革，也是治理举措的创新。信息社会背景下，聚焦组织管理效率和服务质量提升的社会治理需要网络平台助力，以提升社会治理效能，提供公共服务，防范重大风险。

网络平台是在融合多种信息通信技术的背景下，运用大数据、云计算等新型互联网技术所构造的多主体参与、实时互动、提供人性化服务和进行专业化后台管理的工具。基于平台的组织管理结构是"自下而上"的，平台管理的基本架构是：基础设备做底层，应用平台做顶层，服务窗口前置，后台管理做支撑，信息采集网络、传输网络、交互规则做连接的前后衔接、上下匹配、中心传输的"立体式"网状结构。网络平台的基本结构包括以下四点：第一，通过信息采集网络、交互规则与传输网络为主的信息资源整合与传输通道。第二，网络平台的基础及配套设施的构建。这包括基础交易平台、信息传输平台、信息处理平台、支付平台、物流平台等的构建，基础设施是否建造完备，是网络平台得以运行的基本条件。第三，网络平台既可以满足大众化需求，也可以满足个性化的定制需求。前者是为了提升网络平台的办事效率，后者更倾向于用户的消费体验。第四，平台具有开放性、透明性、智能性。平台的参与主体处于一种平等的地位，双方的交易过程是在自觉自愿的情况下进行的。同时，平台处理大量的用户数据，需要有相应的智能处理机构以匹配交易双方的要求，并保存用户的消费习惯数据等。

社会治理一体化平台是极具时代特性的社会治理创新实践，是集多维空间整合、碎片化资源整合、多重平台整合的平台实践，是打通多主体参与社会事务的渠道，发挥着三种效应。第一，聚合效应。网络平台的出现与发展是网络媒介聚合效应的体现，这种聚合效应将现实的物理空间和物理时间聚合到一个虚拟平台上，用户在平台上可以进行数量庞大的信息交互。对一个网络平台而言，为参与者提供收集与发布信息的渠道是其基础功能。在此基础上，实现有效的品牌营销、推荐、陈列和服务管理，让众多参与者愿意留在平台共建、共享，实现平台聚合效应的价值。第二，扁平化效应。聚合效应带来组织结构和管理体系的扁平化效应，具体体现为业务环节精简、条线交互形成和问题解决效率提升。在传统模式下，业务流程经历诸多环节，业务条线之间的信息壁垒较难破除。在信息社会，业务条线被编织成网，实现纵向贯通、横向连通，信息获取更便利、高效，整体业务模式具备"智慧"

条件，重塑业务模式。第三，功能化。网络平台是整合资源实现价值的重要表达渠道，是目前数据"功能化""价值化"的普适性平台。在"互联网+"的背景下，信息交互是手段，资源整合是最终目的。网络平台以信息技术打通业务条线的关键节点，连点成线、连线成面，最终构成网状式信息流通图式。

小 结

场域拓展、资源整合、平台实践是建构在信息社会下治理主体在治理社会过程中认知的新维度，是以新的视角对社会治理创新进行全新阐释。实体三维空间与虚拟网络空间包络、互融，延展了社会治理主体间互动的空间范围。互动空间的拓展为当前社会治理创新从整合线上、线下服务模式和散落的碎片化信息提供了工具与平台，而社会治理一体化平台则是信息社会治理创新的集中表达，有效地提升了社会治理效能，促进了共建、共治、共享的社会治理格局的形成。

思考题：
1. 信息社会给人类生产实践带来了哪些颠覆性认知？
2. 如何形成、增强信息社会认知并将其转化为治理效能？
3. 如何从信息社会认知维度解读现有治理实践，解决现存治理问题？

后　记

信息时代，不断发展和成熟的现代信息技术对社会治理方式、治理手段、治理理念、治理目标、治理内容等方面均产生不可忽略的重要影响。在新的时代浪潮下，政府治理创新和变革该何去何从，是我和我的团队一直致力思考的问题。

本书写作源起于 2016 年，历经五年，受种种原因，本书终在 2021 年付梓。本书不是一本冰冷的教科书，它凝聚了我们整个团队的多年研究成果，它最独特之处在于通过对现代信息革命的再认识（将大数据、云计算、物联网等一系列现代信息技术带来的社会生活各个方面的变化视为一场彻彻底底的社会革命），聚焦现代信息技术对社会治理创新影响的探究。

与信息技术为引领的现代科技进步及其迅速发展相比较，政府管理变革和想象更新速度呈现出严重的"滞后性"，例如，6G＋量子计算将会更快瓦解工业社会的治理体系。正如书中所写到的，现代信息技术催生出了正在蓬勃发展的信息社会，信息社会的管理特征直接决定了信息社会的治理体系区别于工业社会的治理体系，衍生出社会治理的新思维和新模式。而我们应该如何认识和运用这样的新事物来进行社会治理的创新和变革？本书探索性试给出一些解答，例如场域拓展（社会空间四维化）、资源整合（"管理学"云计算）、平台实践（网络云平台），以期望这些回答可助力于推动社会发展更迭的实践。同时，本书也尝试给读者一些思考和启发，例如未来的社会空间是否会朝着更高维度发展？现代信息技术的革新探索和应用打破了传统、固有的边界，我们可以说信息技术的拓展是无止境的，那么信息化是否也无禁区呢（王氏猜想）？期望这些思考可以促进感兴趣的读者深入发现研究。

虽然本书试图架构一个较为完备、富有体系的框架结构，但受制于本人及团队实践和认知能力，本书中会存在一些尚不成体系、不够准确完整，甚至有失偏颇的观点、论述、数据、文字等，对某些思想观念、理论方法、治理模式以及众多的成功应用实践（如智慧党建、智慧城市、智慧社区、智慧医疗、智慧教育、企业数字转型升级、智慧金融等）未全部纳入本书的研究讨论。客观上，信息技术还在不断地飞速发展和进步，本书对于现代信息技术的讨论和认识也仅是本人及团队的累积研究，也许从管理角度对现代信息技术的解读可能不够完整，在某些方面的研究还有待深入，限于篇幅和研究侧重点，对于相关技术的列举并不完善，望后来者能继续研究，对于本书存在的不足和不当之处，恳请读者朋友谅解！